Geographisches Institut
der Universität Kiel

INNSBRUCKER GEOGRAPHISCHE STUDIEN

Herausgeber G. Abele u. A. Borsdorf   Schriftleitung W. Keller

IGS

Band 21

LATEINAMERIKA
Krise ohne Ende?

Beiträge zu einer Ringvorlesung im Wintersemester 1993/94
an der Leopold-Franzens-Universität Innsbruck

Herausgegeben von Axel Borsdorf

Selbstverlag
des Instituts für Geographie der Universität Innsbruck
1994

Der Druck wurde durch Zuschüsse folgender Stellen gefördert:

Land Vorarlberg
Innsbrucker Universitätsfonds – Unterausschuß für Förderungen aus Mitteln
der Stadtgemeinde Innsbruck
Universitätsbund – Gesellschaft der Freunde und Förderer der Universität Innsbruck
Hypo-Bank Innsbruck

Alle Rechte, insbesondere das der Übersetzung in fremde Sprachen, vorbehalten.

Dieser Band enthält die Beiträge einer Ringvorlesung an der Universität Innsbruck, die im Wintersemester 1993/94 stattfand. Diese Veranstaltung wurde organisiert und getragen von folgenden Institutionen:
Institut für Geographie der Universität Innsbruck
Österreichische Hochschülerschaft an der Universität Innsbruck
Österreichisches Lateinamerikainstitut, Sektion Tirol
Senatsarbeitskreis Wissenschaft und Verantwortlichkeit der Universität Innsbruck

1994, Institut für Geographie der Universität Innsbruck

Gesamtherstellung: Thaurdruck – Giesriegl Ges.m.b.H., A-6065 Thaur bei Innsbruck

ISBN 3-901182-21-7

Verzeichnis der Beiträge

Vorwort des Herausgebers
Lateinamerika – Krise ohne Ende? 5

Verleihung der Ehrendoktorwürde an Erwin Kräutler, Bischof von Xingú

Hans Moser:
Begrüßungsansprache des Rektors der Universität Innsbruck 11

Erich Kaufer:
Laudatio für Bischof Erwin Kräutler 13

Erwin Kräutler:
500 Jahre Lateinamerika – Kein Grund zum Feiern! 19

Beiträge der Ringvorlesung

Axel Borsdorf:
Räumliche Dimensionen der Krise Lateinamerikas 27

Ernesto Garzón Valdés:
Verfassung und Stabilität in Lateinamerika 43

Hans-Joachim Müller:
Literarische Identitätssuche und Zementierung der Krise in Lateinamerika 61

Peter Waldmann:
Politik und Gewalt in Lateinamerika 73

Hans-Albert Steger:
Hat Lateinamerika noch eine Zukunft? 81

Franz Mathis:
Historisches Erbe und wirtschaftliche Entwicklung: Eine Quadratur des Kreises? 91

Waldemar Hummer:
Schutz der indigenen Bevölkerung und des tropischen Regenwaldes – Völkerrechtliche Regelungsdefizite im Bereich der „(Menschen)Rechte dritter Generation" unter besonderer Berücksichtigung Lateinamerikas 101

Norbert Greinacher:
Bekehrung durch Eroberung – Kritische Reflexion auf die Kolonisations- und Missionsgeschichte in Lateinamerika 131

Wolfgang Dietrich:
Hawa Mahal. Menschen Rechte Staaten 147

Claudia von Werlhof:
Die Zukunft der Entwicklung und die Zukunft der Subsistenz, oder ‚Subsistenz statt Entwicklung' 161

Erich Kaufer:
Lateinamerikas: das verlorene Jahrzehnt 171

Michael Richter:
Ökologische Probleme Lateinamerikas 181

Peter Stöger:
Das Fremde – terra icognita 185

VORWORT DES HERAUSGEBERS

Lateinamerika – Krise ohne Ende?

„*Nachdem ich nach Chile kam, habe ich zwei Jahre gebraucht, um zu merken, daß das Land Pleite ist – und zehn weitere, um festzustellen, daß man in der Pleite prima leben kann!*" – Mein Schwiegervater, der kurz vor der Weltwirtschaftskrise nach Lateinamerika kam und dort 60 Jahre seines Lebens verbrachte, gebrauchte diese Formulierung häufig, um seine Einschätzung der Lage Chiles zu verdeutlichen. Hätte er weitere Länder Lateinamerikas gekannt, er hätte sicher nicht gezögert, diese einzuschließen. Europa wird nicht müde, die „Krise Lateinamerikas" zu beklagen, aber es lebt recht gut damit. Aus dem Blickwinkel der autochthonen Bevölkerung mag das Bild ganz anders aussehen. Der Aufstand der Zapatistas von Chiapas Ende 1993 hat der Welt deutlich gemacht, daß es Menschen gibt, die mit ihren persönlichen, sozialen und ökonomischen Verhältnissen nicht „*prima*" leben können. Und dies ein Jahr nach der 500. Wiederkehr des Tages, an dem die europäische Penetration des Subkontinents begann. Wurde damals den Barbaren die Zivilisation gebracht, oder wurde die Barbarei in einen teilweise hochzivilisierten Kontinent getragen?

Um Stellung zu nehmen zur gegenwärtigen Krise Lateinamerikas, ist es nicht unerheblich zu erforschen, wann diese Krise begann. War es der 12. Oktober 1492? Waren es die Jahre von 1810 bis 1830, in denen die meisten Staaten ihre Unabhängigkeit erlangten? Oder das Jahr 1823, in dem die Monroe-Doktrin verkündet wurde? Oder liegen die Ursachen der heutigen Krise in unserem Jahrhundert begründet, in dem Bevölkerungswachstum, Landflucht, eine verfehlte Wirtschaftspolitik und politische Krisen, aber auch die Naturzerstörung und Umweltkontaminationen ungeahnte Dimensionen einnahmen? Die Beantwortung dieser Frage beeinflußt in hohem Maße auch die möglichen Therapieansätze. Reichen politische und ökonomische Reformen aus, muß Lateinamerika einen zweiten Kampf um seine Unabhängigkeit führen, oder muß der Kulturraum erst einmal zu sich selbst finden, seine eigene Identität bestimmen – dies sind Fragen, denen sich die Autoren des vorliegenden Sammelbandes zu stellen hatten.

Ebensowichtig wie die Ursachenerforschung und das Nachdenken über mögliche Lösungsansätze aber erschien es, die Symptome der Krise in all ihren Dimensionen exakt zu erfassen. Eine einzige Forschungsdisziplin wäre dazu kaum in der Lage gewesen. So liegt der Reiz der hier vorgelegten Anthologie darin, daß Fachleute der unterschiedlichsten Disziplinen, Geographen, Ökonomen, Soziologen, Historiker, Juristen, Philologen, Theologen, Politologen und einer Frauenforscherin aus ihrer Sicht zum Problem Stellung beziehen. Den Rahmen bildete eine Ringvorlesung, die an der Universität Innsbruck im Wintersemester 1993/94 veranstaltet wurde. Die Vortragenden, hervorragende Vertreter ihrer Disziplinen in der Lateinamerikaforschung, sind zu einem großen Teil an der Universität Innsbruck tätig. Ihre Beiträge dokumentieren eindrucksvoll den Rang der Lateinamerikaforschung an der Tiroler Universität, die auf eine lange Tradition zurückblicken kann. Hans Kinzl und Karl Ilg widmeten ihr Lebenswerk diesem Subkontinent, das heute in so vielfältiger Weise von ihren und benachbarten Disziplinen fortgesetzt wird.

Allerdings können immer noch nicht alle Perspektiven der Lateinamerikaforschung durch Innsbrucker Wissenschaftler abgedeckt werden. Die Veranstalter der Ringvorlesung haben daher namhafte Vertreter der Lateinamerikanistik anderer Universitäten gebeten, die Thematik aus ihrer Sicht zu ergänzen, wofür Ihnen noch einmal gedankt werden soll. Dieter Waldmann aus Augsburg übernahm als einer der wohl bekanntesten wissenschaftlichen Publizisten in der Lateinamerikanistik die politologische Perspektive, Michael Richter aus Erlangen, einer der führenden Landschafts- und Agrarökologen, die ökologische, Hans-Albert Steger aus Nürnberg, der Nestor der deutschsprachigen Lateinamerikaforschung, die kulturanthropologische Perspektive. Die Veranstalter waren besonders glücklich, Ernesto Garzón Valdés dafür zu gewinnen, aus der Sicht eines Lateinamerikaners Stellung zu beziehen. Er stand viele Jahre im diplomatischen Dienst der Republik Argentinien, bevor er als Jurist und Politologe einen Lehrstuhl in Mainz übertragen bekam. Norbert Greinacher aus Tübingen, der jahrelang in Nicaragua als Kaffeepflücker und Seelsorger tätig war und alle Staaten Lateinamerikas bereist hat, war bereit, den katholischen Kontinent aus theologischer Sicht zu beleuchten.

Das Engagement eines praktizierenden Theologen und Wissenschafters, des Bischofs von Xingú, Erwin Kräutler, hatte den eigentlichen Anstoß für die Ringvorlesung und letztlich auch für die Publikation dieses Sammelbandes gegeben. Dem in Vorarlberg gebürtigen Bischof Erwin Kräutler war im Jahr 1992, dem Gedenkjahr für die sog. Entdeckung Amerikas, die Ehrendoktorwürde der Wirtschafts- und Sozialwissenschaftlichen Fakultät der Universität Innsbruck verliehen worden. Die damals gehaltenen Reden sind daher diesem Sammelband vorangestellt worden. Viele Teilnehmer der akademischen Feier, die aus diesem Anlaß stattfand, empfanden damals sehr deutlich, daß in der Kürze der Zeit nicht alles gesagt werden konnte, und hatten das drängende Bedürfnis, mehr über Lateinamerika, den zwar fernen, uns aber doch nahestehenden Kulturraum zu erfahren. Dies wurde vor allem von den Studierenden artikuliert, auf deren Engagement letztlich die Organisation der Ringvorlesung zurückging. Folgende Institutionen waren bereit, diese Veranstaltung zu tragen und zu finanzieren und haben die Ringvorlesung konzipiert und organisiert: Das Institut für Geographie der Universität Innsbruck, die Österreichische Hochschülerschaft an der Universität Innsbruck, das Österreichische Lateinamerikainstitut, Sektion Tirol, und der Senatsarbeitskreis Wissenschaft und Verantwortlichkeit. Alle anfallenden Organisationsaufgaben wurden von den Veranstaltern Frau Mag. Elisabeth Grabner-Niel (Senatsarbeitskreis), Frau Gertrut Krömer (Lateinamerikainstitut), Frau Doris Wolf (Hochschülerschaft) und mir entweder gemeinsam getragen oder aufgeteilt. Zu nennen ist auch der Zweigverein Innsbruck der Österreichischen Geographischen Gesellschaft, der die Finanzierung eines Vortrags übernahm.

Von der Vorarlberger Landesregierung konnte ein nennenswerter Zuschuß für die Drucklegung unseres Sammelbandes erwikt werden. Es freut uns ganz besonders, daß das Heimatbundesland Erwin Kräutlers auf diese Weise seine Verbundenheit mit seinem großen Sohn zum Ausdruck gebracht hat. Für die finanzielle Hilfestellung, ohne die die Drucklegung nicht möglich gewesen wäre, sei herzlich gedankt! In gleicher Weise ist dem Universitätsbund, dem Universitätsfonds und der Landeshypothekenbank Tirol zu danken, die mit ihren Subventionen den Druck dieses Sammelbandes unterstützt haben.

Unter den Vortragenden haben alle Innsbrucker Kollegen unentgeltlich mitgewirkt, wofür Ihnen an dieser Stelle großer Dank gilt. Mit großer Disziplin haben alle Autoren ihre Beiträge pünktlich in druckfertiger Form abgeliefert. In einem Fall wurde uns aus einsehbaren Gründen nur eine Kurzfassung geliefert, da der Beitrag in ähnlicher Form schon an anderer Stelle publiziert wurde, in einem anderen Fall wurde aus ähnlichen Gründen ein vom Vortrag sehr abweichendes Manuskript eingereicht. Dafür bitten wir um Nachsicht.

Bei einem Sammelband dieser Art versteht es sich von selbst, daß die Beiträge aus sehr unterschiedlichen Perspektiven, in verschiedenartiger äußerer Form und auch von ungleicher Qualität sind. Als Herausgeber habe ich mich entschieden, sie in dieser Gestalt zu lassen und auch alle Beiträge aufzunehmen. Sie sind nur in einzelnen Aspekten formal überarbeitet worden und spiegeln daher durchaus die Eigenarten der beteiligten Disziplinen und Persönlichkeiten wider. Und in qualitativer Hinsicht kann nun der Leser selbst die Höhen und Tiefen unserer Ringvorlesung nachempfinden. Auf dieser intellektuellen Entdeckungsreise wünschen die Veranstalter der Vortragsreihe viele neue Einsichten!

Zu danken ist Herrn Dr. Wilfried Keller, der als Schriftleiter der Innsbrucker Geographischen Studien die Verantwortung für die Anpassung der Beiträge in das Layout unserer Schriftenreihe übernahm, und seinen Helferinnen Frau Waltraud Lassner, die alle wichtigen Aufgaben am Computer verläßlich und mit großem Engagement durchgeführt hat, sowie Frau Mag. Isabella

Krassnitzer, die als Lektorin die erste gründliche Leserin aller Beiträge des Sammelbandes war. Es mögen ihr viele weitere kritische Leserinnen und Leser folgen!

Einen herzlichen Dank wollen wir auch allen hier nicht namentlich genannten Kollegen sagen, die die Moderation der Vorträge übernommen, sich detailliert auf deren Einleitung vorbereitet, und die die anschließenden, immer sehr gehaltvollen, vertiefenden Diskussionen geleitet haben. Die Veranstalter bedauern, daß sie erst nach einigen Vorträgen merkten, wie wichtig und weiterführend diese Diskussionen waren, zu einem Zeitpunkt, als es zu spät war, diese noch zu protokollieren und diesem Band beizufügen.

Dem Rektor der Universität Innsbruck, Herrn Univ.-Prof. Dr. Hans Moser, gebührt ein ganz besonderer Dank. Er hat unser Vorhaben von Anfang an sehr gefördert. Obwohl ihm nach seinem Forschungsinteresse als Germanist Lateinamerika eher fernliegen müßte, hat er es sich nicht nehmen lassen, trotz seiner vielfältigen zeitlichen Verpflichtungen an mehr als der Hälfte der Vorträge selbst teilzunehmen, und in die gesamte Veranstaltungsreihe auch persönlich einzuführen.

Er war es auch, der darauf hingewiesen hat, daß die Ringvorlesung gerade an einem 12. Oktober begann. Dies war zwar ein Zufall, ebenso zufällig wie das Ereignis vor 501 Jahren; aber nach diesem Zufall begann für die sehr zahlreichen Hörer der Ringvorlesung – manchmal reichte der große Hörsaal kaum aus, alle Hörer zu fassen – eine Entdeckungsreise durch einen Kontinent, der immer mehr Terra Incognita wurde, und dennoch an jedem Dienstag aus neuer Perspektive entdeckt werden konnte.

Dem Leser der vorliegenden Sammlung aller Beiträge wünschen wir eine ebenso anregende wie nachdenkliche Entdeckungsreise durch einen Kontinent, der uns nah und fern zugleich ist, und an dessen Krisen wir nicht immer ganz unschuldig sind.

Innsbruck, am 13. Feber 1994   *Axel Borsdorf*

VERLEIHUNG DER EHRENDOKTORWÜRDE AN ERWIN KRÄUTLER BISCHOF VON XINGÚ

HANS MOSER

Begrüßungsansprache des Rektors der Universität Innsbruck[1]

Ignacio Ellacuria, Student und Absolvent unserer theologischen Fakultät, langjähriger Rektor der Zentralamerikanischen Universität von El Salvador, bevor er 1989 Opfer eines brutalen Mordanschlags wurde, stellt der Institution „Universität" eine hohe Aufgabe, wenn er verlangt: „Wir müssen die Wirklichkeit verändern, das Mögliche tun, damit das Gute über das Böse herrscht, die Freiheit über die Unterdrückung, die Gerechtigkeit über die Ungerechtigkeit, die Wahrheit über die Falschheit und die Liebe über den Haß. Ohne dieses Engagement und ohne diese Entscheidung werden wir die Bedeutung einer Universität nicht verstehen".
Diese Sätze klingen in einer Kultur, die den Wert der Wissenschaften vor allem in (einer meist zu eng verstandenen) Voraussetzungslosigkeit und Objektivität sucht, die in den Universitäten primär Anstalten zur Vermehrung und Vermittlung rein technologischen Wissens sieht – Vernunft im Dienst der Aufrechterhaltung des „Betriebs", des industriellen, wirtschaftlichen, politischen und kulturellen Betriebs – solche Sätze klingen also in unserer Kultur zunächst provokativ.
Bei näherem Hinsehen freilich entpuppen sie sich als die Einforderung jenes humanitären Ethos, dem die Universitäten ihre Existenz und ihre Daseinberechtigung verdanken. Bischof Kräutler, unser präsumptiver Ehrendoktor, hat einmal hart, aber nicht unberechtigt konstatiert, „daß das, was sich heute Wissenschaft nennt, ohnehin nicht mehr als Technik ist. Ich würde sagen, weit über 90 % derjenigen, die sich heute Wissenschaftler nennen, sind längst keine Wissenschaftler in philosophischem Sinn mehr, sie sind Entwicklungstechniker, die Instrumente entwickeln". Ich würde dem Herrn Bischof, meine Damen und Herren, im Hinblick auf die Theologen, die Geisteswissenschaftler und die Grundlagenforscher der anderen Fakultäten die „weit über 90 %" nicht so ohne weiteres abnehmen. Ich würde nach dem Beschluß unserer der Sozial- und Wirtschaftswissenschaftlichen Fakultät auch auf eine andere optimistische Perspektive hinweisen: Wissenschaftliche Forschung und Lehre hat sich – besonders zumindest in ihren guten Stunden – nie ganz funktionalisieren lassen, nicht vom Staat, nicht von der Kirche, nicht von Ideologien oder von sogenannten Sachzwängen, die oft nichts anderes sind als Ideologien des „Betriebs". Wissenschaftliche Forschung und Lehre hat demgegenüber immer wieder auch hinterfragt, auch in Frage gestellt, auch nach Alternativen und Gegenentwürfen gesucht. Zumindest in Spuren ist dieses elementare menschliche Streben, dem die europäischen Institution „Universität" ihre Entstehung verdankt, noch nachweisbar und es kann sich in Österreich auch auf den Auftrag des Gesetzes berufen. Das ist das glückliche Joch, das ihr auferlegt ist, wenn sie nicht ihre Seele, das ist die unaufhörliche Suche nach der Wahrheit aufs Spiel setzen will, einer Wahrheit, die auch das Gute und das Böse, die Freiheit und die Unterdrückung die Liebe und den Haß an den Tag bringt und beim Namen nennt.
Wie anders wäre der 1. Paragraph unseres UOG zu verstehen, der die Universität beauftragt, „der wissenschaftlichen Forschung und Lehre zu dienen und hiedurch – verantwortlich zur Lösung der Probleme der menschlichen Gesellschaft sowie zu deren gedeihlicher Weiterentwicklung beizutragen". Welchen anderen Sinn sollte sonst die im Staatsgrundgesetz garantierte Freiheit der Wissenschaft und ihrer Lehre haben?
Deshalb hat es einen guten Sinn, wenn nach § 97 unseres UOG der Senat der österreichischen Universitäten nicht nur „Personen, die auf Grund ihrer wissenschaftlichen Leistung in Fachkreisen hohes Ansehen genießen" sondern auch solche, „die ... sich um die durch die Universität vertretenen kulturellen Aufgaben hervorragende Verdienste erworben haben ... ein Doktorat, zu dessen Verleihung die Universität zuständig ist, ohne Erfüllung der in den Studienvorschriften geforderten Voraussetzungen ehrenhalber verleihen" kann.

---

[1] Für den Druck leicht überarbeitete Fassung des Festvortrags.

Dieser Fall, meine Damen und Herren, liegt vor: Bischof Kräutler hat zweifellos die in den Studienvorschriften unserer Sozial- und Wirtschaftswissenschaftlichen Fakultät geforderten Voraussetzungen nicht erfüllt. Er hat dort nicht einmal ein Proseminar besucht. Die Fakultät begründet daher durch den Dekan des Vorjahres – heute in der Rolle des Promotors – ihren Antrag anders. Sie nimmt darauf Bezug, daß im Jahr 1492 die Invasion der beiden Amerika begann, eine Invasion, die für die alten Völker der sogenannten neuen Welt zum Kreuzweg wurde, zu einem Leidensweg, der heute noch nicht zu Ende ist. Die Fakultäten begründen ihren Antrag deshalb damit, daß es „die von der Sozial- und Wirtschaftswissenschaftlichen Fakultät vertretenen kulturellen Aufgaben in diesem historisch einzigartigen Zusammenhang als besonders zeichenhaft erscheinen" lassen, „an den Vorarlberger Bischof Kräutler das Ehrendoktorat wegen seiner großen Verdienste um die Erhaltung der Kultur der Indios Brasiliens und der Linderung der Unterdrückung und Armut zu verleihen".

Die Fakultät stellt dann fest, daß sie damit „keine Stellung zu etwaigen wirtschaftstheoretischen oder wirtschaftspolitischen Implikationen der Theologie(n) der Befreiung" bezieht, weist aber andererseits auf „einige relevante wirtschaftswissenschaftliche Erörterungen" hin, „die manchmal vergessen werden, wenn man sich an den engagierten Worten der Befreiungstheologen stößt".

Ich werde Ihnen, sehr geehrte Damen und Herren, die genaueren Ausführungen dieses Sic et Non ersparen – die Rede des Promotors wird einiges davon ansprechen. Zentral und über die Grenzen der Fakultät bedeutsam erscheint mir die Aussage, daß es bei dieser Ehrung nicht darum gehe, „das kulturelle und soziale Engagement des Bischofs Kräutler wie eine ökonomische Lehre zu sichten. Geehrt werden soll ein exemplarisches Leben! „Ein Leben gegen die Gleichgültigkeit, ein Leben in sozialer Verantwortung, ein Leben, das uns die „Sünde der strukturellen Ungerechtigkeit" im Verhältnis von erster und dritter Welt unerbittlich vor Augen führt. Ein Leben, das uns zur Frage zwingt, ob wir alle in unseren Fächern wirklich die relevanten Fragen stellen, die Fragen; „die zur Lösung der Probleme menschlichen Gesellschaft sowie zu deren gedeihlicher Weiterentwicklung beitragen", wie es im UOG so schön heißt; oder ob wir hinter scholastischen Mauern viel zu sehr mit den Problemen von gestern und vorgestern beschäftigt sind oder mit technologischen Fragen ohne weiterreichende Perspektive, ohne Sinnstiftung für die Welt von heute und morgen.

Es ist, meine Damen und Herren, bei ähnlichen Anlässen schon mehrfach angesprochen worden, daß wir uns durch die Ehrungen, die wir vornehmen, nicht nur selbst definieren, sondern auch verändern. Das exemplarische Leben des heute Ausgezeichneten wird uns gerade diese Frage der Änderung nicht ersparen: werden wir mehr als bisher Wissenschafter im philosophischen Sinn, werden wir in unserem täglichen Tun den Blick weiten auf jene radikale Armut, die bedeutet, „keinen Namen zu haben", auf die Tatsache, daß die Frage der Menschenrechte noch immer davonabhängt, ob man in Europa geboren ist oder in Südamerika, auf die Frage der Umwelt und auf anderes mehr? Werden wir jener globalen Solidarität fähig werden, die „ein anderes Wort für Liebe" und die Voraussetzung für das Überleben der Menschheit ist?

Ich wage diese Fragen nicht zu beantworten. Sie werden sich in unserem Tun der folgenden Jahre herausstellen. Ich kann nur hoffen, daß die eingangs zitierten Forderungen des Rektors Ellacuria, „das Mögliche" zu tun, in allen Fakultäten gehört wird.

Der Antrag der Sozial- und Wirtschaftswissenschaftlichen Fakultät und die Tatsache, daß der Senat dieses Ehrendoktorat einstimmig beschlossen hat, stimmen mich optimistisch. Ich deute sie als ein Zeichen dafür, daß gehört worden ist, was Bischof Kräutler von der ersten Welt fordert: neu zu lernen, umzudenken, sich zu bekehren. Unter diesem Aspekt bitte ich Sie, die folgenden Ausführungen des Promotors wohlwollend anzunehmen.

Anschrift des Verfassers:
Prof. Dr. Hans Moser
Rektor der Leopold-Franzens-Universität Innsbruck
Innrain 52, A-6020 Innsbruck

ERICH KAUFER

Laudatio für Bischof Erwin Kräutler

Die Universität kann das Ehrendoktorat nicht nur an Personen verleihen, die sich wissenschaftlich besondere Verdienste erworben haben, sondern auch an solche, die sich um die kulturellen Aufgaben besonders verdient gemacht haben, die den an der Universität vertretenen Wissenschaften anvertraut sind. Da meine Fakultät unter dem letzteren Bezug die Verleihung des Ehrendoktorates an Bischof Kräutler beim Akademischen Senat beantragt hat, ist zu fragen, welche mit den Sozialwissenschaften verbundenen kulturellen Aufgaben Bischof Kräutler in besonders hervorragender Weise erfüllt hat.

Auf Grund der Tatsache, daß die Güter, die die Menschen zur Gestaltung ihrer je eigenen Ziele benötigen, zu knapp sind, um alle Ziele zu erfüllen, hat die Volkswirtschaftslehre eine höchst komplizierte Theorie der Optimierung der Güterzuteilung in einem Modell des allgemeinen Gleichgewichts entwickelt. Die mathematischen Chiffren dieser Theorie nehmen uns Ökonomen so gefangen, daß wir uns selten bewußt werden, daß die wirtschaftlichen Prozesse, die zu dem mathematisch beschriebenen Optimum der Güterzuteilung führen sollen, zusammenbrechen, wenn die Bedingungen eines freiheitlichen Rechtsstaates unerfüllt sind. Ein freiheitlicher Rechtsstaat existiert jedoch nicht, wenn Armut herrscht. Dann gibt es weder eine marktwirtschaftliche Volkswirtschaft, noch überhaupt eine funktionstüchtige Volks- und Betriebswirtschaftslehre. Die Beseitigung der Armut ist damit die grundlegende kulturelle Aufgabe, ohne deren Lösung sinnhaftes Wirtschaften nicht möglich ist.

Armut freilich ist ein nicht einfacher Begriff. Was Armut ist, erkennen wir in der von Simone Martini ausgemalten Seitenkapelle der Basilika San Francesco in Assisi. Der heilige Martin, der sich vom Militär verabschiedet, ist nicht reich an Gütern. Er besitzt bloß einen Mantel. Und diesen Mangel an Kleidung teilt er mit dem Armen. Arm an Gütern sind also beide. Aber der heilige Martin trägt ein Schwert, reitet ein Pferd. Er verfügt über die Insignien der Macht. Nicht um den Gegensatz zwischen arm und reich, sondern um den zwischen arm und mächtig – pauper vs. potens – geht es hier. Der heilige Martin, wiewohl selber arm an Gütern, ist mächtig und er schützt den, der machtlos ist. Noch viel entschiedener handelt der heilige Franziskus, wenn er den Aussätzigen küßt. Der Aussätzige wurde nicht nur aus der Gesellschaft ausgestoßen, ihm wurde eine Totenmesse gelesen. Er war gesellschaftlich gesehen tot, also im Stand äußerster Machtlosigkeit. Und diesen armen Toten holt der heilige Franziskus mit einem Kuß ins Leben zurück.

Armut ist also zutiefst und zunächst einmal nicht Gegensatz von Reichtum sondern Gegensatz von Macht. Armut ist Schutz- und Rechtlosigkeit. Diese Armut gebiert dann auch Mangel an Gütern der Lebensgestaltung, gebiert Elend und Leid.

Bischof Kräutler kommt zu uns aus einem Erdteil, der in besonderem Maße durch franziskanische Armut geprägt ist, einem Erdteil, dessen Entdeckung auf pompöse Art in diesem Jahr gefeiert wird.

„500 Jahre Lateinamerika – Ein Grund zum Feiern?" Unter diesem Titel hat Bischof Erwin Kräutler vor einigen Monaten in einem Vortrag einleitend geklagt:

„Das Banner mit dem Gekreuzigten wird am 12. Oktober 1492 aufgepflanzt. Dieser 12. Oktober ist ein Freitag, die frühe Morgenstunde des Jahrhunderte währenden Karfreitages von Lateinamerika":

Ich möchte jetzt darlegen, welche geschichtlichen Strömungen zusammengeflossen sind, um einen Kontinent jahrhundertelang in Leid und Elend zu halten. Meine These wird sein,
– daß es der „Hunger nach Gold", aber nicht nur er allein war, der zur Entdeckung Amerikas führte,

- daß es die geistige Verfinsterung Europas war, welche die Indios zum Opfer einer schrecklichen Missionierung machte und
- daß es die Abkehr Spaniens vom ursprünglichen portugiesischen Kolonialmodell war, die das gutgemeinte, aber entsetzlich zerstörerische Encomienda System der Kolonialwirtschaft brachte.

Hunger nach Gold! Was steht in den alten Dokumenten über das erste Zusammentreffen der Abgesandten Moctezumas mit den Spaniern? „Sie schenkten den Spaniern Goldfahnen und goldene Halsketten ... der Spanier Gesicht wurde heiter ... Wie Affen hoben sie das Gold auf ... sie dürsteten mächtig nach Gold ... sie wurden wie wild vor Hunger danach ... Wie hungrige Schweine waren sie gierig nach Gold".

Aber war das typisch spanisch? Mitnichten! Nach Gold hungerte auch Salomo. Für ihn brachte die Flotte Hirams Gold aus dem sagenhaften Ophir, die Kamele der Königin von Saba trugen Gold aus Nubien herbei. Wenn also Gold und Silber seit Jahrtausenden in den mittelländischen Raum geströmt ist, wo ist es dann geblieben? Gewiß schmückte es Kirchen und Paläste. Aber das alles zusammengenommen macht nur einen kleinen Anteil dessen aus, was nach Europa gekommen ist. Lesen wir doch einmal den Bericht über die Königin von Saba genauer. Da steht: „Sie kam ... nach Jerusalem mit einem sehr großen Gefolge und mit Kamelen, die Spezereien und Gold in sehr großer Menge ... trugen ... Niemals wieder ist eine solche Menge Spezereien ins Land gekommen".

Die Königin von Saba brachte also vor allem Gewürze und Spezereien, die im Austausch gegen Edelmetalle übers Meer aus Indien, China, Ceylon und den Molukken kamen. Der biblische Bericht ist ein frühes Zeugnis eines Jahrtausende alten Tatbestandes. Der mittelländische Raum bedurfte lebensnotwendig der Gewürze und Spezereien Asiens und mußte im Austausch dafür Edelmetalle nach Asien liefern. Auch Plinius berichtet, daß das Römische Reich jahraus jahrein Edelmetalle exportieren mußte, um Asiens Duftstoffe und Gewürze importieren zu können. Seit die Athener im 4. Jahrhundert v. Chr. ein funktionsfähiges Geldsystem auf der Basis einer kleingestückelten Silberwährung erfunden hatten, bedeutete der permanente Edelmetallverlust des mittelländischen Raumes im Gewürzhandel mit Asien, daß die mittelländische Wirtschaft von Depressionen aus Geldmangel bedrückt wurde. So ist auch die Zeit des Mittelalters voller Klagen über dauernden Geldmangel. Die Champagne-Messen mußten öfters aus Geldmangel eingestellt werden; seit 1383 konnte Portugal mangels Edelmetallen keine Münzen mehr prägen. Die Suche nach Gold trieb Portugal zunächst einmal nach Afrika. Doch weder das afrikanische noch später das amerikanische Gold und Silber behoben den Geldmangel Europas, weil die herbeigebrachten Edelmetalle im Gewürzhandel mit Asien wieder verschwanden. Man schätzt, daß die Hälfte des bis 1821 in Lateinamerika geschürften Silbers allein in Chinas Schatztruhen verschwunden ist. Indien und China wurden „Gold- und Silber- Nekropolen" genannt, die wie Schwämme die Edelmetalle der Welt einsaugten.

Die portugiesischen Anstrengungen, einen billigeren Zugang zu Asiens Gewürzen um Afrika herum zu finden, dauerten fast hundert Jahre. 1488 umrundete Bartholomé Dias das Kap der „guten Hoffnung". 1498 bewies Vasco da Gama mit seiner Rückkehr von Indien

- daß die portugiesische Schiffsartillerie, Schiffstypen und Segeltechniken den Arabern haushoch überlegen waren,
- daß sie das muselmanische Handelsmonopol brechen und über die riesige Entfernung dennoch gewinnreich Gewürzhandel treiben konnten.

Portugal hatte jedoch eine kleine Bevölkerung und konnte deshalb keine systematische Eroberungspolitik betreiben. Es beschränkte sich bald darauf, im Indischen Ozean Schutzgebühren von den Handelsschiffen zu erheben. Erst die Holländer und Engländer begannen als maritime Mächte, die viel mächtigeren asiatischen Landreiche gegeneinander auszuspielen und langsam die koloniale Oberhoheit zu erringen. Es begann die Kolonialisierung Asiens!

Dennoch bleibt auch in dieser Zeit die jahrtausendealte Konstante erhalten:
Europa hungerte nach den Gewürzen Asiens, und Asien hungerte nach dem Gold und Silber Europas!
Das hält solange an, bis um etwa 1790 Großbritannien den Export von indischem Opium im Austausch gegen Tee und Seide aus China entdeckt. Die Abwehr Chinas gegen die Verseuchung mit Opium mündete in den Opiumkrieg von 1839 bis 1842. Der britische Sieg, die erzwungene Öffnung Chinas für diesen schändlichen Handel beendete den jahrtausendealten Hunger Asiens nach europäischem Gold und Silber. Gewürze gab es nun gegen Rauschgift.
Während die Portugiesen um Afrika herum einen Seeweg nach Asien suchten, mußten sie gegen mächtige Vorurteile ankämpfen. So hieß es z. B., daß zum Äquator hin das Meer zu einer klebrigen Masse gerinne, daß Gezeitenwechsel eine Rückkehr unmöglich machten, daß laut Ptolemaios der Indische Ozean ohnehin ein Binnenmeer und damit um Afrika herum Indien nicht erreichbar sei. Aus diesen Erwägungen hielt Kolumbus es für viel sinnvoller, Indien direkt über den Westen zu erreichen. Sein Ziel war das sagenhaft goldreiche Zipangu, Japan. Die Portugiesen schätzten auf Grund ihrer hohen nautischen Kenntnisse die Entfernung bis dahin recht genau auf 10.000 Seemeilen. Kolumbus hingegen schätzte die Entfernung auf Grund zweier Irrtümer auf bloß 2.400 Seemeilen. Eine solche Strecke konnte man bei der damaligen Schiffstechnik zurücklegen; niemals jedoch 10.000, wie die Portugiesen richtig schätzten.
Am 12. Oktober, einem Freitagmorgen landete „Christophorus" Kolumbus auf einer, wie er meinte, im Westen Indiens liegenden Insel und nannte sie „San Salvador" – die Insel des Erlösers. Aber welches Bild des Erlösers brachte er der Neuen Welt?
Seit langem sind wir so aufgeklärt, daß wir kaum noch wissen, welch eine geistige Umnachtung sich seit dem 14. Jahrhundert auf die Frohe Botschaft Unseres Erlösers zu senken begann. Die geistige Umnachtung begann mit schrecklichen Krisen wie Pest, Zerfall der Kaisermacht und dem Großen Schisma und führte mit dem hundertjährigen Krieg in das 15. Jahrhundert. Ist es da verwunderlich, daß Menschen die Aussage von Christus: „Ich sah den Satan wie einen Blitz vom Himmel fallen", daß also der Teufel besiegt ist, vergaßen. Bei all' dem Schrecklichen und Bösen in der Welt begann eine schreckliche Ver-Teufelung des Bösen. Man sah, wir sehen es noch heute an den Versuchungen des hl. Antonius auf dem Isenheimer Altar: Der Teufel schlich sich überall und in beliebiger Verkleidung in die Welt ein: Als nacktes Weib, als Tier – selbstverständlich; aber auch beim Baden in Flüssen und Seen, wohnte Satan nach Luther doch gerne in Wäldern und Flüssen. Die Welt stand kurz davor, vom Teufel übernommen zu werden. Nur äußerste Entschlossenheit konnte sie noch retten. Innozenz IV. legitimierte 1484 mit seiner Bulle diesen Bosheits-Hexen- und Teufelsglauben. Wenn es im Hexenhammer dann heißt, das Weib neige eher zur Hexerei als der Mann, weil es nur ein unvollkommenes Tier sei, so haben wir hier dieselbe Auffassung, wie sie über die Neger und Indios herrschte.
Für alle drei, Weiber, Neger und Indios, galt ein striktes Entweder-Oder. Entweder ließen sie sich zum Guten erziehen oder sie mußten als Pforte zum Eintritt des Teufels in die Welt ausgerottet werden. So heißt es in einem Handbuch „Wie man die Indios behandeln muß, um sie für Christus zu gewinnen":
„Es gibt nur eine Kirche Gottes, und sie verbreitet sich nicht nur mit dem Samen der Menschen, sondern auch der Tiere. Und voll Staunen über Gottes herrliches Wirken ruft der Prophet aus: „Wie umfassend ist Dein Erbarmen Gott". Und warum? Weil er gesagt hat: „Du wirst erretten, Herr, die Menschen und das Vieh". An diese Worte knüpft Ambrosius die Frage: „Was sind Menschen und was sind Tiere? Die einen sind vernunftbegabte, die anderen unvernünftige Wesen".
Also sind auch die Tiere, d. h. auch die Neger und die Indios von Christus erlöst worden. Was aber ist zu tun, wenn sie in ihrer Unvernunft sich der Erlösung nicht fügen wollen? Da heißt es dann im obigen Handbuch weiter:
„Drücke dem Esel das Maul mit Zügel und Zaum und lege ihm die rechte Last auf, nimm, wenn es nicht anders geht, den Stachel, und wenn er ausschlägt, so stoße nicht blindwütig mit dem

Schwert zu, sondern schlage mit Maßen ... denn er ist ja dein; du hast (ihn) mit deinem Geld gekauft und willst es nicht verlieren ... „

Nun mußten aber die Conquistadores und die Missionare die Erfahrung machen, daß die indianischen Esel an ihren Göttern festhielten. Mußten sie da nicht ihres eigenen Heiles wegen be- und unterdrückt werden?

Nun hätte sich die geistige Umnachtung Europas im 15. und 16. Jahrhundert für die Indios nicht so schrecklich ausgewirkt, wenn die Spanier das portugiesische Modell des Kolonialhandels über Stützpunkte, das dann die Portugiesen in Brasilien selber aufgaben, beibehalten hätten. Die Portugiesen ließen die lokalen Herrschaftsverhältnisse in Afrika und Indien weitgehend intakt, weil ihnen der bevölkerungsmäßige Rückhalt für eine systematische Eroberung fehlte. Kolumbus errichtete zunächst auch nur Stützpunkte für den Handel um Gold. Aber er und andere nach ihm jagten nur Legenden wie der von El Dorado nach, doch fanden weder er noch andere das ersehnte Goldland. Spanien mußte schon um 1495 von der Stützpunktpolitik für den Goldhandel zur Plantagenpolitik und später zum Silberbergbau übergehen. Und das erst hatte die verhängnisvollen Folgen für die Verelendung der Indios.

Es ist wohl bekannt, daß die Erinnerung an las Casas mit dem Makel behaftet ist, er habe die Versklavung der Neger aus Mitleid mit den Indios empfohlen. Denn während erstere arbeitsam, ausdauernd und kräftig seien, seien die Indios faul, schwächlich und zu Selbstmord neigend. Als Kolumbus ihnen zum ersten Mal begegnete, schilderte er sie hingegen als kräftig und klug. Wie reimt sich das mit der Meinung des Las Casas?

Der Schlüssel zur Aufklärung dieses Widerspruches liegt im Encomienda System. Schon bald nach der „Entdeckung Amerikas", wie wir das Zufallsergebnis der nautischen Irrtümer des Kolumbus nennen, erließ die Kirche in Sorge um das Heil der Indios das Verbot der lebenslangen Versklavung der Indios. Getreu dem Bibelwort: „Lege dem Esel die rechte Last auf", sollten die Indios durch eine zeitlich begrenzte Verpflichtung zur Arbeit zur Erlösung in Christus geführt werden.

Offenbar merkte damals in der Kirche niemand – erst Las Casas begriff es später – daß dieses Encomienda System der zeitlich begrenzten Arbeitsverpflichtung einem Grundsatz des Handbuches „Wie man die Indios behandeln muß, um sie für Christus zu gewinnen" zuwider lief. Dort hatte es doch geheißen, man solle den Esel, der ausschlage, nicht blindwütig mit dem Schwert niederstoßen, denn „er ist ja dein; du hast ihn mit deinem Geld gekauft und willst es nicht verlieren".

Indios kaufte man aber nicht wie Negersklaven für sein Geld, man dienstverpflichtete sie auf Zeit, d. h., man ließ sie einfangen und mußte sie, wenn sie lange genug lebten, wieder freilassen. Folgt man Aristoteles in der Ansicht, Sklaven seien Sachgüter, so ist die unterschiedliche Behandlung eines Negersklaven und eines dienstverpflichteten Indios Ergebnis einer Rentabilitätsberechnung bei Sachinvestitionen. Ein Negersklave hatte eine lebenslange Nutzungsdauer, ein einjährig dienstverpflichteter Indio hatte allenfalls eine von einem Jahr. Danach sollte er so „ausgenutzt" sein, daß er verendete. Zudem war das Einfangen der Indios am Anfang, als es noch soviele von ihnen gab, sehr billig. Eigentlich brauchte man deshalb einen Indio nicht einmal für seine ganze Dienstzeit physisch zu erhalten. Es war billiger, ihn rasch zu Tode zu arbeiten und durch einen neuen Indio zu ersetzen.

Deshalb waren die Arbeitsbedingungen, ob auf den Plantagen oder in den Silbergruben Potosis, von unvorstellbarer Schrecklichkeit, so schrecklich waren sie, daß die Indios den Tod weniger fürchteten als diese Bedingungen und sich zu Hauf erhängten oder einfach dahinstarben. Ein Negersklave war dagegen doch so viel mehr wert, daß man zu seiner Unterhaltung Indiomädchen einfing.

Aber es war nicht so, daß die Indios nicht mutige Streiter für die Linderung ihres erbarmungslosen Schicksals gefunden hätten. Erst waren es die Dominikaner, später die Jesuiten, die sich für sie einsetzten. Am 1. Adventssonntag des Jahres 1511 hielt der Dominikanermönch Antòn Montesinos eine Predigt zum Wort Johannes des Täufers „Ich bin die Stimme des Predigers in der Wüste":

„Diese Stimme sagt: Ihr seid alle in Todsünde und lebt und sterbt in ihr wegen der Grausamkeit und Tyrannei, die ihr gegen jene unschuldigen Völker gebraucht. Sagt, mit welchem Recht und mit welcher Gerechtigkeit haltet ihr jene Indios in so grausamer und schrecklicher Knechtschaft? ... Wie könnt ihr sie so unterdrücken und plagen ... und sie dahinsterben lassen, oder deutlicher gesagt, töten, nur um täglich Gold zu graben und zu erschachern? Was tut ihr, um sie zu lehren, daß sie Gott, ihren Schöpfer erkennen, getauft werden, Messe hören, Feiertage und Sonntage halten? Haben sie nicht vernunftbegabte Seelen? Seid ihr nicht verpflichtet, sie zu lieben wie euch selbst? . . . „

So berichtet Las Casas über die Predigt des Montesinos. Aber die Dominikaner gingen noch viel weiter. Sie verweigerten allen Encomenderos die Beichte, solange sie ihre Indios nicht freiließen. Das führte in der Neuen Welt zu einem ungeheuren Aufruhr. Montesinos mußte vor König Ferdinand dem Katholischen erscheinen. Eine Kommission aus Theologen und Juristen wurde eingesetzt und verhörte Montesinos. Unter Berufung auf Aristoteles, Duns Scotus und Thomas von Aquin wurden die alten Argumente von der Faulheit, Unvernunft und Uneinsichtigkeit der Indios vorgebracht. Schließlich erreichte Montesinos doch das Eingeständnis, daß die Indios freie Menschen seien, die eine menschenwürdige Behandlung verdienten. Aber gemäß dem Handbuch müßten sie zu ihrem Heil gezwungen werden. Das vom Papst erlassene Encomienda System sei grundsätzlich mit göttlichem und menschlichem Recht vereinbar. Also änderte sich nichts am Los der Indios.

Erst der Empörungsschrei des Bischofs Bartholomé de Las Casas erreichte im Jahre 1542 bei Karl V. mit der Unterzeichnung der „Neuen Gesetze" die Aufhebung des Ecomienda Systems. Das wiederum löste einen Aufruhr in der Neuen Welt aus. Die Neuen Gesetze wurden widerrufen. Doch einige Jahrzehnte später wuchs den Indios erneut Hoffnung zu. Um 1609 begannen die Jesuiten mit der Errichtung der Indianer-Reduktionen im Hügelland von Guaira zwischen den Flüssen Paraná und Uruguay. Etwa 160 Jahre lang blühten diese Indianer-Reduktionen als eigenständige wirtschaftliche, gesellschaftliche und kulturelle Einheiten. Dann steigerte sich die Ablehnung der Jesuiten in Europa bis zum Verbot des Ordens durch Regierungen und kulminierte in der Aufhebung des Ordens im Jahre 1773 durch Papst Clemens XIV. Schon 1767 wurden die Jesuiten aus den Reduktionen vertrieben. Schutzlos und führungslos blieben die Indios zurück. Ein „Triumph der Menschlichkeit", wie Voltaire die Jesuitenreduktionen nannte, fand ein jähes Ende.

Später ereigneten sich in Lateinamerika „Revolutionen". Aber hierbei ging es nicht um die Durchsetzung der Geltung allgemeiner Menschenrechte. Hier löste sich lediglich eine feudale Clique von der Bevormundung aus Europa. Die Revolutionen brachten weder Freiheit, noch Gleichheit, noch Brüderlichkeit, vielmehr konservierten sie Unfreiheit, Ausbeutung und Käuflichkeit des Rechts. Wo das Recht käuflich ist, kann keine Marktwirtschaft bestehen. Eine Marktwirtschaft wächst nur auf dem Boden einer Privatrechtsgesellschaft, d. h. einer Rechtsordnung, in der sich die Menschen grundsätzlich nicht als über- und untergeordnet, sondern als gleichgeordnet begegnen. Im franziskanischen Sinn der Armut als dem Gegensatz zur Macht ist die Marktwirtschaft eine Wirtschaft, in der die privatrechtliche Gleichordnung aller Menschen das hilflose Ausgeliefertsein beseitigt. Damit ist noch nicht jene Armut beseitigt, wegen der wir von „sozialer Marktwirtschaft" sprechen.

Aber in Brasilien, in der Diözese Xingú, wo Bischof Kräutler wirkt, herrscht bitterste franziskanische Armut. Hier sind die Campesinos und Indios arm, weil Reiche sich das Recht kaufen, sie zu unterdrücken. Jedermann weiß, daß Brasilien kein Rechtsstaat, schon gar nicht ein freiheitlicher ist. Das Recht ist dort so käuflich wie ein Mord auf Bestellung. Es gibt sogar Preislisten mit Morden, und auf diesen Listen ist ein Bischofsleben wie das von Erwin Kräutler an unserem Einkommen gemessen sehr billig. Deshalb ist jedes Engagement gegen die Mächtigen und für die Armen ein lebensgefährliches Engagement.

Bischof Kräutler hat sich als Präsident des Eingeborenenmissionsrates für die Erhaltung des Lebens- und Kulturraumes der Indios eingesetzt. Auch deren Kultur, von deren Reichtum Las

Casas uns soviel zu berichten weiß, ist eine arme, weil schutzlose Kultur. Der Einsatz für sie kostete Bischof Kräutler fast das Leben, kann es künftig jederzeit kosten. Wenn also Marktwirtschaft ohne die Beseitigung franziskanischer Armut nicht existieren kann, so ist der Kampf gegen diese Armut die vornehmste kulturelle Aufgabe, die den Sozial- und Wirtschaftswissenschaften anvertraut ist. In diesem Sinne gebührt Bischof Kräutler das Ehrendoktorat gerade dieser Wissenschaften, und ich freue mich, daß es meine Fakultät ist, die diesem exemplarischen Leben des Bischofs Kräutler im Dienste dieser kulturellen Aufgabe ihre besondere Anerkennung aussprechen darf.

Anschrift des Verfassers:
Prof. Dr. Erich Kaufer
Prodekan der Sozial- und Wirtschaftswissenschaftlichen Fakultät
Leopold-Franzens-Universität Innsbruck
Innrain 52
A-6020 Innsbruck

ERWIN KRÄUTLER

500 Jahre Lateinamerika – Kein Grund zum Feiern!

„Ein Brandopfer von unrechtem Gut ist eine befleckte Gabe, Opfer der Bösen gefallen Gott nicht. Kein Gefallen hat der Höchste an den Gaben der Sünder, auch für eine Menge Brandopfer vergibt er die Sünde nicht. Man schlachtet den Sohn vor den Augen des Vaters, wenn man ein Opfer darbringt vom Gut der Armen, wer es ihnen vorenthält, ist ein Blutsauger. Den Nächsten mordet, wer ihm den Unterhalt nimmt, Blut vergießt, wer dem Arbeiter den Lohn vorenthält." (Sir 34,21-27)
Auf diese Verse im Buche Jesus Sirach stieß Bartolomé de Las Casas bei der Vorbereitung seiner Predigt zum Pfingstfest im Jahre 1514. Der Text war für sein weiteres Leben von so einschneidender Bedeutung, daß Las Casas einige Monate später seine ertragreiche Encomienda aufgab und alle Zwangsarbeiter in die Freiheit entließ. Sein Einsatz galt nunmehr der Menschenwürde und den Rechten der indigenen Urbevökerung. Fast dreißig Jahre danach schrieb der Dominikanerpater über dieses Ereignis: „Nachdem er einige Tage lang über diese Überlegung nachdachte, wurde er täglich mehr davon überzeugt, was er bezüglich des Rechts darüber las und in der Wirklichkeit sah. Er entschied bei sich, von dieser Wahrheit überzeugt, daß all das, was mit den Indios in diesen Indischen Inseln geschah, ungerecht und tyrannisch sei." (BAE 96, 357a)[1]
Auch andere der Dominikaner, Jesuiten und Franziskaner erkannten den schrecklichen Widerspruch zwischen der todbringenden Ausbeutung und der Botschaft des Evangeliums. Aus dieser Erkenntnis heraus traten sie gegen das grausame Vorgehen der Conquistadores auf und stellten sich auf die Seite der Ureinwohner. Ihr unermüdlicher Eifer wurde mit Schimpf und Schande belohnt. Und bis in die Gegenwart hören wir anklagende Vorwürfe, wenn wir uns für die Rechte der Indianer einsetzen und ihre kulturelle Identität verteidigen.
Hinzu kommt die Forderung, die Geschichte Lateinamerikas müsse erst noch geschrieben werden. Historikern wird nahegelegt, ein ausgewogenes Bild von dem zu schaffen, was tatsächlich geschah. Kritische Rückblicke werden zum Teil vorschnell als pauschale Verurteilungen mißinterpretiert und gegen die aktuelle Geschichtsschreibung, vor allem gegen die der lateinamerikanischen Historiker, wird der Vorwurf der Schwarz-Weiß-Malerei erhoben.
Die Geschichte Lateinamerikas der letzten fünf Jahrhunderte ist längst mit dem Schweiß und dem Blut von Millionen Menschen geschrieben worden. In den letzten Jahrzehnten hat Lateinamerika namhafte Persönlichkeiten hervorgebracht, die mit den Armen, den Ausgegrenzten, den Unterdrückten, den Schwarzen und den in ihrem Überleben bedrohten Indios deren Geschichte schreiben.
Die wissenschaftlichen Arbeiten greifen auf überlieferte Aussagen von Zeitzeugen, Indianerkaziken, Negersklaven und Encomenderos zurück. Mit anerkannten Methoden werden Urkunden und Dokumente erforscht. Sorgfältig ist die Analyse der berühmten Predigten und anderer Berichte von Ordensleuten. Die Ergebnisse und Erkenntnisse füllen Bücher und Bibliotheken. Und diese Geschichte hat tiefe Wunden geschlagen, sie schmerzt, empört und entrüstet.
Laut Tzvetan Todorov, einem Mitarbeiter vom „Centre National de la Recherche Scientifique" in Paris[2], gab es um 1500 eine Erdbevölkerung von 400 Millionen Menschen. 80 Millionen davon bewohnten den Kontinent südlich des „Rio Grande", das heutige Lateinamerika und die Karibik. Siebzig Jahre später war die Bevölkerung auf zehn, bestenfalls zwölf Millionen reduziert. In Portugal lebten zur gleichen Zeit ungefähr eine Million, in Spanien oder England etwas mehr als drei Millionen Menschen.
Zählen wir noch die Millionen Schwarzen aus Afrika hinzu, die bei Sklavenjagden, auf Negertransportschiffen, in Bergwerken und auf Großplantagen unter grausamsten Verhältnissen starben, kommen wir zur tragischen Todesbilanz von mindestens einem Fünftel der damaligen

Weltbevölkerung. Diese Menschen fielen der Brutalität, dem Ehrgeiz und der grenzenlosen Gier derer zum Opfer, die ausgezogen sind, um dort unseren allerheiligsten Glauben einzuführen", wie Kolumbus an die spanischen Könige schrieb. Wir blicken auf den größten Holocaust in der Geschichte der Menschheit zurück! Schritt für Schritt wurden viele indigene Völker ausgelöscht. Wer sich diesen Tatsachen nicht stellen will, beschönigt und rechtfertigt und bringt fadenscheinige Erklärungen ein. Mit neuen sprachlichen Formulierungen werden vielfach wissenschaftlich belegte Fakten abgeschwächt, verbrämt, bagatellisiert.

Die „Conquista" wird zur „Entdeckung", obwohl der lateinamerikanische Kontinent damals bereits seit mindestens 40.000 Jahren bewohnt war. Die „Zerstörung von Kulturen" wird zu einer „Begegnung von Kulturen" und gepriesen wird die Zivilisation", die dank der Europäer in die „Neue Welt" gekommen sein soll. Für „Invasion und Eroberung" erfindet man den beschönigenden Begriff der „Friedensstiftung" mit dem Hinweis auf Stammesfehden unter den Urvölkern, auf ihre Ritualmorde und menschlichen Götzenopfer. Die historisch bekundeten Vernichtungskriege werden nun zu „Wechselfällen der Geschichte", für die letztlich niemand mehr verantwortlich gemacht werden kann, denn all diese Tatsachen – so sagt man – liegen Jahrhunderte zurück. Leichtfertig werden die Schuldigen in einer Anwandlung geheuchelter Toleranz von ihren Sünden losgesprochen, die ja „zeitbedingt" waren.

Dabei verstiegen sich diese Conquistadores so weit und bezeichneten die Gemetzel und schaurigen Vernichtungskriege als Handlungen „im Namen des allmächtigen Gottes der Güte". Denn „wenn wir gegen die Götzenverehrer kämpfen, die ja Feinde Christi sind, kämpfen wir für die Sache Christi!" Das sind Worte des Eroberers von Mexico, Hernán Cortez. Seine Feldzüge leiteten eine grausame Vernichtung ein. Von den 25 Millionen Azteken im Jahre 1519 überlebten 1600 nur mehr eine Million.

Nicht nur Gewalt und Krieg kosteten vielen Indios das Leben, auch verschiedene Epidemien entvölkerten ganze Landstriche. Die Epidemien waren aber nicht die „ausgegossenen sieben Schalen des Zornes Gottes" (vgl. Offb. 16,1) über die Eingeborenen, von denen Kolumbus in einem Bericht an den spanischen Hof schrieb: „So fügsam und friedlich sind diese Menschen, daß ich Euren Majestäten schwöre, es gibt auf der Welt kein besseres Volk. (. . .) Sie lieben ihre Nächsten wie sich selbst". Die Krankheitserreger wurden aus Europa eingeschleppt.

Lateinamerika blickt auf fünf leidervollte Jahrhunderte zurück. Zu beklagen sind Millionen Tote, die Schändung der Mit-Welt und die rücksichtslose Ausbeutung der Naturschätze. An diesem Weltskandal des größten Genozids der Menschheitsgeschichte und der Zerstörung der Mit-Welt ist die Kirche leider mitschuldig geworden. Mit allen Mitteln galt es „Seelen für Gott und Untertanen für den König" zu gewinnen und dabei schreckte man selbst vor der Folter nicht zurück. Es gab keine friedliche Begegnung der Kulturen von zwei Welten, kein freundliches Aufeinander-zu-Gehen, mit Respekt und Einfühlungsvermögen. Es gab keinen Dialog. Von Anfang an ging es darum, die Völker zu unterjochen und ihr kulturelles Anderssein zu zermalmen.

Der Weltskandal geht weiter. Raub und Plünderung werden bedenkenlos fortgesetzt und entziehen immer mehr Menschen die Lebensgrundlage. Die Bilanz nach 500 Jahren ist für Lateinamerika dementsprechend:

Von den 700 Millionen Einwohnern
– sind 70 Millionen Frauen, Männer und Kinder Analphabeten; (In Guatemala liegt die Analphabetenrate bei 45 %.)
– erhalten an die 150 Millionen Menschen kaum eine ärztliche Betreuung;
– knapp die Hälfte der Bevölkerung auf dem Kontinent lebt unter dem Existenzminimum. Sie haben keinen Zugang zu den überlebensnotwendigen Gütern.

Hinzu kommen die verheerenden Folgen der Umweltzerstörung. Ein ganzer Kontinent ist der totalen Verwertung ausgesetzt, der Umwandlung von Natur in Waren, denn es gilt, die Lasten der Auslandsverschuldung abzutragen.

Und die schwerste Last wird den indigenen Völkern aufgebürdet. Die Industriezivilisation dringt rücksichtslos in ihre Gebiete ein. Gewinnsucht und Macht multinationaler Konzerne und riesiger Agrarunternehmen kennen keine Grenzen. Straßen werden quer durch Indianerreservate geschlagen, elektrische Hochspannungsleitungen durch ihr angestammtes Land gezogen, weitere Gebiete von Stauseen überflutet.

Bulldozer und Transportlaster rollen weiter und zerstören die von den Indianern besungenen „ewigen Wälder". Der Wildbestand ist stark vermindert. Eingeschleppte Infektionskrankheiten bringen Elend und Tod. In den verseuchten Flüssen verenden die Fische und sogar das Baden birgt tödliche Gefahren. Der Indianer soll nicht leben, denn seine Lebensweise verhindert den Fortschritt. In diesem Kontext werden 500 Jahre „Entdeckung" festlich begangen. Können fünf Jahrhunderte der Unterdrückung Anlaß für einen Festakt sein?

Seit 500 Jahren wird Jesus in all diesen ausgebeuteten und mißachteten Menschen gegeißelt und ans Kreuz geschlagen. Menschenverachtende Systeme bringen diesen Menschen den Tod und versagen ihnen Befreiung und Auferstehung. Tod kann und darf nicht gefeiert werden. Nur Leben in Fülle für alle Menschen kann Anlaß für Freude und Jubel sein.

Die Kirche folgte nicht immer dem Auftrag des Evangeliums. Die Verpflichtungen gegenüber der spanischen und portugiesischen Krone waren vorrangiger als die Nöte der Indianer, Negersklaven und Armen. Und dennoch gibt es in der Finsternis und im Todesschatten leuchtende Sterne am Himmel Lateinamerikas. Zu jeder Zeit hat der Geist Gottes Propheten berufen. Er hat durch sie die Menschen zu Umkehr, Buße und zur Rückkehr zum Evangelium aufgefordert. Viele wurden zu kompromißlosen Verteidigern der Menschenrechte und traten entschlossen gegen Brutalität und Mißachtung der Menschenwürde auf. In Predigten und Schriften prangerten sie mutig und erschrocken Staat und Kirche an oder gaben schlicht Beispiel eines aufopfernden Lebens das sich radikal am Evangelium orientierte.

Während der Conquista und danach haben diese prophetischen Gestalten den Mächtigen in Staat und Kirche ins Gewissen Las Casas, Antônio de Montesinos, geredet. Bartolomé de um nur einige zu Pedro de Córdoba, Antônio Vieira, erwähnen. Bewußt haben sie sich auf die Seite der unterdrückten Ureinwohner gestellt, obwohl sie deshalb als Außenseiter angesehen und aus ihren eigenen Reihen angefeindet wurden. Keine Schikanen konnten sie davon abhalten für Recht und Gerechtigkeit einzutreten wenngleich sie deswegen verurteilt, eingekerkert, des Landes verwiesen wurden.

Und die Propheten der ersten Stunden Lateinamerikas haben bis zum heutigen Tag ihre Nachfolger. Die Verfolgung hat kein Ende gefunden. Propheten wurden zu Märtyrern: Bischöfe, Priester Ordensleute und unzählige Laien, deren Namen wir gar nicht alle kennen. Sie gaben ihr Leben, um des Reiches Gottes willen und seiner Gerechtigkeit. Erzbischof Oscar Arnulfo Romero ist das ergreifendste Beispiel des Propheten und Märtyrers der jüngeren Vergangenheit. Er starb während der Eucharistiefeier am Altar. Als er Brot und Wein als Opfergabe zum Himmel erhob, wurde er selbst zur Opfergabe für Lateinamerika und das Volk der Armen und Ausgegrenzten. Sein Martyrium scheint zu geringfügig, um ihn in die Reihe der Seligen oder Heiligen aufzunehmen. Jesus aber hat ihn schon „am Abend vor seinem Leiden" heiliggesprochen, als er den Jüngern erklärte: „Es gibt keine größere Liebe, als wenn jemand sein Leben für seine Freunde hingibt". (Joh. 15, 13) Das Volk in Lateinamerika hat ihn und alle anderen Märtyrer-Propheten, die an der Seite der Armen und Indianer ihr Blut vergossen, längst zu seinen himmlischen Fürsprechern erklärt.

Das Blut unserer Märtyrer ist Vermächtnis und zugleich Auftrag für uns alle, den Weg weiterzugehen und nicht nur geographisch den Standort wechseln vom noblen Stadtzentrum ins Elendsviertel. Mehr ist von uns gefordert: ein sozialer, spiritueller und kultureller Exodus, ein Auszug aus einer von Mauern abgeschirmten Kirche zur Kirche als Volk Gottes der Armen und Ausgegrenzten.

Ich komme direkt aus Santo Domingo, von der IV. Vollversammlung des Lateinamerikanischen Episkopats, an der ich als Delegierter der Brasilianischen Bischofskonferenz (CNBB) teilgenommen habe. Aktuelle Problembereiche, die von den Bischöfen eingerbacht wurden, waren die thematischen Schwerpunkte der 30 Kommissionen. Mit Vertretern aus 8 Ländern (Bolivien, Brasilien, Cuba, Curaçâo, Guatemala, Panama, Paraguay, Peru) arbeitete ich in jener Kommission mit, die für das Bedenkjahr 1992 und die künftige Pastoralarbeit von besonderer Bedeutung ist: die Kulturen der indigenen Völker, der Afroamerikaner und Mestizen.

Ausgehend von der Realität dieser marginalisierten Bevölkerungsgruppen haben wir dem Plenum ein Dokument zur Abstimmung unterbreitet, in dem wir unseren weiteren Einsatz an der Seite der indigenen Völker, der Afroamerikaner und Mestizen dargelegt haben. Die Kultur ist der spezifische Ort, von dem aus jede soziale Gruppe ihr Leben gestaltet, ist der Ort des Widerstandes gegen den Tod und für den Kampf um Leben, ist der Ort der Eigenständigkeit. Kultur bildet sich durch Arbeit, Ruhe, Feiern und Kontemplation. Durch sie verwirklicht sich der einzelne und die Gruppe.

Lateinamerika ist ein pluri-ethnischer und pluri-kultureller Kontinent. Bis in die Gegenwart wird diese Vielfalt und das kulturelle Anders-Sein nicht anerkannt. Die Urbevölkerung, die lange bevor das Kreuz Christi eingepflanzt wurde, den Kontinent bewohnte, zählt heute an die 50 Millionen. Die indigenen Völker haben ganz besondere menschliche Werte hervorgebracht wie Solidarität, Gastfreundschaft, Großherzigkeit und „die Überzeugung, daß sich das Böse mit dem Tod und das Gute mit dem Leben identifiziert" (Johannes Paul II. Santo Domingo, 13.10.1992). Diese Werte sind Frucht der Gegenwart Gottes, bereits bevor die ersten Evangelisatoren nach Amerika kamen.

Die Kirche hat sich zwar für das Überleben der bedrohten Völker eingesetzt und das Unrecht angeprangert, dennoch nicht den Dialog gesucht und die Spuren des Wortes Gottes in den Kulturen wahrgenommen. Wir sind aufgerufen zu einem respektvollen, einfühlenden, freundschaftlichen, solidarischen Zugehen auf die verachteten Kulturen der indigenen Völker Lateinamerikas und laut zu bekennen: Erravimus! Agnoscamus peccata nostra! Wir haben Fehler begannen! Wir wollen bekennen, daß wir gesündigt haben!

Die Schuld einzugestehen, bedeutet weder Selbstzerfleischung noch Nestbeschmutzung. Kritische Worte sind keine Steine auf Missionare der Vergangenheit und bedeuten auch keine Anklage an die Kirche, für Leid und Grausamkeit allein verantwortlich zu sein.

Ganz bewußt wollen wir uns im Sinne des Evangeliums für diese Völker einsetzen, deren Leben noch immer durch ein ausbeutendes und unterdrückendes System gefährdet ist.

– Wir bewahren die Schöpfung, die den Indianern heilig ist.
– Wir fordern die Rückerstattung ihres angestammten Landes und dessen Demarkierung und Garantie.
– Wir achten die Würde der Indianer und schätzen ihre Kultur.
– Wir setzen uns für die kulturell anderen in liebender Solidarität ein.
– Wir bemühen uns um den geschwisterlichen Dialog und achten das religiöse Empfinden der Indianer.

In dem Maß, in dem die Indianervölker auf dem ganzen Kontinent eine Perspektive für ihr Überleben in Würde und Gerechtigkeit, also für das Reich Gottes sehen, werden auch die anderen – die Afroamerikaner, die Mestizen, die Bauern ohne Land, die Straßenkinder, die herabgewürdigten Frauen, die Arbeitslosen, die Entwurzelten, die Armen – einen Weg der Hoffnung und neue Lebensperspektiven finden. Alle gehören zum messianischen Volk, das aufgerufen ist, die Welt in Christus zu gestalten und zu erneuern.

Damit bald der Tag anbricht, an dem „der Tod nicht mehr sein wird, keine Trauer, keine Klage, keine Mühsal" (Offb 21,4) und das Wort des hl. Paulus in Erfüllung geht: „Auch die Schöpfung soll von der Sklaverei und Verlorenheit befreit werden zur Freiheit und Herrlichkeit der Kinder Gottes."(Röm 8,21)

Seit Jahren gilt mein Einsatz in der Prälatur Xingú und im Auftrag des Indianermissionsrates der Brasilianischen Bischofskonferenz den Anliegen der Indios und Afro-Amerikaner, der Landarbeiter und Straßenkindern, der marginalisierten Frauen und benachteiligten Männern, und ich bemühe mich, den Stimmlosen und Ausgegrenzten auch auf internationaler Ebene meine Stimme zu leihen.

In diesem Sinne nehme ich das Ehrendoktorrat im Namen all jener Kinder und Jugendlicher, Frauen und Männer entgegen, deren Leben täglich bedroht ist, deren Namen in der Weltöffentlichkeit unbekannt sind, deren Forderungen übergangen werden, deren Schreie ungehört bleiben.

Anmerkungen:

[1] de Las Casas, Bartolomé. Obras Escogidas I-V. ed. por Juan Pérez de Tudela 8uesco (Biblioteca de Autores Españoles 95/96: Historia general de las Indias.)
[2] Todorov, Tzvetan. Die Eroberung Amerikas. Das Problem des Anderen. Suhrkamp Verlag. 1985: Frankfurt am Main.

Anschrift des Verfassers:

Dr. h.c. Erwin Kräutler
Bischof vom Xingú
Av. Joao Bessoa, 1212
Caixa Bostal 051
BR-68370 Altamira BA

BEITRÄGE
DER RINGVORLESUNG

AXEL BORSDORF

Räumliche Dimensionen der Krise Lateinamerikas

Problemstellung

Diese Ringvorlesung ist überschrieben mit dem Titel „Lateinamerika – Krise ohne Ende?". Wenn auch am Ende ein Fragezeichen steht, bezieht sich dieses nur auf die *Dauer* der Krise; aber daß es eine solche gibt, wird in dieser Formulierung vorausgesetzt. Da in der Wissenschaft vor allem die Voraussetzungen eines logischen Gedankenganges auf ihre Richtigkeit und Tragfähigkeit überprüft werden müssen, nehme ich an, daß alle Vortragenden dieser Ringvorlesung die Ausgangshypothese zu testen haben, manche werden sie zu falsifizieren suchen, andere zu verifizieren. Auch der Geograph wird sich mit der These einer existenten Krise in Lateinamerika auseinandersetzen müssen und – vorausgesetzt, er ortet krisenhafte Symptome – im Sinne des Themas die Dauer dieser Krise einschätzen und Überwindungsstrategien aufzeigen müssen. Der spezifische Beitrag der Geographie besteht darin, die regionalen Strukturen und Dimensionen einer solchen Krise im Raum darzustellen.

Methodische Reflexion

Der Geograph ist gewohnt, in verschiedenen Maßstäben zu denken. Einschränkend muß zunächst festgestellt werden, daß sein Interesse jedoch maßstäblich begrenzt ist. Was jenseits eines Maßstabs von 1:100 Mio. liegt, interessiert ihn ebensowenig wie die Phänomene, die sich in größeren Maßstäben als 1:10 darstellen. Geographen beschäftigen sich demnach weder mit Phänomenen, die sich außerhalb unserer Atmosphäre darstellen, noch mit solchen, die unterhalb der Größe eines Hauses liegen. Wie es in einem Haus aussieht, wie die betriebswirtschaftliche Binnenstruktur einer Produktionsstätte organisiert ist oder wie die Kristallstruktur eines Minerals aussieht, liegt außerhalb des geographischen Interesses, und selbst, wenn sich Geomorphologen mit Kleinformen etwa des Karstes beschäftigen, tun sie es nur, um einem Phänomen, das sich im kleineren geographischen Maßstab abspielt, auf die Spur zu kommen. Maßstäblich ist das Interesse der Geographie also begrenzt, dennoch bleibt genug zu tun: Die mögliche Spannbreite der verbleibenden Maßstäbe ist noch so groß, daß es dem Laien manchmal nicht verständlich ist, warum sich manche Geographen mit globalen Problemen wie den Schwankungen des Erdklimas oder mit dem unterschiedlichen Entwicklungsgrad der verschiedenen Kulturräume beschäftigen, andere dagegen sehr genau die funktionale Differenzierung einer Straße von Innsbruck oder Struktur und Genese eines einzigen Bergsturzes aufnehmen. Manche Geographen versuchen gar, Phänomenen auf die Spur zu kommen, indem sie sie in unterschiedlichen Maßstäben, man könnte auch sagen, mit unterschiedlich stark vergrößernden bzw. verkleinernden Brillen untersuchen. Dabei führt die Untersuchung im kleinen, d. h. weltweiten Maßstab, naturgemäß zu Generalisierungen, weil manche Einzelphänomene nicht mehr erkannt werden, statt dessen erschließen sich viele große Zusammenhänge. Derartige Analysen haben meist einen starken Theoriebezug und führen schnell zu Modellen, denen allerdings – wie es schon in der Natur der Modellbildung liegt – eigen ist, daß sie nur vergröberte Abbilder der Realität sind. Studien im großen, d. h. lokalen Maßstab dagegen führen meist zu sehr idiographischen Ergebnissen, die zwar für das ausgewählte Untersuchungsgebiet gelten mögen, deren Übertragbarkeit auf andere Räume jedoch zweifelhaft ist.

Im Rahmen dieser Reflexion soll ein Weg beschritten werden, den man auch als *geographische Mehrebenenanalyse* bezeichnen könnte, in dem, ausgehend von einer ersten noch groben globalen Sicht, das Gesichtsfeld bis auf die lokale Dimension immer mehr verengt wird. Dabei

werden nach und nach immer neue Facetten der Krise Lateinamerikas sichtbar. Die einzelnen maßstäblichen Dimensionen, in denen die Ausgangsfragestellung untersucht werden soll, sind
- die globale Dimension,
- die kontinentale Dimension,
- die Dimension des lateinamerikanischen Kulturerdteils,
- die nationale Dimension
- und schließlich die lokale Dimension.

Es versteht sich im Hinblick auf diese Aufgabe von selbst, daß die gesamte Komplexität nicht dargestellt werden kann und daß auf den einzelnen Ebenen jeweils nur einige typische Phänomene und Probleme herausgegriffen und exemplarisch dargestellt werden können.

Wie schon festgestellt wurde, ist die globale Sicht meist in der Nähe theoretischer Vorstellungen angesiedelt. Man kann beobachten, daß im globalen Maßstab deduktive Ansätze überwiegen und mit größer werdendem Maßstab die induktive Vorgehensweise von wachsender Bedeutung ist. Dagegen besitzt der hermeneutische Erkenntnisweg auf allen Ebenen eine gleich gute Eignung.

Im globalen Maßstab soll von Überlegungen ausgegangen werden, die sich an theoretische Vorstellungen knüpfen, die von dem Norweger Johan Galtung, einem der führenden zeitgenössischen Konfliktforscher, entwickelt worden sind (*Galtung* 1993). Galtung erweitert die frühere Theorie Max Webers, der wirtschaftliches Wachstum auf die kausale Verbindung der kapitalistischen und industriellen Kultur mit dem protestantischen Wirtschaftsethos zurückführt, um einige Faktoren, in dem er feststellt, daß sich die wirtschaftliche und politische Potenz der großen Machtzentren der Erde auf die vier Faktoren
- harte Arbeit
- Sparwille
- Gier
- Rücksichtslosigkeit

gründen. Idealtypisch sind diese vier Qualitäten – so konstatiert Galtung ganz im Sinne Webers – bei den Protestanten ausgeprägt.

Lateinamerika im globalen Maßstab

Teilt man die Welt nach den Himmelsrichtungen in vier Blöcke, so zeigt sich, daß der Nordwesten der Welt durch dieses Arbeitsethos, das auf der protestantisch-calvinistischen Prädestinationslehre beruht, gekennzeichnet ist. Er umfaßt die Räume Angloamerikas, Nord-, Süd- und Mitteleuropas, die überwiegend protestantisch geprägt sind oder in denen das protestantische Wirtschaftsethos aufgrund der räumlichen Nähe zum Katholizismus, diesen mit beeinflußt hat. Der Orthodoxie fehlen einzelne Elemente, vor allem die Gier, im Islam ist der Wille zu harter Arbeit oder zum monetären Sparen weniger stark ausgeprägt. Die von Orthodoxie oder Islam geprägten Räume rechnet Galtung schon zum Nordosten, der weltpolitisch und weltwirtschaftlich schwächer besetzt ist. Im Rahmen unseres Gedankenganges würde es zu weit führen, diesen Raum – so wie Galtung es tut – weiter zu differenzieren.

Schauen wir statt dessen in den Südosten. Dort haben sich im Galtungschen System China, Korea, Vietnam und vor allem Japan etabliert, Mächte, denen – anders als es Max Weber wahrhaben wollte – die vier dem Protestantismus zugeschriebenen Qualitäten keineswegs fehlen, da sie auch dem konfuzianischen Buddhismus eigen sind, und die daher mit unterschiedlichem Tempo auf dem Weg sind, wirtschaftliche und politische Weltmächte zu werden.

Den Rest der Welt bildet in diesem einfachen Koordinatenkreuz, das Galtung, der letztlich zu sieben Großregionen kommt, allerdings noch weiter differenziert, die Dritte Welt, also Lateinamerika, Afrika und Westasien. Die Vorstellung von einer Vierteilung der Welt in unterschiedliche Basis-Geisteshaltungen wurde hier natürlich bemüht, um die Lage und Bedeutung Lateinamerikas im globalen System deutlich zu machen. Über Jahrzehnte wurde die politische Weltkonstellation ausschließlich in der West-Ost-Richtung gesehen, bis sich die Erkenntnis eines überlagernden Nord-Süd-Konfliktes durchsetzte. Beide Einteilungen werden der heutigen komplexen globalen Situation nicht mehr gerecht.

Die Zugehörigkeit Lateinamerikas zum Südwesten des Weltsystems und damit zu einem der beiden wirtschaftlich weniger entwickelten Großräume resultiert aus der dort ausschließlich herrschenden Geisteshaltung. Demnach kann das ewige Leben allein aus dem praktizierten Glauben und der Fürsprache von Heiligen erlangt werden, und der Wohlstand auf Erden stellt eine vergängliche Größe dar. Wie sich im kulturraumspezifischen Maßstab noch zeigen wird, herrschen bis heute teilweise noch rentenkapitalistische Formen vor, die der Entwicklung eines produktiven Kapitalismus entgegenstanden.

Aufgrund der spezifischen Geisteshaltung des Nordwestens und Südostens, die sich nach Galtung mit den vier Begriffen: harte Arbeit, Sparen, Gier und Rücksichtslosigkeit kennzeichnen läßt, versuchen diese naturgemäß, ihren Einfluß auf die weniger starken Regionen auszudehnen. Lateinamerika unterliegt dabei zunächst dem Expansionsdruck der US-Amerikaner, zunehmend aber auch ostasiatischem, vor allem japanischem Einfluß. Davon betroffen sind vor allem die zentralamerikanischen Staaten und die Pazifikstaaten Südamerikas. Mechanismen der ökonomischen Penetration sind vordergründig Kapitalinvestitionen, Filialbetriebe der transnationalen Unternehmen und Auslandskredite, aber nicht so offensichtlich auch die Politik des IWF und der Weltbank, die ja aus der Geisteshaltung des Nordwestens heraus geboren wurden.

Global gesehen sind demnach die großen Disparitäten im Weltwohlstand als Kennzeichen der lateinamerikanischen Krise zu orten, wobei sich Lateinamerika nur schwer aus eigener Kraft vor den Penetrationen der USA und Europas einerseits und der ostasiatischen Staaten schützen kann.

Die kontinentale Dimension

In der zweiten räumlichen Dimension, dem kontinentalen Maßstab, springt die ökonomische und politische Dichothomie der USA gegenüber den lateinamerikanischen Staaten ins Auge, wobei die Vereinigten Staaten seit der 1823 verkündeten Monroe-Doktrin Lateinamerika zu ihrer Interessensphäre zählen. Zu den Grundlagen des US-amerikanischen *way of life* gehört das geradezu absolut aufgefaßte Recht zur Selbstentfaltung und zum Durchsetzen der eigenen Ansprüche im Streben nach persönlichem Glück und Erfolg, d. h. vor allem nach materiellem Glück und Erfolg (Holzner 1993, S. 5). Dies gilt sowohl für den einzelnen Bürger als auch für das Selbstverständnis des Staates. Das amerikanische Demokratieverständnis beruht auf einem ausgeglichenen System der Selbstsucht jedes Menschen, der, wie Adam Smith (1776) formulierte, wenn er auf sein eigenes Wohl bedacht ist, das Wohl der Gemeinschaft stärkt. Daß ein solches System nur unter Gleichberechtigten, und das heißt hier auch Gleichbesitzenden, funktioniert, liegt auf der Hand. Wer keinen Landbesitz hatte, dem war bis 1860 das Wahlrecht verwehrt. Materieller Wohlstand war die Voraussetzung zur Teilnahme am politischen Leben. Aus ihm resultierte das Grundrecht des Bürgers auf Leben, persönliche Freiheit und Unabhängigkeit.

Die bis heute spürbare Verachtung der US-Amerikaner gegenüber ihren armen Vettern im Süden und die Inanspruchnahme des Rechtes durch die USA, in das innenpolitische Geschehen der Staaten Zentralamerikas und der Karibik, aber auch Südamerikas nach eigenem Gutdünken einzugreifen, beruht auf diesem Demokratieverständnis. Auch seine Wurzeln liegen in der Prädestinationslehre und sind daher religiös abgesichert. Die katholischen Amerikaner im Zentrum und Süden des Kontinents konnten dies weder verstehen noch konnten sie Gegenstrategien entwickeln.

Von Natur aus, wie wir noch sehen werden, mit Ressourcen, unterschiedlichen Klimaten und mit Fläche weit besser ausgestattet als die USA (was bereits durch die Verteilung der

vorkolumbischen Hochkulturen ausschließlich im heute lateinamerikanischen Raum recht augenfällig demonstriert wird), mit einem historischen Vorsprung von zweihundert Jahren und einem nach der Anlage und Struktur des Siedlungssystems weit besser – und vor allem weit europäischer – organisierten Raumes fiel Lateinamerika im 19. Jahrhundert rasch hinter die Vereinigten Staaten zurück. Und dies nicht nur wegen der nur fünfzig Jahre länger währenden Kolonialzeit, sondern wegen der unterschiedlichen Geisteshaltung.
Das hegemoniale Selbstverständnis der Nordamerikaner gegenüber ihren Vettern im Süden ist eine der Basisbedingungen der gegenwärtigen lateinamerikanischen Krise.

Die Dimension des lateinamerikanischen Kulturerdteils

Die Peripherisierung im Weltmaßstab und die unfreiwillige Unterordnung unter nordamerikanische Hegemonialansprüche in der kontinentalen Dimension sind, wie wir gesehen haben, wichtige exogene Faktoren der Problematik Lateinamerikas. Ebenso wichtig sind aber die innenbürtigen Kräfte, die teils als Rahmenbedingungen, teils als Symptome, teils auch als Ursachen der Gegenwartskrise Lateinamerikas angesehen werden können.
Bleiben wir zunächst noch eine kurze Weile bei den politisch-geographischen Grundstrukturen. Der lateinamerikanische Raum ist weder politisch noch kulturell einheitlich. Die wohl entscheidendste Trennlinie entstand 1494, noch vor Entdeckung der großen kontinentalen Dimensionen durch die Europäer, auf der Basis des Vertrags von Tordesillas, in dem sich die beiden internationalen Seemächte Portugal und Spanien auf die Trennung der Welt in zwei Interessensphären einigten. Die Demarkationslinie verlief meridional durch Südamerika und teilte diesen Subkontinent, der damals freilich noch gar nicht entdeckt war, per Federstrich im fernen Europa in eine portugiesische und eine spanische Hälfte, was allerdings nicht wörtlich zu nehmen ist. Portugal hatte den kleineren Teil erhalten, war damit aber in der Folge durchaus zufrieden. Anders als die Spanier kamen sie als Fernhändler in die Neue Welt, die zunächst vor allem Funktionen als Zwischenhafen für die Ostindienfahrer zu erfüllen hatte. Erst allmählich entstanden in der Nähe der Küstenstützpunkte, vor allem im Nordosten einige Zuckerrohrplantagen. An eine Agrarkolonisation des Hinterlandes aber wurde nicht gedacht. Gegenüber den Eingeborenen sicherte man sich mit Geschütz und Befestigung, in gleicher Weise übrigens auch gegenüber konkurrierenden See- und Handelsmächten, an denen es auf dem Atlantik ja nicht mangelte. Erst im 19. Jh. wurde allmählich das Hinterland von Sao Paulo erschlossen und in ein blühendes Kaffeeland verwandelt, bevor die Sojabohne auf riesigen Flächen der frostgefährdeten Kaffeebohne gefolgt ist. Manaus blieb auch zur Zeit seiner großen auf der Kautschuk-Sammelwirtschaft beruhenden Blüte ein isolierter Außenposten der Zivilisation. An eine Erschließung Amazoniens wurde erst in der zweiten Hälfte des 20. Jahrhunderts gedacht.
Dies war im spanischen Hoheitsbereich ganz anders. Die Spanier kamen als Eroberer und nicht als Händler. Sie wollten nicht nur die Bodenschätze, sondern das ganze Land, und zwar für immer. Das eroberte Gebiet muß natürlich auch verwaltet werden. Dies ging, nach Auffassung der Spanier, am besten vom Zentrum des Landes aus, so kannten sie es ja auch von ihrem eigenen Staat. Die spanisch-amerikanischen Hauptstädte liegen – mit Ausnahme der jüngeren Hauptstädte Buenos Aires und Montevideo – daher immer in einiger Entfernung von der Küste im Binnenland. Die spanische Kolonisation schloß aber eine Urwaldkolonisation nicht mit ein, und daher blieben, wie schon bei den Inka und Chibcha, die Waldländer Südamerikas im Amazonasgebiet und in Südchile unberührt. Dies gilt im wesentlichen auch für die Karibik und für Mittelamerika, was später die Tätigkeit der Flibustier und Freibeuter sehr erleichtern sollte und die Mosquitoküste und Belize neben manchen Eilanden zu englischen Sprachinseln machte.
Wie sie es von ihrem Mutterland gewohnt waren, legten die Spanier die Hauptstädte ihrer Kolonien in deren Herzen, also im Binnenland an. Um die Verbindung nach Spanien zu gewährleisten, bekam jede Hauptstadt einen ihr zugeordneten Hafen, als Schnittstelle zum Heimatland sozusagen. Diese Symbiose zwischen Handelszentrum am Meer und Verwal-

tungszentrum im Binnenland ist für alle frühen Kolonien kennzeichnend: Mexiko-Stadt hatte Veracruz, Bogotá Cartagena, Quito Guayaquil, Lima Callao und Santiago Valparaiso. Strenggenommen war Callao auch der Hafen für Asunción, die Hauptstadt der Gobernación Río de la Plata, obwohl Buenos Aires die kürzere Verbindung zum Mutterland dargestellt hätte. Aber Spanien mußte den Handel auf einige wenige Hafenstädte fokussieren, um die Kontrolle zu behalten. Callao war daher der einzige zugelassene *puerto habilitado* des zentralen und südlichen Südamerika, über den der gesamte Handel abgewickelt wurde. Dies allein bedingte bereits eine disparitätische Entwicklung zwischen den nun entgegen aller geographischen Erfahrung dem Heimatland künstlich nähergerückten andinen Länder und der atlantischen Seite, die erst nach Freigabe des Handels 1776 und dann vor allem im 19. Jahrhundert ihr Entwicklungsdefizit aufholen konnte. Zu diesem Zeitpunkt war auch bereits in der *Banda Oriental* der Staat Uruguay als Pufferstaat zwischen dem portugiesischen und dem spanischen Kulturbereich entstanden, der ebenso wie Argentinien eine Hauptstadt bekam, die ebenfalls zugleich Hafenstadt war. Buenos Aires und Montevideo sind daher auch bis heute die lebendigsten Handelsstädte Spanisch-Amerikas geblieben, während die übrigen Metropolen des spanischsprachigen Raums die alte Dominanz der Verwaltungsfunktion beibehielten und in einer gewaltig aufgeblähten Bürokratie nach spanischem Muster zu ersticken drohen. Auch dies ist ein Ergebnis der kolonialen Raumentwicklung und eines der großen Entwicklungsprobleme im spanischen Kulturkreis der Neuen Welt.

Untergeordnet wie der Handel blieb auch der Agrarraum in Spanisch-Amerika. Die *encomenderos*, die von der Krone entlehnten Landbesitzer, aus denen später die *hacienderos* wurden, übernahmen mit ihrem Landbesitz auch die Verpflichtung, ihren Wohnsitz in der Stadt zu nehmen, um dort im cabildo, der Bürgerschaft, ihre Funktionen auszufüllen. Die Vernachlässigung des Agrarraumes und der Absentismus haben dort ihre Wurzel. Es entstand nahezu zwangsläufig hieraus eine Wirtschaftshaltung, die dem Rentenkapitalismus gleicht: Landbesitz wird nicht als Produktionsfaktor gesehen, sondern lediglich als Prestigeobjekt. Je größer das Eigentum, desto größer war der politische Einfluß. Das Einkommen war ohnehin gesichert. Große Teile der Hazienda konnten verpachtet werden und brachten so mühelos zu erwirtschaftende Renten. Die Halb- und Viertelspächter ihrerseits aber hatten auch wenig Interesse an einer produktiven Wirtschaftsweise, da die Hälfte oder Dreiviertel der Produktion an den Grundherrn abgegeben werden mußten, so daß sie zufrieden waren, wenn ihnen die landwirtschaftliche Erzeugung gerade das Überleben sicherte. Die sich auf dem flachen Lande ausbreitende Lethargie, die bis heute anhält, ist eine der Ursachen der Landflucht.

Bedingt durch die relativ geringe Erschließung des Hinterlandes, aber auch durch die relativ geringe Präsenz des Mutterlandes in der Kolonie, regten sich auf Unabhängigkeit zielende Kräfte in Brasilien erst spät. Diese Gründe waren es auch, die Brasilien als einen der beiden großen Flächenstaaten in das heutige politische Gefüge Lateinamerikas eingehen ließen. Der andere große Flächenstaat ist Mexiko, das Kernland des Vizekönigreiches Neu-Spanien. Beide Staaten beanspruchen heute die politische Führungsrolle in Lateinamerika, die angesichts ihrer ökonomischen Probleme allerdings auf relativ geringe Akzeptanz stößt. Die anderen Vizekönigreiche Spaniens in der Neuen Welt zerfielen nach der Unabhängigkeit in unterschiedlichem Ausmaß, z. T. bis auf die Größe der Generalkapitanate oder gar der Audiencias. So ist das System unterschiedlich großer Staaten in Lateinamerika zu verstehen. Nicht nur flächenmäßig, sondern auch demographisch und politisch sind die Länder der zentralamerikanischen Landbrücke Zwergstaaten geblieben. Von seinen mörderischen Kriegen hat sich auch Paraguay nicht erholen können. Dort überlebten den Chacokrieg nur 12.000 Männer, was den Binnenstaat zu einem politischen Niemand in Lateinamerika machte. Weniger politisch als ökonomisch haben sich Chile und Venezuela eine gewisse Sonderstellung erarbeiten können. Dagegen hat Argentinien unter der zweiten Herrschaft Peróns und seiner Frau Isabelita und der folgenden Militärherrschaft seine früher wichtige Rolle fast ganz eingebüßt, hofft unter Meném allerdings auf gewisse Chancen einer Rehabilitation. Die sozialistischen Experimente in den Guayanastaaten, aber auch in Peru haben diese Länder sehr zurückgeworfen und machen sie zu Treibgut ihrer eigenen wirtschaftlichen Probleme. So sind Bolivien, Peru und die Guayanastaaten trotz vieler Ressourcen wirtschaftliche Habenichtse und haben in Lateinamerika auch politisch heute kaum Gewicht.

Allem vordergründigen Anschein zum Trotz sind die Staaten Lateinamerikas schwache Gebilde. Dies geht auf verschiedene Ursachen zurück, die im größeren Maßstab unserer Analyse noch näher betrachtet werden sollen, wobei unser Augenmerk dem politischen System und der staatlichen Verwaltungsorganisation gelten soll. Eine der Ursachen der Schwäche der Staaten ist auch, daß ihnen andere flächenhafte Systeme gegenüberstehen, deren Interessen denen des Staates teilweise antithetisch gegenüberstehen. Dies sind zunächst die Völker, deren vitale Interessen oft nur zu einem geringen Teil von den Staaten vertreten werden, aber auch die transnationalen Unternehmen oder Organisationen – und hier müssen in einem Atemzug exemplarisch die Kirche und die Mafia genannt werden.

Zunächst soll die ethnische Dimension des Kulturerdteils betrachtet werden. Im kleinen Maßstab zeigt sich die ethnische Struktur Lateinamerikas relativ einheitlich. Symbolisch steht dafür der in allen Ländern gefeierte *Día de la Raza,* der Tag der gemeinsamen Kultur, der am 12. Oktober, dem Jahrestag der Entdeckung durch Kolumbus, gefeiert wird. Tatsächlich bestehen, oberflächlich betrachtet, keine rassischen Konflikte oder Ressentiments. Dies beruht bereits auf der Kolonialzeit, als die großen Konquistadoren sich mit indianischen Prinzessinnen vermählten und die Encomenderos unzählige uneheliche Kinder mit ihren indianischen Bediensteten zeugten, um viele, ihnen ergebene und arbeitssame mestizische Arbeitskräfte auf den Landgütern zu haben.

Im größeren Maßstab und aus größerer Nähe betrachtet, ist der Kulturerdteil dennoch ethnisch gegliedert. Es gibt sehr wohl gewisse Rassenschranken, wenn auch nicht so ausgeprägt wie in Nordamerika oder in anderen ehemaligen europäischen Kolonialräumen. Dort, wo die Plantagenwirtschaft eingeführt wurde, also in den tropischen Räumen der Karibik, Lusoamerikas, der Guayaländer und der tropischen Tiefländer des andinen Spanisch-Amerika finden wir große schwarze Bevölkerungsanteile, denen es nur in einigen inzwischen rein schwarzen Antilleninseln gelungen ist, den Sprung in die Oberschicht zu schaffen. Schon in den Guayanastaaten, die nach Abschaffung der Sklaverei asiatische Arbeitskräfte einführten, sind ihnen die Javaner oder Inder sozial überlegen, ganz abgesehen von den südamerikanischen Staaten, wo Schwarze keine Chance haben, in hohe Regierungsämter aufzusteigen. Dies ist auch für die letzten reinrassigen Indios kaum möglich, die in den Indianerstaaten Guatemala, Paraguay, Bolivien, Peru und Ecuador noch die Bevölkerungsmehrheit stellen. Der außertropische Süden Südamerikas ist nach den Indianerjagden der *Reconquista del Desierto* heute entweder fast vollständig weiß wie in Argentinien oder Uruguay oder, wie im Fall Chiles, mestizisch mit starkem weißen Blutanteil.

Eine Nationenbildung, die aus den lateinamerikanischen Ländern Nationalstaaten im europäischen Sinn gemacht hätte, ist jedoch nicht erfolgt. Nur zum Teil ist dafür die politische Instabilität der Grenzen verantwortlich zu machen. Chile z. B. gewann vor rund einhundert Jahren im Salpeterkrieg seine Nordprovinzen von Peru und Bolivien hinzu, wodurch dem Staatsverband völlig neue Ethnien hinzugefügt wurden, es verlor im Gegenzug den Ostteil Patagoniens an Argentinien. Panamá entstand durch Absplitterung von Kolumbien auf US-amerikanischen Druck hin 1904, und Paraguay erhielt seine heutigen Grenzen erst vor rund 60 Jahren. Es gibt kaum einen lateinamerikanischen Staat auf dem Kontinent, der nicht Grenzstreitigkeiten mit seinen Nachbarstaaten hätte.

Die Schwäche vieler Staaten geht auf den immanenten Interessenkonflikt mit den von ihnen nur unzureichend vertretenen Völkern zurück, die im Laufe der Entwicklung nach dem II. Weltkrieg immer mehr Selbstbewußtsein entwickelt haben. Exemplarisch ist dies an den Maya zu sehen, deren Verbreitungsgebiet von den Staatsgrenzen Mexikos, Guatemalas und Honduras willkürlich zerschnitten wird, und die sich inzwischen in eigenen Interessenverbänden organisiert haben und auf ihre Rechte pochen. Auch unter den anderen vorkolumbischen Völkern, den

Ketschua, Aymara, Guaraní, ja auch den Araukanern und den brasilianischen Indios ist ein neues Selbstbewußtsein gegenüber den Staaten festzustellen. In Brasilien hat der Konflikt Ausmaße angenommen, die manche Beobachter von einem staatlich geförderten oder zumindest geduldeten Genozid sprechen ließen, wie es etwa im letzten Jahrhundert an den argentinischen Pampaindianern geübt worden ist.

Transnationale Unternehmen, deren Konzernzentren in den Industriestaaten liegen, haben naturgemäß andere Interessen als die Staaten Lateinamerikas. Dennoch werben diese um ausländische Direktinvestitionen, um ihr Sozialprodukt zu steigern und Arbeitsplätze zu schaffen. Ist die Investition erfolgt, endet aber zumeist die Interessenharmonie zwischen Staat und ausländischem Anleger, wobei bei Konflikten der transnationale Konzern meist am längeren Hebel sitzt. In gewisser Weise sind auch die verschiedenen *Connections* der international organisierten Mafia derartige multinationale Konzerne, wobei an deren Gewinnen der Staat nicht offiziell durch Steuereinnahmen beteiligt ist.

Zusammenfassend kann für die Ebene des Kulturerdteils insgesamt festgestellt werden, daß die lange Kolonialzeit mit der damals begründeten Wirtschaftshaltung, den damals entstandenen Verwaltungsgrenzen, der Diskordanz zwischen ethnischer und staatlicher Gliederung und der unterschiedlichen Interessenlagerung der auf Persistenz bedachten Staaten, der auf Emanzipation zielenden Völker und der ökonomisch-egozentrischen Sicht von multinationalen Konzernen und Organisationen weitere wichtige Elemente der lateinamerikanischen Krise im kleinen Maßstab darstellen.

Von einem Geographen erwartet man auch Informationen zur Landesnatur. Daher sollen in aller Kürze die naturräumlichen Grundstrukturen Lateinamerikas vorgestellt werden. Allerdings muß betont werden, daß die Krise Lateinamerikas sich nicht aus seiner physisch-geographischen Grundausstattung erklärt.

Zunächst muß festgestellt werden, daß die Natur zwar die Grenzen Südamerikas als Küstenlinie vorgibt, keineswegs aber die Grenzen Lateinamerikas in der Karibik oder die Grenzen des iberischen Kulturkreises im Norden. Er hat einst bis an die heutige Grenze des US-amerikanischen Bundesstaates Washington mit Kanada gegrenzt, war dann scheinbar auf den Rio-Grande weit nach Süden verlegt, während heute weite Teile der USA kulturell wiederum im lateinamerikanischen Milieu aufzugehen scheinen. Ebenso fließend im räumlichen und zeitlichen Sinn sind die Grenzen Lateinamerikas im karibischen Meer. Die Inseln San Andrés und Providencia beispielsweise gehören heute zu Kolumbien, obwohl auf ihnen bis in die 60er Jahre fast ausschließlich Patois und Englisch gesprochen wurde. Mit der Ausrufung einer Freihandelszone hat Kolumbien einen Lateinamerikanisierungsprozeß in Gang gesetzt, der die vor der Miskitoküste gelegenen Inseln kulturell tatsächlich großenteils Kolumbien inkorporiert hat – nicht unwidersprochen übrigens, denn inzwischen regt sich eine sehr rührige *S.O.S.-Bewegung*, die den Verlust der karibischen Identität eindämmen will (vgl. *Ratter* 1993). Dies zeigt nur, wie fließend letztlich die kulturellen Grenzen in einem Kultursystem sind, deren innere Kohärenz zur Peripherie hin – wie in jedem offenen System – immer schwächer wird.

Naturräumlich wird heute der nordmexikanische Grenzfluß Río Grande gemeinhin als Nordgrenze Lateinamerikas angesehen. Südlich davon erstreckt sich Mittelamerika und die zentralamerikanische Landbrücke und jenseits des panamesischen Isthmus schließlich Südamerika. Klimatisch liegt damit der überwiegende Teil des Kulturerdteils in den Tropen, lediglich Chile und Argentinien befinden sich südlich des Wendekreises in den Außertropen. Allerdings sind nur die inneren Teile Amazoniens und einige Landstriche an der Karibik und dem Golf von Mexiko wirklich immerfeucht und ganzjährig über 25 °C warm, so die Definition von Köppen für das immerfeucht-tropische Klima (Af). Diese Gebiete unterliegen entweder ganzjährig den konvektiven Niederschlägen der inneren Tropen, die zumeist nach der Aufheizung des Vormittags am frühen Nachmittag als Starkregen, oft in Gewittern, niedergehen, oder sie weisen einen raschen Wechsel von derartigen Niederschlagsperioden mit den regenbringenden Nordostoder Südostpassaten auf, die dann zu längeranhaltenden advektiven Niederschlägen führen. Wo diese beiden unterschiedlichen Wettergeschehen zeitlich auseinanderklaffen bzw. die Wirksamkeit der Passate aus orographischen Gründen gering ist, stellt sich das wechselfeuchttropische oder Savannen-Klima (Aw) ein. Obwohl hier ein ausgeprägter saisonaler Gegensatz von Regen- und Trockenzeit besteht, bleiben die Temperaturen über das Jahr dennoch gleich, lediglich zwischen Nacht und Tag bestehen große thermische Unterschiede. Das tropische Klima ist daher ein Tageszeitenklima. Die Tagesamplitude der Temperaturen ist im Unterschied zu den Ektropen größer als die Jahresamplitude. Die Spanier, die aus ihrer Heimat gewohnt waren, daß Niederschläge im Winter fallen, nennen dennoch die Regenzeit, die ja nach Sonnenstand in den Sommer fällt, „Winter" *(invierno)* und die Trockenzeit „Sommer" *(verano)*. Nach Süden zu nehmen die Temperaturunterschiede zwischen Tag und Nacht ab, die zwischen Sommer und Winter nehmen zu. Auf Klimakarten ist zu erkennen, daß die Grenze zwischen dem tropischen und dem nicht-tropischen Südamerika recht genau dem Wendekreis folgt. In der Köppenschen Systematik werden die ektropischen Gebiete Südamerikas den C-Klimaten zugerechnet. Dort gedeihen alle jene Feldfrüchte, die wir auch aus unseren Mittelbreiten, den subtropischen und den feuchtgemäßigten, kennen. Bei genauem Hinsehen entdeckt man auch im eigentlich tropischen Bereich der Köppenschen Klimakarte C-Klimate, und zwar im westlichen Teil Südamerikas, aber auch in Mittelamerika. Köppen, der die Grenze der Tropen bei der 18°-Jahresisotherme des kältesten Monats zog, mußte die hoch gelegenen Teile der Anden und der mexikanischen Kordilleren aufgrund ihrer niedrigen Durchschnittstemperaturen aus den Tropen ausgliedern. Tatsächlich sind diese Höhenstufen der Gebirge auch intensiv agrarisch genutzte Regionen. Jedes tropische Land mit hypsometrischer Gliederung schätzt sich glücklich, dort hochwertiges Fleisch und Milch sowie Weizen, Gerste und Kartoffeln, ferner europäisches Gemüse, Obst und Blumen produzieren zu können. Dennoch sind diese Gebiete tropisch, weil sie keine thermischen Jahreszeiten kennen und die vier Jahreszeiten an jedem Tag erleben. Es handelt sich hier nur um die Höhenfazies des Tropenklimas.

Die dritte Dimension ist zur Kennzeichnung der naturräumlichen Differenzierung Lateinamerikas so wichtig, weil seine Hochgebirge bis auf knapp 7000 m hinaufreichen. Dadurch ergibt sich die ökonomisch so wichtige Stufung der Klima- und Vegetationszonen. Auf dem Äquator reicht die unterste Stufe, die sog. *tierra caliente*, das „heiße Land", bis auf gut 1000 m ü.M. hinauf. Dort werden alle tropischen Knollenfrüchte angebaut, die Leitpflanze aber ist der Kakao, der nur bis an die Obergrenze dieser Stufe reicht. Auch die nächste Stufe, die sog. *tierra templada,* das „gemäßigte Land", hat eine solche Leitpflanze, den Kaffee, dem in manchen Ländern die Kokapflanze zur Seite steht. Die wärmeliebenden Tropenpflanzen finden oberhalb der 18°C-Isotherme auf rund 2500 m Meereshöhe keine Existenzmöglichkeiten. Am Äquator dehnt sich hier der Nebelwald, die *Braue des Waldes,* mit seinen Riesen-Baumfarnen aus, in flacheren Landesteilen und in größerer Entfernung vom Äquator ist der Nebelwald längst den Intensivkulturen der *tierra fria*, des „kalten Landes", gewichen. Die nächste Stufe liegt schon über der Waldgrenze. In der Nähe des Äquators finden wir hier die merkwürdigen *Paramos* mit ihren riesenwüchsigen Espelezien, in etwas höheren Breiten erstreckt sich das endlose Grasland der *Puna*. Wir sind in der *tierra helada*, dem „eisigen Land", über dem nur noch die *tierra nevada*, das „Schneeland" der Felsschutthalden und Gletscher folgt.

Es ist leicht verständlich, daß eine gute vertikale Gliederung beste Voraussetzungen für eine blühende Landwirtschaft schafft, weil dann die ganze Produktionspalette der Grundversorgung und der Agrarexportfrüchte der Volkswirtschaft zur Verfügung steht. Allerdings sind nicht alle lateinamerikanischen Länder in dieser glücklichen Lage, und dies ist eine Folge der spezifischen Reliefierung des Kulturerdteils. Die geologisch-tektonischen Großeinheiten Südamerikas lassen sich leicht merken, da es nur drei Raumtypen gibt: die jungen vulkanischen bzw. gefalteten Hochgebirge der Kordillere, die strukturell alten aber ebenfalls mit jungen Sedimenten gefüllten Beckenlandschaften und die alten Rümpfe des Urkontinents Gondwana. Diese stellen die ältesten Einheiten dar, aus denen die Mittelgebirge Brasiliens und Guayanas sowie die Basis der patagonischen Deckschichten und der pampinen Sierren bestehen und die auch in der pazifischen

Küstenkordillere Chiles in Resten aufscheinen. Auf ihnen liegen z. T. mächtige paläozoische Sandsteine, die in der Sierra von Tumucumaque oder im Roraima-Gebirge phantastische Schichtstufen mit Zeugenbergen, den *Tepui,* bilden.

Das andere Gebirge Lateinamerikas ist wesentlich jünger. Es wurzelt eigentlich schon in der Antarktischen Halbinsel und setzt sich über das Kap Hoorn und die Patagonische Kordillere nach Chile fort, fächert sich im Zentralandenraum in zwei große Stränge mit dem dazwischenliegenden Altiplano-Becken auf, die in Ecuador wieder nahe beieinander parallel laufen, um schließlich im *Nudo de Pasto,* dem Gebirgsknoten von Pasto, sich in drei Stränge aufzufächern, deren östlichster nach nochmaliger Teilung in seinem wiederum östlichen Strang nach Venezuela weist, wohingegen der westlichste sich über die Gebirgszüge Zentralamerikas schließlich in den Gebirgsketten Mexikos und der westlichen USA fortsetzt und somit die weltweit längste Gebirgskette bildet.

Zwischen den großräumigen Vollformen beider Systeme ordnen sich in Südamerika drei große Beckenlandschaften an, das gewaltige Orinoco-Becken, das über die von Alexander von Humboldt befahrene Cassiquiare-Bifurkation mit dem noch größeren Amazonas-Becken verbunden ist. Das La-Plata-System mit seinen beiden Hauptflüssen Uruguay und Paraná und den ihnen tributären Paraguay, Bermejo und Salado, bzw. dem Iguaçu ist das dritte dieser großen Beckenlandschaften, die den Kontinent erschließen und – anders als die afrikanischen Ströme – dem Verkehr keine Stromschnellen in den Weg legen.

Zentralamerika weist diese Dreigliederung nicht mehr auf. Seine Differenzierung erfährt es durch die junge Tektonik, die im Zusammenhang mit der Andenorogenese steht. Erst auf Yucatán treten kretazische Kreidetafeln an die Oberfläche und bilden eindrucksvolle Karstlandschaften in lehrbuchhafter Abfolge vom tropischen Vollformen- zum subtropischen Hohlformenkarst. Flache Kalktafeln, Korallenriffe oder vulkanische Erhebungen bilden auch die Strukturformen, aus denen die Inseln der Karibik aufgebaut sind. Lediglich die großen Antillen weisen ein differenziertes Bild auf, wobei vor allem ältere Vulkanite die petrographische Varianz erweitern. Immerhin erreicht der Pico Duarte in der Dominikanischen Republik eine Höhe von 3175 m Meereshöhe, was der zweitgrößten Karibikinsel einen agrarräumlichen Vorzug gegenüber den Schwesterinseln verschafft.

Damit sind die naturräumlichen Strukturen des gewaltigen Kulturerdteils in holzschnittartiger Weise gekennzeichnet. Räumliche Dimensionen der Krise sind aus dieser Landesnatur kaum erkennbar. Sie erschließen sich erst wieder aus der eingehenderen Betrachtung in nationalem Maßstab.

Die staatliche Dimension

Die Schwäche seiner Staaten, die Lateinamerika, wie wir gesehen haben, im globalen Maßstab zum Spielball der zentralen Mächte macht, resultiert auch aus der internen räumlichen Struktur der Länder. Dies soll im folgenden gezeigt werden.

Der Weltraumblick auf Lateinamerika bei Nacht enthüllt mit der charakteristischen Struktur von hellen und dunklen Räumen bereits ein problematisches Raumphänomen Lateinamerikas: der hohle, dunkle Kern und der helle, aktive Rand. Man könnte dies für ein Charakteristikum von Kolonialräumen halten, und eine solche Annahme hat auch im Fall von Brasilien einiges für sich. Tatsächlich war Brasilien für Portugal über lange Zeit nichts anderes als ein Etappenstützpunkt für den Handel mit Südostasien, so daß nur der Küstensaum von Bedeutung war. Dies war im spanischen Hoheitsbereich, wie schon gezeigt wurde, ganz anders. Aber auch die Hauptstädte der hispanischen Kolonien lagen selten weiter als 500 km von der Küste entfernt. Von ihnen aus orientierte sich die Entwicklung mehr den Häfen der Küste zu und weniger in das weitere Interior hinein. Akzentuiert wird diese Raumstruktur durch die gegenwärtig noch immer anhaltende, starke Landfluchtbewegung. Sie ist kein Ergebnis der Kolonialzeit, sondern geht auf Entwicklungsprozesse des frühen 20. Jahrhunderts zurück. Eine rechtliche Unterscheidung freier Bürger und unfreier Bauern, wie sie für das mittelalterliche und frühneuzeitliche Europa kennzeichnend war, hatte in Lateinamerika nie bestanden. Stadtluft machte daher nicht frei, aber in der Stadt hätten die Bevölkerungsmassen des ländlichen Raumes auch keine wirtschaftliche Existenz finden können, da Handwerk und Handel unterentwickelt blieben und alle wichtigen Konsumgüter aus dem Mutterland eingeführt wurden. Dies änderte sich mit der forcierten Industrialisierungspolitik der in Lateinamerika in den 30er Jahren unseres Jahrhunderts an Boden gewinnenden populistischen Regime, die aus den Interessen der Mittelschichten – und das waren damals vor allem die Beamten – entstanden waren. Dieser Mittelstand suchte nach Arbeitsplätzen für seine Söhne und fand sie in den durch staatliche Investitionen forcierten Ausbau einer (staatlichen) Industrie. Nun sah das ländliche Proletariat eine Chance, zu Arbeitsplätzen in der Stadt zu gelangen, und der rurale Exodus nahm seinen Lauf.

Die Migration hat noch ein weiteres Charakteristikum, das zu krisenhaften Situationen in Lateinamerika führt. Sie ist nämlich nicht allein nur eine Land-Stadt-Wanderung, sondern auch eine Stadt-Stadt-Wanderung, die selektiv die großen Städte bevorzugt. Der bereits in der Kolonialzeit angelegte Bedeutungsüberschuß der Hauptstadt wird dadurch noch einmal akzentuiert. Das Ergebnis ist eine Primatstadtstruktur des Staates, in der eine Stadt, meist die Hauptstadt, als alles beherrschender Wasserkopf ausgebildet ist.

In der Wirtschaft der lateinamerikanischen Staaten steht dem in die Volkswirtschaft integrierten sog. *formellen Sektor* ein nicht integrierter, sog. *informeller Sektor* gegenüber. So kontrastiert der moderne Sektor mit seiner exportorientierten Plantagenwirtschaft und einem relativ modernen industriellen Sektor mit der Bazarökonomie. Dort werden die Preise für Waren und Dienstleistungen nicht anonym festgesetzt, sondern persönlich zwischen Käufer und Verkäufer ausgehandelt, herrscht Flexibilität gegenüber den Kontrollen des Staates, indem die Straßenverkäufer blitzschnell ihre Waren zusammenraffen und verschwinden, wenn sich ein Polizist zeigt, oder werden Abfallstoffe der modernen Industriegesellschaft mit großem Geschick und Einsatz zu neuen Produkten geformt, die durchaus ihre Abnehmer finden. In meinem Wohnzimmer ziert beispielsweise ein Kerzenleuchter eine Wand, den mexikanische Müllmenschen aus Weißblechdosen zusammengelötet und kunstvoll bemalt haben. Recycling ist ein Modewort der Industriestaaten, in Lateinamerika ist es eine Überlebensstrategie für Millionen von Menschen, die so die Probleme des formellen Sektors mindern helfen. Da werden Sandalen aus Autoreifen gefertigt, Dachschindeln aus Getränkedosen, Dichtungsringe aus Fischkonserven, die Müllmenschen klauben jede Plastiktüte aus den Deponien, um sie an Recyclingfirmen zu verkaufen. Die Verteilung der Informationsmedien wäre ohne den informellen Sektor ebensowenig denkbar wie die Versorgung der flächenhaft riesigen Metropolen Lateinamerikas mit Lebensmitteln, Früchten und Reparturdiensten.

Bis hierher haben wir Disparitäten und polarisierte Strukturen auf verschiedenen horizontalen Niveaus der staatlichen Maßstabsebene festgestellt: zwischen Zentrum und Peripherie des Staates, also zwischen der Hauptstadtregion und den peripheren Landesteilen, zwischen Stadt und Land und innerhalb des Städtesystems zwischen den Klein- und Mittelstädten einerseits und den Metropolen andererseits.

Disparitätische Strukturen sind aber auch für das vertikale Gefüge kennzeichnend, etwa in der Sozialstruktur. Das Beispiel der Sozialpyramide von Valdivia im Kleinen Süden Chiles zeigt, daß der Sozialaufbau als eine Folge von unterschiedlich aufeinander stehenden Dreiecken verstanden werden kann (*Borsdorf* 1976). Die untersten Einkommensgruppen werden durch ein seitenständiges Dreieck symbolisiert, auf diesem steht ein spitzständiges. Auf das starke Zurückspringen der Säulen bei Einkommensfaktor 3 folgt wieder ein grundständiges Dreieck bis zum Faktor 13, wo wieder eine Umkehr der Dreiecksrichtung einsetzt. Die Vermutung liegt nahe, daß die starken Klüfte der Einkommensschichtung Diskrepanzen der sozialen Gliederung widerspiegeln. Dies erhärtet sich anhand der berufständischen Analyse, wonach der Anteil der Unternehmer und Spitzenbeamten in der obersten Einkommensgruppe überdurchschnittlich ist, dagegen Verdiener mit einem Mindestlohn überwiegend Arbeiter sind. Eine sehr dünne

Oberschicht ruht sich sozusagen auf einem breiten Fundament aus Marginal- und Unterschicht aus. In Lateinamerika sind dagegen die Mittelschichten noch sehr gering entwickelt.
Dies ist eine der Ursachen, warum das politische System vieler lateinamerikanischer Staaten nur rudimentär entwickelt ist. Die ersten Parteien, die nach der Unabhängigkeit entstanden, waren die Konservativen als Interessensvertreter der Landbesitzer und die Liberalen als Interessenvertreter der Kaufleute. Die Konservativen vertraten eine Entwicklung nach innen unter dem Schutz von hohen Zollschranken, waren klerikal und präsidial ausgerichtet. In ihrem Klub verkehrten die geistlichen Würdenträger, während jeder katholische Priester den liberalen Klub mied wie der Teufel das Weihwasser. Denn dort wurden neben liberalen Ideen die außenorientierte Wirtschaftsentwicklung und der Parlamentarismus vertreten. Dieser wichtige Gegensatz zwischen Blancos und Colorados konnte zwar, wie etwa in Kolumbien, bis zum Bürgerkrieg führen, er war jedoch lediglich ein ständischer Interessenkonflikt innerhalb der Oberschicht. In den Staaten, in denen die Mittelschicht durch Aufblähung des Beamtenapparates eine gewisse Bedeutung erlangt hatte, entstanden in den 30er Jahren populistische Parteien, die die Interessen des Mittelstandes vertraten, zu deren Durchsetzung aber auf populäre, auch von anderen Schichten akzeptablen Ideen setzten. Mit der Politik der Importsubstitution auf Basis staatlicher Industrien schufen sie ganz nebenbei auch die Jobs für ihren eigenen Nachwuchs. In manchen Staaten ging die Entwicklung des politischen Systems noch weiter, indem zunächst ideenorientierte Parteien entstanden, wie die Sozialistische, Kommunistische und später Christdemokratische Partei, eine Entwicklung, der sich die konservativ-liberalen Kräfte durch einen Zusammenschluß zur Nationalen Partei anschlossen. Doch stehen noch immer die programmatischen Aussagen dieser Parteien gegenüber der Persönlichkeit ihres Hauptrepräsentanten zurück. In den Wahlkämpfen stehen sich potentielle *Caudillos* gegenüber, und die Wahlentscheidung fällt meist aufgrund der Stärke und des Charismas der Persönlichkeit. Es nimmt daher auch kein Wunder, daß die letzte Stufe der Entwicklung zu echten Volksparteien, noch in keinem lateinamerikanischen Land verwirklicht ist.
Es ist sehr aufschlußreich, daß Guerillagruppen vor allem in den Staaten zu finden sind, in denen das politische System noch sehr rudimentär ist und sich große Bevölkerungsgruppen in dem noch weitgehend ständisch geprägten Parteiengefüge nicht repräsentiert finden. Die Tupamaros in Uruguay versuchten, das Vakuum neben den Blancos und Colorados zu füllen, die verschiedenen Guerillagruppen Kolumbiens übernahmen in dem von Konservativen und Liberalen beherrschten Staatsapparat pseudostaatliche Funktionen in der Peripherie. Der *Sendero Luminoso* in Peru setzt auf die fehlende Integration vor allem der *Cholos,* also der kulturell bereits europäisch assimilierten Indios. Auch die heutigen Unruhen in Mexiko sind z. T. als Reflex auf die jahrzehntelange Herrschaft nur einer Partei, der Partei der institutionalisierten Revolution, zu deuten, in der sich konservative und liberale Kräfte im Rhythmus der Legislaturperioden abwechseln, große Bevölkerungsgruppen wie die Mayas von Chiapas aber keine politische Vertretung finden.
Zusammenfassend können wir für die staatliche Ebene feststellen, daß Disparitäten unterschiedlichster Natur Komponenten der räumlichen Dimension der Krise Lateinamerikas darstellen: die Disparitäten zwischen Hauptstadt und Peripherie, zwischen Stadt und Land, zwischen Ober- und Unterschicht, zwischen parlamentarischem System und den Guerillagruppen.

Der lokale Maßstab

Der lokale Maßstab soll für den urbanen und den ruralen Sektor getrennt dargestellt werden. Zum Verständnis der urbanen Entwicklung ist ein kurzer Exkurs in das 19. Jahrhundert nötig. Bis zur Unabhängigkeit, die die spanischen Kolonien bis Ende des ersten Drittels des 19. Jahrhunderts erreichten, waren die Städte Kristallisationspunkte der iberischen Kultur in der Neuen Welt gewesen. Sie waren nach dem Muster großer Amtsstuben angelegt: Der sich immer wiederholende Schachbrettgrundriß erlaubte jedem neu delegierten spanischen Verwaltungsbeamten sofort die Orientierung. Das Herz dieser Städte, die sich so sehr glichen, daß darüber jede Individualität verloren zu gehen drohte, waren die zentralen Plätze, die Plazas. Sie dienten in erster Linie zur Demonstration der Macht der Kolonialherrschaft, wurden aber bald vom Bürger in Besitz genommen und wurden liebevoll gehegt und gepflegt, so daß sich zwar den Städten die Individualität fehlte, nicht aber den Plätzen, in deren Gestaltung die Städte untereinander wetteiferten. So wichtig waren den Bürgern ihre Plätze, daß noch in den Befreiungskämpfen die entscheidenden Schlachten um diese Plätze tobten: Wer den Platz erobert hatte, dem gehörte die Stadt. Und wer die Stadt hatte, kontrollierte das Land.

Nach der Unabhängigkeit verloren die Plazas jedoch einen Teil ihrer Strahlkraft. Die Ideen der Freiheitshelden Simón Bolívar und San Martín waren dem Gedankengut der französischen Revolution entlehnt, von dort übernahm man auch die städtebaulichen Ideen. Damit entstand die Prachtstraße, der Boulevard, in Spanisch-Amerika *Alameda*, *Paseo* oder *Prado* genannt. An dieser Avenida entstanden die Villen der eingewanderten Europäer, vor allem der Franzosen, Engländer und Deutschen, und bald errichteten die kreolischen Oberschichten ihre Wohnhäuser daneben, wobei die ehemaligen Patiohäuser der Innenstadt freiwurden.

In diesen zentrumsnahen Quartieren fanden bald darauf die Zuwanderer vom Lande preisgünstigen Wohnraum vor. Die großzügig angelegten Patiohäuser wurden von den Besitzern unterteilt, zimmer- oder gar bettenweise vermietet, ohne daß – ganz im rentenkapitalistischen Sinn – Investitionen hätten getätigt werden müssen. Die Conventillos, die Klösterchen mit ihrer zellenhaften Enge, waren entstanden. Ja, sie wurden, nachdem sich gezeigt hatte, welchen Profit sie abwarfen, sogar neu errichtet und hießen in Chile dann *Casitas*.

Mit dem Auszug der Oberschicht aus dem Zentrum und dem Einzug neuer, aus dem ländlichen Raum stammender Unterschichten und der fortschreitenden Verslumung der Innenstädte veränderte sich die interne Raumstruktur der Städte. Sie waren zuvor sehr kompakt angelegt, was allein schon eine Folge des Sozialprestiges war, den ein plazanaher Wohnsitz gewährte, und wiesen ein konzentrisches Kern-Rand-Gefälle nach Bodenwert, Sozialprestige und Bevölkerungsdichte auf. Nun polarisierte sich die Struktur und kehrte sich geradezu um: Hochbewertet waren jetzt die Lagen an der Alameda und an den nach französischem Muster angelegten Bürgerparks, während die zentrumsnahen Wohnviertel der Verelendung preisgegeben wurden. Dennoch kann man nicht von einem neuen Rand-Kern-Gefälle sprechen, da die sich neue Entwicklung linear an den von der Prachtstraße vorgegebenen Trasse vollzog. Zentralisierung war zuvor das Strukturierungsprinzip gewesen, jetzt herrschte die Polarisierung, die zu eher sektoralen Strukturen führte.

Damit sind die Raumprobleme der heutigen Städte aber noch nicht zureichend erklärt, da noch ein weiteres räumliches Gliederungsprinzip hinzu trat. Ursache dafür war das Erreichen der Kapazitätsgrenzen der innerstädtischen Slumbezirke. Als Phänomen stellte sich über Jahrzehnte ein Migrationsmuster ein, das etwa wie folgt zu kennzeichnen ist:

Angeworben durch Zeitungsinserate nehmen viele junge Mädchen vom Lande Stellungen in Oberschichtshaushalten an. Bald darauf folgt ihnen der dynamische Teil der männlichen Landjugend, der in der Stadt Chancen für einen sozialen Aufstieg sieht. Unterschlupf fanden diese jungen Zuwanderer lange Zeit in den Conventillos, von wo aus sie leicht als Schuhputzer, *bell boys*, Zeitungsverkäufer oder ambulante Händler Einkommen erzielen konnten. Lernten sie später die weiblichen Haushaltsangestellten kennen und blieb dies nicht ohne Folge, war weder ein Verbleib im Conventillo noch im Oberschichtshaushalt möglich. Als einzige Alternative blieb die Errichtung einer Rancho-Hütte in einem der randstädtischen Marginalviertel, die daher über einige Jahrzehnte vor allem durch eine derartige Alters- und Sozialstruktur gekennzeichnet waren. Heute gibt es dieses Migrationsmuster zwar noch immer, allerdings ist festzustellen, daß immer mehr vom Lande stammende Migranten auch direkt Quartier in den randstädtischen Hüttenviertel nehmen, wo Zimmer in *inquilinaje*, d. h. in Untervermietung, an sie abgegeben werden. Das dritte, hieraus resultierende Gliederungsprinzip lateinamerikanischer Städte ist daher das zellenhafte Wachstum solcher peripherer Marginalviertel am Rand der Städte in oftmals vollkommen vom übrigen Weichbild isolierter Lage.

Auf der anderen Seite der Stadt ist den Reichen der Bungalow längst nicht mehr sicher genug, trotz aller Elektrozäune, Selbstschußanlagen und Wachpatrouillen. Sie ziehen in immer größerer Zahl in die gut zu bewachenden Luxusappartements der am Stadtrand neu errichteten Wohnhochhäuser um, die wie Trutzburgen des Reichtums die Stadt zu beherrschen scheinen und physiognomisch stärker in Erscheinung treten als die Burgen der Herrschergeschlechter mittelalterlicher Städte in Europa.

Eine Polarisierung begegnet uns auch auf der Ebene der Versorgung, wo die Shopping-Center der Oberschicht mit ihrem verwirrenden, reichhaltigen Angebot an allen erdenklichen Luxusgütern den Versorgungseinrichtungen der Armen gegenüberstehen. Dies sind endlose Straßenmärkte an den Ausfallstraßen, in denen das Angebot zwar nach Qualität und Quantität geringer ist, das Marktgeschehen aber insgesamt menschlicher abläuft als in der Welt der Sterilität und Anonymität der Shopping-Center.

So könnte die heutige lateinamerikanische Stadt als polarisiertes Raumsystem verstanden werden. *Gormsen* (1981) hat diesem Phänomen mit seinem Profil lateinamerikanischer Städte Rechnung getragen, wobei die „bessere" Seite der Stadt von den Oberschichtsvierteln mit hohem Sozialprestige, hohen Bodenpreisen und geringer Bevölkerungsdichte eingenommen wird. Den Gegenpart spielen die Viertel der unteren Schichten auf der anderen Seite der Stadt. Wie jedes Modell vereinfacht das Profil von Gormsen stark. Im Grundrißmodell könnte man feststellen, daß der Gormsensche Dualismus aufgelöst wird durch verschiedene Strukturkräfte: die noch persistenten konzentrischen Ringe des kompakten Stadtorganismusses der Kolonialzeit, der sektoralen Aufgliederung, die mit der Industrialisierung einherging und schließlich dem zellenhaften Wachstum der Hüttenviertel an der Peripherie, das den Marginalisierungstrend der Gesellschaft anzeigt (*Wilhelmy/Borsdorf* 1984, S. 188 ff). Dieses Grundmuster symbolisiert die Auflösungserscheinungen der Gesellschaft, ihre fehlende Integrations- und Kohärenzfähigkeit, die letztlich Indikator einer kulturellen Identitätskrise Lateinamerikas ist. Lösungsstrategien, wenn sie tief genug ansetzen wollen – und nur dann könnten sie erfolgreich sein – müßten bei dieser tiefsten Ursache der lateinamerikanischen Krise ansetzen.

Bevor diese andiskutiert werden sollen, noch ein kurzer Exkurs zum Agrarraum, wo immer noch wenige Landbesitzer mit riesigen Haziendas einem Heer von landarmen Klein- und Kleinstbesitzern, Pächtern und Tagelöhnern gegenüberstehen. Die Tage der alten, extensiv wirtschaftenden, stark dem rentenkapitalistischen System verhafteten Hazienda sind längst gezählt, nachdem Programme der Weltbank und des IWF die hochproduktive, profit- und exportorientierte Landwirtschaft fördern. Im sumpfigen Überschwemmungsland der venezolanischen Llanos finden sich heute Milchbetriebe, deren europäisches Hochleistungsvieh zweimal täglich mit Wasser und Desinfektionsmitteln geduscht wird, um dem Klima und den Tropenkrankheiten gewachsen zu sein. Mit modernster Lasertechnik werden die Felder nivelliert, um stehendem Wasser keine Chance zu geben. Dafür sind aber Flächenerträge zu erwirtschaften, die wegen des ganzjährig einheitlichen Temperaturniveaus die vergleichbarer europäischer Farmen bei weitem übertreffen. Der Luxus, den sich Landbesitzer dieser Größenordnung leisten können, stellt dann auch den der europäischen Agrarindustriellen etwa Südoldenburgs noch weit in den Schatten. Demgegenüber steht die ärmliche Subsistenzlandwirtschaft, die in den Brandrodungsflächen der Shifting Cultivation des Amazonas oder der anderen tropischen Waldregionen ihr Extrem findet.

Räumliche Lösungen für die lateinamerikanische Krise

Im Rahmen der Mehrebenenanalyse der Krise Lateinamerikas sind wir zuletzt bei der lokalen Ebene angelangt. Für diese Krise gibt es exogene und endogene Ursachen, eine Lösung aus der

Position des Schwachen im Weltsystem kann aber nur gelingen, wenn die innere Kraft gestärkt wird. So müssen Lösungsansätze in Lateinamerika selbst ansetzen, und zwar bei den eigentlichen Ursachen, die in der Geisteshaltung und der geistigen Identität begründet liegen. In den folgenden Vorträgen wird auch gezeigt werden, welche Chancen dazu im intellektuellen Leben und in der geistigen Substanz der lateinamerikanischen Kultur begründet liegen oder welche wirtschaftlichen Ressourcen und Strategien Lateinamerika einsetzen kann. Aus der Sicht des Geographen können nur solche Lösungsansätze diskutiert werden, die die räumliche Komponente einbeziehen. Und hier gibt es in der Tat einige diskussionswürdige Ansätze, in denen unter Zuhilfenahme der Raumstruktur versucht wird, eine neue kohärente Identifikation des kontemporären Lateinamerika zu schaffen. Sie sollen im folgenden unter Wiederholung früherer Ausführungen (*Borsdorf* 1991) noch einmal dargestellt werden, um die Darstellung abrunden zu können.

Einen ganz spezifischen Weg ging Brasilien. Die Anlage von Brasília, der 1956 eingeweihten neuen Hauptstadt Brasiliens, läßt sich in ihrer programmatischen Form auch als Suche nach einer neuen Identität interpretieren. Das aufsteigende Riesenflugzeug soll Brasilien in eine neue Zukunft steuern. Aber nicht nur das: Dieses Brasília soll eine neue brasilianische Identität schaffen, soll die wirtschaftlichen Anstrengungen auf das Binnenland lenken und demokratisch-ideelle Werte an die Stelle von Eigennutz und Filz setzen. Im Cockpit die Regierung, im Rumpf die zentralen Funktionen, in den Tanks unter den Tragflächen die Bevölkerung als Treibstoff und tragende Kraft des neuen Brasiliens: die Botschaft ist offenkundig. Es ist diese penetrante Dominanz der Idee, diese aufdringliche Pädagogik, die Brasília so kalt erscheinen läßt und ihre Struktur in die Nähe totalitärer Städte bringt. Die „zentrale Achse" als gigantische Stalinallee? Nichts haben ihre Schöpfer wohl weniger gewollt, und dennoch drängt sich der Vergleich auf.

Eine, wie es zunächst scheinen mag, sehr einfache Alternative zur dornigen Suche nach einer neuen Identität ist die Anpassung an den westlichen, den nordamerikanischen Lebenstil. Ein solcher Adaptionsprozeß ist z. B. in Puerto Rico und Panama vonstatten gegangen, zwei Staaten, in denen das wirtschaftliche und politische Engagement der Nordamerikaner auch besonders groß ist. San Juan, die Hauptstadt Puerto Ricos, ist dementsprechend in seinen jüngeren Vierteln eine getreue Kopie einer nordamerikanischen Großstadt. Mit ihren Appartement- und Bürohochhäusern, mit Subzentren an der Peripherie, auf die große Autobahnen hinführen und die dementsprechend mit riesigen Parkplätzen ausgestattet sind, spiegelt sich die Aufgabe des lateinischen Kulturerbes am eindringlichsten. Hier ist der Panamerikanismus der Konferenz von 1889 am konsequentesten zuendegedacht worden.

In Kuba, dem Chile der Jahre 1970-73 oder im revolutionären Peru 1969-75 wurden weitere Versuche unternommen, einen neuen Standort zu bestimmen. Einerseits die bekenntnishafte Zuordnung zur Dritten Welt und ein zur Ideologie erhobener *Tercermundismo*. Dann aber auch „Indoamerika", eine Rückbesinnung auf das, was als altes indianisches, von der Kolonialzeit noch nicht verdorbenes Indianertum interpretiert wird, was in Peru gar in dem Versuch gipfelte, alte Besitz- und Bewirtschaftsformen wieder einzuführen. Die Städte sind auf diesem Weg nebensächlich, die Rekonstruktion der alten Kulturen soll vom Lande aus erfolgen – eines der Mittel dafür ist die Bodenbesitzreform.

Restauration und – wo es noch möglich ist – Bewahrung des alten Erbes ist eine weitere Option, die sich einzelne Staaten offenhalten. So gesehen steckt hinter den Anstrengungen der UNESCO, die Altstadt von Quito als „Kulturerbe der Menschheit" zu erhalten, mehr als nur museales Interesse. Und vielleicht ist es kein Zufall, daß Popayán, die Hauptstadt des intellektuellen kolumbianischen Konservatismus, nach dem Erdbeben von 1983 originalgetreu wiederaufgebaut wird. Hier glaubt man daran, daß aus dem kulturellen Wert des Alten die nötige Kraft für Neues gewonnen werden kann.

Die Programmatik von Brasília, der Tercermundismo und der Indigenismus, der Konservatismus mit der abendländischen Rückbesinnung, diese Versuche einer neuen kulturellen Standortbestimmung, einer neuen Identifikation, haben eines gemeinsam: Ihre Vordenker sind in den oberen Schichten der Bevölkerung zu finden, ihnen geht es um eine intellektuell, eine rational faßbare und begründete Umorientierung. Daneben gewinnt zunehmend eine Alternative an Wirksamkeit, die von „unten" kommt, der ideelle oder ideologische Konzepte schon deshalb wesensfremd bleiben, weil für sie neben der täglichen Lebensbewältigung kein Platz bleibt.

Tatsächlich läßt sich in Lateinamerika eine ganz erstaunliche Entwicklung in den Marginalvierteln beobachten. Aus eurozentrischer Sicht sind wir gewohnt, diese Quartiere bei flüchtigen Besuchen als statisches Element der lateinamerikanischen Stadt anzusehen. Es hat sich aber bei Langzeitschnitten gezeigt, daß hier eine große Dynamik herrscht. Im Laufe eines Lebenszyklus' werden manche Gebäude, ja Viertel, konsolidiert und reifen zu festen, teilweise schmucken Stadtteilen heran. In den Marginalvierteln findet sich eine andere, aber eine durchaus urbane Kultur. Der *Compadrazgo,* eine auf engen persönlichen, im wahrsten Wortsinn bürgerschaftlichen Bindungen beruhendes Sozialsystem, schützt die Bewohner in ähnlicher Form, wie es früher die Stadtmauer als Rechtsgrenze in Mitteleuropa tat. Die Systeme der Lebensbewältigung sind diffizil. Dazu gehört auch der informelle Sektor, in dem z. B. mit dem Recycling der Abfälle der Industriegesellschaft, der Entwicklung neuer Produktionstechniken ein anderer Prozeß der Anpassung an die Industriegesellschaft stattfindet als an den Fließbändern der Filialen multinationaler Konzerne.

Teilweise hat man diese Prozesse als Akkulturation kennzeichnen wollen, tatsächlich erfolgt hier aber keine Integration, sondern es entsteht eine Nebenkultur, der man einen kulturellen Eigenwert nicht absprechen kann. Es ist aufschlußreich zu beobachten, daß europäische Architekten inzwischen dabei sind, Bauformen und Materialverwendung, sozialräumliche Strukturen und Versorgungssysteme der „Barfußarchitekten" zu studieren, um daraus für zukünftige Stadtplanungen in Lateinamerika und der Dritten Welt zu lernen.

Die Krise der Städte in Lateinamerika ist, wie gezeigt werden sollte, auch eine Krise der lateinamerikanischen Kultur, die daraus resultiert, daß ihre Standortbestimmung als europäische Kultur ihre Gültigkeit verloren hat. Wird Lateinamerika in der Lage sein, seine Rolle neu zu definieren und zu einer alle Bevölkerungsteile einschließenden und von allen akzeptierten und gelebten Identität zurückzufinden? Wenn ein solcher Weg gelingen soll, muß er von den Städten ausgehen, dies haben die Ausführungen auch belegen sollen.

Literaturverzeichnis

Arciniegas, G.: Kulturgeschichte Lateinamerikas. – München 1966.

Borsdorf, A: Valdivia und Osorno. Strukturelle Disparitäten in chilenischen Mittelstädten. (= Tübinger Geographische Studien 69) Tübingen 1976.

Borsdorf, A.: 500 Jahre nach Kolumbus: Lateinamerika auf der Suche nach seiner Identität. – In: Geographischer Jahresbericht aus Österreich IL (1990), Wien 1992, S. 7-21.

Borsdorf, A.: Stadtkrise oder Kulturkrise? Reflexionen über die Bedeutung der Stadt für Kultur und Entwickung in Lateinamerika. – In: Kohlhepp, G. (Hg.): Lateinamerika: Umwelt und Gesellschaft zwischen Krise und Hoffnung (= Tübinger Beiträge zur Geographischen Lateinamerikaforschung 8) Tübingen 1991, S. 133-156.

Galtung, J.: Umbrüche im Norden – Verschärfung räumlicher Probleme im Süden. Vortrag auf dem Deutschen Geographentag Bochum 1993. – In: Verhandlungen des Deutschen Geographentages Bochum, Wiesbanden (im Druck)

Gormsen, E.: Die Städte in Spanisch-Amerika. Ein raum-zeitliches Entwicklungsmodell der letzten hundert Jahre. – In: Erdkunde 35, 1981, 4, S. 290-303.

Holzner, L.: Geisteshaltung und Stadt-Kulturlandschaftsgestaltung: Das Beispiel der Vereinigten Staaten. – In: Abhandlungen zur Geschichte der Geowissenschaften und Religion/Umwelt-Forschung 9, Bochum (im Druck).

Ratter, B.: Karibische Netze. San Andrés y Providencia und die Cayman Islands zwischen weltwirtschaftlicher Integration und regionalkulturelle Autonomie. – Hamburg 1992.

Reinhard, W. u. P. Waldmann: Nord und Süd in Amerika. 2 Bde. – Freiburg 1992.

Sandner, G. u. H.A. Steger: Lateinamerika. (=Fischer Länderkunde 7) – Frankfurt 1973.

Wilhelmy. H. u. A. Borsdorf: Die Städte Südamerikas. Bd. 1: Wesen und Wandel, Bd. 2: Die urbanen Zentren und ihre Regionen. (= Urbanisierung der Erde Bd. 3/1 u. 3/2), Berlin, Stuttgart 1984 u. 1985.

Anschrift des Verfassers:

Prof. Dr. Axel Borsdorf
Institut für Geographie
Leopold-Franzens-Universität Innsbruck
Innrain 52
A-6020 Innsbruck

ERNESTO GARZÓN VALDÉS

Verfassung und Stabilität in Lateinamerika

Vorbemerkung

Im folgenden Beitrag möchte ich:
1. eine Definition des Begriffs der „Stabilität" politischer Systeme vorschlagen;[1]
2. an einige Beispiele aus der lateinamerikanischen Verfassungsgeschichte erinnern, die zeigten, daß den Verfassungen in diesen Staaten oft nur geringe Bedeutung als Stabilitätsfaktor zukam; und abschließend
3. einige Schlußfolgerungen aus diesen Fallbeispielen ziehen.

I. Zur Definition der Stabilität politischer Systeme

Für den Begriff der Stabilität eines politischen Systems schlage ich folgende Definition vor:[2]
Definition 1: Ein politisches System (S) ist stabil dann und nur dann, wenn es unter bestimmten Umständen (C) die Neigung bzw. Disposition hat, so zu reagieren, daß seine Identität gewährt bleibt (Ri).[3]
Unter Rückgriff auf den von dem britischen Rechtstheoretiker H. L. A. Hart geprägten Begriff der „Anerkennungsregel" *(rule of recognition)* läßt sich diese Definition folgendermaßen umformulieren:
Definition 2: Ein politisches System (S) ist stabil dann und nur dann, wenn es unter bestimmten Umständen (C) die Neigung bzw. Disposition hat, so zu reagieren, daß es seine Anerkennungsregel beibehält (Rr).[4]
Mit dieser Definition soll der Tatsache Rechnung getragen werden, daß wir ein Kriterium für die Identifizierung eines politischen Systems brauchen, das einerseits flexibler ist als der bloße Rückgriff auf die Verfassungsbestimmungen und andererseits weniger vage als derjenige auf sozio-psychologische Faktoren – wie z. B. die politische Kultur eines Landes – und das zugleich einen Bezugsrahmen bietet, ohne den man noch nicht einmal angeben konnte, welches politische System es denn eigentlich ist, dessen Stabilität bzw. Instabilität jeweils behauptet wird. Harts Begriff der Anerkennungsregel scheint mir diesbezüglich einen vielversprechenden Ansatzpunkt zu bieten. Da die Anerkennungsregel die Kriterien für die Geltung von Normen bzw. für deren Zugehörigkeit zum Rechtssystem enthält, bildet sie die Grundlage für die Identität und Einheit des Systems. Jedes politische System hat also genau eine Anerkennungsregel, die selbstverständlich mehr oder weniger komplex sein kann: Gibt es mehr als eine Anerkennungsregel in einer Gesellschaft, dann befindet sich das System in einem „pathologischen" Zustand (d. h. das System läßt sich nicht beschreiben; es hat eine „gespaltene" Identität). Da andererseits jedes System notwendigerweise irgendeine Anerkennungsregel hat – deren Bestimmung im Grunde lediglich ein empirisches Problem ist –, hat Definition 2 den Vorteil, eindeutig nicht analytisch zu sein.
Nun steht die Existenz eines politischen oder Rechtssystems in enger Beziehung zum sogenannten „internen Standpunkt" *(internal point of view):* Ein System existiert nur dann, wenn zumindest die herrschende Gruppe die Anerkennungsregel vom internen Standpunkt akzeptiert, d. h. inhaltlich gutheißt.
Offenbar reicht es jedoch nicht aus, daß eine mehr oder weniger große Gruppe von Personen bezüglich einer gegebenen Anerkennungsregel diesen internen Standpunkt einnimmt: Der interne Standpunkt ist eine notwendige, nicht aber eine hinreichende Bedingung. Damit das

entsprechende System existiert, müssen diejenigen, die ihn einnehmen, darüberhinaus auch die Macht haben, die Anerkennungsregel in der betreffenden Gesellschaft durchzusetzen.

Dabei muß selbstverständlich diese Durchsetzung der Anerkennungsregel in Einklang mit den geltenden Normen des durch sie begründeten Systems erfolgen; denn die Existenz einer bestimmten Anerkennungsregel bedeutet ja nichts anderes, als daß die ihr entsprechenden geltenden Normen des Systems angewandt und beachtet werden. Ein Abweichen von diesen Normen kann die Identität und damit die Stabilität des Systems gefährden.

Das heißt aber nicht, daß ein System statisch sein müßte, um seine Identität zu bewahren; nicht jede Veränderung des Systems gefährdet nämlich seine Identität bzw. Stabilität.

Schließlich bleibt die Identität erhalten, wenn ein System in Einklang mit seiner Anerkennungsregel geändert wird. Die Gültigkeit von Änderungsregeln und mit deren Hilfe vorgenommener Änderungen kann daher nicht ausschließlich auf der Grundlage ihrer Verfassungsmäßigkeit bestimmt werden; es sind außerdem auch die möglicherweise komplexen Kriterien für die Identifizierung gültiger Systemnormen, wie sie in der Anerkennungsregel zusammengefaßt sind, zu berücksichtigen.

Unter Rückgriff auf Kurt Hübners Begriffe der „Explikation" und „Mutation"[5] kann man sagen, daß alle politischen Systeme – auch diktatorische – über explikatorische Änderungsregeln verfügt.

Mit Hilfe des Kriteriums von Explikation oder Mutation wird die oben vorgeschlagene Definition zu:

Definition 3: Ein politisches System (S) ist stabil dann und nur dann, wenn es unter bestimmten Umständen (C) die Neigung bzw. Disposition hat, so zu reagieren, daß die Veränderungen, die es erfährt, als Explikationen seiner Anerkennungsregel aufgefaßt werden können (Rr).

Ein weiterer Faktor, der für Stabilitätsurteile relevant ist, ist das Element der Zeit. Wir sagen von einem politischen System, das seine Anerkennungsregel einige Monate lang beibehalten hat, in der Regel noch nicht, daß es stabil ist; wir neigen aber dazu, Systemen, die ihre Anerkennungsregel mehrere Jahrzehnte lang nicht geändert haben, Stabilität zuzuschreiben. Die Frage ist, wieviele Jahrzehnte dafür notwendig sind: vier, sechs, zehn, oder gar noch mehr? Betrachtet man Stabilität bzw. Instabilität als so etwas wie eine „gute oder schlechte Wetterlage" eines politischen Systems, dann mag es nützlich sein, sich eine Bemerkung ins Gedächtnis zu rufen, die Thomas Hobbes einmal hinsichtlich des Krieges gemacht hat:

> „For war, consisteth not in battle only, or the act of fighting; but in a tract of time, wherein the will to contend by battle is sufficiently known; and therefore the notion of time, is to be considered in the nature of war; as it is in the nature of weather. For as the nature of foul weather, lieth not in a shower or two of rain but in an inclination there to of many days together: so the nature of war, consisteth not in actual fighting; but in the known disposition thereto, during all the time there is no assurance to the contrary"[6.]

Dies kann man durchaus auf den Fall der Stabilität übertragen. Auch hier läßt sich der notwendige „track of time" nicht genau angeben. Und auch hier kann man die entsprechende Frage nur mit einem Hinweis auf die „Neigung" oder „Disposition" zu Rr über „viele Jahre hintereinander" beantworten. Insofern ist der Begriff der Stabilität relativ auf den historischen und regionalen Kontext des betreffenden Systems S. Die venezolanische Demokratie ist z. B. ungefähr so alt wie die der Bundesrepublik Deutschland. Und die Tatsache, daß Urteile über die Stabilität dieser beiden Systeme durchaus verschieden ausfallen können, zeigt, daß es nicht allein auf die zeitliche Dauer der Reaktionen vom Typ Rr ankommt, sondern auch auf die Existenzbedingungen und Umstände jedes einzelnen Systems. Damit können wir die Definition erneut umformulieren:

Definition 4: Ein politisches System (S) ist stabil dann und nur dann, wenn es in Fällen, die die institutionalisierte Ausübung von Gewalt betreffen – seien dieses 'normale' Fälle oder 'Härtefälle' –, die Neigung bzw. Disposition hat, so zu reagieren, daß die Veränderungen, die es erfährt, als Explikationen seiner Anerkennungsregel aufgefaßt werden können (Rr), und wenn es diese Disposition über einen angesichts des historischen und geographischen Kontextes signifikanten Zeitraum beibehält.

Ausgehend von diesen Überlegungen zur Definition der politischen Stabilität möchte ich nun die folgende These verteidigen:

Will man zu einer allgemeinen Definition der Stabilität politischer Systeme kommen, und stimmt man zu, daß eine solche Definition ein Kriterium enthalten muß, um das jeweilige System zu identifizieren, dann ist dafür der Verweis auf die Verfassung nicht nur wenig hilfreich, sondern kann sogar zu Fehleinschätzungen führen.

Zur Stützung meiner These möchte ich drei empirische Argumente vorbringen, von denen ich dann das letzte etwas näher betrachten möchte.

1) Selbst in den Fällen, in denen die Verfassung voll und ganz in Kraft ist – also in Fällen, in denen man von „verfassungsmäßiger Ordnung" spricht – reicht es nicht aus, die Anerkennungsregel mit dem geschriebenen Verfassungstext gleichzusetzen. Der Text der Verfassung der USA etwa ist wenig aussagekräftig, wenn man nicht auch ihre Interpretation durch den *Supreme Court* berücksichtigt.

2) Es gibt Fälle, in denen die Verfassung formal in Kraft bleibt, also nicht derogiert wird, und in denen es trotzdem absurd wäre zu sagen, es habe keine grundlegende Änderung des Systems stattgefunden. Der deutlichste Fall dieser Art ist wohl die Weimarer Republik und der Übergang zum Nazi-Regime. Gerade deswegen kann man auf ihn ja den paradoxen Ausdruck der „legalen Revolution" anwenden. Eine Reihe von Autoren hat die These vertreten, die Weimarer Verfassung habe weiterbestanden, habe aber im Geiste der neuen Ordnung interpretiert werden müssen.[7] Andere haben von einer „Überlagerung von Verfassungen" gesprochen, also davon, daß „zwei Verfassungsschichten nebeneinander in Geltung" gewesen seien.[8] Das inzwischen klassische Werk von Bernd Rüthers „*Die unbegrenzte Auslegung". Zum Wandel der Privatrechtsordnung im Nationalsozialismus*[9] enthält unzählige Beispiele dafür, wie ein Rechtssystem durch „interpretative Beseitigung" geändert werden kann.

3) Und schließlich gibt es auch solche Fälle, in denen man von „Verfassungschaos" sprechen kann und wo die Verfassung zur Identifizierung der gültigen Rechtsordnung nur wenig beitragen kann. Dies ist der Fall in den meisten Ländern Lateinamerikas. Auf diesen Fall möchte ich nun etwas ausführlicher eingehen.

II. Einige lateinamerikanische Beispielfälle

Um die lateinamerikanischen Verhältnisse hinsichtlich der Beziehung zwischen Verfassung und politischer Stabilität zu illustrieren, ist daran zu erinnern, daß zwischen 1958 und 1984 nur in vier Ländern – nämlich in Kolumbien, Costa Rica, Mexiko und Venezuela – politische Machtwechsel ununterbrochen nach Maßgabe der jeweiligen Verfassung stattfanden.[10]

Betrachtet man die Rolle der Verfassungen für das gesellschaftliche und politische Leben in Lateinamerika, dann sind zwei grundlegende Merkmale zu berücksichtigen:

Erstens: Zwar gibt es auch in europäischen Ländern Unterschiede zwischen der verkündeten und der tatsächlich angewendeten Rechtsordnung, aber sie sind dort nirgends so groß, wie dies in Lateinamerika seit jeher der Fall war. Analysiert man das lateinamerikanische Verfassungsrecht, dann muß man folglich immer ausdrücklich dazusagen, ob man vom Buchstaben der Verfassung oder von ihrer tatsächlichen Wirksamkeit spricht. Ohne Übertreibung kann man sagen, daß die Rechtsordnungen einer ganzen Reihe lateinamerikanischer Länder unter dem leiden, was H.L.A. Hart einmal als „Pathologie des Rechts" bezeichnet hat.

Zweitens: Eine weitere Quelle von Problemen ist, daß es in Spanisch-Amerika zwei widersprüchliche Einstellungen mit einer langen Tradition gibt: einerseits ein enormes Vertrauen in die Verfassung als wichtigster Faktor für die Regulierung des sozialen Lebens und andererseits die Überzeugung, der Bruch zwischen Rechtsordnung und sozialer Wirklichkeit sei kein Anlaß zur Beunruhigung. Dieser Bruch wird stattdessen als eine mehr oder weniger bedauerliche, aber ziemlich unbedeutende Tatsache angesehen; und die Rechtswissenschaftler widmen sich in der Regel der Erforschung der gesetzten Normen, als ob diese tatsächlich wirksam wären.[11]

Um diese Phänomene etwas näher zu betrachten, will ich mich im folgenden auf drei Fälle konzentrieren, die mir paradigmatisch erscheinen: nämlich Bolivien, Mexiko und Argentinien.

a) Bolivien hat von 1825 bis 1957 – also in 132 Jahren – 14 Verfassungen gehabt; in den hundert Jahren zwischen 1825 und 1925 hat es 190 Umsturzbewegungen durchgemacht (Verschwörungen, Putschs, Revolten, Aufstände, Revolutionen ...).[12] Die derzeit gültige Verfassung ist von 1967, aber „wegen der ununterbrochenen Folge von Militärdiktatoren zwischen 1969 und 1979 ist die jüngste Verfassung des Landes praktisch irrelevant gewesen."[13]

Der bolivianische Verfassungsrechtler Ciro Félix Trigo stellt fest: „Selbst ein oberflächlicher Blick auf Verfassungstheorie und -wirklichkeit zeigt deutlich das notorische Ungleichgewicht der beiden. Die Diskrepanz zwischen dem, was das Gesetz sagt, und dem, was in seinem Namen oder auch ohne darauf Bezug zu nehmen getan wird, ist riesig. Alte Sitten, unausrottbare Gewohnheiten und eine geringe oder gar nicht vorhandene „civic culture" wirken gegen die korrekte Anwendung der Grundnormen. Schwer wiegt außerdem die Tradition der Haltung der Autoritäten gegenüber den Gesetzen, die der spanische König für Westindien erlassen hatte. Diese Haltung läßt sich in der Maxime zusammenfassen: „Ich erkenne sie an, erfülle sie aber nicht". Leider kann man auch heute noch sagen, daß die Verfassung anerkannt, aber nur zum Teil und sporadisch erfüllt wird.

Der Kampf für die Einrichtung verfassungsmäßiger Regime in Lateinamerika erlaubt daher eine allgemeine Klassifizierung: Die Regierenden, die in der Verfassung ein Hindernis für ihre Zwecke unkontrollierter Machtausübung sehen, verletzen und umgehen ihre Normen, um an der Macht zu bleiben; und die Regierten, die die wirksame Geltung der Verfassung fordern, sprengen oft die Grenzen des Erlaubten, stellen übertriebene Forderungen und provozieren damit de facto Situationen, die neue Verfassungsverletzungen bedeuten. Diese Verfassungen, auf die zehn Mal geschworen wurde (...) und die tausend Mal verletzt wurden, dieser Mißbrauch von Autorität, diese Mißachtung der Bevölkerung, das ist die eigentliche bolivianische Geschichte."[14]

Ohne weiteres kann man wohl sagen, daß „... in Bolivien Verfassungen – ob sie nun gut oder schlecht waren – weder eine Mauer von Autorität noch einen revolutionären Schub darstellten; eine Regierung nach der anderen ist durch Komplotts gesellschaftlicher, politischer oder militärischer Kräfte gefallen, die unter der Verfassung, über sie hinweg oder gar mit ihrer Hilfe zustandekamen."[15]

Der Fall Bolivien zeigt, wie irrelevant die Verfassung als Stabilitätsfaktor ist; wir haben damit auch ein gutes Beispiel für die begriffliche Bedeutung der Unterscheidung zwischen Anerkennungsregel und Verfassung. Für die Beurteilung der Gültigkeit einer Veränderung ist die Anerkennungsregel entscheidend; Veränderungen, die in einem System eindeutig Chaos bedeuten würden, können folglich in einem anderen durchaus der „Normalfall" sein. Dies nicht zu vergessen ist besonders wichtig, will man politische Systeme miteinander vergleichen.

Ein hervorragendes Beispiel für eine Anwendung des eben vorgeschlagenen Kriteriums ist Howard J. Wiarda's Untersuchung *Critical Elections and Critical Coups*, in der u.a. die folgenden Thesen vertreten werden:

„(...) daß es (in Lateinamerika; E. G. V.) klare und deutliche 'systemische' Muster von Politik gibt, obwohl dieser Kontinent für Nordamerikaner oft durch Chaos und Anarchie gekennzeichnet scheint";

„(...) daß uns diese Muster ziemlich viel sagen können über den lateinamerikanischen Veränderungsprozeß, über die Periodizität und die Stadien lateinamerikanischer Entwicklung und über Verschiebungen im Klasse- und Strukturgefüge sowie grundlegende sozio-politische Umformungen."[16]

Inwieweit Militärcoups der „Normalfall" politischen Wandels in Lateinamerika sind, zeigt plastisch die Tatsache, daß der bolivianische Politiker Rigoberto Paredes einmal vorschlug,"Revolutionsregeln" zu verabschieden.[17] Das wären dann zwar ungewöhnliche *rules of change*, aber ob man sie anerkennen oder ablehnen müßte, hängt von der Anerkennungsregel ab, die man zugrunde legt. Man könnte nun meinen, daß es bezüglich eines Landes, das soviele Revolten und Staatsstreiche erlebt hat, kaum Sinn macht, von einer Beziehung zwischen Verfassung und Stabilität zu sprechen, und daß es daher angemessener wäre, ein Land mit größerer politischer Ruhe und einer lange ungeänderten Verfassung zu betrachten.

b) In Lateinamerika ist das beste Beispiel dieser Art wohl Mexiko: Die mexikanische Verfassung, die 1917 in Kraft trat und bis heute gültig ist, war zur Zeit ihrer Verabschiedung eine der modernsten Verfassungen der Welt in dem Sinne, daß sie einen rechtsstaatlichen Sozialstaat begründete; und seit 1930 haben in Mexiko alle Präsidenten ihre Amtszeit auch verfassungsgemäß beendet. Betrachtet man die mexikanische Verfassungs- und Rechtswirklichkeit jedoch etwas genauer, dann stößt man auf ziemlich überraschende Phänomene.

Einige Daten mögen die Praxis der mexikanischen Demokratie dokumentieren. Von 1920 bis 1982 erreichten die offiziellen Präsidentschaftskandidaten nie weniger als 70% der Stimmen, wie folgende Tabelle zeigt[18]:

Tabelle: Stimmenanteile mexikanischer Präsidentenschaftskandidaten 1920-1988.

Jahr	Offizieller Kandidat	Stimmen in Prozent
1920	Obregón	95,8
1924	Calles	84,1
1928	Obregón	100,0
1929	Ortiz Rubio	93,6
1934	Cárdenas	98,2
1940	Avila Camacho	93,9
1946	Alemán	77,9
1952	Ruiz Cortine	74,3
1958	López Mateos	90,4
1964	Díaz Ordaz	88,8
1970	Echeverría	86,0
1976	López Portillo	92,3
1982	de la Madrid Hurtado	71,0
1988	Salinas de Gortari	48,8

Hinsichtlich der Beziehungen zwischen Exekutive und Legislative ist es interessant, daß 1935, 1937 und 1941 100% der von der Exekutive dem Kongreß vorgelegten Initiativen einstimmig von der Abgeordnetenkammer angenommen wurden. Nach 1943 ergeben sich folgende Zahlen für einstimmig angenommene Vorlagen: 92% (1943); 74% (1947); 77% (1949); 95% (1959); 82% (1961). Über die Judikative sagte Pablo González Casanova 1965: „grundsätzlich folgt sie der Politik der Exekutive und dient dazu, derselben größere Stabilität zu verleihen".[19] 1988 bemerkte Alejandro M. Garro bezugnehmend auf den rechtsverbindlichen Charakter der Rechtsprechung des mexikanischen Obersten Gerichtshofes bei Urteilssprüchen in Amparo-Fällen:

„Das mexikanische Amparo-Gesetz enthebt die Verwaltungsbehörden und die Legislative der Verpflichtung, Grundsätze der Rechtsprechung zu beachten, die für die Judikative verbindlich sind. Die Annahme des mexikanischen Verfassungsgebers bei dieser Begrenzung der Wirkungen der Urteile nach dem Amparo-Gesetz, war, daß ein von der Judikative für verfassungswidrig erklärtes Gesetz an Ansehen verlieren und außer Gebrauch kommen würde (. . .) Aber diese Erwartung des Verfassungsgebers erfüllte sich nicht, bleibt es doch der Entscheidung der Verwaltungsbehörde überlassen, wann und in welchen Fällen eine wiederholt vom Obersten Gerichtshof Mexikos als nicht verfassungsmäßig erklärte Norm tatsächlich nicht anzuwenden

ist. (...) Auch die Legislative scheint nicht daran gebunden zu sein, die Entscheidungen des Obersten Gerichtshofs von Mexiko bezüglich der Verfassungsmäßigkeit von Gesetzen anzuerkennen. (...) Die Situation der Rechtsunsicherheit, die aus mangelnder Sicherheit über die eventuelle Anwendung einer mehrfach von den Bundesgerichtshöfen als verfassungswidrig erklärten Norm herrührt, rief die Kritik einer angesehenen mexikanischen Rechtsschule hervor, die daß für eintritt, Urteilen nach dem Amparo-Gesetz Wirkung erga omnes zu verleihen."[20]
Diese Tatsache bedeutet natürlich nicht, daß die mexikanische Verfassung das Prinzip der Gewaltenteilung nicht anerkennt. Im Gegenteil garantiert Artikel 49: „Die höchste Gewalt des Bundes ist in ihrer Ausübung aufgeteilt in die legislative, exekutive und judikative Gewalt." Und schließlich darf man auch nicht vergessen, daß wir es bei Mexiko mit einer Demokratie sui generis zu tun haben, die man keinesfalls mit Nicaragua in der Zeit der Somozas vergleichen kann, wo die Regierung trotz der offenkundigen Tatsache, daß es sich um ein diktatorisches Regime handelte und obwohl die Artikel 316 und 320-324 der Verfassung ein Mehrparteiensystem garantierten, wiederholt ihre Treue zur Verfassung beteuerte.
Auf alle diese Fälle könnte man den Ausspruch Pablo Ganález Casanovas bezüglich der Legislative in Mexiko anwenden: „Offensichtlich hat die Legislative nur eine symbolische Funktion. Sie sanktioniert Verfügungen der Exekutive. Sie verleiht ihnen eine Gültigkeit und Begründung traditionell-metaphysischer Art, durch die die Vorgaben der Exekutive Gesetzescharakter erhalten bzw. sich auf die gesetzliche Ordnung stützen, und gehorcht damit einem sehr alten symbolischen – wenn auch säkularen – Mechanismus."[21]
Nun könnte jemand kommen und sagen, die mexikanischen Probleme seien irrelevant, da Mexiko aufgrund der Heterogenität seiner Bevölkerung (nach Angaben von Anthropologen gibt es 56 verschiedene ethnische Gruppen) ein Sonderfall sei, der auch besondere Behandlung verlange. Demnach wäre vielleicht Argentinien, dessen Bevölkerung rassisch und ethnisch viel homogener ist als die der Vereinigten Staaten, ein interessanterer Fall. Wie ich gleich zeigen werde, ist jedoch leider das Bild in Argentinien leider nicht sehr viel ermutigender.
c) Die sogenannte Periode der nationalen Organisation beginnt in Argentinien nach der Schlacht von Caceros (1852), in der Juan Manuel de Rosas geschlagen wurde. Damit endete eine Etappe der argentinischen Geschichte, die vom Kampf zwischen Provinzcaudillos und der Auseinandersetzung zwischen zwei ideologischen Strömungen geprägt war: dem Unitarisrnus und dem Föderalismus. Unter rechts-instutionellem Aspekt war die wichtigste Folge die Verabschiedung der heute noch gültigen Verfassung von 1853. Nichts könnte die damalige Diskrepanz zwischen der erlassenen Verfassungsordnung und der Realität des Landes besser illustrieren als ein Blick auf die theoretischen Vorläufer dieser Verfassung und auf die Akten der verfassungsgebenden Versammlung.
Das wichtigste Dokument aus theoretischer Sicht ist Juan Bautista Alberdis Buch *Grundlagen und Ausgangspunkte für die politische Organisation der Republik Argentinien, abgeleitet aus dem Gesetz, das der Entwicklung der Zivilisation in Südamerika zugrundeliegt.*[22]
Alberdi verschweigt keineswegs, daß das von ihm vorgeschlagene institutionelle Modell nicht auf die soziale Wirklichkeit Argentiniens paßt. Die Alternative war also, entweder das Modell aufzugeben oder das Land zu verändern. Er wählte letzteres. Da die ethnische Struktur Argentiniens nicht dafür geeignet sei, ein fortgeschrittenes institutionelles Modell zu übernehmen, dieses aber durchgesetzt werden mußte, um das „oberste und höchste Gesetz der Entwicklung einer christlichen und modernen Zivilisation"[23] zu erfüllen, müsse man die modernisierende Wirkung der Verfassung durch eine entsprechende demographische Veränderung unterstützen. Mit den Worten Alberdis:
„Es ist eine Utopie, ein Traum, ein purer Fehlschluß zu meinen, unsere hispanoamerikanische Rasse, wie sie aus ihrer finsteren kolonialen Vergangenheit hervorging, könne heute eine repräsentative Republik verwirklichen. (...) Es sind nicht die Gesetze, die wir verändern müssen, es sind die Menschen, die Dinge. Wir müssen unsere zur Freiheit unfähigen Menschen durch andere ersetzen, die dafür taugen."[24]

Und er fügt hinzu:
„Mit drei Millionen Indios, Christen und Katholiken, werdet ihr die Republik gewiß nicht herstellen. Ihr werdet sie auch nicht mit vier Millionen iberischen Spaniern schaffen; denn der echte Spanier ist hier wie dort dazu unfähig. Wenn wir also unsere Bevölkerung passend zum Regierungssystem zusammensetzen müssen, und wenn es uns eher möglich sein soll, die Bevölkerung dem System anzupassen als das System der Bevölkerung, dann müssen wir auf unserem Boden die angelsächsische Bevölkerung verstärken. Diese steht für die Erfindung der Dampfkraft, für Handel und für Freiheit; Dinge, die wir nie in unserer Gesellschaft werden verwurzeln können ohne die Mitarbeit dieser Rasse des Fortschritts und der Zivilisation."[25]
Diese Auffassung Alberdis hinsichtlich der unterstellten Untauglichkeit der Spanier und Kreolen – und natürlich der Indios – für eine moderne Entwicklung wurde wiederholt von einem anderen großen, argentinischen Schriftsteller und Staatsmann, Domingo Faustino Sarmiento, in einem Buch aufgegriffen, das als eine der ersten soziologischen Studien des lateinamerikanischen Kontinents angesehen werden kann: *Facundo-Zivilisation und Barbarei.*
Auch in Esteban Echeverrías Buch Sozialistisches Dogma ist, ungeachtet der demokratischen Ausrichtung des Autors, deutlich erkennbar, daß die vorgeschlagene institutionelle Ordnung dazu verurteilt ist, nur für einen eingeschränkten Teil der Gesellschaft effektive Geltung zu besitzen:
„Die Souveränität ist der größte und erhabenste Akt der Vernunft eines freien Volkes. Wie aber sollen diejenigen an diesem Akt teilhaben, die nicht um seine Bedeutung wissen? Leute, die mangels Geisteskraft außerstande sind, Gut und Böse in öffentlichen Angelegenheiten zu unterscheiden? Leute, die aus Unkenntnis über den zu entscheidenden Sachverhalt keine eigene Meinung haben und folglich den Manipulationen übelwollender Zeitgenossen ausgeliefert sind? Leute, die mit ihrem unklugen Urteil die Freiheit des Vaterlandes und die Existenz unserer Gesellschaft aufs Spiel setzen können? (...) Wessen Wohlergehen vom Willen eines anderen abhängt und wer keine persönliche Unabhängigkeit genießt, wird umso weniger in den Genuß seiner Souveränität gelangen können; denn er wird wohl kaum sein Interesse der Unabhängigkeit der Vernunft opfern. Folglich braucht der Unwissende, der Vagabund, jener, der keine persönliche Unabhängigkeit besitzt, eine Vormundschaft. Das Gesetz verbietet ihnen nicht generell, souveräne Rechte wahrzunehmen, sondern nur, solange sie unmündig sind: Es beraubt sie nicht dieser Rechte, sondern legt ihnen eine Bedingung für deren Besitz auf, nämlich die Bedingung, sich zu emanzipieren."[26]
Aus der Lektüre der Verfassungstexte kann man schließen, daß die allgemeine Überzeugung der Väter der Verfassung mit wenigen Ausnahmen (die bedeutendste ist Facundo Zuviría) mit der oben dargelegten Haltung übereinstimmte. Alberdi blieb bis zu seinem Lebensende, als die institutionelle Organisation Argentiniens schon in Gang gekommen und die Grenzen für Einwanderer offen waren, der Meinung, daß eine Veränderung der Bevölkerung Gleichheit verspreche und die durchgesetzte Verfassungsordnung eines Tages eine demokratische Praxis ermöglichen würde.[27]
Was hier zum Beispiel Argentinien gesagt wurde, läßt sich mutatis mutandis auch auf andere lateinamerikanische Länder übertragen. So stellt z. B. José Galvso de Souza fest: „Die Verfassungsstruktur Brasiliens und der Völker Hispanoamerikas macht auf beredte Weise (...) den Konflikt zwischen dem von den regierenden Minderheiten ausgearbeiteten Recht und den vom Volk gelebten Beziehungen auf dem Weg des historischen Fortschreitens einer jeden Nation deutlich. So wurde die historische Verfassung und ihr institutionelles Erbe geleugnet, das so reich ist an Elementen, die sich für die Schaffung einer demokratischen Staatsform eignen würde, die eine Authentizität besäße, wie sie sich unmöglich in an den Erfahrungen anderer Länder – speziell der USA – orientierten Institutionen finden läßt. Schon die ersten politischen Führer in der Epoche der Unabhängigkeit – wie Miranda in Venezuela oder Maia in Brasilien –, aber auch die Verfassungsreformatoren oder -schöpfer – wie der Argentinier Alberdi oder der Brasilianer Ruy Barbosa – waren von demokratischen Formeln angelsächsischer Herkunft durchdrungen und

kannten das Leben des Volkes im Lande selbst zu wenig. So wurde die Verfassung zum Werk von Männern, die von ausländischen Einflüssen geprägt, aus ihrem jeweiligen Heimatland entfremdet und den Interessen der sozial dominierenden Klasse verbunden. Sie gehörten zu Randeliten (...). Die Verfassung erhielt das Gepräge einer ideologischen Charta, die im Dienste bestimmter politischer Vorstellungen formuliert wurde, und ist nicht mehr ein pragmatisches Instrument zum Schutz konkreter Freiheiten, wie etwa die britische Magna Charta (...)"[28].
Zweifellos hatten die Väter dieser Verfassungen einen unerschütterlichen Glauben an das Recht; ebenso steht außer Zweifel, daß die Verfassungen der Wirklichkeit nicht gerecht wurden, und daß diese Diskrepanz zwischen normativer Ordnung und Wirklichkeit zur Quelle ernster politischer und sozialer Probleme wurde.
Obwohl die noch immer gültige Verfassung schon 1853 verkündet wurde, war in Argentinien fast ein Drittel des Lebens dieser Republik seit Erlangung der Unabhängigkeit von *De-facto*-Regierungen geprägt. Für unsere Zwecke ist dabei interessant, daß der Oberste Gerichtshof diesen *De-facto*-Regierungen einen rechtlich ähnlichen Status wie rechtmäßigen Regierungen eingeräumt hat, was hinsichtlich der Rolle der Verfassung als höchster Norm zu ziemlichem Chaos geführt hat. Einige Beispiele mögen dies erläutern:
Am 6. September 1930 beendete ein Militärputsch die erste liberale Demokratie Argentiniens. Bemerkenswert ist die Haltung des Obersten Gerichtshofs dazu: Am 10. September bestätigte das Gericht den Eingang eines Schreibens der neuen Regierung. In der Notiz erkennt das Gericht die *De-facto*-Regierung an und kündigt lediglich an, es werde die Beachtung der Verfassung (auf die sich die Regierung selbst berufen hatte) kontrollieren, wie es dies bei einer verfassungsmäßigen Regierung auch tun würde. Einige Jahre später, 1933, erweiterte das Gericht die Kompetenzen der *De-facto*-Regierung und gewährte ihr das Recht, Gesetzes-Dekrete zu erlassen, also gesetzgeberische Funktionen zu übernehmen.[29]
Diese Neigung, *De-facto*-Regierungen mit umfangreichen Kompetenzen auszustatten, wurde in Argentinien fast ein halbes Jahrhundert lang beibehalten. Und wenn es Zweifel an der „Vertrauenswürdigkeit" des Obersten Gerichts gab, wurde die weise Maßnahme ergriffen, all seine Mitglieder auszutauschen. Dies geschah 1943, 1955 und 1966.
1947 verkündet der Oberste Gerichtshof, daß „in dem Maße, in dem es erforderlich ist, Gesetze zu erlassen, um regieren zu können, eine *De-facto*-Regierung die notwendige gesetzgebende Gewalt hat; da aber die Feststellung dieser Notwendigkeit – was Umfang und Bedarf angeht – zur politischen Klugheit gehört, kann sie keiner gerichtlichen Überprüfung unterzogen werden (...)"
In einem anderen Urteil aus dem gleichen Jahr heißt es:
„die von der *De-facto*-Regierung erlassenen Gesetzesdekrete sind aufgrund ihrer Quelle gültig, und da sie den gleichen Rang wie Gesetze haben, gelten sie auch dann, wenn sie vom Kongreß nicht ratifiziert werden, solange sie nicht auf die einzige für Gesetze mögliche Weise – also durch andere Gesetze – aufgehoben werden."[30]
1949, unter den Peronisten, wurde die Verfassung ohne Beachtung der in Art. 30 der Verfassung selbst vorgeschriebenen Anforderungen an die parlamentarische Mehrheit geändert. Diese neue Verfassung wurde 1955 (unter der Militärregierung) per Erlaß aufgehoben. Eine verfassungsgebende Versammlung, die die Verfassung von 1853 – mit nur geringen Veränderungen, wie etwa Art. 14 'bis' über soziale Rechte – wieder in Kraft setzte, wurde per Dekret eingesetzt, wobei die Peronisten und damit ein großer Teil der argentinischen Wählerschaft ausgeschlossen waren.
1966 gab es wieder einen Militärputsch. Die neue Regierung erließ das sogenannte „Statut der Argentinischen Revolution", womit sie sich selbst autorisierte, die legislative Gewalt zu übernehmen. Die Militärregierung endete mit den Wahlen von 1973, die auf der Grundlage einer de facto vorgenommenen Verfassungsänderung abgehalten wurden, nämlich des per Dekret 1972 in Kraft gesetzten „Grundgesetzes" *(Estatuto Fundamental)*.
Die „Gesetzgebungs"-Aktivitäten der Militärregierung hatten jedoch zu einer Situation geführt, die deutlich macht, wie schwer es in verschiedenen Epochen der argentinischen Geschichte ist,

das jeweils „gültige Rechtssystem" zu identifizieren. In einer der wichtigsten Tageszeitungen Argentiniens, La Nación, erschien dazu ein Artikel mit dem bezeichnenden „Unsicherheitsstaat"[31], aus dem ich einige Überlegungen zitieren möchte:
„Das Land lebt in einem Zustand von verfassungsmäßiger Unsicherheit, wie er schlimmer nicht sein könnte. In einigen Rechtsfragen, wie etwa der nach der Geltung der von den *De-facto*-Regierungen nach 1966 erlassenen Gesetze, könnte das Chaos nicht größer sein. Die drei Gewalten der Republik nehmen in dieser leidigen Angelegenheit nämlich unterschiedliche Positionen ein (...)
Erstens: der nach dem 25. Mai konstituierte Oberste Gerichtshof der Nation hat den Standpunkt vertreten, daß diese Gesetze mit der Regierung, die sie erlassen hat, hinfällig geworden sind (...)
Zweitens: die Exekutive zeigte in dieser Frage eine Vorliebe für Doppeldeutigkeiten: in manchen Fällen hob sie mittels einfacher Dekrete „Gesetzesdekrete" oder, wie man damals sagte, „Gesetze" der Revolutionsregierung auf (...), in anderen wandte sie sich mit Vorlagen an den Kongreß, die die Aufhebung von zwischen dem 28. Juni 1966 und dem 25. Mai 1973 erlassenen „Gesetzen" zum Inhalt hatten (...)
Drittens: Der Nationalkongreß schließlich scheint die Schwere der Frage nicht erkannt zu haben, hat er doch einerseits die Aufhebung der Gesetzesdekrete der Revolutionsregierungen per Dekret stillschweigend hingenommen, sich andererseits aber auch bereit erklärt, gesetzliche Verfügungen gleicher Art per Gesetz aufzuheben (...)"
Das hier aufgeworfene Problem war natürlich nicht rein theoretischer, sondern praktischer Natur. Die Frage lag darin, was man denn in den Jahren 1966 – 1973 unter „Gesetz" habe verstehen müssen. Die 1966 an die Macht gekommene Militärregierung übernahm – kraft des Artikels 5 des Statuts der Argentinischen Revolution – die Funktionen des Kongresses; insofern, so behauptete sie, waren die von ihr erlassenen Normen nicht Dekrete oder Gesetzesdekrete, sondern echte Gesetze.
Wenn noch 1972 Tilman Evers feststellen konnte, diese neue Terminologie sei „juristisch irrelevant"[32], mußte man 1973 erkennen, daß dies nicht der Fall war.
Ein Beispiel: nach der argentinischen Verfassung von 1853, deren partielle Geltung die Militärregierung anerkannte[33], erfordert die Ernennung von Generälen, Admirälen, Polizeibrigadieren, Richtern, Botschaftern und Gesandten im Auswärtigen Dienst die Bestätigung durch den Senat. Kraft des erwähnten Artikels 5 jedoch sah die Militärregierung die Ernennungen, welche sie in diesen drei Bereichen – also bei den Streitkräften, im Justizbereich und im diplomatischen Dienst – angeordnet hatte, als absolut gültig an. Nach dem Regierungswechsel am 25. Mai 1973 nun beurteilte man die Geltung jener Ernennungen nicht nach einheitlichen juristischen Kriterien, d. h. weder entschloß man sich, sie für nichtig zu erklären, noch dazu, ihre allgemeine Geltung zu behaupten. Man handelte mit Blick auf die realen Machtfaktoren nach eminent politischen Kriterien: Ernennungen bei den Streitkräften blieben völlig unangefochten; Personalbesetzungen in der Justiz akzeptierte man, schickte aber einige Richter, deren Loyalität gegenüber der Exekutive nicht hinreichend gesichert schien, in den vorzeitigen Ruhestand; die Ernennungen im Auswärtigen Dienst hingegen betrachtete man als unvollständige Amtshandlungen, die der Bestätigung durch den Senat bedürften.
In diesen und anderen ähnlich gelagerten Fällen (man bedenke, daß während der Militärregierung 1966 – 1973 eine Fülle dieser sogenannten „Gesetze" erlassen wurde) hat das Recht eine seiner wichtigsten Funktionen verloren, nämlich die Orientierung der Erwartungen jener Personen, deren Verhalten es zu regeln beansprucht. Dies rechtfertigt die Rede vom „Unsicherheitsstaat" in dem oben zitierten Zeitungsartikel. Nicht weniger kompliziert gestaltete sich in der betreffenden Zeit die Bestimmung der Rangordnung der Quellen für die geltende Rechtsordnung Artikel 3 des Statuts der Argentinischen Revolution schrieb drei vorrangige Quellen fest: das Statut selbst, die Verfassung von 1853 und die Ziele der Argentinischen Revolution, wie sie in Anhang 3 der Revolutionscharta niedergelegt waren.

Hinsichtlich des hierarchischen Verhältnisses von Statut und Verfassung formulierte man zwei einander widersprechende Theorien: Die eine beschrieb ein vertikales Verhältnis zwischenden beiden Normsystemen, wobei das Statut eine übergeordnete Stellung einnahm. Die andere hingegen ging von einem horizontalen Verhältnis aus und behauptete, die Verfügungen des Statuts und die damit vereinbaren Teile der Verfassung bildeten ein einziges Rechtskorpus.[34] Genauso schwer zu bestimmen war allerdings die rechtliche Bedeutung der „Ziele der Revolution", d. h. die Frage, ob diese Ziele unmittelbar geltendes Recht oder nur Quellen für die Rechtsauslegung waren. Das tatsächliche Aussehen des im Argentinien der Jahre 1966 bis 1973 geltenden Normensystems wurde zum Anlaß erheblicher Verwirrung, welche sich in der Praxis noch durch das Abhängigkeitsverhältnis zwischen Judikative und Exekutive verschärfte.

Das hier bezüglich Argentinien Gesagte gilt auch für andere lateinamerikanische Länder. Z. B. hat Hans-Jürgen Brandt die Schwierigkeit beschrieben, die in Peru geltende Rechtsordnung zu bestimmen:
„Diese Rechtsordnung ist besonders komplex und selbst unter gesellschaftlich führenden Gruppen wenig bekannt. Dies kann man auch von den in der Materie bewanderten Personen behaupten, die sich über die Menge von etwa 25000 seit 1904 erlassenen gesetzlichen Verfügungen die Köpfe heiß diskutieren, ohne sich darauf einigen zu können, welche davon denn nun noch immer gelten. Die Flut von Gesetzen und Erlässen (die Produktion von Gesetzen liegt zwischen 300 und 500 pro Jahr), die ungeordnete, oft inkohärente Form der Gesetzgebung und das Fehlen von systematischen und aktualisierten Ausgaben der geltenden Gesetze haben ein gewaltiges Chaos erzeugt. In dieser Situation ist es für den Durchschnittsbürger ziemlich schwierig, sein Verhalten an der Rechtsordnung auszurichten, wie es die Verfassung eigentlich vorschreibt."[35]
Die 1976 in Argentinien an die Macht gekommene und bis 1983 dauernde Militärdiktatur erließ ein Dokument, das die Ziele und Zwecke des sogenannten „Prozesses Nationaler Reorganisation" auflistete, den übergeordneten Rang der Verfassung aufhob und die Militärjunta, die Nationale Exekutive und ein legislatives Beratungskomitee als Regierungsorgane festschrieb. Seltsamerweise wurde jedoch gleichzeitig die Fiktion aufrechterhalten, die Verfassung bleibe weiter gültig; als General Reynaldo Bignone das Präsidentenamt übernahm, forderte General Nicolaídes ihn denn auch zu schwören auf, daß er „die Verfassung der argentinischen Nation beachten und ihr Beachtung verschaffen" werde.[36] Die Aufforderung war Unsinn, aber sie war keineswegs originell: auch General Jorge Rafael Videla hatte am 29. März 1979 geschworen, „die Verfassung der argentinischen Nation getreulich zu beachten und ihr Beachtung zu verschaffen (...)"[37]

In diesem Zusammenhang ist die Bemerkung interessant, daß Verlautbarungen, die einem Militärputsch unweigerlich folgen, fast immer ausdrücklich feststellen, daß die Verfassung wirksam ist und bleiben wird. Dazu noch einige Beispiele:
In der militärischen Verlautbarung von 1930 (der ersten in einer langen Reihe) lesen wir: „Die Übergangsregierung (...) drückt ihren Respekt vor der Verfassung und dem geltenden Recht aus (...)"
Seltsamerweise geht es aber dann weiter: „und ihren Wunsch, so bald wie möglich zur Normalität zurückzukehren (...)"[38]
Dies kann ja wohl nur heißen, daß hier festgestellt wird, man habe eine Situation herbeigeführt, die zugleich in Einklang mit der Verfassung und verfassungmäßig irregulär ist.
Die Führer des Militärputsches vom 4. Juni 1942, die später Juan Perón an die Macht brachten, erklärten: „Wir werden unsere Institutionen und Gesetze beibehalten (...)"[39]
Am 28. März 1962 wurde die verfassungsmäßige Regierung von Arturo Frondizi durch einen, weiteren Militärputsch gestürzt, dessen Führer erklärten: „Wir halten an der Verfassung als dem einzigen rettenden Strohhalm für alle Argentinier fest. (...) Mit der Entscheidung, die Absetzung des Präsidenten zu betreiben, glauben wir, die Verfassung zu schützen und den Glauben an ihre Prinzipien wiederherzustellen."[40]

Dies ist zweifellos ein hervorragendes Beispiel für eine Methode, die man „Wiederherstellung des Glaubens durch Sünde" nennen könnte.

Die Militärjunta, die am 24. März 1976 eine der blutigsten Diktaturen in der Geschichte Lateinamerikas des 20. Jahrhunderts einleitete, schwor „bei Gott und der Heiligen Schrift (...), die Verfassung der argentinischen Nation (...) treu zu beachten und ihr Beachtung zu verschaffen."[41]

Auch die Soldaten, die von 1982 bis 1986 Guatemala regierten, sorgten sich um die „Legalität": In einem von der New York Times (am 15. Juli 1982) veröffentlichten Interview erklärte der Diktator Ríos Montt: „Ich mußte also den gesetzlichen Rahmen schaffen, der es erlaubte, in ein Haus einzudringen, ohne den Boden der Rechtmäßigkeit zu verlassen (...) jetzt kann ich auf legaler Basis töten."[42]

III. Schlußfolgerungen

Vor dem Hintergrund der genannten Beispiele und auch unter Berücksichtigung der jüngsten Entwicklungen in der politisch-rechtlichen Kultur Lateinamerikas dürfte man nun meines Erachtens ohne größere Vorbehalte zumindest folgenden Schlußfolgerungen zustimmen:

1) In charakteristischen lateinamerikanischen Ländern regelt die gemäß der Verfassungsnormen oder von *De-facto*-Regierungen erlassene Rechtsordnung nicht die Verhaltenserwartungen von Institutionen und Individuen in weiten Bereichen der sozialen Interaktion. Nicht nur ist im allgemeinen der deontische Status der Handlungen unbestimmt, sondern die Anwendung von gesetzlichen Verfügungen ist selbst in Fällen eingeschränkt, bei denen nicht der geringste Zweifel daran besteht, was gesetzlich geboten, erlaubt oder verboten ist, wie u. a. die Untersuchungen von Gessner und Brandt zeigen.

2) In vielen Ländern Lateinamerikas hat sich die verfassungsmäßige Rechtsordnung als irrelevant für die Legitimation der Handlungen der politischen Machthaber erwiesen. Den Unterschied in der rechtlich-politischen Entwicklung zwischen Lateinamerika und den Ländern Westeuropas kann man am besten bewerten, wenn man das Webersche Kriterium des Glaubens an die Gesetzmäßigkeit als Grundlage legitimer Herrschaft benutzt und die Einstellung in weiten Kreisen der lateinamerikanischen Bevölkerung zu den Formen der Machtausübung untersucht. Schwerlich kann hier von „rationaler Herrschaft" und von der Unterordnung des Herrschenden unter „die unpersönliche Ordnung" des Gesetzes gesprochen werden.[43]

Geht man davon aus, daß das Recht in den europäischen Ländern im Laufe einer langen Entwicklung die Funktion einer Quelle der Legitimation von Macht eingenommen hat, kann man außerdem über die lateinamerikanischen Verfassungsordnungen schwerlich ein ähnliches Urteil formulieren.

Es stimmt allerdings, daß die Rückkehr zur Demokratie in fast allen Ländern Lateinamerikas die Hoffnung auf die gültige Rechtskraft einer wirksamen Verfassungsordnung neu angefacht hat. Jedoch hat der Rückzug der Militärs in die Kasernen in vielen Fällen keineswegs schon deren Verzicht auf jegliches Streben nach politischer Macht bedeutet, wie die Geschehnisse der letzten Jahre in Argentinien belegen. In einem für die Geltung der Verfassungsgarantien so grundlegenden Bereich wie dem der Menschenrechte verzeichnet der Jahresbericht von amnesty international für 1989 schwere Menschenrechtsverletzungen in formal demokratischen Ländern wie Kolumbien, Guatemala, El Salvador und Peru. In diesem Zusammenhang erklärt Rodolfo Stavenhagen:

„Beobachter meinen, daß diese Verletzungen der Menschenrechte sogar noch schlimmer sind als die, die gegen Ende mancher Militärdiktatur begangen wurden, und zwar nicht nur wegen ihres je spezifischen Gehaltes, sondern weil sie in legalen demokratischen Systemen stattfinden und so die Unwirksamkeit und Schwäche von Zivilregierungen offenlegen, die nicht in der Lage sind, die Rechte ihrer Bürger angemessen zu schützen. Diese Menschenrechtsverletzungen geschehen im Kontext heftiger interner Konflikte, eines allgemeinen Anstiegs der Kriminalität und der Auflösung der staatlichen Strukturen."[44]

Da sie die in 1) und 2) genannten Funktionen nicht erfüllt, ist die Verfassungsordnung meist auch nicht in der Lage, hinreichende Gründe für das Verhalten von Institutionen und Individuen zu liefern. Ergänzend zu den genannten Fällen von Verwirrung und Unsicherheit bezüglich des geltenden Rechts muß man auch die immer schwerwiegenderen Folgen der Auflösung des Staatsapparates nennen, wie sie in einigen Ländern durch kriminelle Drogenhandelsorganisationen bewirkt wird. Das deutlichste Beispiel dafür ist Kolumbien. Marcos Kaplan hat den Begriff „Drogen-Staat" („narco-Estado") geprägt und will damit auch die Übermacht ausdrücken, der sich der kolumbianische Staat durch die Drogenmafia ausgesetzt sieht. In einem 1989 erschienenen Buch[45] untersucht Kaplan in allen Einzelheiten die sozio-politischen Folgen des Drogengeschäfts in Ländern wie Kolumbien, Peru und Bolivien. Einige Zitate daraus mögen den Ernst der Lage veranschaulichen: „Das Vertrauen von Individuen und Gruppen in die Staatsautorität hat sich in nichts aufgelöst. (. . .) Die Drogenhändler (. . .) scheinen allmächtig und in ihrer Gewaltentfaltung unangreifbar (. . .). Sie erweisen sich immer deutlicher und bedrohlicher als Herausforderung für die Souveränität des Staates, die Legitimität und Wirksamkeit der staatlichen Behörden und die Möglichkeit des Bestehens und der tatsächlichen Rechtskraft der Demokratie und ihrer Institutionen."[46]

„Angesichts der ständigen Morddrohungen und tatsächlichen Morde müssen viele Richter das Land verlassen. Die Richter, die im Land bleiben, sind eingeschüchtert oder bestochen, verfolgen bzw. verurteilen die Drogenverbrecher nicht oder lassen sie frei, wenn ein Gerichtsverfahren gegen sie eingeleitet wurde; sie erklären die Verfassungswidrigkeit von Auslieferungabkommen und heben die Auslieferungen auf. Die Judikative leidet unter einer schweren ethischen und funktionellen Krise und hat aufgehöt zu funktionieren; sie droht zusammenzubrechen und trägt zur allgemeinen Ohnmacht und Schwäche der Regierungen bei."[47]

Sehr ähnlich klingen die Beobachtungen von Henry Oporto Castro[48] zum Fall Bolivien: „All diese wirtschaftliche Macht (des Drogenhandels, E. G. V.) hat mit Sicherheit die Entscheidungsmechanismen von Exekutive, Parlament, Justiz, Polizei, Streitkräften, Parteien, Massenmedien und anderen Bereichen der Gesellschaft und des Staates durchdrungen, in denen überall der Drogenhandel geschätzt wird. Nur so erklärt sich die völlige Untätigkeit, die bisher von offizieller Seite bei der Bekämpfung der Mafia an den Tag gelegt wurde."

4) Angesichts häufiger Militärputschs und lang andauernder Ausnahmezustände konnte die Verfassungsordnung nur selten ihre Aufgabe erfüllen, das Verfahren zur Gesetzesänderung und die Form der Anwendung dieser Gesetze durch die entsprechenden Organe zu regeln. In einer ganzen Reihe charakteristischer lateinamerikanischer Länder wurden diese Funktionen durch sogenannte „institutionelle bzw. konstitutionelle Akte" wahrgenommen. Gerade daraus ergibt sich aber, daß die Bedeutung der Verfassungsordnung als Hindernis oder als Anreiz für die gesellschaftliche Entwicklung stark eingeschränkt ist und man sich daher weder der optimistischen Haltung Alberdis noch der pessimistischen Novoa Monreals einfach anschließen kann. Das bedeutet natürlich nicht, daß beide Positionen nicht auch weiterhin eine gewisse Geltung haben. Das Bemühen um eine Verfassungsreform in vielen Ländern Südamerikas ist ja gerade Ausdruck des Glaubens an die legitimierende Kraft der Verfassung.[49] Im November 1990 veröffentlichte die kolumbianische Regierung ein Dokument mit dem Titel „Überlegungen zu einer neuen Verfassung" („Reflexiones para una nueva Constitución"). Die darin formulierten Überlegungen zur Rolle der Verfassung als Instrument gegen eine „Erosion der Legitimität" sind absolut richtig. Es ist unbestreitbar, daß eine Verfassungsordnung, die den Rahmen einer partizipativen Demokratie festsetzt, eine notwendige Bedingung für die friedliche Weiterentwicklung der lateinamerikanischen Gesellschaften ist. Die Frage ist jedoch, ob sie angesichts der sozialen und ökonomischen Situation dieser Länder auch eine hinreichende Bedingung ist. So sieht es auch das erwähnte Dokument, wenn dort auf Seite 4 gesagt wird:

„Mit der Definition der Rechte der Kolumbianer in einem Gesetzestext ist offensichtlich noch nicht deren wirksamer Schutz garantiert. Aber sie ist der erste Schritt dazu, daß die Kolumbianer sich diese Verfassung allmählich zu eigen machen, die ihnen heute noch fremd und unverständlich erscheint."

„Mit derartigen Problemen befassen sich die Bemühungen von Autoren wie etwa José Matos Mar, der in einem Buch mit dem bezeichnenden Titel „Übermacht des Volkes und Krise des Staates"[50] eine umfassende Neustrukturierung des Staates sowie bei der Rechtsordnung die Berücksichtigung der „ungewöhnlichen Dynamik, die (Perus) ganze soziale, politische, wirtschaftliche und kulturelle Struktur betrifft", vorschlägt.[51]

5) Für die Vertreter einer skeptischen Einstellung zur Wirksamkeit der Verfassung erfüllt sie dagegen folgende Funktionen:

a) Die nahezu „metaphysische" Funktion (um den Ausdruck von González Casanova zu übernehmen) einer je nach Augenblickslage immer verfügbaren oder verwerfbaren Ideologie. Die Verfassung wäre demnach eine Art „Argumentationsreserve", auf die Regierungen und Parteien unter zusätzlicher Ausschöpfung des emotionalen Gehaltes des Ausdrucks „Verfassungsrecht" zurückgreifen können.

b) Die Funktion, programmatische Aufgaben für die nähere oder fernere Zukunft abzustecken. Dies macht sie immun gegen mögliche Mißachtungen, könnte man doch zum Beispiel bezüglich der Geltung der bürgerlichen Grundrechte immer anführen, man sei ja schon im Begriff, das inhaltliche Programm der Verfassung in die Tat umzusetzen.

c) Als Folge aus diesen zwei Funktionen werde die Verfassung allmählich zu einem wesentlichen Bestandteil der politischen Mythologie des jeweiligen Landes. Man zitiere sie – besonders in Krisenzeiten – in der Absicht, die Unterschiede zwischen deklarierten Werten und tatsächlichem Verhalten auszugleichen, ohne daß ihre Prinzipien größere praktische Relevanz hätten.[52]

Beide Positionen können gute Argumente für sich sprechen lassen: Auf der einen Seite sind es nun einmal die Verfassungsnormen, welche den Ausgangspunkt für jede Ordnung einer legitimen Demokratie festlegen müssen; auf der anderen Seite verlangt deren Geltung und Stabilität die Überwindung der gegebenen Umstände, welche die Verfechter einer skeptischen Einstellung zu dem, was sie bloßen „normativen Voluntarismus" nennen, betonen. Die Erfüllung dieser beiden Perspektiven ist vielleicht eine der größten Herausforderungen, der sich die Lateinamerikaner in einer regional und weltweit derartigen Unternehmungen wenig förderlichen Situation gegenüber sehen.

6) In dem Bereich, den Joseph Raz die indirekten sozialen Funktionen des Rechts nennt,[53] bringt besonders in sehr heterogenen Gesellschaften (wie es die Andenstaaten oder Mexiko sind) die allgemeine Anwendung der Verfassung (die sich ja im allgemeinen an den Verfassungen, die für homogene Gesellschaften erlassen wurden, orientiert) eine Verschärfung der sozialen Ungleichheit mit sich. In dieser Hinsicht halte ich die folgende Bemerkung von Hans-Jürgen Brandt für richtig:

„Die Verfassung schreibt die Gleichheit vor dem Gesetz als fundamentales Menschenrecht vor. Obwohl diese Verfügung abstrakt betrachtet eine nicht-diskriminierende Behandlung und damit etwas Positives garantiert, schafft sie in der Praxis durch die Festlegung der Gleichheit von Rechten und Pflichten für sozial, wirtschaftlich und kulturell ungleiche Gruppen eine Verschärfung der Ungleichheit."[54]

Im Fall von Regierungen des Typs des sogenannten „modernen Autoritarismus"[55] ist dies zweifellos nicht nur eine eigentlich unerwünschte indirekte Folge, sondern eine der verfolgten Absichten. In beiden Fällen aber erfüllt die Rechtsordnung eine der Funktionen nicht, die Carl J. Friedrich in den westlichen Ländern für grundlegend hält, nämlich die Funktion, soziale Spannungen zu reduzieren.[56] Das bringt erhebliche Mängel im Hinblick auf die Erfüllung von Minimalprinzipien der Gerechtigkeit mit sich, was eine ethische Rechtfertigung dieses Rechts unmöglich macht. Dies war seinerzeit eines der Themen, die unter Politologen und Soziologen, die sich mit dem Funktionieren des Staates in Lateinamerika befaßten, auf das größte Interesse stieß.[57]

7) Die hier vorgestellten Eigenschaften des Rechts als Normsystem bedingen auch die Stellung des Juristen. Wenn stimmt, was ich meines Erachtens an Beispielen belegt habe, daß nämlich die lateinamerikanischen Rechtssysteme unter einer nahezu permanenten Unsicherheit über die Geltungskriterien ihrer Normen leiden, daß sie eine scharfe Kluft zwischen verfassungsgemäß sanktionierter Ordnung und deren tatsächlicher Anwendung und gleichzeitig strukturelle Anomalien in ihren Institutionen aufweisen, dann scheint die These nicht allzu gewagt, daß der Jurist Gefahr läuft, folgende „schweren Sünden" zu begehen:

a) ein Recht von praktisch nicht existierender Geltungskraft zu beschreiben, jedoch nicht so, wie das ein Historiker durchaus tun dürfte, sondern mit dem Anspruch, sich auf eine aktuelle Wirklichkeit zu beziehen. Dies ist bei Verfassungsrechtlern an vielen Universitäten Lateinamerikas der Fall. So trägt der Jurist dazu bei, unter dem Deckmantel eines angeblichen Respekts vor der Verfassung die Wirklichkeit zu verschleiern und den Bürger in Unkenntnis zu lassen;[58]

b) das faktische Rechtssystem mit dem verfassungsmäßigen harmonisieren wollen unter Beschönigung der Widersprüche zwischen beiden; dies war die übliche Haltung zahlreicher Richter;[59]

c) die Unterschiede zwischen verfassungsgemäß sanktioniertem Recht und dessen praktischer Anwendung zu bagatellisieren (in Ländern, die nicht einem *De-facto*-Regime unterworfen sind); der Jurist schafft so eine Art „ideologischen Mörtel" als Ersatz für die nicht existierende homogene soziale und wirtschaftliche Struktur.[60]

Im Sinne der ersten beiden „Sünden" waren die Juristen eine wichtige soziale Gruppe, die zur Stabilisierung von *De-facto*-Regimen beigetragen haben. Geht man im übrigen davon aus, daß die Klassifizierung einer Regierung als „legal" nicht nur durch die bloße Beschreibung nach bestehenden Kriterien ist, sondern ein Akt der Anerkenntnis und loyaler Beistimmung, der eindeutig präskriptive Konnotation besitzt, so gibt es in der Tat keine Zweifel daran, daß das soeben beschriebene Verhalten eine wirksame Art ist, eine solche Legalität zu proklamieren.[61]

8) In Regimen vom Typ des „Neuen Autoritarismus" reduziert sich die Diskrepanz zwischen sanktionierter und geltender Norm erheblich, wie Emilio García Méndez überzeugend dargelegt hat.[62] Dies läßt sich erklären

a) durch die größere Konzentration der legislativen Gewalt,

b) durch den festen Willen, die erlassenen normativen Verfügungen auch durchzusetzen und

c) durch die Verfügung über die dazu nötigen Machtmittel. Ein gutes Beispiel für

a) ist der durch die Reform vom 17. Oktober 1969 in die Brasilianische Verfassung von 1967 eingefügte Artikel 182 mit folgendem Wortlaut:

„Die institutionelle Akte Nr. 5 vom 13. Dezember 1968 und die danach erlassenen Akte bleiben in Kraft. Einziger Absatz: Der Präsident der Republik kann nach Konsultation des Nationalen Sicherheitsrates die Aufhebung eines jeden dieser Akte anordnen, wenn dessen Bestimmungen für unnötig gehalten werden."

Dies ist ein ausgezeichnetes Beispiel für die von Kelsen sogenannte „höchste Kompetenz", also die uneingeschränkte rechtliche Möglichkeit, die Verfassung zu ändern.[63] Tatsächlich könnte man sagen, daß die brasilianische Verfassung von 1969 aus einem einzigen Artikel bestand: dem Artikel 182.[64]

Eine ausführliche Erläuterung zu b) und c) würde die Grenzen dieser Arbeit sprengen, aber man sollte vielleicht zumindest unterstreichen, daß der Wille zur Durchsetzung der Normen eng verknüpft ist mit der Überzeugung dieses Regierungstyps, hinreichende Gründe für die Selbstversorgung mit politischer Legitimität zu besitzen.[65] Folglich verringert sich in diesen Regierungsformen das Bedürfnis nach Legalität zuschreibenden Deklarationen.[66]

9) Vor dem Hintergrund des hier Dargelegten sollte man mit der Reform des Staates, wie sie derzeit von einer Reihe demokratischer Regierungen in Lateinamerika in Angriff genommen wird, zumindest vorsichtig umgehen. Wenn es stimmt, daß das staatliche Rechtssystem – außer im Falle der diktatorischen Regierungen – in der Vergangenheit unter notorischer Wirkungslosigkeit gelitten hat, dann muß man sich fragen, inwieweit die These vom Minimalstaat zutrifft und ob tatsächlich die Hoffnung gerechtfertigt ist, daß mit dem Abbau des staatlichen Interventionismus auch die Überwindung der in 4) dargestellten Widersprüche zu erreichen sein wird.

Ich denke, die behandelten Beispiele aus der lateinamerikanischen Geschichte zeigen deutlich, wie irrelevant die Verfassungen in dieser Region als Stabilitätsfaktor gewesen sind. Zwar könnte einen das bolivianische Beispiel, wo Militärputschs oft von Verfassungsänderungen gefolgt waren, Glauben machen, daß es eine signifikante Beziehung zwischen den beiden Phänomenen gibt; aber der Fall Mexikos zeigt, daß Stabilität durchaus mit einer sehr geringen Wirksamkeit der Verfassung einhergehen kann; und der Fall Argentinien belegt, daß der Unterschied zwischen *De-facto-* und *De-jure*-Regierungen alles andere als klar ist. Die referierten Fälle stärken meine Überzeugung von der Nützlichkeit der oben vorgeschlagenen Definition von Stabilität, die durch den Rückgriff auf Harts Begriff der Anerkennungsregel dazu beitragen kann, die Probleme zu vermeiden, die normalerweise auftreten, wenn man – wie in der Theorie von Hans Kelsen – die Geltung von Normen an eine höchste Norm knüpft.

Anmerkungen

[1] Die Definition des Begriffs wird allgemein gehalten sein und ist damit keineswegs nur auf lateinamerikanische, sondern auf alle politischen Systeme anwendbar, wenngleich ich mich im weiteren auf lateinamerikanische Beispielfälle beschränken werde.
[2] Für eine eingehendere Darstellung vgl. Ernesto Garzón Valdés, Die Stabilität politischer Systeme. Analyse des Begriffs mit Fallbeispielen aus Lateinamerika, Freiburg/München: Karl Alber 1988.
[3] Ebd. S. 35.
[4] Ebd.
[5] Kurt Hübner, Kritik der wissenschaftlichen Vernunft, Freiburg/München: Alber 1979.
[6] Thomas Hobbes, The English Works, 10 Bde., Aalen 1966, Bd. 3, S. 113.
[7] Vgl. Gerhard Dannemann, „Legale Revolution, Nationale Revolution", in: E.-W. Böckenförde, Staatsrecht und Staatsrechtslehre im Dritten Reich, Heidelberg: C. F. Müller 1985, S. 3-22, hier 15.
[8] Ebd.
[9] Frankfurt a. M.: Athenäum Fischer Verlag 1973.
[10] Siehe Alain Rouquié, Amérique latine - Introduction á l'Extrème Occident, Paris: Seuil 1987, S. 110.
[11] Manche Autoren – so z. B. Howard J. Wiarda („Law and Political Development in Latin America", in: ders.(Hg.), Politics and Social Change in Latin America, University of Massachussetts Press 1974, S. 283) – halten diese Kluft sogar für ein positives Merkmal, da sie eine gewisse „flexibility with respect to reality" bedeute.
[12] Siehe Ciro Félix Trigo, Las Constituciones de Bolivia, Madrid: Instituto de Estudios Políticos 1958, S. 61.
[13] Siehe León E. Bieber, „Bolivien", in: Peter Waldmann u.a., Politisches Lexikon Lateinamerika, München: C. H. Beck 1980, S. 46.
[14] Siehe Ciro Félix Trigo, a. a. O. S. 48 f.
[15] Ebd. S. 100.
[16] Siehe Howard J. Wiarda, „Critical Elections and Critical Coups: The Processes of Sociopolitical Realignment in Latin American Development", in: ders. (Hg.), The Continuing Struggle for Democracy in Latin America, Boulder, Col. 1980, S. 28.
[17] Siehe Ciro Félix Trigo, a. a. O. S. 59.

[18] Vgl. J. M. Cartas, Orden político y orden económico en México: dilemas y alternativas, (Veröffentlichung von CIEDLA), Buenos Aires 1990, S.7.
[19] Pablo González Gasanova, La democracia en México, Mexiko 1965, S. 25.
[20] A. M. Garro, Eficacia y autoridad del precedente constitucional en América Latina: las lecciones del derecho comparado, in: Revista Española de Derecho Constitucional, Nr. 24 (Sept. – Dez. 1988), S. 117 und 119. Was hier über Mexiko gesagt wird, gilt auch für andere Länder Lateinamerikas. Für Kolumbien vgl. z. B. die ausführliche Analyse über die Abhängigkeit der Judikative von der Exekutive bei: M. Maurer, Organisations- und Verfahrensstrukturen in der Strafrechtspflege Kolumbiens, Frankfurt a. M. 1980. Für Argentinien vgl. R. Bergalli, Jueces e intereses sociales en Argentina, in: ders., Crítica a la criminología, Bogotá 1982, S. 245 ff.
[21] González Casanova, a. a. 0. S. 32 f.
[22] J. B. Alberdi, Bases y puntos de partida para la organización política de la República Argentina, derivados de la lei que preside al desarrollo de la civilización en la América del Sud (1852), Buenos Aires/Madrid 1913, S. 12.
[23] Ebd. S. 12.
[24] Ebd. S. 178.
[25] Ebd. S. 180.
[26] E. Echeverría, Dogma socialista de la Asociación de Mayo, Vaduz 1978, S. 60 f. und 62.
[27] Vgl. N. Botana, Habitantes o ciudadanos?, in: P. Waldmann/E. Garzón Valdés (Hg.), El poder militar en la Argentina, Frankfurt a. M. 1982.
[28] J. Galvao de Souza, Remarques sur l'idée de constitution et la signification du droit constitutionel, in: Jahrbuch des öffentlichen Rechts, Bd. 10, Tübingen 1967, 63.
[29] Siehe Carlos S. Nino, Fundamentos de derecho constitucional – Análisis filosófico, jurídico y politológico de la práctica constitucional, Buenos Aires: Astrea 1992, S. 131.
[30] Ebd. S. 136.
[31] Das spanische „estado" kann sowohl „Staat" als auch „Zustand" heißen, ein im deutschen nicht nachahmbares Wortspiel (Anm. d. Ü.). Der Artikel wurde wiedergegeben bei C. S. Nino, Notas de introducción al derecho, Bd. 3, Buenos Aires 1974, S. 43 ff.
[32] Tilman Evers, Militärregierung in Argentinien. Das politische System der „Argentinischen Revolution", Hamburg 1972, S. 79.
[33] Vgl. Artikel 3 des Statuts der Argentinischen Revolution.
[34] Evers, Militärregierung ..., S. 74 ff.
[35] H.-J. Brandt, Justicia popular – Nativos y Campesinos, Lima 1986, S. 169 f.
[36] El País (Madrid) vom 2.7.1982.
[37] Helio Juan Zarini, Historia e instituciones en la Argentina, Buenos Aires 1981, S. 364.
[38] Nach Horacio Verbitsky, Medio siglo de proclamas militares, Buenos Aires: Editors/12, 1987, S. 45.
[39] Ebd. S. 48.
[40] Ebd. S. 91.
[41] Ebd. S. 143.
[42] Siehe Jennifer Schirmer, „Zur Sicht des guatemaltekischen Militärs über Gesetz, nationale Sicherheit und Menschenrechte", in: Lateinamerika – Analysen, Daten, Dokumentation (Hamburg) Nr. 14 (Juli 1990), S. 53-60.
[43] Max Weber, Wirtschaft und Gesellschaft (1922), Tübingen 1976, S. 124 ff.
[44] R. Stavenhagen, América Latina: Derechos humanos y desarrollo, in: ifda dossier 79 (Okt. – Dez. 1990), S. 41-52, hier 46.
[45] M. Kaplan, Aspectos sociopolíticos del narcotráfico, Mexiko 1989.
[46] Ebd. S. 185.
[47] Ebd. S. 190 f.
[48] H. Oporto Castro, Bolivia: el complejo coca-cocaína, in: D. García-Sayán (Hg.), Coca, cocaína y narcotráfico – Laberinto en los Andes, Lima 1989, S. 171-190, hier 178.
[49] Vgl. aus der Fülle an Literatur zu diesem Thema speziell zum Fall Argentinien die Veröffentlichungen des Rates zur Konsolidierung der Demokratie (Consejo para la Consolidación de la Democracia): Reforma Constitucional, 2 Bde., Buenos Aires 1986 und 1987; Presidencialismo vs. Parlamentarismo, Buenos Aires 1988.

⁵⁰ J, Matos Mar, Desborde popular y crisis del Estado, 7. Aufl. Lima 1988.

⁵¹ Ebd. S. 17.

⁵² Über diese Vorstellung des politischen Mythos vgl. K. M. Coleman, The Political Mythology of the Monroe Doctrine, in: J. D. Martz/L. Schoultz, Latin America, the United States, and the Inter-American System, Colorado 1980, S. 95-114.

⁵³ Vgl. J. Raz, On the Functions of Law, in: A. W. B. Simpson, Oxford Essays in Jurisprudence, Second Series, Oxford 1973, S. 278-304, bes. 299.

⁵⁴ Brandt 1986, a. a. O. S. 169; „immer wenn es im Gesetz heißt, daß wir alle gleich sind, bedeutet das, daß die Ungleichheit weiter fortbesteht, ohne daß der Richter dies berücksichtigt. Er gehorcht doch nur dem, was im Gesetz steht"

⁵⁵ Zum modernen Autoritarismus vgl. u. a. D. Collier (Hg.), The New Authoritarianism in Latin America, Princeton 1979; dort auch eine ausführliche Bibliographie zum Thema.

⁵⁶ Vgl. C. J. Friedrich, Die Verfassungsproblematik der Entwicklungsländer im Hinblick auf die Aufgaben des modernen Staates, in: T. Stammen, Vergleichende Regierungslehre, Darmstadt 1976, S. 451-476.

⁵⁷ Vgl. z. B. Tilman Evers a. a. O. sowie Norbert Lechner, La crisis del Estado en América Latina, Caracas 1977.

⁵⁸ „In konzeptioneller Hinsicht identifiziert, beschreibt und funktionalisiert die lateinamerikanische Verfassungslehre eine abstrakte politische Macht, die nichts mit den konkreten, sich aus der geschichtlich-sozialen Wirklichkeit ergebenden Fakten zu tun hat. Dies ist kein gegen Gesetzgeber und Theoretiker gerichtetes argumentum ad hominem, sondern konstitutives Merkmal einer als zweitrangig abqualifizierten sozialen Disziplin." (M. Miranda Pacheco, Crisis de poder y poder ejecutivo en América Latina, in: Instituto de Investigaciones Jurídicas de la UNAM (Hg.), El predomino del Poder Ejecutivo en Latinoamérica, Mexiko 1977, S. 351-364, hier 355.) Es liegt auch auf der Hand, daß die Methode, das von der Verfassung sanktionierte Recht so zu beschreiben, als habe es wirklich Geltung, eine beliebte Technik derer ist, die den diktatorischen Charakter einiger „verfassungsmäßiger" Regime in Lateinamerika beschönigen wollen. Ein sehr gutes Beispiel dafür ist das Buch von Hubert Krier, Tapferes Paraguay, Würzburg 1979, und seine Verweise auf die von der paraguayischen Verfassung während der Stroessner-Diktatur garantierten Bürgerrechte, die man „mit entsprechenden Normen jeder in der freien Welt geltenden Verfassung vergleichen könne" (S. 51).

⁵⁹ Zu den Beziehungen zwischen Justizverwaltung und Streitkräften vgl. A. Palma Fourcade, Poder Judicial – Fuerzas Armadas, in: Universidad Menéndez Pelayo (Hg.), La lucha por la democracis en América Latina, Guadalajara o. J., S. 153-160. Eine Untersuchung der Gründe für die dienstfertige Haltung der Judikative gegenüber den de-facto-Regierungen sprengt die Grenzen dieser Arbeit. In dem oben erwähnten Artikel nennt Palma Fourcade u.a. den Konservatismus der Judikative, die Art der Ernennung ihrer Mitglieder und deren soziale Herkunft. Enrique Vescovi, El predominio del poder ejecutivo en América Latina, in: Instituto de Investigaciones Jurídicas de la UNAM (Hg.), El predominio del Poder Ejecutivo en Latinoamérica, Mexiko 1977, S. 439-447, fügt dem noch das Fehlen einer juristischen Laufbahn und das geringe Einkommen der Richter hinzu, deren Existenz von den Entscheidungen der Exekutive abhängt. Im übrigen ist zu berücksichtigen, daß De-facto-Regierungen im allgemeinen die Richter der Obersten Gerichtshöfe ausgewechselt haben; die neu ernannten Richter segneten dann nur noch die Vorlagen der Exekutive gemäß des von derselben Exekutive erlassenen Statuts ab, wobei sie sich noch immer auf die Verfassung beriefen.

⁶⁰ Norbert Lechner, a. a. O. S. 160.

⁶¹ Zum adskriptiven Charakter des Begriffs „legale Regierung" vgl. R. M. Hare, The Lawfull Government, in: P. Laslett/W. G. Runciman, Philosophy, Politics and Society, Third Series, Oxford 1967, S. 157-172.

⁶² Vgl. Emilio García Méndez, Autoritarismo, institucionalismo y control social, Buenos Aires 1985.

⁶³ Vgl. H. Kelsen, Das Problem der Souveränität und die Theorie des Völkerrechts, Aalen 1960, S. 47 ff.

⁶⁴ So hat es Senator Paulo Brossard treffend formuliert; vgl. L. Pinto Ferreira, Predominio del poder ejecutivo en América Latina, in: Instituto de Investigaciones Jurídicas de la UNAM (Hg.), El predominio del Poder Ejecutivo, S. 25-64, bes. 34.

⁶⁵ Durch dieses Merkmal war die Regierungsform des „Neuen Autoritarismus" der des im Anschluß an die Aufklärung entstandenen liberalen Staates diametral entgegengesetzt. Vgl. dazu z. B. H. Lübbe, Staat und Zivilreligion. Ein Aspekt politischer Legitimität, in: ARSP, Beiheft Nr. 15 (1981), S. 40-64.

[66] Dieses Vertrauen in die Selbstversorgung mit einer legitimierenden Ideologie führt dazu, daß sich diese Regierungen prinzipiell weigern, außerhalb ihrer selbst eine Legitimationsbasis zu suchen. Bezeichnend dafür ist ein Dokument des argentinischen Präsidialamtes vom 8. August 1978, in dem es heißt: „Dieser ganze Prozeß geht von einer einzigen Legitimitätsquelle aus: den Dokumenten des 24. März 1976. Es darf daher niemals eine offene oder indirekte Übertragung der Legitimität auf andere Quellen erfolgen. Dieses Projekt darf weder einer Beratung durch politische Führer – das hieße ja, ihnen von vornherein Repräsentativität und 'Souveränität' zuzugestehen, – noch irgendwelchen Volksbefragungen unterzogen werden, die selbst im Falle einer Zustimmung das demagogische Konzept des „Volkes" wiederherstellen und ihm – das im Grunde ein politischer Mythos ist – Souveränität zuschreiben würden."

Anschrift des Verfassers:

Prof. Dr. (R.A.) Ernesto Garzón Valdés
Institut für Politikwissenschaft
Universität Mainz
Colonel-Kleinmann-Weg 17
D-55128 Mainz

HANS-JOACHIM MÜLLER

Literarische Identitätssuche und Zementierung der Krise in Lateinamerika

Mit der Ablösung der amerikanischen Kolonien von Spanien und Portugal stellt sich für die daraus hervorgehenden lateinamerikanischen Staaten die Definition einer neuen Identität als entscheidender Wegweiser für die politische, ökonomische, soziale und kulturelle Entwicklung bis in die jüngste Gegenwart hinein. Die dabei gegebenen Antworten sind zutiefst von den ideologischen Interessen der sie tragenden sozialen Gruppen geprägt und sind eine grundlegende Handlungsanweisung zur Bewältigung der aus der Kolonialzeit resultierenden Probleme, allen voran das Fehlen merkantilistischer Grundsätze sowie eine ethnisch und ständisch stratifizierte Gesellschaft mit autoritärer Herrschaftsform. Die Suche nach Identitätsmustern wird dabei vorrangig im Bereich der Literatur vollzogen und verleiht dieser dadurch eine herausragende Position in der lateinamerikanischen Gesellschaft. In den nachfolgenden Ausführungen möchte ich einige dieser Identitätsmuster analysieren, wobei das Schwergewicht auf der Entwicklung der letzten 50 Jahre liegt, also jener Strömungen, die unter Bezeichnungen wie *Indigenismus, Negritud, Magischer Realismus* und *Nueva Novela* zusammengefaßt werden. Eine Auswahl der jeweiligen Autoren ist am Ende des Textes aufgelistet.

1. Vor dem Hintergrund der auf die Unabhängigkeit folgenden blutigen Bürgerkriege formieren sich zuerst einmal zwei in unversöhnlicher Opposition stehende Identitätsmodelle, denen jedoch die Ausrichtung an europäischen Vorbildern gemeinsam ist: die *nordeuropäische These* sowie die *hispanisch-lateinische These*.
Die nordeuropäische These wird vom bürgerlich-liberal-republikanischen Bereich der Stadt getragen und vertritt ein an Frankreich und England ausgerichtetes Fortschrittsdenken, das sich auf Aufklärung und Positivismus beruft und Logik und Rationalität fordert. Diese angebliche Zivilisation *("civilisación")* der Stadt wird in Opposition zu der Barbarei *("barbarie")* des ländlichen Bereichs mit seinen Hacendados und Kaziken gestellt, wo angeblich Rückständigkeit, Ungebildetheit und Aberglauben herrschen. Mustergültig illustriert diese Dichotomie die epische Dichtung *Facundo* (1845) des argentinischen Staatsmannes Domingo Faustino Sarmiento. Diese nordeuropäische These formt das kulturelle Selbstverständnis weiter Teile der lateinamerikanischen Bourgeoisie bis in die Gegenwart hinein. Man lebt zwar physisch in Lateinamerika, richtet sich aber wirtschaftlich und kulturell an Paris und London aus, wodurch letztlich die Abhängigkeit vom nördlichen Europa perpetuiert wird. Unter umgekehrten Vorzeichen handelt es sich hier um ein Weiterleben jenes Minderwertigkeitsgefühls, das bereits die Kreolen unter der Herrschaft der spanischen und portugiesischen Krone empfanden. Im Gefolge Gobineaus und präfaschistischer Denkansätze erlebt die nordeuropäische These im 20. Jahrhundert Auswüchse hin zur These der Überlegenheit der hellen Rassen, und ich brauche nicht zu betonen, wie verbreitet dieser Rassismus bis heute in Lateinamerika ist.
Die hispanisch-lateinische These wird ihrerseits vom ländlichen Bereich getragen und betont die spanisch-katholischen Elemente mit ihrer lateinischen Geistigkeit, die in Gegensatz zum nordeuropäischen Materialismus gestellt werden. Der Vorwurf, der Barbarei anzugehören, wird nun der angeblichen Zivilisation unterstellt. Die antiliberale Haltung entspricht den wirtschaftlichen Interessen einer ständischen Gesellschaft, die vor allem vom Export von Rohstoffen lebt.

2. In einer weiteren Phase der Ausbildung eines lateinamerikanischen Identitätsmusters spielt nun gerade die positive Umdeutung des Begriffes der „Barbarei" eine entscheidende Rolle und bahnt den Weg für Bewegungen wie *Indigenismus, Negritud* und *Mestizaje*. Barbarei wird nun

gleichgesetzt mit faszinierender Wildheit und Ursprünglichkeit der Landschaft, ihrer Menschen und deren Denken. Somit werden erstmals Ansätze der Perzeption Lateinamerikas als einem real existierenden Faktor in das Zentrum einer Theorienbildung über die Identität der dort lebenden Menschen gerückt. Eine derartiger Weg wäre sicherlich ohne die entsprechenden kulturellen Tendenzen in Europa nicht möglich gewesen, da ja auch in Europa literarische Strömungen wie Romantik und Realismus auf die Entdeckung und Beschreibung der nationalen und regionalen Besonderheiten ausgerichtet sind. Die Romantik wird so mit ihrer Forderung nach Darstellung des Lokalkolorits und der damit verbundenen positiven Einstellung gegenüber volkstümlichen Besonderheiten zur literarischen Ausdrucksform des Prozesses der intellektuellen Emanzipation Lateinamerikas. In den Literaturen der einzelnen Länder werden bewußt die eigenen geographischen, ethnischen und kulturellen Besonderheiten dargestellt, gleichzeitig beginnt man, die sozialen und politischen Probleme der neuen Staaten und ihrer Regionen zu sehen. Ein Musterbeispiel ist hier das gegen Sarmientos *Facundo* geschriebene Epos *Martín Fierro* (1872) des Argentiniers José Hernandéz. Realismus und Naturalismus verstärken diese Tendenzen in Richtung der Suche einer spezifischen Geistigkeit Lateinamerikas, und selbst bei Autoren, die noch voll im Banne der nordeuropäischen Kulturthese eines Sarmiento stehen, wird zunehmend eine Faszination der „Barbarei" ihrer Länder sichtbar. Musterbeispiele sind hier *La Vorágine* (1924) von José Eustasio Rivera und *Doña Bárbara* (1929) von Rómulo Gallegos.

3. Mit *Indigenismo* und *Negritud* werden in bewußter Opposition zur nordeuropäischen und hispanisch-lateinischen These indianisches und afrikanisches Kulturgut nun zunehmend als das ausschließlich bestimmende Element eines lateinamerikanischen Kulturbewußtseins hingestellt. Ihren Ausgang nehmen diese Strömungen von einer auch sozialistisches Gedankengut aufnehmenden Protestliteratur gegen die Ungerechtigkeit und Grausamkeit, mit welcher die Indios und Neger von Mestizen und Weißen ausgebeutet werden, was etwa in Peru auch zur Gündung politischer Parteien führt („APRA"). Neben die soziale Komponente tritt zunehmend eine psychologische, wodurch die indianische und afrikanische Geisteswelt als ein immer stärkeres Gegengewicht zum europäischen Denken aufgewertet wird. Diese Tendenz dauert bis heute an und erreicht ihren ersten Höhepunkt mit *El mundo es ancho y ajeno* (1941) von Ciro Alegrías für den indianischen und mit *Juyungo* (1943) von Adalberto Ortiz für den afrikanischen Kulturbereich Lateinamerikas.

Die lateinamerikanische Literatur formuliert hier nicht nur erstmals eine völlig eigenständige Weltsicht, die in bewußter Frontstellung gegen die europäisch geprägten Kulturen geschrieben ist, sondern auch eine eigene Sprache. Auf den ersten Blick bleiben Spanisch und Portugiesisch zwar weiterhin die Literatursprachen, sie werden jedoch stellenweise bis in ihre Substanz hinein verändert. Von relativ geringer Relevanz für die Sprachstruktur sind dabei der regional verschiedene Wortgebrauch, umgangs- und gruppenspezifische Wendungen sowie die Übernahme eines indianischen oder afrikanischen Vokabulars. Viel einschneidender wirken sich hingegen Veränderungen der Syntax oder Wortstruktur aus. Als grundsätzliche Tendenzen können hierbei zum einen die Umformung durch indianische oder afrikanische Sprachstrukturen und zum anderen eine Verfremdungstechnik mit dem Ziel, alltagssprachliche Klischees aufzubrechen, festgestellt werden. In Anlehnung an die Sprache der indianischen Literaturdenkmäler Mittelamerikas und des Amero-Expressionismus schafft so etwa Miguel Angel Asturias eine „amerikanische" Sprache, die von semantischen Wortspielen, Anaphern, Wiederholungen, langen Substantiv-Reihungen und Anakoluthenbis hin zu magisch-rhythmischer Beschwörung reicht. Der Peruaner José María Arguedas verändert das Spanisch grundlegend, indem er die Sensibilität der Quechua-Welt in diese Sprache zu transponieren sucht:

> „Sich selbst verwirklichen, sich ausdrücken, die Sprache, welche einem fremd erscheint, in ein legitimes Instrument umwandeln, der fast unzugänglichen Sprache den Gehalt unseres Geistes übertragen: Dies ist die harte, die schwierige Aufgabe. (. . .) Es war notwendig, die feinen Veränderungenzu finden, welche aus dem Spanischen die passende

Form, das adäquate Instrument machen würden. Und da es sich um eine ästhetische Entdeckung handelte, wurde sie wie im Traum auf nicht bestimmbare Weise gefunden" (Diamantes y pedernales 1954, S. 9-12; Übersetzung von uns).

Bezeichnend ist hier der Hinweis auf die ästhetische Entdeckung, womit – im Gegensatz zur logisch-rationalen Erkenntnisebene – speziell der Literatur die Fähigkeit zugesprochen wird, Denken und Sprache Lateinamerikas von der Fremdbestimmung zu befreien. Entscheidend bleibt dabei, daß Arguedas an dem Primat des Spanischen festhält:

„Dieser Prozeß konnte nur ein einziges Ziel haben: das Spanische als legitimes Ausdrucksmittel der peruanischen Welt der Anden (. . .) ehrwürdiger Wirbel, in welchem verschiedene Geister, die unter gegensätzlichen Sternen geprägt wurden, zwischen den höchsten Bergen, den tiefsten Flüssen, zwischen Schnee und schweigenden Seen, Eis und Feuer kämpfen, sich anziehen, abstoßen und mischen" (Diamantes y pedernales 1954, S. 13; Übersetzung von uns).

4. Mit dem Wort „mischen" am Ende des letzten Zitats verweist Arguedas bereits auf eine Überwindung der engen Frontstellungen von Indigenismus und Negritud gegen das europäische Kulturelement, zugunsten eines *Mestizaje*, also einer Synthese der verschiedenen kulturellen und ethnischen Straten, die Lateinamerika geprägt haben. Die heutige Bedeutungsbreite von „Mestizaje" geht weit über den Begriff „Rassenmischung" hinaus. Eine derartige Einengung gilt einzig für die Kolonialzeit und das 19. Jahrhundert, wo bis zu 24 Begriffe für die verschiedenen Rassenmischungen zwischen Europäern, Indianern, Negern und eben auch Mestizen geläufig waren und eindeutig der sozialen Aus- und Abgrenzung dienten – und leider in den meisten Ländern bis in die Gegenwart wirksam sind. Mit der Neubewertung des Begriffes des Mestizaje versuchen lateinamerikanische Philosophen und vor allem Literaten, die Rassenmischung als das herausragende Kennzeichen der Gesellschaften ihrer Länder ins Positive zu wenden, indem vor allem der kulturelle Aspekt betont wird. Zum Schlagwort wird das Konzept der *Literatur als Synthese* der verschiedenen kulturellen Straten, die Lateinamerika geprägt haben. Ihren Ausgang nimmt diese Bewegung von Miguel Angel Asturias und Alejo Carpentier.

Mit Begriffen wie *Realismo mágico* und *Lo real maravilloso* wird hier eine Fusion zwischen indianischem, afrikanischem, spanisch-barockem, jüdisch kabbalistischem und antik-mythischem Denken versucht. Der gemeinsame Nenner für die Synthese von auf den ersten Blick so weit auseinander liegenden Kulturelementen liegt in einer mythischen und magischen Weltsicht. Denken wir hierbei etwa nur an die Tatsache, daß das spanische Christentum vor und während der Gegenreformation mit seinen heidnischen Resten, seinen Heiligenlegenden, seinen Mysterien und Wundern sich nur wenig von den indianischen und afrikanischen Religionen mit ihrem Pantheon verschiedenster Gottheiten unterschied, was dann auch zu jenem religiösen Synkretismus geführt hat, der die Frömmigkeit breitester Bevölkerungskreise Lateinamerikas bestimmt. In sprachlicher Hinsicht kann dabei die Metaphernkunst des spanischen Conceptismo mit dem indianischen und afrikanischen Denken in Bildern verschmolzen werden, da die Metapher Ausdruck des Zusammenhangs zwischen Mikro- und Makrokosmos und somit der Einheit des Universums ist. Die Stoßrichtung einer derartigen Weltsicht richtet sich somit gegen Rationalismus, Positivismus und Verherrlichung der Technik in Nordeuropa und Nordamerika. Die Frage, die man sich in der Literaturwissenschaft immer wieder gestellt hat, betrifft die Originalität dieses lateinamerikanischen Ansatzes. Wie allgemein bekannt, haben Asturias und Carpentier die wegweisenden Anregungen für ihr Literaturkonzept in Paris vor dem Hintergrund der damaligen französischen Anthropologie sowie des Surrealismus erhalten. Dementsprechend definiert Asturias seinen Magischen Realismus unter Hinweis auf die französischen Surrealisten:

„Zwischen der Realität, die man eigentlich die reale Realität nennen müßte, und der magischen Realität, wie die Menschen sie erleben, gibt es eine dritte Realität, und diese andere Realität ist nicht nur das Produkt des Sichtbaren und Greifbaren, nicht nur der

Halluzination und des Traums, sondern ist Ergebnis der Verschmelzung dieser beiden Elemente. Es ist ein wenig so, wie die Surrealisten um Breton es wollten, und es ist das, was wir den magischen Realismus nennen können. Der magische Realismus hat natürlich eine direkte Beziehung zur ursprünglichen Mentalität des Indios. Der Indio denkt in Bildern, er sieht die Dinge nicht in den Vorgängen selbst, sondern überträgt sie in immer andere Dimensionen, in denen wir das Reale verschwinden und den Traum aufscheinen sehen, in denen Träume sich in greifbare und sichtbare Wirklichkeiten verwandeln."
(*Lorenz* 1970, S. 394).

Das hier formulierte magische, onirische und a-kausale Wirklichkeitsverständnis ist oft mit dem europäischen Surrealismus verglichen worden. Es lassen sich sicherlich frappierende Ähnlichkeiten feststellen, die vollkommen verschiedenen Zielrichtungen dürfen jedoch nicht übersehen werden. Als Suche nach einer totalen Wirklichkeit, in welcher wieder Platz ist für Kindheitserinnerungen, Träume und das Wunderbare, lebt der Surrealismus aus der Attacke gegen den cartesianischen und positivistischen Rationalismus. Das auf Logik aufgebaute Wirklichkeitsverständis des europäischen Lesers soll abgebaut und durch ein neues, auch „übernatürliche Fakten" einbeziehendes Denken ersetzt werden. Mit dieser Erziehungsaufgabe verbindet der Surrealismus die Vorstellung einer Neuorganisation von Politik, Gesellschaft und Leben. Da die surreale Wirklichkeit erst noch geschaffen werden muß, hat der Surrealismus einen utopischen Charakter. Der magische Realismus der lateinamerikanischen Autoren versteht sich hingegennicht als Suche nach einer noch nicht oder nicht mehr existierenden Gesamtwirklichkeit, sondern als die exakte Wiedergabe der bestehenden lateinamerikanischen Realität, in welcher es noch nicht zu einer derart starken rationalistischen Entstellung und Manipulation der Wirklichkeit gekommen sei, sondern mythische und onirische Elemente das Wirklichkeitsverständnis immer noch bestimmen und formen.

Bei aller Selbstständigkeit, die hier von der lateinamerikanischen Literatur erreicht wird, könnte man doch behaupten, daß sie sich an einem europäischen Leserhorizont orientiere, wo nach den Erfahrungen des zweiten Weltkrieges eine Evasion in die eigene Mythenwelt nicht mehr möglich sei und deshalb die lateinamerikanischen Autoren eine willkommene Traumwelt voller Exotismus böten. Eine derartige Auffassung wird dadurch gestärkt, daß etwa in Deutschland die Rezeption des Magischen Realismus lange Zeit hindurch einzig unter dem Aspekt des Exotischen gelaufen ist und das in dieser Literatur enthaltene politische und soziale Engagement nicht gesehen wurde. Aber gerade dieses Engagement belegt, daß die Autoren keineswegs ausschließlich für ein europäisches Lesepublikum geschrieben haben. Ganz im Gegenteil wird hier auch massiv ein lateinamerikanisches Publikum angesprochen. Als ureigenster Ausdruck des „Volkes" bei gleichzeitiger 'Verdichtung' soll im magischen Denken ein gemeinsamer Hintergrund geschaffen werden, der auf eine Selbstfindung Lateinamerikas abzielt. Hierzu sind weniger die noch nicht alphabetisierten Unterschichten, als vielmehr die Mittel- und Oberschichten eingeladen, deren demonstrative Ausrichtung auf die nordeuropäische und nordamerikanische Kultur eine bewußte Abwertung oder gar Ablehnung der einheimischen Kulturen bedeutet.

Bezeichnenderweise ist der Großteil der Autoren im Umkreis des Magischen Realismus mestizischer Herkunft, und die Forderung einer Literaturder Synthese als kulturelle Mestizaje entspricht voll der Interessenslage dieser Gruppe, die aufgrund ihrer eingeschränkten finanziellen Möglichkeiten immer weniger die Chance hatte, nach Europa oder in die USA zu gehen und sich deshalb auch stärker den eigenen Problemen zuwenden konnte. Entscheidend ist hierbei auch die Tatsache, daß Europa nach den unfaßbaren Rückfällen in die Barbarei der beiden Weltkriege seinen Ruf als Hort der Rationalität eingebüßt hat. Die politische und soziale Aufwertung der Mestizen ist ihrerseits das Ergebnis der Bürgerkriege des 19. und 20. Jahrhunderts, in denen sich die alten kreolischen Eliten weitgehend gegenseitig liminiert und somit Platz für nachrückende soziale Schichten geschaffen haben, was natürlich noch lange nicht heißt, daß die Mestizen und ihr Denken zur alleinigen Herrschaft gelangt wären.

5. Eine nähere Analyse der Bausteine dieser mestizischen *Literatur der Synthese* ergibt in der Tat einen Befund, der sich von unserer nord- bzw. mitteleuropäischen Weltsicht in gravierenden Punkten unterscheidet. Hierbei wird zu zeigen sein, daß ein magisches Denken ganz offensichtlich an eine andersartige Familienstruktur und somit Sozialisation und Psyche der Individuen sowie an andere politische Strukturen und deren Ökonomie gebunden ist, wie wir sie gemeinhin in unseren Breiten Europas voraussetzen. Ich bin mir voll einer derartigen „eurozentristischen" Betrachtungsweise bewußt, sehe aber keinen anderen Weg, um so die Andersartigkeit der in der *Literatur der Synthese* beschriebenen Welt für mein Thema abzugrenzen: Es ist einfach eine unbestreitbare Tatsache, daß die technische und letztendlich auch soziale Entwicklung der nordeuropäischen und nordamerikanischen Gesellschaften nicht nur ein Ergebnis von Protestantischer Ethik sowie Rationalismus und Positivismus sind, sondern auch an eine tiefgreifende Änderung der Familienstruktur gebunden war, die darauf zielt, die Figur des Vaters in das Familienleben und hier vor allem in die Erziehung der Kinder einzubinden. Am Ende steht die mittelständische Kleinfamilie, also jene soziale Gruppe, die in Lateinamerika immer noch am schwächsten ausgeprägt ist, in Europa ab dem 14. Jahrhundert aber immer stärker theoretisch fundiert und praktisch umgesetzt wird.

Der Befund wird zeigen, daß lateinamerikanische Gesellschaften, wie sie sich in der Literatur des Magischen Realismus sowie in dessen Reflex in der Wirklichkeit der Länder darstellen, sehr wohl *auch* funktionieren; aber in einer für uns nicht leicht nachvollziehbaren Art, die diesen Gruppen der lateinamerikanischen Bevölkerung den Zugang zu einem nordeuropäischen Modell zur Bewältigung der Krise unmöglich macht. Für eine durch den Evolutionismus geprägte Weltsicht bedeutet der in der Literatur der Synthese abgebildete materielle und geistige Zustand der lateinamerikanischen Gesellschaften ein Zurückgebliebensein auf einer früheren Entwicklungsstufe. Vor einem Urteil sollten wir uns aber Klarheit über den Preis verschaffen, den wir für den Zustand unserer Gesellschaftsform zahlen müssen, die sich ja auch in einer permanenten Krise zu befinden scheint. Wenn hier also über die „Zementierung der Krise in Lateinamerika durch die Literatur des Magischen Realismus" gesprochen wird, gilt es zu beachten, daß die Diagnose „Krise ohne Ende", wie sie in dieser Ringvorlesung impliziert scheint, vom Standpunkt einer auf positivistischer Entwicklungsideologie beruhenden und somit doch eurozentristischen Weltsicht ausgeht. Die enormen materiellen und sozialen Errungenschaften dieser Entwicklungsideologie können nicht geleugnet werden, wir sehen aber gerade heute die katastrophalen Auswirkungen psychologischer und ökologischer Art für uns Europäer und in noch viel stärkerem Maß für ein aus der kolonialen Abhängigkeit nie befreites Gebiet wie Lateinamerika. Ohne Lösungsvorschläge anbieten zu können, wird sich am Ende vielleicht doch zeigen, daß das, was für Lateinamerika wie eine Sackgasse aussieht, uns in Nord- und Mitteleuropa vielleicht wichtige Impulse für ein Umdenken geben kann.

Die in der Literatur der Synthese anzutreffenden Kennzeichen einer magischen Weltsicht lassen sich folgendermaßen charakterisieren:

– der Zeitbegriff bleibt zyklisch und mißachtet die 'normale' Chronologie von Vergangenheit, Gegenwart und Zukunft;
– der Unterschied zwischen Leben und Tod, Diesseits und Jenseits verschwimmt;
– die Sicht der Wirklichkeit ist fragmentiert, und die Abgrenzung von den Dingen im Sinne von „Gegen"ständen bleibt unscharf, weshalb Belebtes und Unbelebtes vermischt werden;
– es gibt keine Monokausalität, und die sichtbaren Phänomene verweisen auf vielschichtige, nie ganz auszulotende Tiefen.
– Einer derart rationalistisch orientierten Beurteilung muß aber unbedingt die Auffassung des mexikanischen Philosophen Rodolfo Kusch gegenübergestellt werden. Kusch ortet bei dem Aufeinandertreffen der Europäer mit Amerika zwei Ordnungen der Existenz, die er mit „Ser" und „Estar" umschreibt. Das „Ser" ist die dynamische Kultur, wie sie in den Städten des

Hochmittelalters entsteht; das „Estar" ist eine Harmonie mit der Natur, die nur das Überleben, aber keine Gewinnmaximierung sucht. Für Kusch kann das „Ser" aber nur dann sinnvoll sein, wenn es im „Estar", dem 'Dasein' in der Welt gründet, denn das „Estar" ist die größere Fülle von Leben und Verbindung mit der Natur und Schöpfung. Kusch betont somit sehr wohl die positive Seite des „Ser", da nur dieses Prinzip Handlung erlaubt, er verurteilt allerdings seine Verabsolutierung, da sie eine Entfremdung von der Natur nach sich zieht.

Bei der *Sozialisation* der Protagonisten sind die ausschlaggebenden Faktoren eine *matrifokale Familienstruktur* sowie die *Abwesenheit des Vaters*. Die dominierende Stellung der Frauen im inneren Bereich der Familie steht dabei in enger Korrelation zu dem in der Öffentlichkeit zur Schau getragenen *Machismo* der Männer. Die Betrachtung dieser Konstellation unter einem entwicklungspsychologischen Standpunkt, der das heranwachsende Kind in der Dreiecksbeziehung „Mutter-Kind-Vater" sieht, ergibt folgendes Bild:

– Die Kinder beiderlei Geschlechts können sich in einer matrifokalen Familienstruktur nicht aus der Dominanz der Mutter lösen und bleiben inzestuös an diese gebunden. Es erfolgt dadurch keine Öffnung hin zur Welt, wie sie die Vaterfigur vermitteln müßte, und sie die auf ihre rein mütterliche Funktion reduzierte Frau nicht leisten kann. Genau hier wäre im Sinne unseres Modells die Quelle einer magischen Sicht der Welt zu suchen. Das Erkennen der Wirklichkeit bleibt für unsere Begriffe fragmentiert, einzig im „Estar" verankert.

– Die Abwesenheit des Vaters impliziert für das männliche Kind die Unmöglichkeit einer positiven Identifikation mit dem Vater, der ja seinerseits bereits aus einem früheren Erfahrungsbereich heraus die Abwesenheit von der Familie vorlebt. Diese Abwesenheit präsentiert sich normalerweise als machistische Attitüde, durch welche eine Lösung von der alles dominierenden Mutter versucht wird, und wo der Kontakt mit anderen Frauen nur immer wieder einer einzigen Bestätigung dient: zu zeigen, daß man nicht an die Mutter gebunden ist, weshalb der Macho keine dauerhaften Beziehungen mit anderen Frauen eingehen will oder kann. Die männliche Sexualität bleibt in extremer Weise inzestuös fixiert bei gleichzeitiger Spaltung des Frauenbildes in Heilige und Hure. Hinter der Verherrlichung der Frau als einem entsexualisierten und engelhaften Wesen steht die gleiche Angst wie hinter der machistischen Konsumsexualität mit der dazugehörenden Verachtung der Frau, die mit Sumpf, Erde und Tod assoziiert wird. Die phallische Sexualität des Macho entpuppt sich im wahren Sinne des Wortes als „Prä-Potenz", hinter der sich ein Individuum mit ungenügender Ich-Organisation versteckt.

– Der Entwicklungsweg des weiblichen Kindes läuft in ähnlichen Bahnen: die Unmöglichkeit eines Entrinnens aus dem Bann der präödipalen Mutter aufgrund der Abwesenheit der Vaterfigur ermöglicht dem weiblichen Kind keine Rückidentifikation mit der Mutter als Sexualobjekt des Vaters. Das Mädchen bleibt daher an präödipale-mütterlich-ernährende Vorstellungen der Frauenrolle gebunden und kann sich nie dahin entwickeln, neben der Gebärfunktion auch einmal wirklich 'Frau' zu sein. Für die weiblichen Kinder derartiger Frauen folgt daraus wiederum eine extreme Bindung an die ernährende und damit auch vereinnahmende Funktion der Frau als nur mütterlichem Prinzip, womit der Kreislauf zur nächsten Generation geschlossen bleibt.

– Die fehlende oder nur teilweise vollzogene Lösung aus der symbiotischen Beziehung zur Mutter führt bei beiden Geschlechtern zu einer unüberwindbaren zwischenmenschlichen Kommunikationsunfähigkeit, jener die gesamte Literatur durchziehenden Soledad, die auch im Akt der sexuellen Vereinigung nicht aufgehoben werden kann. Alle Indizien weisen darauf hin, daß die Kehrseite der Soledad die Violencia darstellt: Violencia ist mehr als „Gewalt"; sie ist ein blindwütiges Ausagieren 'vorsadistischer' Aggressivität, die im Akt der Violenz noch nicht einmal den Blickkontakt zum Opfer herstellt. In diesen Zusammenhang gehört auch die berühmte Todesverachtung, in der kein Heldentum steckt, sondern eine Selbstdestruktion, die dem Leben keinen positiven Sinn abgewinnen kann. Violenz prägt ohne Unterschied der

Geschlechter auch den Geschlechtsakt und gehört selbst in den von Frauen geschriebenen Romanen ebenfalls zur Erwartungshaltung der weiblichen Protagonisten: aufgrund ihrer Sozialisation in einem machistischen Milieu prägt diese Frauen eine phallische Faszination und läßt sie die geschlechtliche Vereinigung als einen aggressiv vergewaltigenden Akt seitens des Mannes erleben.

Im politischen Bereich kann die Faszination, die der Machismo auf beide Geschlechter ausübt, viel zum Verständnis von *Caciquismo* und *Caudillismo* beitragen, weil hier eine Identifikation mit dem großen Vater angeboten wird. Verstärkt wird dies noch durch die ökonomische Struktur, in welcher der Caudillo über die materiellen Ressourcen verfügt und sich seine Anhänger eine wirtschaftliche Absicherung erwarten. Psychologisch wie ökonomisch ist somit eine geradezu sklavische Unterwürfigkeit gegenüber dem Caudillo begründet, die ihre Kompensation in der Weitergabe der erlittenen Demütigungen an den nächst Schwächeren in der sozialen Hierarchie erfährt. Verstehen wir schließlich den nicht oder nur teilweise vollzogenen Ödipus als fehlende Vermittlung der Ebene des Gesetzes und seiner Sprache durch den Vater, erscheinen auch der gern zur Schau gestellte anarchische Individualismus sowie der Mangel an 'Bürgersinn' in einem anderen Licht.

6. Aus dem bisher Gesagten geht klar hervor, daß der Rückgriff auf den Magischen Realismus *keine* Lösung der Krise Lateinamerikas leisten kann, da so keine Aufhebung der Abhängigkeiten von dem auf Rationalität und Positivismus aufbauenden technologischen Vorsprung Nordeuropas und Norddamerikas möglich ist. Gleichzeitig wird einem jeden von uns aber doch klar geworden sein, daß viele der von mir angeführten Befunde nicht auf Lateinamerika beschränkt bleiben, sondern auch in unseren mittel- und nordeuropäischen sowie erst recht in den südeuropäischen Breiten gelten, wobei sicherlich auch noch andere psychologische Strukturen hinzukommen. Entscheidend ist offensichtlich der Prozentsatz.
Bereits Asturias und Carpentier, die Begründer des Magischen Realismus, sind recht bald zur Einsicht gelangt, daß die Bewahrung einer in Mythos und Magie verhafteten Welt auf Dauer nicht möglich ist, da die Entfremdung durch Rationalismus und Materialismus ein unabwendbarer Vorgang zu sein scheint. Diese Einsicht gewinnt immer mehr die Oberhand, und just in dem Augenblick, wo die Literatur im Zusammenspiel mit Philosophen und Kulturanthropologen zu einem originellen und selbständigen Ausdruck lateinamerikanischen Selbstverständnisses wird, verliert das magische Element seine positive Kraft. Die wunderbare Wirklichkeit Lateinamerikas wird zunehmend negativ bewertet, und die Welt, in welcher derartige Denkformen bestehen können, wird als unmenschlich denunziert. Sehr gut läßt sich dies am Beispiel von *Cien años de soledad* (1967) von Gabriel García Márquez belegen: Der Roman ist das gelungenste Beispiel eines kulturellen Mestizaje, gleichzeitig aber von seinem Ende her eine Absage an die wunderbare Wirklichkeit Lateinamerikas.
Was als große Synthese begann, mündet unter der Sammelbezeichnung *Nueva Novela* in eine Literatur der *Dekonstruktion* und verneint zunehmend die Möglichkeit eines Mestizaje im kulturellen Bereich (Vgl. *El hablador*, 1987, von Mario Vargas Llosa sowie *Expediço Montaigne*, 1982, von Antonio Callado). Als kritische Bestandsaufnahme des gesamten geistigen Universums Lateinamerikas ähneln die jetzt entstehenden Romane kulturenzyklopädischen Kompendien und verwenden Collagetechniken, durch welche in einer unerbittlichen Revision die bisherigen Denkmuster hinterfragt werden. Es setzt sich dabei die Erkenntnis durch, daß eine Verbesserung der materiellen und geistigen Lebensgrundlagen nicht durch einen Rückgriff, sondern nur durch eine Befreiung aus jeglicher Form eines magischen Denkens erreicht werden könne, da ein moderner Humanismus, der das Recht des Individuums auf freie Entfaltung betont, für dieses Denken noch nicht vorstellbar sei.
Die Forderung nach einer Entmythisierung im Sinne einer Befreiung des Individuums aus totalitären Zwängen bedeutet aber keineswegs eine Hinwendung zu Materialismus und Technokratie, wo Humanismus und Wissenschaft nur wieder zu einem Deckmantel zur

Vertuschung bestehender Herrschaftsverhältnisse würden. In der *Nueva Novela* setzt nun eine massive Auseinandersetzung mit der abendländischen und nordamerikanischen Kultur und Geschichte ein: so etwa Alejo Carpentier in *El recurso del método* (1974) zu Cartesianismus und Positivismus; Carlos Fuentes in *Terra nostra* (1975) zum spanischen Hof unter Juana la loca und Felipe II. oder in *Viejo Gringo* (1986) zum Puritanismus Nordamerikas. Ganz wie in *Terra nostra* wird dann auch in den *Noticias del Imperio* (1987) von Fernando del Paso Europa zu einem exotischen Kontinent, über den man in Lateinamerika nur noch kopfschüttelnd staunt, ohne daß deshalb aber ein praktikables Vorbild in Lateinamermika gefunden werden kann. Ähnlich auch der Ansatz von Abel Posse in *Daimón* (1978) und *Los perros del paraíso* (1983), wo die jüdisch-christliche, kapitalistische und marxistische Tradition der Verankerung Europas im „Ser" als einem aggressiven Tun gegen die Natur aus der indianischen Sicht des „Estar" als einem Dasein in der Natur hinterfragt wird.

Der von den Autoren gewählte Weg weist in Richtung einer parodistischen Infragestellung einer jeglichen fixierten Weltanschauung. Wie in einem Kaleidoskop werden alle Straten der Wirklichkeit eingefangen, um so die Zerrissenheit und Widersprüchlichkeit der lateinamerikanischen Welt und der sie beeinflussenden Mächte anzuprangern. Die damit verbundene kritische Auseinandersetzung mit der bisherigen Kultur sowie ihre Dekonstruktion wird von den Autoren als erster Schritt zur Zerstörung der diese Kultur tragenden politischen und sozialen Systeme verstanden. Das dadurch entstehende ideologische Vakuum wird jedoch nur in den seltensten Fällen durch positive Gegenentwürfe ersetzt. Es bleibt ein dialektisches Prinzip des ständigen Widerspruchs, das in Politik und Gesellschaft angestrebt wird, um so das Versumpfen revolutionärer Ideale zu verhindern. Die formale Gestaltung dieser Romane mit ihren Collagetechniken wird somit zum konstituierenden Prinzip ihrer Aussage – und diese Aussage heißt: Suche nach einem Humanismus, der die Würde des Menschen verteidigen will. Ob gerade Lateinamerika in seiner Krisensituation mit sich immer mehr verschlechternden Lebensbedingungen der Individuen dies leisten kann, muß dahingestellt bleiben, und wir kommen später darauf zurück.

Jedenfalls kann eine Lösung sicherlich nicht mehr aus Europa kommen, das zunehmend aus dem lateinamerikanischen Gesichtskreis verschwindet. Stattdessen rückt in einem geopolitischen Umdenkprozeß der Pazifik mit China und Japan in den Vordergrund, wie dies im Roman *Cristóbal nonato* (l987) von Carlos Fuentes anklingt, wo sich vage auch ein neues Identitätsmodell abzeichnet. Der Roman ist in einem doppelten Sinn eine 'Nabelschau' Mexikos. Anlaß ist die 500-Jahr-Feier der sogenannten 'Entdeckung' Amerikas durch Christoph Columbus, zu der für jenes mexikanische Baby, das genau zum Zeitpunkt der Ankunft der Spanier geboren wird, ein Preis ausgesetzt ist. Der Leser lernt dieses Kind jedoch nur in den 9 Monaten von der Zeugung bis zur Geburt als „Christoph ungeboren" kennen. In diesem Kind ist auf wunderbare Weise das gesamte kollektive (Unter-)Bewußtsein Mexikos mit dem aktuellen Tagesgeschehen, wie es durch die Augen seiner Eltern und Verwandten wahrgenommen wird, vereint. Der Bogen reicht von der dem normalen Mexikaner völlig unverständlichen Welt der Indios, den Relikten der spanisch-christlichen, antik-griechischen und nordeuropäisch-aufgeklärten Kultur bis hin zur nordamerikanischen Unkultur. Menschliche Existenz wird in Mexiko als ein unerbittlicher darwinistischer Überlebenskampf für ein nicht lebenswertes Leben beschrieben – ein Prinzip, das Christoph bereits beim Wettlauf der väterlichen Samenzellen um die mütterliche Eizelle 'hautnah' erlebt. Die Tragik von Christoph besteht nun darin, daß er mit seiner Geburt alles vergißt und es so aussieht, als ob der Roman nie geschrieben worden wäre – es sei denn, der Leser übernimmt den Platz von Christoph. Eine derart zentrale Rolle des Lesers ist eng mit Sprachauffassung und Stil des Romans verknüpft: das vorherrschende Muster ist das Sprachspiel, dessen Vieldeutigkeit keine a priori existente Wirklichkeit abbildet, sondern das Ergebnis einer Sprache ist, die erst durch den Leser aktiviert und in allen möglichen Aspekten „ausgelesen" werden muß. Der Ausleser („*Elector*" von „*El lector*") liest also bis zum Ende, wählt aber auch aus („auslesen"). Hier ein Beispiel dafür, was man sich *auslesen* kann:

„(...) daß unser Antlitz, das den ruhmreichen Seefahrer empfing, als er aus unserem Orient kam, der sein Okzident war, auf der Suche nach einem Orient, der ferner lag, sich nun dem Pazifik, unserem wahren klassischen Orient zuwenden möge, der in Wirklichkeit unser nächster Okzident ist, sowie wir, bei Gott, ihr wahrer Orient sind. (...) Kommt in eine bessere Welt, von der schon ein Teil Mexikos ein Teil ist, die ganze pazifische Küste, von Ixtapa nach Norden, das pazifische Becken, von Kalifornien und Oregon, Kanada und Alaska, ganz China und Japan, die Halbinseln, die Inselgruppen, die großen Inseln, Ozeanien: ein Becken von hundertachtzig Millionen Quadratkilometern, drei Millarden Menschen, die Hälfte der Weltbevölkerung, allesamt arbeiten sie, dreiviertel des Welthandels, fast der gesamte technologische Fortschritt, die größte Vereinigung von Arbeitskräften und technischem Know-how und politischem Willen in der Geschichte der Menschheit (...) kehrt dem tyrannischen Atlantik, der euch fünf Jahrunderte lang fasziniert und beherrscht hat, den Rücken: Schluß mit der falschen faschistischen Faszination, mit der atlantischen Welt, kehrt dieser Vergangenheit den Rücken, blickt der Zukunft entgegen, dort triumphieren wir, Männer und Frauen, die wir uns einfach dies gesagt haben: Hinter der Maske des Ruhms steckt das Antlitz des Todes! Laßt uns auf den Ruhm verzichten, auf die Macht, auf die Herrschaft, retten wir den Okzident vor sich selbst, indem wir ihn wieder lehren, der Macht keine Macht mehr einzuräumen, nicht die Kraft zu bewundern, dem Feind die Arme zu öffnen, sich für das Leben zu entscheiden, gegen den Tod: (...) In Pacífica haben wir das technische Wettrennen schon gewonnen, und deshalb wollen wir die Macht nicht: Wir bieten den Wohlstand. Wer den Computer beherrscht, beherrscht die Wirtschaft, beherrscht die Welt. (...)" (*Christoph, Ungeborn* 1991, S. 596-603)

Ein wenig erinnert dies alles an die Position von Abel Posse, der noch vage hofft, aus der indianischen Weltsicht des „Estar" heraus eine neue Lebensform zu begründen, aber keinerlei konkrete Angaben darüber macht. Ähnlich verhält es sich auch mit dem pazifischen Traum von Fuentes. Hier ist in keinster Weise thematisiert, daß sich im Aufeinandertreffen etwa mit Japan der gleiche Prozeß wie einstens mit Nordeuropa und Nordamerika wiederholen könnte: nämlich die Unterlegenheit einer spanisch-katholisch-afrikanisch-indianischen Weltsicht gegenüber einer konfuzianischen Ethik, die in vielen Punkten eine Parallele zur protestantischen Ethik darstellt.

Die Ziele der *Nueva novela* als *Dekonstruktion* können durch einen Vergleich mit europäischen Strömungen, vor allem der französischen Literatur als dem wichtigsten Referenzpunkt für lateinamerikanische Autoren, erst in ihrer vollen Tragweite erkannt werden. Auf den ersten Blick könnte man versucht sein, die formale Entwicklung der lateinamerikanischen Literatur als eine Rezeption von Verfahrensweisen zu deuten, die vom französischen *Nouveau Roman* und in der Folge von der Gruppe *Tel Quel* in den 70er und 80er Jahren entwickelt wurden. Vor allem die Verwendung des Begriffs „Nueva novela" für die lateinamerikanische Literaturproduktion hat derartige Auffassungen bestärkt (Pollmann, 1986) und eine Abhängigkeit signalisiert. Unbestritten bleibt, daß die formalen Verfahrensweisen der Dekonstruktion bei französischen und lateinamerikanischen Autoren verblüffende Ähnlichkeiten aufweisen; die ideologischen Ausrichtungen sind jedoch geradezu konträr. In Frankreich will man den Menschen nicht nur aus den Fesseln von Rationalismus, Positivismus, Technokratie, sondern auch aus den Klammern der Religion und eines Denkens der Tiefe befreien. Die Autoren sehen die Wurzel aller Entfremdung im bisherigen Anthropozentrismus und Logozentrismus und vertreten daher einen radikalen Antihumanismus und einen noch radikaleren Materialismus.

Formal drückt sich dies ebenfalls in einer Technik der Dekonstruktion aus; die Intention ist jedoch der jenigen der lateinamerikanischen Autoren diametral entgegengesetzt. Die lateinamerikanische Literatur hält an einem Humanismus fest, der den Menschen in den Mittelpunkt der Welt stellt und gegen Materialismus und Rationalismus gerichtet ist, während die französischen Autoren zwar auch gegen den Rationalismus kämpfen, aber gegen Idealismus, Spiritualismus und Religion einen konsequenten Materialismus vertreten, in welchem gerade das idealistische Menschenbild zerstört wird.

Vor dem Hintergrund dieser europäischen Entwicklung, die an ihrem Höhepunkt umschlägt und geradewegs in die postmoderne Ideologie führt, erscheint die von mir aufgezeigte Entwicklung der lateinamerikanischen Literatur als einer der großen Versuche zur Fundierung eines neuen Humanismus, und sie ist sicherlich eine ebenbürtige Alternative zum sich wissenschaftliche gebenden Antihumanismus der französischen Autoren. Unabhängig von ihrer inneramerikanischen Funktion gewinnt die lateinamerikanische Gegenwartsliteratur eine universelle Dimension, welche nun – in Umkehrung der Dependenztheorie – die europäische Geisteswelt entscheidend beeinflussen könnte. Eine Lösung der Krise ist damit aber sicherlich noch nicht in Sicht, kann doch gerade der französische Antihumanismus auch als Ausdruck eines technokratischen Elitedenkens gesehen werden; also genau jenes Denkens, das die Krise Lateinamerikas historisch mitbedingt hat und sich in früheren Epochen nur humanistisch verbrämt hat.

Literaturverzeichnis

1. Lateinamerikanische Literatur des 20. Jhs. (einführende Auswahl)

1.1. Indigenismus:

Abreu Gómez, Ermilo (mex), Héroes mayas (1942); Leyendas mexicanas(1951).
Alegría, Ciro (per), El mundo es ancho y ajeno (1941).
Arguedas, Alcides (bol), Raza de bronce (1919).
Arguedas, José María (per), Diamantes y pedernales (1954); Los ríos profundos (1958); Todas las sangres(1964).
Asturias, Miguel Angel (guat), Leyendas de Guatemala (1930); Hombres de maíz (1949).
Bonifaz, Nuno (mex), La cruz del sureste (1954).
Castellanos, Rosario (mex), Balún-Canán (1957); Oficio de tinieblas(1962).
Dávila Andrade, César (ec), Boletín y elegía de las Mitas (1960).
Dolujanoff, Emma (mex), Cuentos del desierto (1959); Adiós, Job (1961).
Icaza, Jorge (ec), Huasipungo (1934).
Lara, Jesús (bol), La poesía quechua (1947); Surumi (1948); Yanakuna(1952); Yawarníchij (1959); Sinchikay (1962); Llalliypacha (1965).
Lombardo de Caso, María (mex), La culebra tapó el río (1962).
López y Fuentes, Gregorio (mex), El indio (1935).
López Valdizón, José María (guat), La sangre del maíz (1966).
Matto de Turner, Clorinda (per), Aves sin nido (1889).
Monteforte Toledo, Mario (guat), Entre la piedra y la cruz (1948); Llegaron del mar (1966).
Orphée, Elvira (arg), Dos veranos (1956).
Rubín, Ramón (mex), El callado dolor de los tzotziles (1948); La bruma lo vuelve azul (1954); La sombra del techincuagüe (1955).

1.2. Negritud:

Arozarena, Marcelino (cub), Canción negra sin color (1966).
Artel, Jorge (col), Tambores en la noche (1940).
Ballagas, Emilio (cub), Cuaderno de poesía negra (1934).
Cabral, Manuel de (dom), 12 poemas negros (1935).
Carpentier, Alejo (cub), Ecue-yamba-o (1933).
Estupiñán Bass, Nelson (ec), Cuando los guayacanes florecían (1954); Canto negro por la luz (1954).
Guillén, Nicolas (cub), Motivos de son (1930); Sóngoro cosongo (1931).
Guirao, Ramón (cub), Bongó (1934); Cuentos y leyendas negras de Cuba (1942).
Mc Field, David (nic), Dios es negro (1967).
Novás Calvo, Lino (cub), El negrero. Vida novelada de Pedro Blanco Fernández de Trava (1933).
Ortiz, Adalberto (ec), Juyungo (1943).
Palés Matos, Luis (puert), Danza negra (1926); Tuntún de pasa y grifería (1937).

Trinidade Solano (bras), Poemas d'uma vida simples (1944).
Zapata Olivella, Manuel (col), Chambacú, corral de negros (1944); En Chimá nace un santo (1964).

1.3. Umkreis von „Realismo mágico" und „Lo real maravilloso" sowie "Amero-Expressionismus":
Adonias Filho (bras), Corpo vivo (1962); O forte (1965).
Aguilera Malta, Demetrio (ec), Don Goyo (1933).
Amado, Jorge (bras), Mar morto (1936); Gabriela, cravo e canela (1958); Os pastores da noite (1964).
Amorím, Enrique (ur), El paisano Aguilar (1934).
Andrade, Mario de (bras), Paulicéia desvairada (1922); Losango cáqui (1926); Macunaíma (1928).
Asturias, Miguel Angel (guat), El señor presidente (1932, publ. 1946); Maladrón (1969).
Borges, Jorge Luis (arg), Historia universal de la infamia (1935); Ficciones (1944); El Aleph (1949).
Bopp, Raul (bras), Cobra Norato (1931).
Carpentier, Alejo (cub), El reino de este mundo (1949), Los pasos perdidos (1953).
Gallegos, Rómulo (ven), Doña Bárbara (1929); Cantaclaro (1934); Canaima (1936).
Güiraldes, Ricardo (arg), Don Segundo Sombra (1926).
Neruda, Pablo (chil), Canto general (1955).
Rivera, José Eustacio (col), La vorágine (1924).
Rosa, João Guimarães (bras), Grande Sertão (1956).
Rulfo, Juan (mex), Pedro Páramo (1955).
Vallejo, Cesar (per), Los heraldos negros (1918); Escenas melografiadas (1923).

1.4. Dekonstruktion des „Realismo mágico" in der „Nueva novela":
Allende, Isabel (chil), La casa de los espíritus (1982).
Cabrera Infante, Guillermo (cub), Tres tristes tigres (1967); Vista del amanecer en el trópico (1975).
Callado, Antonio, (bras), Expediç o Montaigne (1982).
Carpentier, Alejo (cub), El recurso del método (1975).
Cortázar, Julio (arg), Rayuela (1963); 62 modelo para armar (1968).
Elizondo, Salvador (mex), Farabeuf (1965); El hipogeo secreto (1968).
Fuentes, Carlos (mex), La muerte de Artemio Cruz (1962); Cambio de piel (1966); Terra nostra (1975); Cristóbal nonato (1987).
García Márquez, Gabriel (col), Cien años de soledad (1967); El otoño del patriarca (1975); Crónica de una muerte anunciada (1981); El general en su laberinto (1989).
Lezama Lima, José (cub), Paradiso (1966).
Paso, Fernando del (mex), Noticias del Imperio (1987).
Posse, Abel (arg), Daimón (1978); Los perros del paraíso (1983).
Puig, Manuel (arg), La traición de Rita Hayworth (1968); El beso de la mujer Araña (1976).
Roa Bastos, Augusto (par), Hijo de hombre (1960); Yo el supremo (1974).
Sábato, Ernesto (arg), Sobre héroes y tumbas (1961); Abaddón el exterminador (1974).
Sarduy, Severo (cub), Cobra (1972).
Vargas Llosa, Mario (per), La casa verde (1966); El hablador (1987).

2. Grundlegende epistemologische Arbeiten:

2.1. Nordeuropäische These:
Arguedas, Alcides (bol), Pueblo enfermo (1909/37).
Sarmiento, Domingo Faustino (arg), Facundo (1845).
Bunges, Carlos Octavio (arg), Nuestra América (1931).
Oliveira Viana, Francisco José de (bras), Raça e assimilaço (1932).

2.2. Hispanische und lateinische These:
Lira, Octavio (col), Hispanidad y mestizaje (1952).
Wágner de Reyna, Alberto (per), La filosofía de Iberoamerica (1949); Destino y vocación de Iberoamerica (1954).

2.3. Indigenismo, Negritud, Mestizaje:
Arciniegas, Germán (col), El continente de siete colores (1965).
Buarque de Holanda, Paulo (bras), Raízes do Brasil (1935).

Freyre, Gilberto (bras), Casa grande e senzala (1933); Ordem e progreso(1959).
Haya de la Torre (per), Política aprista (1930). („APRA" = „Alianza popular revolucionaria peruana")
Kusch, Rodolfo (mex), El pensamiento indígena y popular en América(1970); América profunda (1986).
Mariátegui, José Carlos (per), Siete ensayos de interpretación de la realidad peruana (1928).
Paz, Octavio (mex), El laberinto de la soledad (1950).
Prada, Manuel González (per), Horas de lucha (1918); Bajo el oprobio(posthum 1933).
Prado, Paulo (bras), Retrato do Brasil (1928).
Ramos, Arthor (bras), As culturas negras do Novo mundo (1937).
Reyes, Alfonso (mex), Visión de Anáhuac (1917); L'évolution du Mexique(1923).
Rojas, Ricardo (arg), La argentinidad (1916); Eurindia (1921).
Vasconcelos, José (mex), La raza cósmica (1925).
Zea, Leopoldo (mex), El pensamiento latinoamericano (1955).

3. Sekundärliteratur:
Esteva Fábregat, C. (1988): El mestizaje en Iberoamérica. – Madrid.
Graham, R. (ed.) (1990): The idea of race in Latin America, 1870-1940. – Austin.
Grossmann, R. (1969): Geschichte und Probleme der lateinamerikanischen Literatur. – München.
Kohut, K. (ed) (1989): Rasse, Klasse und Kultur in der Karibik. – Frankfurt/M.
Lorenz, G.W. (1970): Dialog mit Lateinamerika. – Tübingen.
-(1971): Die zeitgenössische Literatur in Lateinamerika. – Tübingen.
Müller, H.J. (1979): Die lateinamerikanische Gegenwartsliteratur. – In:Neues Handbuch der Literaturwissenschaft. –, Frankfurt/M., S. 443-486.
-(1983): Der Machismo als Rezeptionsgrundlage von Juan Rulfos „Pedro Páramo". – In: Iberoamérica. Historia-sociedad-literatura. Homenaje a Gustav Siebenmann (=Lateinamerika-Studien, 13/II), S. 611-630.
-(1986): Isabel Allende zwischen Frauen- und Exilliteratur. – In: Lateinamerika-Studien 22, S. 211-221).
-(1992): Clorinda Matto de Turner: „Aves sin nido". – In: V. Roloff, / H.Wenzlaff-Eggebert (Hrsg.): Der Hispanoamerikanische Roman, Bd. I. – Darmstadt, S. 78-91.
-(1993): „Noticias del Imperio" (1987) von Fernando del Paso oder Die unmögliche Geschichtsschreibung der 2. Habsbürgischen Conquista Mexikos. – In: W. Krömer (Hrsg.): 1492-1992: Spanien, Österreich und Iberoamerika. – Innsbruck, S. 313-321.
Pollmann, L. (1968): Der Neue Roman in Frankreich und Lateinamerika. – Stuttgart.
Reichardt, D. (1992): Autorenlexikon Lateinamerika. – Frankfurt/M.
Stephens, T. (1990): Dictionary of latin american racial and ethnic terminology. – Gainesville.

Anschrift des Verfassers:
Prof. Dr. Hans-Joachim Müller
Institut für Romanistik
Leopold-Franzens-Universität Innsbruck
Innrain 52 A
A-6020 Innsbruck

PETER WALDMANN

Politik und Gewalt in Lateinamerika

I.

Viele Nordamerikaner und Europäer halten Lateinamerika für eine besonders gewaltsame Großregion. Inwieweit diese Ansicht, die sich in journalistischen Kommentaren, wissenschaftlichen Publikationen, Filmen und Romanen widerspiegelt, letztlich berechtigt ist, ist schwer zu beurteilen. Schränkt man die Betrachtung jedoch auf den engeren politischen Bereich ein, so ist mit Entschiedenheit festzustellen, daß Lateinamerika keineswegs mehr Gewaltopfer zu verzeichnen hat als Europa oder andere Großregionen. Man darf nicht vergessen, daß Europa wie auch die USA die Prozesse der Nationwerdung und Staatenbildung nur über Bürgerkriege bewältigten, die zahllose Tote forderten und ein gesellschaftliches Chaos verursachten – zu erwähnen sind hier der 30-jährige Krieg in Deutschland, die Französische Revolution, der Spanische Bürgerkrieg und der Sezessionskrieg in den USA. Bekanntlich haben die außenpolitischen Konflikte in Europa, vor allem die zwei Weltkriege, darüber hinaus Millionen von Menschen das Leben gekostet. Demgegenüber gab es in Lateinamerika bisher nur eine begrenzte Anzahl von zwischenstaatlichen Kriegen. Obwohl in einigen Ländern blutige innerstaatliche Auseinandersetzungen stattgefunden haben – zu denken ist etwa an die Mexikanische Revolution zu Beginn des Jahrhunderts oder an die Epoche der „Violencia" in Kolumbien in den 50er Jahren – handelt es sich hierbei doch eher um Ausnahmen als die Regel.

Lateinamerika hebt sich von anderen Großregionen weniger durch das besondere Ausmaß der politischen Gewalt ab als durch deren breite Streuung und kontinuierliche Anwendung. Im Vergleich zu Europa, wo das Recht zur Gewaltausübung beim Staat und seinen Sicherheitsorganen konzentriert ist, ist es den lateinamerikanischen Staaten nie gelungen, ein effektives Gewaltmonopol zu erlangen. Einmal sind die meisten Regierungen außerstande, die staatlichen Sicherheitsorgane – insbesondere die Streitkräfte und die Polizei – ihrer Kontrolle zu unterwerfen. Zum anderen existieren außerhalb der staatlichen Sphäre politische Gruppierungen wie etwa die Gewerkschaften, die Großgrundbesitzer, die Studenten- und Guerillaorganisationen, die niemals darauf verzichtet haben, sich im Bedarfsfall gewaltsamer Durchsetzungsmittel zu bedienen. Als Folge dieser „Dezentralisierung" des Gewalteinsatzes ist es relativ selten, daß Politik ganz ohne gewaltsamen Druck „implementiert" wird. Andererseits sorgt die wechselseitige Neutralisierung der verschiedenen Formen und Ebenen politischer Gewaltausübung dafür, daß Konflikte nur ausnahmsweise ein systemsprengendes Niveau erreichen. Lateinamerika, der „unruhige Kontinent", war in diesem Jahrhundert nur drei Mal Schauplatz „echter" Revolutionen: im Falle Mexikos (1910-20), Kubas (1958) und Nicaraguas (1979).

Es bedarf einiger Definitionsakrobatik, um den Begriff politischer Gewalt für lateinamerikanische Verhältnisse klar zu fassen. Es ist nicht leicht, klare Grenzen zwischen politischer Gewalt einerseits und zu ökonomischen oder gesellschaftlichen Zwecken eingesetzter Gewalt andererseits zu ziehen. Handelt es sich beispielsweise bei der Aufstellung von Milizen durch brasilianische Großgrundbesitzer, um soziale Reformen abzuwehren, die von der Zentralregierung verabschiedet wurden, um private Maßnahmen oder um einen politischen Akt? Ein weiteres Beispiel: Wenn man „Nunca más", den Bericht der Sabato-Kommission über die während des Militärregimes in Argentinien Verschwundenen liest, ist man nicht nur über die Brutalität und Menschenverachtung schockiert, welche die Angehörigen der staatlichen Sicherheitskräfte bei ihrem Vorgehen gegen wirkliche und vermeintliche Regimegegner an den Tag legten, sondern auch über die Hemmungslosigkeit, mit der sie Häuser ausraubten und sich die Habe ihrer Opfer aneigneten.

Auch in Europa fällt es zuweilen schwer, zwischen „politischer" und gewöhnlicher, d. h. krimineller Gewalt zu unterscheiden, reklamieren doch alle Aufstandsbewegungen für sich einen politischen Status. In Lateinamerika kommt hinzu, daß ein und dieselbe Gruppe unter Umständen ihren Charakter ändert, indem sie je nach Situation einmal als politische Bewegung, ein ander Mal als kriminelle Bande agiert.

Gibt es somit gewisse spezifische Züge der politischen Gewalt in Lateinamerika, so bildet der Subkontinent doch keine Ausnahme hinsichtlich des von Charles Tilly aufgestellten allgemeinen Entwicklungsgesetzes von der zunehmenden Bürokratisierung der Gewalt. Nach Tilly wurde Gewalt in Europa vor Beginn der Moderne vorwiegend zu defensiven Zwecken gebraucht, sie war diffus, personenbezogen und unberechenbar. Sie gehorchte keinem Programm, sondern hing von kollektiven Emotionen und Situationen ab. Mit der Industrialisierung und dem Aufkommen zweckgerichteter Organisationen hat sich der Stellenwert von Gewalt grundlegend geändert. Sie wurde nun primär unter einem instrumentellen Vorzeichen eingesetzt, als „Waffe" verwendet, um gemäß einer wohldurchdachten Strategie bestimmte kollektive Ziele zu erreichen.

Obwohl politische Gewalt in Lateinamerika, vor allem in den weniger entwickelten Ländern, viele traditionelle Züge bewahrt hat, gleicht sie sich in ihrer Entwicklung doch tendenziell an die beschriebene Gesetzmäßigkeit an. So haben die beiden wichtigsten Gewaltakteure, die Streitkräfte und die Guerillaorganisationen, eine gänzlich unpersönliche Zielperspektive. Sie wählen ihre Opfer nicht aus persönlichen Motiven wie Haß, Rache oder Neid aus, sondern weil diese einer Kategorie von Menschen angehören, die sie geschwächt bzw. vernichtet sehen wollen. Die Schmerzen und Leiden ihrer Opfer gelten hier als unvermeidbare „Kosten" im Dienste übergeordneter Ideen und Projekte. Mit ihrer Auffassung, die Gewalttaten richteten sich nicht gegen bestimmte Individuen, sondern ausgewählte Vertreter sozialer Gruppen und Kategorien, glauben sich die Gewaltakteure zugleich von jeder persönlichen Verantwortung entbunden. Sie sehen sich als Teil eines umfassenden Organismus, wollen als Befehlsempfänger oder Instrument eines übergeordneten Willens gehandelt haben.

Obwohl es auf der politischen Szene Lateinamerikas viele kollektive Gewaltakteure gibt, konzentrieren sich die folgenden Ausführungen nur auf die beiden wichtigsten, die Guerillaorganisationen und den staatlichen Zwangsapparat.

II.

Für das bessere Verständnis der Strukturen und Erfolgschancen lateinamerikanischer Guerillabewegungen ist es sinnvoll zunächst zu klären, um welchen Typus von Guerillaorganisationen es sich handelt und welches ihre soziale Basis ist.

Unter den verschiedenen Kriterien für die Einteilung von Guerillabewegungen ist eines besonders hervorhebenswert: die Unterscheidung zwischen Aufstandsbewegungen, die sich gegen eine Besatzungsmacht, also eine ausländische Regierung, richten und jenen, welche gegen die eigene Regierung vorgehen. Alle Erfahrungen deuten darauf hin, daß es für Rebellen bedeutend leichter ist, einen breiten Widerstand gegen einen fremden Eindringling zu mobilisieren als eine Regierung zu bekämpfen, die aus der eigenen Gesellschaft hervorgegangen ist. Sogar erfolgreiche Revolutionen, die scheinbar primär auf einer internen Dynamik beruhten, waren oft zugleich von einem außenpolitischen Konflikt begleitet. Dies gilt beispielsweise für die Chinesische Revolution, in welcher der gleichzeitig gegen die Japaner geführte Krieg entscheidend zum Sieg der durch Mao Tse Tung geführten Aufständischen beitrug. Die Gültigkeit dieser Regel erklärt sich vor allem daraus, daß für den Kampf gegen einen ausländischen Aggressor an nationalistische Gefühle appelliert werden kann, welche, zumindest kurzfristig, alle Gruppen und sozialen Schichten einer Gesellschaft einen. Demgegenüber splittert sich das Feld der soziopolitischen Kräfte bei einer Erhebung gegen die eigene Regierung in mindestens zwei Gruppen auf, eine, die weiterhin auf deren Seite steht, und eine, die sie stürzen will. Es ist offensichtlich, daß es in diesem Fall viel schwieriger ist, ein die Bevölkerungsmehrheit umfassendes Bündnis gegen die Regierenden zustande zubringen.

Was Lateinamerika betrifft, so haben wir es ausschließlich mit Rebellengruppen zu tun, die gegen die eigene Regierung kämpfen. Dies führt uns zu der These, daß die Wahrscheinlichkeit eines siegreichen Ausganges dieser Aufstände begrenzt ist. Begrenzt, wenn nicht außergewöhnliche Bedingungen bewirken, daß die Situation zugunsten der Rebellen umschlägt, wie dies in Nicaragua unter der Diktatur Somozas geschah. Es ist sicher kein Zufall, daß es Guerillabewegungen in den letzten Jahrzehnten nur in zwei Fällen, nämlich in Nicaragua und Kuba, gelungen ist, die politische Macht zu erobern. Beide Länder liegen in Zentralamerika, d. h. in unmittelbarer Nähe der USA, von denen sie in vielfacher Weise abhängig waren. Wenngleich es sich in diesem Fall nicht um eine direkte Besatzungsmacht handelte, war doch der politische, ökonomische und militärische Einfluß der Supermacht auf die beiden Kleinstaaten drückend genug, um den Appell der Aufständischen an den Nationalstolz und die antiimperialistischen Gefühle der Bevölkerung auf fruchtbaren Boden fallen zu lassen.

Hinsichtlich der sozialen Basis der Guerillabewegungen ist zu betonen, daß sie ihre Mitglieder bis zur Mitte der 70er Jahre zum weitaus überwiegenden Teil aus der Studentenschaft und den neuen Mittelschichten rekrutierten. Danach traten leichte Verschiebungen ein, da die neue Guerilla verstärkt um eine Verankerung in den ärmeren Volksschichten bemüht war. So gelang es der Guerilla von Guatemala, vorübergehend bei den Indios, dem ärmsten, sozial und politisch marginalisierten Bevölkerungssektor, Rückhalt zu finden. Ähnlich konnte der *Sendero Luminoso* („Leuchtende Pfad") von Peru einen Teil der Indios in der Hochlandprovinz Ayacucho für sich gewinnen. Allerdings zog die Bereitschaft ärmerer Bevölkerungsgruppen, die Aufständischen zu unterstützen, in beiden Ländern so intensive Verfolgungs- und Unterdrückungsmaßnahmen von seiten der staatlichen Sicherheitskräfte nach sich, daß die Indios sowohl in Guatemala als auch in Peru mittlerweile wieder auf Distanz zur Guerilla gegangen sind.

Können Guerillagruppen unter gewissen Umständen mit der Aufgeschlossenheit und eventuellen Unterstützung der ländlichen Unterschichten rechnen, so begegnet ihnen das städtische Proletariat und Subproletariat durchweg mit Desinteresse. Resümierend bleibt festzuhalten, daß diese Organisationen primär jugendliche Intellektuelle und Angehörige der neuen Mittelschichten anziehen, deren Ideen und Perspektiven mithin für die Orientierung dieser Gruppen bestimmend sind. Dieser Sachverhalt ist bedeutsam, wenn man die Entstehungsgründe und den Entwicklungsverlauf der Rebellenbewegungen analysiert.

Bei der Entwicklung einer Guerillabewegung muß man wenigstens drei Stufen unterscheiden: Ihre Entstehung, ihre Ausdehnung und ihr eventueller Erfolg (i.S. einer Übernahme der politischen Macht). Hinsichtlich der ersten Entwicklungsstufe, der Entstehung von Guerillagruppen, gibt es keine allgemeine Regel. Die Erfahrung lehrt, daß sie sich aus den unterschiedlichsten Motiven und Konstellationen heraus bilden können: unter Militärregimen und zivilen Regierungen, in Phasen der Rezession und unter Bedingungen wirschaftlichen Wachstums, in abhängigen oder relativ autonomen Ländern, unter dem Einfluß einer internationalen Protestwelle und als Symptom einer nationalen Identitätskrise. So rasch und leicht sie einerseits entstehen, so selten gelingt es lateinamerikanischen Guerillaorganisationen, wir sagten es schon, andererseits, ihre Zielvorstellungen zu verwirklichen, d. h. die Macht zu erobern. Damit wird die Aufmerksamkeit vor allem auf die zweite Entwicklungsphase der Expansion gelenkt. Welche Bedingungen begünstigen die Expansion von Guerillagruppen?

Die erste Bedingung knüpft unmittelbar an ihre Mittelschichtbasis an. Die starke Präsenz von Studenten und Akademikern in den Reihen der Aufständischen wird verständlich, wenn man bedenkt, daß die lateinamerikanischen Universitäten weit über den tatsächlichen Bedarf dieser Länder hinaus Intellektuelle mit hohen materiellen und professionellen Ansprüchen produzieren. Schon in den 60er Jahren, als die Anzahl der Studenten in den Hauptstädten der Länder des „*Cono Sur*" (Argentinien, Uruguay, Chile) plötzlich zunahm, sahen einige Beobachter eine klare Kausalbeziehung zwischen einem anschwellenden frustierten akademischen Proletariat und dem ersten Höhepunkt der Guerilla. Seit damals hat sich die Situation in den meisten dieser Länder nicht verbessert, im Gegenteil. Die Universitäten entlassen Jahr für Jahr Hunderttausende von Akademikern, die nicht die geringste Möglichkeit sehen, einen Arbeitsplatz entsprechend ihren Fähigkeiten und Ambitionen zu finden.

In vergleichenden Untersuchungen ist wiederholt auf die Schlüsselrolle hingewiesen worden, die der neuen Mittelschicht, speziell den Intellektuellen, in politischen Protestbewegungen zukommt. Die Angehörigen dieser neuen Mittelklasse besuchen die Universität weniger aus Bildungshunger als mit dem Ziel eines raschen sozialen Aufstiegs. Umso größer ist ihre Enttäuschung, wenn sie, mit dem Diplom in der Hand, feststellen müssen, daß ihre Karrierechancen äußerst begrenzt sind und ihnen weder die gewünschten Posten noch das erhoffte Einkommen angeboten werden. Es ergreift sie Unzufriedenheit, sie machen die Gesellschaft für ihr Scheitern verantwortlich, nehmen eine politische Protesthaltung an und attackieren die bestehende institutionelle Ordnung.

Indes wäre es übertrieben zu behaupten, junge lateinamerikanische Intellektuelle würden ohne Vorwarnung, gleichsam aus der Luft, zu gewaltsamen Formen des Widerstands greifen. Gewöhnlich geschieht dies erst, wenn sie die Überzeugung gewonnen haben, alle anderen Mittel der Einflußnahme auf den politischen Entscheidungsprozeß seien erschöpft. Es bedarf, in anderen Worten, einer akuten politischen Legitimitätskrise, damit die Guerilla an Boden gewinnt. Die Gründe und Symptome dieser Krise können vielfältig sein. Sie kann beispielsweise durch die Unterdrückung einer populistischen Bewegung oder einer Unabhängigkeitsbewegung heraufbeschworen werden, wie dies in Guatemala in den 50er Jahren geschah, in Argentinien durch den Sturz Peróns im Jahre 1955 oder in Nicaragua aufgrund der Ermordung Sandinos in den 30er Jahren. Korruption und Nepotismus, eine überaus scharfe Repression und eine ineffiziente Wirtschaftspolitik können ebenfalls dazu beitragen, die Kluft zwischen der jungen Generation und der politischen Elite zu vergrößern.

Keiner dieser Faktoren hat jedoch vergleichbare Auswirkungen wie die Einschränkung oder völlige Beschneidung politischer Partizipationsmöglichkeiten. Daher bilden autoritäre Regime einen besonders guten Nährboden für die Entstehung und Ausbreitung von Guerillagruppen. Sie stellen jedoch nicht die einzige Regierungsform dar, die bewaffneten Widerstandsorganisationen Zulauf durch die akademische Jugend verschafft. Vielmehr läuft jedes Regime, das aufgrund seiner Starrheit und Geschlossenheit den Eindruck erweckt, es lasse keine Alternative, keinen politischen Wandel mehr zu, Gefahr, angegriffen zu werden. Beispiele hierfür liefern das Zweiparteiensystem im Uruguay der 60er Jahre und die alternierende Herrschaft der traditionell dominierenden zwei Parteien (der Konservativen und der Liberalen) in Kolumbien. Es kommt dabei, wie gesagt, weniger auf die Auffassung der Mehrheit der Bevölkerung als auf die Überzeugungen der Studenten und Jungakademiker an, eine besonders sensible und ungeduldige Gruppe, die oft Strömungen antizipiert, die erst später breitere soziale und politische Resonanz finden.

Eine dritte notwendige Voraussetzung für die Expansion der Guerilla hat mehr logistischen Charakter. Es geht um die Existenz eines eigenen Territoriums oder wie auch immer gearteten Schon- und Rückzugsraumes, der es den Aufständischen ermöglicht, sich vor der staatlichen Repression in Sicherheit zu bringen. Der ursprüngliche Schonraum, in dem Guerillaorganisationen meist entstehen, eine erste rudimentäre Organisation entwickeln und Anhänger rekrutieren, sind die Universitäten. Diese sind jedoch auf lange Sicht als territoriale Basis zu begrenzt, außerdem bilden sie ein umstrittenes Feld, das von vielen Gruppen unterschiedlicher politischer Orientierung beansprucht wird. Um sich entfalten zu können, bedarf die Guerilla einer breiteren Operationsbasis, sei es einer unwegsamen Gebirgszone, sei es eines ländlichen Gebietes, in dem sie von den Bauern unterstützt oder zumindest nicht verraten wird. Noch besser ist es für sie, wenn sich diese Rückzugsregion nahe der Grenze zu einem Nachbarland befindet, das mit den Rebellen sympathisiert. Denn auf diese Weise öffnet sich ihnen ein Fluchttor, verfügen sie über eine dem Zugriff von Militär und Polizei entzogene Möglichkeit der Sammlung und des

Kräfteschöpfens. Überall wo Guerillabewegungen größeres militärisch-politisches Gewicht erlangt haben, sei es in El Salvador oder Guatemala, in Kolumbien oder Peru, stoßen wir auf solche Schutz- und Ausweichräume, bis zu denen hin der bewaffnete Arm des Staates nicht reicht.
Der Mangel eines eigenen „Territoriums" ist andererseits wahrscheinlich der entscheidende Grund, warum die lateinamerikanische Stadtguerilla auch dort, wo sie zeitweise äußerst stark und schlagkräftig war (z. B. in Argentinien und Uruguay) sich meist nur kurzfristig zu behaupten vermochte und keine vergleichbaren Erfolge wie die Landguerilla erzielte. Der städtische Terrorismus ist eine zweischneidige Waffe: Wenngleich er einerseits viel unmittelbarere Angriffe auf den „Feind", d. h. den Staat und die politischen Eliten, gestattet, als sie im Rahmen der Landguerilla möglich wären, bringt er doch andererseits den Nachteil mit sich, daß er genau jene breiten Bevölkerungsschichten mitgefährdet, deren Sympathie und Unterstützung die Guerilleros zu gewinnen hoffen. Fesseln städtische Guerillagruppen mit ihren Anschlägen auch die öffentliche Aufmerksamkeit in ungleich stärkerem Maße als die Aktionen der Landguerilla, so ist doch ihr Wachstum durch die Tatsache beschränkt, daß sie aus dem Untergrund heraus agieren. Und weil sie nicht über eine bestimmte Größenordnung hinauswachsen können, ohne ihren Geheimcharakter zu gefährden, bilden sie letztlich keine ernsthafte Herausforderung für die etablierten politischen Machteliten, so lästig sie für diese im einzelnen auch sein mögen.

III.

Über Guerilla und aufständischen Terrorismus ist bereits viel geschrieben worden, dagegen gab es bis vor kurzem kaum Publikationen über den staatlichen Terror in Lateinamerika; erst in jüngster Zeit beginnt sich dies zu ändern. Hierfür gibt es mehrere Gründe. An erster Stelle ist das tief verwurzelte Vertrauen der meisten Forscher in den Staat als Garanten von Ordnung und öffentlicher Sicherheit zu nennen, das den Eifer bei der Aufdeckung illegaler staatlicher Zwangsakte bremst. Zudem fehlt es an verläßlichen Daten zu dieser Problematik. Der Journalist oder Wissenschaftler, der die Schweigemauer zu durchbrechen versucht, welche meist das Handeln der staatlichen Sicherheitsorgane umgibt, muß dabei u.U. Risiken für seine persönliche Sicherheit in Kauf nehmen. Lange Zeit stammten die Informationen über staatliche Gewaltexzesse ausschließlich von internationalen Organisationen wie Amnesty International oder von nationalen bzw. lokalen Gruppen für die Verteidigung von Menschenrechten. Erst seit ungefähr 10 Jahren gibt es auch einige wissenschaftlichen Zentren und Forschungsgruppen, welche die Ursachen, Formen und Auswirkungen staatlicher und parastaatlicher Gewalt genauer unter die Lupe nehmen.
Eine erste Schlußfolgerung, die sich aus dem verfügbaren Datenmaterial ergibt, lautet, daß der staatlichen Repression weit mehr Menschenleben zum Opfer fallen, als dem „aufständischen" Terrorismus. Es wäre makaber in einen Vergleich der Todesraten einzutreten. Es dürfte aber nicht übertrieben sein, wenn man davon ausgeht, daß die Anzahl der Toten und Verschwundenen, die militärischen, paramilitärischen und parapolizeilichen Aktionen anzulasten ist, die des aufständischen Terrorismus um das 10-fache übersteigt. Nicht allein unter Militärdiktaturen werden Oppositionelle gefoltert, getötet oder auf Nimmerwiedersehen entführt. Auch Formaldemokratien wie El Salvador oder Kolumbien weisen eine erschreckend hohe Bilanz von Personen auf, die verfolgt und außerhalb rechtsstaatlicher Verfahren hingerichtet werden.
Zur Rechtfertigung der brutalen Unterdrückung von Guerilla- und Oppositionsgruppen wird häufig die Notwendigkeit geltend gemacht, sich gegen einen unversöhnlichen, kein Kampfmittel scheuenden Gegner mit allen verfügbaren Methoden zur Wehr setzen zu müssen. Die Erfolgschancen der Sicherheitskräfte, so wird von den Verantwortlichen argumentiert, seien nur dann gewahrt, wenn man ihnen bei ihrem Vorgehen keinerlei legale Fesseln anlege. Es wäre übertrieben zu behaupten, diese Argumente würden nur zum Schein vorgebracht, um die öffentliche Meinung irrezuführen oder zu besänftigen. So haben Interviews mit argentinischen Offizieren,

die für die Greueltaten unter der letzten Militärregierung mitverantwortlich waren gezeigt, daß sie tatsächlich davon überzeugt waren, ihr Land werde durch eine weltweite kommunistische Verschwörung bedroht.

Diese subjektive Sichtweise der Sicherheitskräfte hat mit den realen politischen und militärischen Verhältnissen allerdings nur wenig gemein. Sie überschätzt die „Drahtzieherrolle" der ehemaligen Sowjetunion bei Unruhen und Aufstandsbewegungen der Dritten Welt. Und sie suggeriert fälschlicherweise, staatliche Repressionskampagnen, wie sie etwa in Uruguay, Argentinien und Chile stattfanden, richteten sich vor allem gegen bewaffnete Rebellen. In Wirklichkeit hält sich das Risiko von Guerilleros und Terroristen, Opfer staatlicher Unterdrückung zu werden, oft in Grenzen. Denn sie verfügen nicht selten über Ausweichmöglichkeiten, Schlupfwinkel, Rückzugsgebiete. Wer dagegen jeder Rückzugsmöglichkeit entbehrt und zudem gänzlich schutzlos ist, das sind Bürger, die dem liberalen und reformistischen Lager zuzuordnen sind, beispielsweise Gewerkschaftsführer, progressive Rechtsanwälte und Richter, Intellektuelle und Priester; auch die Masse der Kleinbauern, Pächter und Landarbeiter ist wehrlos den repressiven Maßnahmen staatlicher und parastaatlicher Todesschwadronen ausgeliefert. Die genannten Gruppen sind die Hauptleidtragenden des Staatsterrors.

Wie ist ein Staat zu beurteilen, der gewaltsame Übergriffe seiner Sicherheitsorgane erlaubt und teils sogar fördert? Offenbar handelt es sich nicht um einen starken, sondern um einen schwachen Staat. Diese Schwäche kann sich auf zweierlei Weise manifestieren. Entweder die Sicherheitskräfte halten sich nicht an die Verordnungen und Weisungen der vorgesetzten Behörden, indem sie nach Gutdünken verhaften und töten. Der andere Fall ist der, daß die Regierung selbst ihre politischen Gegner mit illegalen Gewaltmitteln aus dem Wege zu räumen versucht. In beiden Fällen wird der Staat seiner eigentlichen Aufgabe untreu: Anstatt den einzelnen zu schützen, bedroht er ihn und verletzt fundamentale Menschenrechte; anstatt über die Einhaltung der Gesetze zu wachen, bricht er sie oder legt sie willkürlich aus; anstatt als Vorbild zu dienen, in exemplarischer Weise den Gedanken rechtsstaatlicher Rationalität und Integrität zu verkörpern, verfolgen die Sicherheitskräfte politisch Oppositionelle und Kriminelle heimlich und gehen gegen sie wie eine Mörderbande vor. Kurzum: Anstatt Sicherheit und öffentliche Ordnung zu gewährleisten, wird der Staatsapparat zu einer Quelle der Unsicherheit und Anomie. Ein Regime, das so vorgeht, kann an der Macht bleiben und diese sogar konsolidieren; es büßt aber jegliche moralische und legale Autorität ein.

Am meisten bekommen diesen Autoritätsverfall die Sicherheitskräfte zu spüren. So litt in Argentinien das Ansehen der Streitkräfte erheblich, nachdem bekannt geworden war, wie zynisch und brutal sie während der letzten Militärdiktatur gegen die politische Opposition vorgegangen waren. Im Nachbarland Brasilien steht die Polizei im Mittelpunkt der Kritik, sie gilt als brutal, korrupt und ineffizient. Laut Umfragen ziehen es 6 von 10 Brasilianern, die Opfer eines Diebstahls- oder Raubdeliktes werden, vor, nicht zur Polizei zu gehen, da sie davon überzeugt sind, diese arbeite eng mit den Kriminellen zusammen. Die Bewohner der Armenviertel in Sao Paulo und Rio haben mehr Vertrauen zu den Bandenchefs, die sich dort etabliert haben als zu der Polizei; denn während diese Bandenbosse oder „Banditen", wie sie auch genannt werden, mit drakonischen Strafmethoden zumindest ein Minimum an Ordnung garantieren, ist auf die willkürlich vorgehende Polizei keinerlei Verlaß.

Freilich beschränkt sich das Mißtrauen der Bevölkerung nicht auf die Sicherheitsinstitutionen, sondern erstreckt sich auf sämtliche Organe von Politik und Verwaltung. Eine Regierung, die die Staatsmaschinerie nicht unter ihre Kontrolle zu bringen vermag, kann schwerlich erwarten, von der Gesellschaft als politische Führungskraft akzeptiert zu werden. Eine Regierung ohne Autorität und das nötige Selbstvertrauen, um Kriminelle öffentlich aburteilen zu lassen, muß sich nicht wundern, wenn ihr auch das Volk kein Vertrauen entgegenbringt. Hier zeigt sich, daß die Duldung des Agierens parastaatlicher Gruppen nicht nur unter moralischen Gesichtspunkten verwerflich ist, sondern darüberhinaus zwangsläufig die Legitimität eines politischen Systems untergräbt.

Der Legitimitätsverlust der Regierenden mündet in einen Circulus vitiosus, der schwer zu durchbrechen scheint: Die Guerilla entsteht u.a. aufgrund einer Legitimitätskrise des herrschenden Regimes, doch wenn dieses die Guerillagruppen mit Mitteln außerhalb oder am Rande der Legalität zu bekämpfen sucht, muß es einen zusätzlichen Legitimitätsverlust hinnehmen. Läßt sich dieser Prozeß aufhalten?

IV.

Obwohl die Guerilla in den Andenländern, insbesondere in Peru, ein großes militärisch-politisches Gewicht erlangt hat, erscheint es unwahrscheinlich, daß sich der Triumph der Aufständischen in Nicaragua vor rund 15 Jahren in absehbarer Zeit in einem anderen lateinamerikanischen Land wiederholen könnte. Nach der Auflösung der Sowjetunion und dem Ausscheiden des Sozialismus als eine attraktive politisch-gesellschaftliche Alternative für Entwicklungsländer begünstigt die internationale Situation keineswegs mehr aufständische Bewegungen, die gegen den Kapitalismus und die wirtschaftliche Abhängigkeit ihrer Länder kämpfen. Andererseits genießen einige Guerillaorganisationen jedoch so großen Rückhalt in der Bevölkerung und verfügen über ein so beträchtliches militärisches Potential, daß sie von den staatlichen Sicherheitskräften nicht unter Kontrolle gehalten, geschweige denn besiegt werden können. Welche Handlungsalternativen bieten sich in dieser Situation den Regierenden? Ist es für sie ratsam, mit den Aufständischen zu verhandeln, wie dies in letzter Zeit wiederholt geschehen ist, oder tun sie besser daran, diese zu ignorieren bzw. ohne Zugeständnisse zu bekämpfen?

Die Erfahrungen, die man in Europa mit Versuchen eines Dialogs zwischen Regierungen und terroristischen Organisationen gemacht hat, sind nicht sonderlich ermutigend. Beispielsweise haben die gelegentlichen Begegnungen zwischen Vertretern der britischen Regierung einerseits und Sprechern der nordirischen Gewaltorganisation IRA andererseits bisher zu keinem konkreten Ergebnis geführt. Auch von den mehr oder weniger geheimen Kontakten der spanischen Regierung mit der baskischen Befreiungsorganisation ETA ist bisher kein nennenswerter Eindämmungseffekt auf die Gewaltaktivitäten der ETA ausgegangen. Andererseits ist nicht zu übersehen, daß jenseits des Atlantiks, in Kolumbien, die dortigen Verhandlungen zwischen der Regierung und der Rebellenorganisation M 19 schließlich dazu geführt haben, daß der Führungsstab der letzteren den bewaffneten Kampf aufzugeben und seine Ziele mit friedlichen politischen Mitteln zu verfolgen beschloß. Und ist nicht vor kurzem in El Salvador ein Vertrag zwischen der Regierung und der Widerstandsfront unterzeichnet worden, der nicht nur einen längerfristigen Waffenstillstand, sondern auch weitgehende politische und soziale Reformen vorsieht? Bedeutet das, daß die beiden Lager, der Staat und die Rebellen, in Lateinamerika flexibler sind, eher dazu bereit, aufeinander zuzugehen und Zugeständnisse zu machen, als in Europa?

Der Schlüssel zur Erklärung der unterschiedlichen Kompromißbereitschaft in beiden Großregionen dürfte im symbolischen Bereich liegen. In Europa ist die Anwendung von Zwang und Gewalt, wie eingangs bemerkt wurde, prinzipiell dem Staat vorbehalten. Daher stellen terroristische Attentate (ähnlich wie die von aufständischen Organisationen oft erhobene „Revolutionssteuer" im Grunde die Usurpation staatlicher Vorrechte dar, die Aufständischen machen nichts weniger geltend, als einen Gegenstaat zum etablierten Staat zu repräsentieren. Zwischen einem Staat und einem Gegenstaat, die beide dasselbe Territorium beanspruchen, gibt es jedoch nichts zu verhandeln; letztlich müssen die Waffen zwischen ihnen entscheiden. Aus diesem Grunde verliefen die Verhandlungen zwischen der britischen bzw. spanischen Regierung und den jeweiligen Rebellenorganisationen stets ergebnislos.

Dagegen hat sich in Lateinamerika die Anwendung von Zwang und Gewalt nie zu einem ausschließlichen Herrschaftsattribut entwickelt. Sie blieb ein Durchsetzungsmittel, das zwar generell mit einem gewissen Tabu belegt ist, prinzipiell aber jeder sozialen Schicht und Gruppe offen steht, die sich ernsthaft bedroht und in ihren legitimen Rechten und Positionen infrage gestellt sieht. Gewalt und ihr Einsatz stellen mit anderen Worten verhandelbare, kompromißfähige Güter dar. Wenn eine aufständische Bewegung wie in Kolumbien oder El Salvador den Eindruck gewinnt, die Fortführung des bewaffneten Kampfes bringe ihr mehr Schaden als Nutzen, dann kann sie ihn ohne Gesichtsverlust aufgeben und statt dessen versuchen, ihre Ziele mit anderen, ihr angemessen erscheinenden Mitteln zu verfolgen. Deshalb kann man im Ergebnis hinsichtlich des positiven Ausgangs von Verhandlungen zwischen den Rebellen und dem Staat in Lateinamerika optimistischer sein als in Europa.

Literaturverzeichnis

Allemann, Fritz René: Macht und Ohnmacht der Guerilla, München 1973.
Eckstein, Susan (Hrsg.). Power und Popular Protest. Latin American Social Movements, Berkeley u.a. 1989.
Hamburger Institut für Sozialforschung (Hrsg.): Nie Wieder: Ein Bericht über Entführung, Folter und Mord durch die Militärdiktatur in Argentinien, Weinheim u. Basel 1987.
Huggins, Martha K.(Hrsg.): Vigilantism and the State in Modern Latin America, New York u.a. l991.
Institut für Iberoamerika-Kunde: Lateinamerika. Analysen, Daten, Dokumentation, Nr. 11/12 (1989). Zur Menschenrechtsproblematik in Lateinamerika.
Jahrbuch für Geschichte von Staat, Wirtschaft und Gesellschaft Lateinamerika, Bd. 15 (1978).
Mansilla, H.C.F.. Ursachen und Folgen politischer Gewalt in Kolumbien und Peru, Frankfurt 1993.
Moreno, Francisco José und Mitrani, Barbara (Hrsg.): Conflict and Violence in Latin American Politics, New York 1971.
Pion-Berlin, David: The Ideology of State Terror. Economic Doctrine and Political Repression in Argentina and Peru, London 1989.
Tobler, Hans Werner und Waldmann, Peter (Hrsg.): Staatliche und parastaatliche Gewalt in Lateinamerika, Frankfurt 1991.
Waldmann, Peter: Alte und neue Guerilla in Lateinamerika – Folgen und Folgerungen aus der Revolution in Nicaragua, in: Verfassung und Recht in Übersee, 16 Jg. (1983); S. 407-433.
Wickham-Crowley, Timothy P.. Guerrillas and Revolution in Latin America. A comparative Study of Insurgents and Regimes since 1956, Princeton 1992.

Anschrift des Verfassers:

Prof. Dr. Peter Waldmann
Institut f. Spanien- und Lateinamerikastudien
Universität Augsburg
Universitätsstraße 10
D-86159 Augsburg

HANNS-ALBERT STEGER

Hat Lateinamerika noch eine Zukunft

Der Satz „alte Männer und Frauen" kann bedeuten: 1. alte (Männer + Frauen); oder 2. (alte Männer) + Frauen. – Was ist gemeint? Die Kulturanthropologie versucht die Frage zu beantworten, „Was eigentlich gemeint ist", wenn wir es mit einer gesellschaftlichen Aussage zu tun haben. Die Aussage „alte Männer und Frauen" ist sinnlos, wenn wir diese Frage nicht zu beantworten wissen – und doch sind wir lange genug dem Irrtum aufgesessen, wir könnten „andere Kulturen" nach solchen sinnlosen Aussagen beurteilen. Bei unserer eigenen Kultur fällt uns die Sinn-vielfalt nicht besonders auf, weil wir aufgrund unserer Sozialisation in ihr schon von vornherein wissen, „was eigentlich gemeint ist". Was aber ist gemeint, wenn der Freund in Mexiko (oder in irgendeinem anderen Land) zu mir sagt „willst du einen Kaffee trinken?". Da ich keinen Durst habe, sage ich „nein, danke". Eigentlich gemeint war aber die Mitteilung an mich, daß *er* Durst habe und selbst gern einen Kaffee trinken würde – gleichzeitig aber meine Entscheidungskompetenz nicht infragestellen wollte. Ich habe also falsch geantwortet, denn er hatte sicherlich gemeint, daß ich mit „ja" antworten würde.

Diese Differenzierungen zu erlernen und zu verstehen gehört gewissermaßen zum Grundprogramm der Kulturanthropologie. Dieses hat sich aber nicht nur mit individuellen Einzelproblemen zu befassen, sondern es beschäftigt sich mit Vorzug auch mit gesamtgesellschaftlichen Problemstellungen, insbesondere mit den Versuchen der verschiedenen Gesellschaften, ihre jeweiligen Wirklichkeitserfahrungen in „Sprache" zu fassen, wobei mit „Sprache" alle kulturellen Äußerungen, ästhetische, künstlerische, institutionelle, religiöse gemeint sind. Chomskys generative Transformationsgrammatik befragt diese sprachliche Wirklichkeit danach, was durch sie „eigentlich" ausgedrückt ist, – in welchem Zusammenhang Sprache und ihr „Grund" zueinander stehen. Kulturelle „sprachliche" Äußerungen sind auf diese Weise Transformationen von „Grund"-Erfahrungen, die durch eine Fabrik, genannt Sprache, aussagefähig gemacht werden. Dies geht – gleichzeitig! – in drei verschiedenen, aber von einander abhängigen Dimensionen vor sich: Kognition – Produktion – Produkt, linguistisch ausgedrückt: Sprachkompetenz, Sprechen und Text. Es ist offensichtlich, daß der Weg von der Konzeption über die Inkubation bis zur Geburt des Werkes oft sehr weit ist und auch die Gestalt des Werkes aufs stärkste beeinflußt. Die Kulturanthropologie will die Konstanten und die Beeinflussungsfaktoren dieses Prozesses sichtbar machen. Zu diesem Zweck versucht sie ein Inventar von Universalien herauszufiltern, die ganz unabhängig von ihrem Vorkommen in bestimmten Kulturen definiert werden können, gleichzeitig aber auch die Kulturspezifität festhalten. Diese Universalien sind somit der abstrakte und gleichzeitig konkrete Inhalt des Alphabets, mit dessen Hilfe kulturelle Identität beschrieben werden kann; sie werden „Schlüsselwörter" genannt. Für Lateinamerika sind z. B. unter anderem folgende Schlüsselwörter charakteristisch: „hacienda", „nacion", „abogado", „caudillo", „progreso", „soledad", „sosiego", „naturaleza", usw. Was geschieht aber – um nur ein einziges Beispiel herauszugreifen – wenn „*hacienda*" nicht mehr als eine eigene Lebenswelt, sondern als ein Produktionsbetrieb begriffen werden soll, der nach den Maximen der Gewinn-Optimierung und -Maximierung arbeiten muß? Die „Lebenswelt" verwandelt sich in ein Schlachtfeld der Ausbeutung, eindrucksvoll nachlesbar in den sozialkritischen Romanen der 30er und 40er Jahre – ich nenne hier nur Jorge Icaza, „Huasipungo", Cesar Vallejo, „El tungsteno" (Wolfram), oder die Filme von Glauber Rocha –, in denen sehr viel von dieser Atmosphäre zu finden ist. Unsere europäischen Gesellschaften stehen ratlos vor dem Trümmerhaufen, den sie selbst verursacht haben.

Nehmen wir noch ein Beispiel aus der jüngeren Religionsgeschichte: Als die Amerikaner während des Zweiten Weltkrieges über die Pazifischen Inseln hüpften, wie es damals hieß, landeten sie am Strand, unter den schönen Palmen, zogen aus dem *Walky-talky* die Antenne heraus, riefen einen unverständlichen Wortsalat hinein, und siehe da, in Kürze landeten Transportschiffe oder Flugzeuge und schütteten das Füllhorn materiellen Reichtums aus. Was Wunder, daß die Eingeborenen flugs ein Kistchen bauten mit einer Stange obendrauf, ebenfalls hineinriefen und nun darauf warteten, daß die Ladung, *Cargo,* auch für sie hernniederführe. Es entstanden die melanesischen *Cargo*-Kulte, die immer sozialkritischer wurden, weil die Erfüllung, die Lieferung des *Cargo*, nicht erschien, offensichtlich verhindert durch feindlich gesonnene Weiße. Ist der lateinamerikanische Ruf nach Entwicklungshilfe Teil eines lateinamerikanischen Cargo-Kultes? Die Beantwortung dieser Frage ist von beträchtlicher Bedeutung, führt sie doch letztendlich zu der Frage nach dem Arbeitsbegriff, mit dessen Hilfe sich die lateinamerikanischen Gesellschaften organisieren. Auch bei uns ist Cargo abgeladen worden in Gestalt von Marshallplan-Geldern, die in einen bestimmten Arbeitsplanprozeß einbezogen worden sind. Und jetzt schütten wir „Cargo" tonnenweise um uns herum auf den Globus in der irrigen Meinung, die Glückseligkeit zu verbreiten. Die Frage richtet sich also nicht nur an die neuen, sondern auch an die alten Industrieländer. Was legitimiert uns eigentlich dazu, in fremden Gesellschaften zu wirtschaften? Wer gibt uns das Recht, gewachsene Lebensformen zu vernichten?

Doch geht es jetzt nicht darum, das Problem auf die polemische Schiene zu schieben. Stattdessen soll das transnationale System industriell-politischer Weltherrschaft, dem nicht nur Lateinamerika unterworfen werden soll, in Augenschein genommen werden. Wir wollen zu diesem Zweck eine bestimmte Konsequenz der Verschuldungspolitik herausgreifen, die bislang in der Diskussion nicht genügend beachtet worden ist. Zunächst ist die immer deutlicher werdende Eingrenzung des Welthandels auf den Handel zwischen bereits technologisch entwickelten Ländern hervorzuheben. Der Anteil der Entwicklungsländer am Welthandel war schon zwischen 1950 und 1972, d. h. bis zum ersten Erdölschock, von ca. 30% auf 18% gesunken. Eine der wichtigsten Ursachen dafür ist die Tatsache, daß die neue Technologie nicht mehr auf Schürf-Ressourcen (Kohle, Eisen, Erdöl usw.) beruht, sondern auf Wissenschaft als Produktionsmittel (synthetische, chemische Produktion usw.). Damit wird die Entwicklung der Produktivität in den Industrieländern immer mehr im Selbstverfahren möglich, ohne – wie noch zu Beginn unserer eigenen Industrialisierung – auf lokal vorhandene Ressourcen, Kohle, Eisenerzlager usw. angewiesen zu sein. Die Abhängigkeit von Ressourcen-Importen ist damit zumindest für die nunmehrigen Zuwachsraten aufgehoben. Damit hat die Nachfrage nach typischen Entwicklungsländer-Rohstoffen einen gewissen Sättigungsgrad erreicht; diese Produktionserweiterung der Industrieländer muß in den Entwicklungsländern, die wir durch unsere Entwicklungspolitik erreichen wollen, zum Preisverfall führen, da sonst ein Überangebot auf den Märkten der Industrieländer hervorgerufen werden würde. Diese Situation führt dazu, daß die Binnenmärkte der Entwicklungsländer wegen der unzureichenden Infrastruktur der sie tragenden Gesellschaften in regelmäßigen Abständen zusammenbrechen. Auch an dieser Stelle sind wir also letztlich wieder auf den Arbeitsbegriff verwiesen, denn wir müssen uns fragen, auf welche Weise das soeben beschriebene Defizit beseitigt werden könnte. Die heutige Lage ist also dadurch gekennzeichnet, daß jede nach Lateinamerika geleitete Entwicklungshilfe, solange sie in der bisher üblichen Form appliziert wird, bestenfalls eine solche Art der Produktionssteigerung erreichen kann, die zwangsläufig und unvermeidlich zur Schwächung, nicht aber zur Stärkung der Märkte der betreffenden Länder führen muß. So sehr man sich auch gegen diese Erkenntnis sträubt, so sprechen doch die Fakten eine überdeutliche Sprache, sodaß man begonnen hat, die 80er Jahre als „decada perdida", d. h. als verlorene Entwicklungsdekade, zu bezeichnen.

Nähern wir uns dem Problem noch von einer anderen Seite: Wenn Entwicklungshilfe an Lateinamerika aus lateinamerikanischer Sicht eine „response" auf einen Cargo-Kult und die tatsächlich geleistete Entwicklungshilfe eine Antwort auf die Cargo-Rufe ist, gerade so dosiert, daß der (Aber-)Glaube an die Wirksamkeit der Rufe recht und schlecht aufrechterhalten werden kann, – dann haben wir uns zu fragen, auf welcher Grundlage das lateinamerikanische instituionelle

System „eigentlich" beruht. Eine der Bedingungen der Cargo-Lieferung ist ja die Übernahme sogenannter „westlicher" Regierungsformen („Demokratien", heißt das im offiziellen Sprachgebrauch) in Lateinamerika. Diese Entwicklung geht, wie wir wissen, wellenförmig vor sich: Ablösung der populistischen Regierungen nach dem Zweiten Weltkrieg durch demokratische Regierungsformen, die wiederum – ebenfalls in einem kontinentalen Domino-Prozeß – durch (meist offen militärische) Regierungen der „Nationalen Sicherheit" abgelöst worden sind (Höhepunkt Chile), aber inzwischen ihrerseits wieder „demokratisiert" wurden.

Was bedeutet dies alles „eigentlich" für die gesellschaftliche Entwicklung in Lateinamerika? Offensichtlich handelt es sich um Transplantations-Versuche, die – allen Immunisierungsinjektionen zum Trotz – immer wieder von neuem scheitern, weil die autochthonen Gesellschaften die Transplantate abstoßen. Warum stoßen sie sie ab? Wenn wir ein Regierungs-, besser: ein Herrschaftssystem als eine Maschine zur Organisierung menschlicher Arbeit auffassen, so wird das sofort verständlich: die importierten Maschinen verlangen einen Arbeitsrhythmus, der dem der lateinamerikanischen Gesellschaften nicht entspricht. Das ist für unsere hiesigen Planer schwer verständlich: „Die Menschen dort sollen erst einmal richtig arbeiten lernen, nicht unter Kakteen sitzen und manana sagen", ist in vielen Diskussionen immer wieder zu hören.

In Wirklichkeit wird in Lateinamerika mindestens so viel gearbeitet wie in Europa, nur anders, d. h. innerhalb anderer Perspektiven und Raum-Zeit-Strukturen. Wir sind daran gewöhnt – und Max Weber hat das zuerst in aller Deutlichkeit herausgearbeitet – im Rahmen „innerweltlicher Askese" akkumulativ zu arbeiten. Wir üben jetzt Konsumverzicht, wir „sparen", wie wir das nennen, um morgen mehr ausgeben zu können. Nach sechs Jahren Askese können wir uns das erstrebte Automobil kaufen. Max Weber hat auf diese Weise die Ethik des Kapitalismus aus dem Geist der puritanischen Protestantismus-Diskussion abgeleitet. Aus dem Voranschreiten des Pilgers hin zu Gott („Pilgrim's Progress" heißt der bekannte Choral aus dem britischen Puritanismus) wird ganz konsequenterweise der ökonomische Progress der modernen Industriegesellschaft.

Was geschieht nun aber in Gesellschaften, die einen derartigen heilsträchtigen Begriff von Zukunft *nicht* haben? – Ich zitiere aus dem Protokoll eines Gesprächs mit einer Macumba-Priesterin aus Brasilien: „Ich messe dem Anfang und dem Ende keine Bedeutung bei; ich bin nicht einmal sicher, ob es je einen ersten Tag gegeben hat oder einen letzten geben wird. Ich halte mich lieber an die Bewegung"; und an anderer Stelle sagt sie, auch wörtlich, „daß die Dinge, die Orte ein gewisses Gedächtnis besitzen", „die Vergangenheit ist unsere Identität". Daraus leitet sich eine religiöse Grundbefindlichkeit ab, die derjenigen, in die hinein wir alle sozialisiert sind, seien wir Gläubige oder Ungläubige, diametral entgegengesetzt ist. Die Priesterin fährt fort: „Das Leben ist ein ständiger Widerstreit der Kräfte. Die Anhänger unserer Religion" (also der Macumba)" besitzen ein ganzes Verteidigungssystem. Dessen Schutz reagiert wie ein Blitzableiter. Der Blitz schlägt ein, doch statt zu töten, wird er vom Blitzableiter aufgefangen und in ein neutrales Gebiet geleitet." In dieses Blitzableitersystem geraten sie alle immer wieder von neuem, ohne daraus je etwas zu lernen, Demokratien, Putschgeneräle, populistische Führer, Republiken und europäide Ideologen. Abermilliarden von US-Dollars sind auf diese Weise und auf diesem Weg spurlos abgesaugt worden und werden, in krebsartig wirkende tödliche Keimlinge verwandelt, als Drogen-Ressource in die Industrieländer zurückexportiert, – als nur noch mythologisch zu begreifende Rachegeister. Die importierten Herrschaftsmuster der westlichen Demokratien verlangen Arbeit für die *Zukunft;* viele lateinamerikanische Gesellschaften suchen mit ihrer Arbeit Identität in der *Vergangenheit* zu erreichen.

Guillermo Bonfil Batalla in Mexico hat schon vor vielen Jahren an einem markanten Beispiel analysiert, wie das zu verstehen ist. Er beschreibt die Stadt Cholula bei Puebla in Mexiko und untersucht die Frage, auf welche Art und Weise dort die von außen erzwungene Einbeziehung in den allgemeinen Modernisierungsprozeß verarbeitet wird. Die einzelnen Barrios, kranzförmig um das Zentrum herumgelagert, leben nach einem alten religiösen Fest-Zyklus, der in der aztekischen Zeit verankert ist, ohne daß die heutigen Bewohner sich noch als Azteken fühlen oder ihre Sprache, Nahuatl, sprechen. Das Ausrichten der Feste kostet viel Geld, das verdient werden muß. So gehen die Bewohner zur Arbeit in das nahegelegene Industriewerk, aber nicht, um europäide Industriearbeiter zu werden, sondern um mit dem im Modernisierungsprozeß verdienten Geld ihren Widerstand gegen ebendiesen Prozeß zu verstärken. Bonfil formuliert es folgendermaßen: es geht um die „capacidad de resistencia a la penetracion por la sociedad global", also die Widerstandsfähigkeit gegen den Einbruch der globalen weltumspannenden modernen Gesellschaft. Die traditionellen religiösen Bräuche und Strukturen stärken diese Widerstandskraft. „En este contexto el tradicionalismo *no* es simple atraso que se superara paulatinamente, disolviendose en la modernizacion siempre expansiva; el tradicionalismo es resultado, si no de la modernizacion como tal, si de la manera en que su realizacion esta condicionada por la estructura concreta de la sociedad en que ocurre". In diesem Kontext sagt Guillermo Bonfil, ist der Traditionalismus nicht ein einfacher Rückstand, der allmählich überwunden werden wird, indem er sich in der Modernisierung, die immer expansiver wird, auflöst. Der Traditionalismus ist stattdessen das Ergebnis, wenn schon nicht der Modernisation als solcher, so doch der Art und Weise, durch die ihre Durchführung bedingt wird, d. h. durch die Struktur der Gesellschaft, in der sie vorankommt.

In der kolonialen Situation war der Traditionalismus das Ergebnis einer Zwangsmaßnahme, die den Unterschied zwischen dem Kolonisten und den Kolonisierten aufrechterhalten wollte, während das Traditionelle heute aktualisiert wird als ein Hilfsmittel ausgebeuteter Gruppen, um der Durchdringung durch die umgreifende Gesellschaft zu widerstehen. Wir sind also hier mit einem der vielen Umkehrungsprozesse konfrontiert, die in Lateinamerika die europäischen (oder nordamerikanischen) Importe in ihr Gegenteil verkehren. Der wichtigste und wohl auch bekannteste dieser Prozesse ist schon sehr frühzeitig durch Manfred Kossok (1964) beschrieben worden, als er darauf hinwies, daß es in Lateinamerika gerade die *tierratenientes*, die Landbesitzer, die Bodenbesitzer waren, die so eifrig an der Verbreitung der neuen Ideen der Französischen Revolution beteiligt waren, während in Frankreich selbst gerade diese Schichten die Hauptleidtragenden des Umsturzes, der Revolution, waren. Demokratie in Lateinamerika kann gar keine Kopie von Demokratie in Europa oder in den USA sein, weil der von ihr organisierten Bevölkerung das aufklärerische Progresspotential („Freiheit – Gleichheit – Brüderlichkeit") fehlt, das unseren euronordamerikanischen Gesellschaften eigen ist. Die lateinamerikanischen Gesellschaften *wollen* für die *Vergangenheit* arbeiten, werden aber gezwungen, für eine Zukunft zu arbeiten, die nicht die ihre ist, sondern auch erst importiert werden muß. Wenn wir uns die eingangs erörterte Frage danach wiederholen, was die lateinamerikanischen Gesellschaften mit ihrer Arbeit „eigentlich" anstreben, so können wir einer Beantwortung jetzt dadurch näherkommen, daß wir das Arbeitskonzept in der traditionellen, kolonialzeitlichen Hacienda genauer analysieren. Die Hacienda hat in der lateinamerikanischen Kolonie eine religiöse Funktion zu erfüllen, indem in ihr die Indio-Bevölkerung mit ihrem neuen Lebenskontext, einer Kolonialgesellschaft, „versöhnt" wird. In Lateinamerika war *nicht* die *Stadt*, als das Zusammensetzen von Markt und Tempel der Mittelpunkt der gesellschaftlichen Synthese, sondern die *Hacienda* als Ort der Versöhnung. Aus ihr geht das Konzept eines Lateinamerikagesellschaftlichen *Subjekts* hervor und schafft das Symbol des „Volkes" auf lateinamerikanische Weise.

Dies ist durch Pedro Morande (1982) folgendermaßen formuliert worden: „Es war also nicht so, daß der Hacendado Arbeitskraft einstellte und als Preis dafür den Arbeiter entlohnte, sondern daß der Arbeiter durch seine Arbeitskraft die Pacht für die Bodennutzung entrichtete. Er mußte das aber nicht persönlich tun, sondern ließ sich wie der Herr in der Arbeit vertreten. Manchmal nur für das Essen oder wegen der Möglichkeit, sein Pächter zu werden, übernahm ein neuer Arbeiter die Verpflichtungen des Pächters gegenüber dem Hacendado, der sich wiederum durch Verwandte oder Mitglieder seiner Familie vertreten lassen konnte. Die Vertretung des Herrn durch den Pächter in der Arbeit reproduziert sich also in der Vertretung des Pächters durch einen Unterpächter. Zu diesen Vertretungen muß noch hinzugefügt werden, daß die Kontrolle dieses

Systems den Mayordomos, Administradores und Capataces überlassen wurde, die zwar direkte Angestellte des Hacendados waren, gleichzeitig aber auch durch neue Vertretungen als Pächter fungieren konnten. Man kann also sagen, und hier liegt das entscheidende Merkmal der Hacienda, daß der einzige Arbeiter in der Hacienda der Hacendado selbst ist. Die anderen Benennungskategorien stellen eine komplizierte Abstufung der Stellvertretung des Herrn in der Arbeit dar. Notwendige Definition eines Äquivalenzprinzips für die Bewertung einer Arbeit erfolgt deshalb nicht aufgrund des Austausches von Arbeitsprodukten, sondern nach der Abstufung der Stellvertretung selbst. Je größer der Abstand zum Hacendado, desto niedriger die Bewertung der Arbeit und der Rang in der gesellschaftlichen Schichtung."

In der Hacienda ist ein echter ökonomischer Synkretismus zwischen marktorientierter merkantilistischer europäider Ökonomie und herrschaftsorientierter, die Speicherung planender Ökonomie andiner Prägung entstanden, wobei es nicht um Markt-Expansion geht, sondern um die Herstellung einer zeitlosen Gleichmäßigkeit, durch die die Geschichte aufgehoben wird. Die europäische Ökonomie schafft Geschichte, die andine Ökonomie hebt Geschichte auf. Beide sich widersprechenden Modelle werden in der Hacienda miteinander verbunden und konstituieren damit die Einheit der kolonialen Welt. Doch diese Welt ist eine verschwiegene Welt, d. h. eine Welt, deren Existenz verschwiegen wird, – eine Welt, die die materielle Lebensgrundlage zu sichern hat, aber sonst politisch inexistent ist und zu sein hat. Der Industrialisierungsvorgang zerbricht diese Synthese, die arbeitsorientierte Welt wird zur Unterwelt, die lustorientierte Welt wird zur Oberwelt, ganz so wie es etwa in dem Film „Metropolis" von Thea von Harbou und Fritz Lang beschrieben wird. Es trennt sich die geheime Stadt der Arbeiter in den unterirdischen Schürfstollen von der lustorientierten Oberwelt. In der kolonialen Hacienda war das anders: Als einziger Arbeiter kann der Herr, der Hacendado, nach außen an einem monetarisierten System teilnehmen, ohne daß es auch nach innen erforderlich ist. Der Markt für den Herrn und die direkte Herrschaft für den Knecht sind die Strukturen, aus denen das gesellschaftliche Subjekt hervorgeht.

Diese kulturanthropologische Analyse ist noch weiter zuzuspitzen. Der bereits zitierte Text von Pedro Morande fährt fort: „Es sei zunächst gesagt, daß die Stellvertretung des Hacendado in der Arbeit die Trennung zwischen Produktion und Konsum vollzieht. Eine Trennung, die nur vom Hacendado selbst überwunden werden kann. Die Produkte der Hacienda sind auf keinen Fall für den Konsum der Arbeiter bestimmt, weder in direkter noch indirekter Weise. Diese Produkte werden durch den Markt abgesetzt, der für die Arbeiter der Hacienda unerreichbar bleibt. Die Arbeit in der Hacienda muß nicht entlohnt werden, weil sie die Pacht für ein Stück Land, für das Wohnen in der Hacienda ist. Ob die Bearbeitung des gepachteten Bodens für das Überleben der Arbeiter und ihrer Familien ausreicht, ist keine Frage für den Hacendado, denn die Ausgangssituation ist umgekehrt: der Hacendado wird von seinen Arbeitern entlohnt, als ob die Benutzung des Haciendabodens den Verbrauch der Hacendado-Arbeitskraft darstelle. Wenn den Arbeitern Produkte der Hacienda zur Verfügung gestellt werden, dann werden sie nur geliehen und müssen nach der Ernte zurückgegeben werden. Die Arbeitsprodukte der Hacienda sind also in unmittelbarer Weise die Gaben, die ihre Arbeiter zur Versöhnung mit der Gesellschaft bringen müssen. Die Arbeiter können auch zum Teil an einer kollektiven Verzehrung der geopferten Produkte teilnehmen."

Die Hacienda-Analysen, die zum Verständnis des religiösen Hintergrundes dieser Arbeitswelt sehr wichtig sind, sind vor allen Dingen auch erforderlich, um bestimmte Selbstverständnisprozesse in den modernen lateinamerikanischen Gesellschaften nachvollziehen zu können.

„Die Verdrängung des Gebrauchscharakters der Arbeit muß also direkt als Bereitschaft zum Opfer in Erscheinung treten. Was der Hacendado von den Arbeitern entgegennimmt, ist also keine Arbeitsleistung, die entlohnt werden muß, sondern die Treue des Knechtes und sein Bekenntnis, daß der Hacendado der einzige Vermittler mit der ganzen Gesellschaft ist. Der Hacendado verpflichtet sich seinerseits, das Opfer entgegenzunehmen und es mit der gesamten Oligarchie als rituellen Konsum zu verschwenden."

Die rituelle Verschwendung des Arbeitsproduktes kennen wir in symbolischen Resten auch in unserer eigenen Gesellschaft, in Lateinamerika aber ist sie ein konstitutives Merkmal des Hacienda-Selbstverständnisses. Der Hacendado war also der einzige, der am Konsum der Hacienda-Produkte teilnehmen konnte, da die Hacienda-Arbeiter vom Markt selbst ausgeschlossen blieben.

„Das entsprach der Voraussetzung einer gesellschaftlichen Synthese, daß nämlich Produktion und Komsumtion als zwei getrennte Sphären organisiert werden, die nur aufgrund einer Vermittlung in Zusammenhang gebracht werden können. Der Hacendado selbst war in der Lage, als ein solcher Nexus symbolisch zu fungieren, indem er seinen Müßiggang als Arbeit auffassen ließ. Die Arbeitsverhältnisse innerhalb der Hacienda und der paternalistische Charakter der Herrschaftsbeziehungen verwirklichen diese Umkehrung des Arbeitsbegriffes. Daß die Arbeiter in der Hacienda als Pächter betrachtet wurden, ermöglichte, daß die von ihnen verkaufte Arbeitskraft verleugnet wurde. Der Pächter ist derjenige, der kauft, der Hacendado hingegen derjenige, der verkauft. Der Hacendado schuldet deswegen seinen Arbeitern nichts. Alles, was sie von ihm bekommen können, verdanken sie seiner Gnade und Großzügigkeit. Es ist also so, als ob überhaupt keine Arbeitsbeziehungen zwischen Hacendado und Arbeitern vorhanden wären. Gesellschaftlich gesehen ist der Hacendado der einzige Arbeiter."

Dies ist also das Grundkonzept der Arbeitsbeziehungen in der Lebenswelt der Hacienda. Man muß sich das in seiner ganzen Brutalität sehr deutlich machen, um die Konsequenzen zu verstehen, etwa wenn es darum geht, militärische Regierungsformen, wie z. B. in Chile vom kulturanthropologischen Gesichtspunkt aus zu analysieren. So wie der Hacendado seinen Arbeitern nichts schuldet, so ist auch der von den Militärs eingesetzte Präsident der einzige Arbeiter in seiner Gesellschaft, so wie er es selbst oft genug festgestellt hat: Seine Arbeit stellt die Negation der proletarischen Arbeit, sein Konsum die Negation des proletarischen Konsums dar. Er arbeitet mit den Händen seiner Stellvertreter, die aber mit ihm in keiner Arbeitsverbindung stehen. Seine Beziehung zu den Konsumgütern hat mit Gebrauchswerten überhaupt nichts zu tun, denn sein Luxus ist die Ausdrucksform des Opfers. In dieser Hinsicht ist der Hacendado ein transzendentales Subjekt. Auch das wird in sehr umfangreichen Darstellungen der lateinamerikanischen Literatur immer wieder deutlich gemacht. Auf die wichtigsten Texte der diesbezüglichen sozialkritischen Romane wurde bereits hingewiesen. Man könnte es auch so sagen: Hacienda nach innen, Markt nach außen. Nach innen ist der Hacendado Herr über Leben und Tod, nach außen unterliegt er dem Warenverkehr, – nach innen hat er direkte gesellschaftliche Beziehungen zu den anderen Menschen, nach außen sind sie unter der materiellen Tarnung der Beziehungen zwischen Waren verdinglicht. Dieser Widerspruch ist kennzeichnend.

Die hier nur in einer verkürzten Form vorgebrachten Analysen müssen sehr nachdenklich stimmen. Sie sollten dazu führen, daß wir allmählich ein größeres Verständnis dafür entwickeln können, daß in bestimmten lateinamerikanischen Gesellschaften gerade aus der Sicht der industrialisierten Hacienda heraus so viele Dinge passieren können, die uns nicht nachvollziehbar zu sein scheinen. Pedro Morande formuliert es folgendermaßen: „Der Konsum der Oligarchie wird ihrer früheren Abstinenz und Enthaltsamkeit, das Nicht-Konsumieren der Arbeiter ihren Begierden zugeschrieben, obwohl gleichzeitig gar kein Geheimnis daraus gemacht wird, daß die Arbeiter vom Markt ausgeschlossen sind und daß die Oligarchie nie eine asketische Haltung gegenüber dem Geld gehabt hat. Schon in der Kolonialzeit wurde gesetzlich vorgeschrieben, daß die Löhne in bar und 'en manos del trabajador' bezahlt werden mußten. Gleichzeitig wurde dieses Gebot von der Münzprägung her außer Kraft gesetzt, denn die dafür notwendigen Kleinmünzen wurden kaum geprägt. Was die Enthaltsamkeit der Oligarchie anbelangt, genügt es zu beobachten, wie sie sich – im Unterschied zur europäischen Bourgeoisie – ständig verschuldete, um ihr Konsumniveau zu erhalten, eine Verschuldung, die dank einer inflationsfreundlichen Politik sehr günstig für alle war. Hauptaufgabe des Wortes (Gottes) in Lateinamerika ist es bis heute, den rituellen Charakter des Konsums der Oligarchie zu festigen, nicht aber dadurch, daß diesen das Wort (Gottes) zu legitimieren oder zu verleugnen versucht hätte, was es nie gemacht hat, sondern indem das Wort (Gottes) den liturgischen Rahmen für diesen Konsum zur Verfügung stellt. Man verbraucht das Wort, so wie die Güter, als bloße Verschwendung."

Diese Vorstellungen machen vor allem einen der wichtigsten Hintergründe der Verschuldungsprozesse in Lateinamerika deutlich. Wir sehen dadurch, daß man mit gewissem Recht ganz Lateinamerika als eine einzige riesige Hacienda bezeichnet hat. Die Selbstverschuldung gehört zur Grundstruktur der lateinamerikanischen Lebenswelt, zu der auch das Prinzip der Nicht-Rückzahlbarkeit dieser Schulden und ihrer Nicht-Einklagbarkeit gehört. Die Indios sind in diesem ökonomischen, letztlich aber religiös legitimierten Synkretismus buchstäblich gefangen gesetzt worden.

Die lateinamerikanische Volksfrömmigkeit reflektiert diese Gefangenschaft, denn es ist eine im wesentlichen *kultische Religion*. Sie basiert auf der Vielzahl der Marienkulte in den lateinamerikanischen Gesellschaften. Die Zerschlagung des Kultischen dieser Religion durch den Industrialisierungsprozeß zwingt die Niederschichten zur Suche nach einer alternativen Legitimierung. Diese wird schließlich in der Forderung nach ihrer Befreiung aus der säkularen Gefangenschaft gefunden. Die „Theologie der Befreiung" ist der Weg aus einer babylonischen Gefangenschaft „des Religiösen" in die Freiheit der religiösen Selbstbestimmung außerhalb der Lebenswelt der Hacienda.

Hat Lateinamerika eine Chance, sich selbst zu befreien, und damit eine neue Identität in unserer Zeit zu gewinnen? Die Beantwortung dieser Frage muß davon ausgehen, ob es gelingen kann, eine freie Synthese zwischen der *realidad profunda* und der *realidad imaginaria* herzustellen. Wir übernehmen diese beiden Konzepte von Guillermo Bonfil, der in der Analyse Mexikos von dem indigenen „Mexico profundo" und dem „imaginierten" Euro- oder US-Mexiko, dem „Mexico imaginario", spricht. Es ist ein erstaunliches Faktum, daß eine solche herrschaftsfreie Synthese immer noch nicht konzipiert ist. Die eben erst entstehende lateinamerikanische Philosophie etwa bei Leopoldo Zea (vgl. 1989) muß in dieser Frage ihre zentrale Aufgabe sehen. Lateinamerika wird keine Chance haben, wenn es nicht gelingt, „*die große Synthese*" herzustellen. Auf keinen Fall kann es ein halbes Jahrtausend nach der Conquista darum gehen, die eine oder die andere der beiden Ebenen (profunda – imaginaria) zu eliminieren. Es muß ein Weg institutioneller Kontrolle zwischen beiden gefunden werden. Simón Bolivar hat dies in seinem Verfassungs-Entwurf für Bolivien sehr genau erkannt, in dem er sich vom Montesquieu'schen Modell der Gewaltenteilung abwandte und statt dessen über Rousseau direkt auf die alte Römische Republik zurückverwies. Er schlug die Errichtung einer besonders auf den kulturellen Aspekten begründeten Zensurgewalt vor, und zwar als einer sogenannten negativen Gewalt: zur Kontrolle der *Regierung*, nicht als ein Instrument der Regierung gegen das Volk, sondern als ein Instrument des Volkes zur Kontrolle der Regierung, einer Gewalt als „instrumento para limitar el poder real", ein Instrument, mit dem die reale Gewalt kontrolliert werden soll. Es handelt sich um ein negatives Instrument, „ne pouvant rien faire il peut tout empecher". Das kann zwar nichts ausrichten, aber es kann alles verhindern, so wie in unserer Gesellschaft ein Streik oder ein Generalstreik auch alles verhindern kann, ohne daß er selbst etwas aufbaut. Bolivars Gefolgsleute haben das nicht verstanden und sind in das für Lateinamerika unpraktikable Montesquieu'sche System zurückgefallen, mit den Konsequenzen, die wir alle kennen und die wir eingangs geschildert haben. Die gesellschaftliche Uhr Lateinamerikas geht anders als die unsrige. Es scheint, als wollten wir, Europäer, der sogenannte Westen, diese Uhr zerstören, nach dem Beispiel der berühmten Computer-Frage: Der Computer soll zwei Uhren beurteilen, eine zerstörte, angehaltene und eine ständig falsch gehende. Sein Urteil ist eindeutig: Besser ist die zerstörte und angehaltene Uhr, denn sie zeigt – im Gegensatz zu der falschgehenden – zweimal am Tage die exakte richtige Zeit an. Die falschgehende zeigt nie die richtige Zeit an. Wir zerstören, so scheint es, kulturell Lateinamerika, damit wir wenigstens einige Male richtige Zeit anzeigen dürfen, die mit der unseren übereinstimmt. Aus dieser Sicht sehen wir für Lateinamerika nur dann eine Chance, wenn folgende Ausgangsbedingungen gesichert sind:

1. Ausarbeitung einer eigenständigen lateinamerikanischen Philosophie der Befreiung, wie die vorhin dargestellte Hacienda-Analyse und die Texte, die Leopoldo Zea und viele seiner Freunde und Kollegen gerade in diesen Jahren publizieren;
2. Ausarbeitung eines lateinamerikanischen Staats- und Gesellschaftsmodells, das das Volk vor staatlichen Eingriffen in seine kulturelle Identität schätzt (man denke an Bolivars Zensur-Modell);
3. Ausarbeitung einer lateinamerikanischen Arbeitsethik und damit die Schaffung einer neuen internationalen Konvivenz, die eine herrschaftsarme Solidarität im Auge hat;
4. Schaffung eines Rechts der lateinamerikanischen Gesellschaften auf die Unverletzlichkeit ihrer Geschichtspersönlichkeit (wir übernehmen diesen Begriff von unserer französischen Kollegin, Frau Sledziewski 1989).

Wir alle sollten mitwirken, daß die lateinamerikanische Chance verwirklicht wird. Zunächst würde es schon genügen, wenn wir anfingen, Computer zu entwickeln, die nicht die kaputte, sondern die andersgehende Uhr richtig zu bewerten verstehen. Wir schließen mit einem Beispiel, das Guillermo Bonfil Batallas Buch über Cholula „La ciudad sagrade en la era industrial" (1973) entnommen ist. Es wird darin beschrieben, auf welch komplizierte und differenzierte Weise in den verschiedenen Barrios der Stadt Cholula ein Festzyklus abläuft, der die vorkolonialzeitliche Lebenswelt reproduziert. Um dieses Ablaufen des Festzyklus und des Konvivenzzyklus der Gesellschaft zu sichern, muß durch ihre Mitglieder sehr viel Geld aufgewandt werden. Es kann – wie schon gesagt – nur durch die Mitarbeit in den großen Industriewerken verdient werden. Auf diese Weise wird die Resistenz verstärkt. Für die Manager dieser Werke war es schlichtweg unerfindlich, warum an einem für sie unkalkulierbaren Tag plötzlich eine ganze Abteilung ausfiel und nicht zur Arbeit erschien, da sie ein Fest feiern: „Die Brüder feiern Tag und Nacht, statt hier zur Arbeit zu kommen und ihr Geld zu verdienen. Wir können ja gar nicht kalkulieren, wie der Produktionsablauf ist, weil wir nie wissen, wieviele Leute von der Arbeit wegbleiben, offensichtlich völlig unmotiviert".

Man sollte sich in der Tat etwas genauer in die kulturellen Konzepte hineinbegeben, um zu verstehen, „was eigentlich gemeint ist". Und damit kann der erste Satz wiederholt werden, mit dem dieser Text begonnen hat: Wir sind auf der Suche nach dem, „was die Gesellschaften eigentlich sagen wollen". Diese Frage darf auch gleich an uns selbst weitergereicht werden: Wir befinden uns ja in Mitteleuropa mitten in ähnlichen Prozessen. Man nehme folglich unsere Argumentation nicht als einen Bericht über „exotische" lateinamerikanische Problemstellungen, sondern setze sie um in eine Analyse unserer eigenen Situation. Ist die Flucht der Ex-DDR in die DMark nicht vielleicht die Flucht in einen mitteleuropäischen Cargo-Kult? Wenn dem so wäre, käme nichts Gutes auf uns zu. Vielleicht warten die Priester des neuen Kultes schon darauf, ihre rituellen Opfer zu vollbringen?

Literaturverzeichnis:

Bonfil Batalia, G. (1987): Mexico profundo. Una civilización negada, México.
Bonfil Batalia, G. (1973): Cholula. La ciudad sagrada en la era industrial, México.
Bramly, S. (1978): Macumba – die magische Religion Brasiliens. Vier Gespräche mit der Macumba-Priesterin Maria-José Mae de Santo, aufgezeichnet 1972-1974 in Rio und Paris. – Freiburg (Originaltitel (1975): Macumba, Forces Noires du Brésil. – Paris).
Heieck, S. (1990): Die modernisierte Hacienda. Zum Vergesellschaftungsprozeß Chiles im 20. Jahrhundert. – München.
Kossok, M. (1964): Im Schatten der Heiligen Allianz. Deutschland und Lateinamerika 1815-1830. Zur Problematik der deutschen Staaten gegenüber der Unabhängigkeitsbewegung Mittel- und Südamerikas. – Berlin (Ost).
Morandé, P. (1982): Synkretismus und offizielles Christentum in Lateinamerika. Ein Beitrag zur Analyse der Beziehungen zwischen „Wort" und „Ritus" in der nachkolonialen Zeit. – München.
Sandner, G.; Steger, H.-A. (1973): Lateinamerika (= Fischer-Länderkunde Bd. 7). – Frankfurt/M.

Sledziewski, E.G. (1989): Revolutions du sujet. – Paris (siehe auch in der Zeitschrift L'homme et la societe No. 100 (1991). – Paris).
Steger, H.-A. (1989): Weltzivilisation und Regionalkultur. Wege zur Entschlüsselung kultureller Identitäten. – München.
Steinbauer, F. (1971): Melanesische Cargo-Kulte. Neureligiöse Heilsbewegungen in der Südsee. – München.
Zea, L. (1989): Signale aus dem Abseits. Eine lateinamerikanische Philosophie der Geschichte. – München.

Anschrift des Verfassers:

em. Prof. Dr. Hanns-Albert Steger
Lehrstuhl für Romanische Sprachen und Auslandskunde
Universität Erlangen-Nürnberg
Findelgasse 9
D-90402 Nürnberg

FRANZ MATHIS

Historisches Erbe und wirtschaftliche Entwicklung: eine Quadratur des Kreises?

Vorbemerkungen

1. Wie bei anderen Vorträgen dieser Ringvorlesung ist das Fragezeichen hinter dem Titel mit Absicht gesetzt. Denn ohne Fragezeichen könnte leicht der Eindruck entstehen, daß in Lateinamerika das historische Erbe eine positive wirtschaftliche Entwicklung gänzlich ausschließe, eine Auffassung, die in dieser Form etwas übertrieben erscheint. Zwar ist der anfängliche Optimismus angesichts der in den letzten Jahrzehnten eher zunehmenden als abnehmenden Armut inzwischen einer immer größeren Skepsis gewichen, doch sollte die Hoffnung auf eine positivere, breite Entwicklung der lateinamerikanischen Volkswirtschaften trotz aller historisch bedingten Widerstände nicht aufgegeben werden.

2. Falls im einen oder anderen der vorangegangenen Vorträge der Eindruck entstanden sein sollte, die Krise in Lateinamerika sei nur aus eurozentrischer Sicht eine solche, wäre dies äußerst problematisch. Denn ein solcher Eindruck würde die realen Probleme der in Lateinamerika lebenden Menschen in unzulässiger Weise verharmlosen. Angesichts der immer wiederkehrenden Bilder des Elends, der großstädtischen Slums, der Ausbeutung am Land, der Arbeitslosigkeit und Unterbeschäftigung, der Kinderarbeit, der extremen Einkommensunterschiede zwischen einer schmalen Ober- und Mittel- und einer breiten Unterschicht fällt es schwer zu glauben, daß sich nicht auch die Menschen in Lateinamerika nach demselben Lebensstandard, derselben Lebensqualität und derselben Lebenssicherheit sehnen, deren sich zumindest in Teilen Europas die Mehrheit der Bevölkerung erfreut und die ihnen täglich in Film und Fernsehen vorgespielt werden. Trotz aller Probleme und Schattenseiten, die unsere moderne Industrie- und Dienstleistungsgesellschaft mit sich gebracht hat, möchte kaum jemand mit den Verhältnissen tauschen, in denen noch immer Millionen von Lateinamerikanerinnen und Lateinamerikanern leben. Und daß auch sie ein Recht auf Verbesserung ihrer realen sozioökonomischen Situation haben, steht außer Zweifel. Solange diese Verbesserung jedoch ausbleibt, befindet sich Lateinamerika in einer echten Krise, in einer Krise, die umso schwerer wiegt, als sie schon viel zu lange anhält und tatsächlich nur allzu oft wie eine Krise ohne Ende erscheint.

Nach diesen beiden Vorbemerkungen noch einige Worte zur verwendeten Terminologie: Trotz der Problematik, die inzwischen Begriffen wie „Entwicklung", „Unterentwicklung" oder „Überentwicklung" innewohnt, werden sie im folgenden Verwendung finden. Um die verschiedenen Symptome der Krise nicht immer wieder einzeln nennen zu müssen, sollen sie unter dem Begriff der „anhaltenden wirtschaftlichen Unterentwicklung" subsumiert werden. Wie sehr und in welcher Form die als anhaltende wirtschaftliche Unterentwicklung verstandene Krise historisch bedingt ist, gilt es nun zu untersuchen.[1]

Problemstellung

Das historische Erbe, das bis heute eine Überwindung der Krise behindert, setzt sich aus einer Kette von mindestens zehn „tragischen Verknüpfungen" zusammen. Mit „tragischer Verknüpfung" wurde ein eher ungewöhnlicher Terminus gewählt, der daher einer genaueren Erörterung bedarf: Was an ihm wohl am meisten stören dürfte, ist das Unintentionale, das Unbeabsichtigte, das er impliziert. Bei Verknüpfungen gibt es meist keine klar Schuldigen, vielmehr treffen verschiedene Faktoren mehr oder minder zufällig zusammen und resultieren in etwas, das in dieser Form nicht unbedingt gewollt war.

In unserem Fall, in dem es um die Krise in Lateinamerika geht, soll damit niemand entschuldigt werden; sehr wohl aber muß man zwischen der Schuld, die man bewußt, und solcher, die man unbewußt auf sich lädt, unterscheiden. Denn die Intentionen der maßgebenden Akteure auf der einen und die Folgen ihres Tuns für die gesamtwirtschaftliche Entwicklung auf der anderen Seite müssen sich keineswegs immer decken. Ein Plantagenbesitzer, der seine Sklaven ausbeutet, wird an deren Elend bewußt schuldig, behindert aber unbewußt auch die wirtschaftliche Entwicklung, indem er ihnen höhere Einkommen und damit die Kaufkraft vorenthält, die für die Entstehung eines Binnenmarktes notwendig wäre. Einem Großgrundbesitzer, der sich aus dem Erlös für seine Kaffee-Exporte in Europa oder den USA mit Fertig- und Luxuswaren eindeckt, geht es in erster Linie um die Befriedigung seiner persönlichen Bedürfnisse; nur selten wird er sich bewußt sein, daß er damit sein Geld der eigenen Volkswirtschaft entzieht und somit deren Entwicklung behindert. Und dasselbe gilt schließlich – allerdings mit umgekehrtem Vorzeichen – für einen Industrieunternehmer, der sein Geld in die Errichtung einer Fabrik im Inland investiert; er hat dabei ebenfalls in erster Linie persönliche Ziele im Auge und denkt höchstens sekundär auch daran, daß er damit zur Industrialisierung seines Landes beiträgt. Alle drei beeinflussen die Entwicklung ihrer Länder – die einen im negativen, der andere im positiven Sinn – mehr unbewußt als bewußt. Wenn daher im folgenden von tragischen Verknüpfungen die Rede ist, geht es – dem Thema des Referates entsprechend – um die Aufdeckung solcher meist unbewußten, negativen Folgen für die wirtschaftliche Entwicklung Lateinamerikas und nicht – dies kann zwecks Vermeidung von Mißverständnissen gar nicht stark genug betont werden – um eine Verharmlosung der Schuld, die die europäischen Eroberer, viele ihrer Nachkommen, manche der späteren Zuwanderer und manche ausländische Unternehmen durch ihr verbrecherisches und unmenschliches Tun auf sich geladen haben.

Welches aber waren nun die tragischen Verknüpfungen, die einer erfolgreichen wirtschaftlichen Entwicklung Lateinamerikas im Wege standen?

1. Militärische Unterlegenheit der einheimischen Bevölkerung zum Zeitpunkt der Eroberung um 1500.

Als um 1500 die Europäer nach Amerika kamen, trafen sie auf Gesellschaften, die zwar teilweise – wie etwa die Inkas oder die Azteken – ein derart hohes kulturelles Niveau erreicht hatten, daß man sie heute zu den frühen Hochkulturen zählt. Dennoch waren sie – und darin liegt die Tragik – militärisch nicht weit genug entwickelt, um den relativ wenigen europäischen Eroberern auf Dauer Widerstand leisten zu können. Daß dies keineswegs selbstverständlich und das unabwendbare Schicksal aller außereuropäischen Gesellschaften war, zeigt das Beispiel Japan: dort gelang es seit etwa 1600, den Zugang der Europäer über zwei Jahrhunderte lang auf eine einzige Insel bei Nagasaki zu beschränken.

Ob mit der militärischen Unterlegenheit auch eine wirtschaftliche verbunden war, sei vorerst dahingestellt. Allerdings fällt auf, daß neben einzelnen Völkern oder Stämmen, die vom Ackerbau lebten, viele andere ihren Lebensunterhalt nach wie vor als Jäger und Sammler bestritten. Bei den Hochkulturen selbst zeugten kunstvolle Keramik, wertvolle Gewebe und Schmuckgegenstände aus Gold, Silber und Kupfer von hohem handwerklichen Geschick, auf der anderen Seite wurden Waffen und Werkzeuge vielfach aus Holz hergestellt, die Verarbeitung von Eisen war unbekannt (*Konetzke* 1965, S. 10 ff.). Mit anderen Worten, künstlerische Spitzenleistungen gingen nicht notwendigerweise mit einem breiten technischen und für die wirtschaftliche Entwicklung wichtigeren Können und Wissen einher.

Im Unterschied dazu war wiederum etwa Japan – allerdings einige Jahrhundert später – wirtschaftlich so weit entwickelt, daß es auch nach der gewaltsamen Öffnung des Landes durch eine amerikanische Flotte im Jahre 1854 einen eigenständigen, Europa zwar imitierenden, aber von diesem unabhängigen Weg gehen konnte, was den indigenen Gesellschaften Amerikas nicht gelang. Der Vergleich hinkt jedoch, und zwar nicht nur wegen des zeitlichen Abstandes – hier beginnendes 16. Jahrhundert, dort zweite Hälfte des 19. Jahrhunderts. Vielmehr könnte man auch einwenden, daß die Einheimischen in Amerika durch die Kriege mit den europäischen Eroberern und durch die von ihnen eingeschleppten Krankheiten so sehr dezimiert wurden, daß sie schon allein ihrer zu geringen Zahl wegen nicht mehr in der Lage waren, eine eigenständige wirtschaftliche Entwicklung voranzutreiben. Die zum Teil bewußte Vernichtung der autochthonen Bevölkerung verhinderte gleichzeitig eine Weiterentwicklung ihrer Wirtschaft auf der Basis ihrer eigenen Traditionen. So kam es, daß nach der Eroberung Lateinamerikas auch die alten wirtschaftlichen Strukturen vielfach durch neue abgelöst wurden.

Dies mußte jedoch – wie die Beispiele anderer ehemaliger Kolonien wie der USA, Kanadas, Australiens oder Neuseelands zeigen – nicht notwendigerweise zu einer Krise im Sinne anhaltender wirtschaftlicher Unterentwicklung führen. Dazu bedurfte es einer weiteren tragischen Verknüpfung:

2. Der Wunsch nach raschem Reichtum führte zu anhaltender Außenorientierung der lateinamerikanischen Wirtschaften.

Im Unterschied zu den genannten Ländern, die ein bis zwei Jahrhunderte später außer von Kaufleuten in zunehmendem Maße von europäischen Siedlern aufgesucht wurden, die lange Zeit in und von der eigenen Landwirtschaft lebten, hatten die spanischen und portugiesischen Auswanderer zumindest anfangs ganz andere Absichten. Zwar gab es damals auch auf der iberischen Halbinsel genug Not und Elend, dennoch war die Neigung, sich jenseits des Ozeans durch eigener Hände Arbeit einen besseren Lebensunterhalt zu schaffen, relativ gering. Die spanisch-portugiesischen Auswanderer strebten vielmehr nach raschem und möglichst mühelosem Reichtum; ihnen war eine Art Schatzsuchermentalität eigen, die sie nach dem sagenhaften Goldland, dem Eldorado, suchen ließ (*Reinhard* 1985, S. 48 und *Konetzke* 1965, S. 46).

Ihre diesbezüglichen Hoffnungen gingen jedoch nur teilweise in Erfüllung: Zwar bereicherten sie sich mit den Schätzen der von ihnen geplünderten indigenen Hochkulturen, der erhoffte Goldregen in Form abbaubarer Goldlager blieb jedoch lange Zeit aus.[2] Sie sahen sich daher veranlaßt, nach anderen Möglichkeiten einer raschen persönlichen Bereicherung zu suchen. Dazu zählte der Abbau des reichlicher vorhandenen Silbers etwa – aber nicht nur – in Potosi oder die Anlage von Plantagen zur Herstellung von Zucker und Tabak oder später von Kaffee, Kakao, Bananen und Soja – um nur die wichtigsten zu nennen. Um damit jedoch reich zu werden, bedurfte es einer entsprechenden Nachfrage nach solchen Produkten, und diese fand sich vor allem in Europa. Dies wiederum hatte zur Folge, daß die maßgebenden wirtschaftlichen Strukturen, die an die Stelle der vorkolonialen traten, von vornherein und in stärkerem Maße als in Nordamerika auf Europa ausgerichtet, das heißt nach außen orientiert waren.

Daß sich daran bis heute nur wenig ändern sollte, hängt zum einen mit der Entdeckung immer wieder neuer, für Europa und die USA interessanter Rohstoffe wie etwa Kupfer, Kautschuk oder Erdöl zusammen, zum anderen mit der direkten Gewinnung solcher Produkte durch europäische und US-amerikanische Firmen, wie sie seit dem Ende des 19. Jahrhunderts zu beobachten war (*Wilkins* 1970, passim). Allerdings hätten die Gewinnung von Bodenschätzen und die großflächige Anlage exportorientierter Monokulturen nicht notwendigerweise eine positivere gesamtwirtschaftliche Entwicklung verhindern müssen. Gerade die USA sind ein gutes Beispiel dafür, daß eine solche trotz der Existenz des einen wie des anderen durchaus möglich war. Dafür jedoch, daß eine vergleichbare Entwicklung in Lateinamerika *nicht* stattfand, sorgten

3. die Dezimierung der einheimischen Bevölkerung und eine relativ schwache Einwanderung, die bis ins 20. Jahrhundert eine nur geringe Verstädterung, einen nur beschränkten Binnenmarkt und wenig Industrialisierung zur Folge hatten.

Sowohl die massenhafte Vernichtung der indigenen Bevölkerung als auch die im Vergleich zum nördlichen Amerika geringere Einwanderung aus Europa hatten zur Folge, daß die Bevölkerung in Lateinamerika lange Zeit nur relativ langsam zunahm. Anfangs, das heißt in diesem Fall bis zum Ende der Kolonialzeit, hielt sich zwar die Einwanderung noch in *beiden* Teilen des Kontinents in relativ bescheidenen Grenzen. Um 1800 zählte man in den USA und im späteren Kanada erst rund 4,5 Millionen Einwohner, während man die Bevölkerung im größeren Lateinamerika auf rund 14 Millionen schätzt (*Merrick/Graham* 1979, S. 46 und 31; *Marr/ Paterson* 1980, S. 169). Erst im 19. Jahrhundert, das allerdings für die moderne wirtschaftliche Entwicklung viel entscheidender war, begannen der Umfang der Einwanderung und die damit verbundene Bevölkerungszunahme in Nord und Süd immer stärker auseinanderzuklaffen. Während sich die Bevölkerung nördlich des Rio Grande bis 1900 auf rund 81 Millionen verachtzehnfachte, nahm sie in Lateinamerika lediglich um etwa das Fünffache auf 74 Millionen zu (*Merrick/Graham* 1979, S. 46 und 31; *Pomfret* 1981, S. 50).

Noch gravierender als das Bevölkerungswachstum als solches war der unterschiedliche Grad der Verstädterung. Noch 1920, also bereits einige Jahre, nachdem auch Lateinamerika von einer verstärkten Urbanisierung erfaßt worden war, lebten dort erst etwa 14 % der Bevölkerung in Städten mit mehr als 20.000 Einwohnern, in Nordamerika dagegen dreimal so viele, nämlich 41 % (*Merrick/Graham* 1979, S. 186). Dies bedeutete, daß der für eine erfolgreiche Industrialisierung so wichtige Binnenmarkt, der sich vor allem im Verstädterungsgrad einer Volkswirtschaft widerspiegelt, in Lateinamerika bis herauf ins 20. Jahrhundert nur vergleichsweise schwach entwickelt war. Er bot daher insgesamt weniger Investitionsanreize als der Export, was die Außenorientierung verstärkte und – ganz im Gegensatz zu den USA – zu einer permanenten Vernachlässigung der Binnenwirtschaft führte.

Konkrete Auswirkungen dieser Strukturen wurden außer im einseitig auf die Hafenstädte ausgerichteten Verkehrsnetz vor allem auch in der sich nur mangelhaft entwickelnden Industrie sichtbar: Der Export von Rohprodukten legte aus Kostengründen den Import europäischer Fertigwaren nahe, die überdies auch dem gehobenen Lebensstil der neuen lateinamerikanischen Eliten entsprachen. Ein breiter, städtischer Markt, der – wie im Norden – als Abnehmer industrieller Massenproduktion hätte dienen können, war lange Zeit nicht vorhanden.

Und all dies wog umso schwerer, als auch auf dem Land kein kaufkräftiger Markt für etwaige Industrieprodukte entstand. Denn

4. geringe Urbanisierung, ungleiche Bodenverteilung und Ausbeutung der Arbeitskräfte förderten die Beibehaltung einer Subsistenzwirtschaft und behinderten die Entstehung einer breiten Kaufkraft am Land.

Dies wiederum hing sowohl mit der relativ schwachen Zuwanderung als auch mit der Politik der spanischen und portugiesischen Krone zusammen. Letztere waren an einer flächendeckenden Kontrolle des ganzen Kontinents ebenso interessiert wie an der Besteuerung der von den Plantagen- und Bergwerksbesitzern erzielten Gewinne. Sie waren daher relativ großzügig in der Vergabe von Ländereien und stellten sich der Ausbeutung der indigenen und später auch der afrikanischen Arbeitskräfte nur zaghaft entgegen (*Reinhard* 1985, S. 67).

Die nicht auf den Export ausgerichteten Grundbesitzer begnügten sich dagegen mangels entsprechend großer städtischer Absatzmärkte in der Regel mit einer bloßen Subsistenzwirtschaft. Und dies traf erst recht für die nach wie vor zahlreichere einheimische Bevölkerung zu, die in quasi-feudaler Abhängigkeit die Ländereien der Europäer bearbeiten mußte. Diese wiederum waren im Laufe der Zeit insofern einem Polarisierungsprozeß unterworfen, als auf der einen Seite durch Zukauf und Usurpation immer noch größere Besitzungen, die sogenannten Latifundien entstanden, denen auf der anderen Seite in Folge fortgesetzter Teilungen eine wachsende Zahl ständig kleinerer Einheiten, die Minifundien, gegenüberstanden (*Reinhard* 1985, S. 92 und *Konetzke* 1965, S. 53 ff). Dies hatte zur Folge, daß die Kaufkraft am Lande sehr ungleich verteilt und auf eine relativ schmale Schicht konzentriert war, während die Masse der Bevölkerung kaum die Möglichkeit hatte, Überschüsse zu produzieren und entsprechende Erlöse zu erzielen. Es blieb daher neben der städtischen auch die ländliche Nachfrage nach Industrieprodukten zu gering, um eine eigenständige Industrie entstehen zu lassen.

Daß sich auch daran bis heute nur relativ wenig änderte, hängt mit weiteren tragischen Verknüpfungen zusammen. Sie verhinderten, daß auch später, als gegen Ende des 19. und vor allem im 20. Jahrhundert sowohl die Bevölkerung als auch der Urbanisierungsgrad rascher zunahmen – die Bevölkerung Lateinamerikas hat sich seit der Jahrhundertwende auf über 400 Millionen versechsfacht (Fischer Weltalmanach 1990, Sp. 811) – ein kaufkräftiger Binnenmarkt entstand. Drei Faktoren waren es, die in Verbindung mit dem bereits besprochenen historischen Erbe dazu führten, daß die nunmehr raschere Urbanisierung nicht dieselben positiven Wirkungen im Sinne einer breiteren wirtschaftlichen Entwicklung zeitigte wie in Europa oder in den USA:

5. Eine ungleich verteilte Urbanisierung seit der Wende zum 20. Jahrhundert führte zur Entstehung weniger, großer Zentren mit nur beschränkter Stimulierung der restlichen Wirtschaft.

Aufgrund der einseitigen Einkommensverteilung konzentrierte sich der Reichtum in relativ wenigen, meist mit den Hauptstädten identischen Zentren, die in der Folge zu den Hauptanziehungspunkten für die zunehmende Landflucht wurden. Anstelle einer breiten Urbanisierung mit vielen mittleren und größeren, über das ganze Land verteilten Städten erlebte Lateinamerika eine Urbanisierung, die auf relativ wenige, inzwischen als Megastädte zu bezeichnende Zentren ausgerichtet war. Wie Deutschland zählte etwa auch Mexiko in den 80er Jahren trotz der achtmal so großen Fläche ebenfalls nur drei Millionenstädte, von denen allerdings die Hauptstadt mit über 20 Millionen Einwohnern alles bisher Dagewesene weit in den Schatten stellt (Fischer Weltalmanach 1990, Sp. 151 und 424). Etwaige positive Impulse, die von den Städten auf die nicht-städtische Wirtschaft ausgehen konnten, blieben daher auf wenige und für eine breite Entwicklung zu kleine Regionen beschränkt. Die stimulierende Wirkung der städtischen Märkte war aber nicht nur regional begrenzt, sondern fiel auch aus zwei weiteren Gründen schwächer aus als in Europa oder den USA:

6. Die Versorgung der Städte mit Nahrungsmitteln durch relativ wenige, von den Regierungen geförderte Großgrundbesitzer verhinderte die Entstehung einer breiten kaufkräftigen Bauernschaft.

Die städtische Nachfrage nach landwirtschaftlichen Produkten traf inzwischen auf eine Landwirtschaft, die sich grundlegend von der Landwirtschaft des 18. und 19. Jahrhunderts in Europa und den USA unterschied. Während nämlich dort eine relativ große Zahl von mittleren und größeren Bauern auf die wachsende Nachfrage der Städte reagieren konnte, waren die Eigentumsstrukturen in Lateinamerika – wie bereits angedeutet – so ungleich gestaltet, daß eine insgesamt sehr viel schmalere Schicht von größeren und kapitalkräftigeren Grundbesitzern von der zunehmenden Urbanisierung profitierte. Zudem wurden letztere auch von seiten der Regierungen oft stärker gefördert als die viel zahlreicheren kleinen und mittleren Bauern, die außerdem vielfach in weniger fruchtbare Gegenden abgedrängt wurden.

Dazu kam, daß die Landwirtschaft etwa in den USA inzwischen derartige Überschüsse produzierte, daß auch von dieser Seite den heimischen Bauern der Zugang zu den großstädtischen Märkten erschwert wurde. Die Folge war, daß die verspätete Urbanisierung in Lateinamerika insgesamt weniger Bauern zur Überschußproduktion anregte, als dies bei einer ausgeglicheneren Besitzstruktur und bei weniger ausländischer Konkurrenz der Fall gewesen wäre. Eine wesentliche Zunahme der ländlichen Kaufkraft für etwaige Industrieprodukte und somit wichtige Impulse für eine eigenständige Industrialisierung blieben daher nach wie vor aus.

Daß die Industrialisierung bis heute – von wenigen Ausnahmen abgesehen – über mehr oder weniger vielversprechende Anfänge kaum hinauskam, hängt außer mit der schwachen Nachfrage am Land auch mit einer weiteren tragischen Verknüpfung zusammen:

7. Die Konkurrenz der aus den Industrieländern importierten Industriewaren und kapitalintensive Produktionsmethoden behinderten die Entstehung einer breiten einheimischen Industrie.

Hatte schon früher die historisch bedingte Außenorientierung der lateinamerikanischen Volkswirtschaften den Import von Fertigwaren begünstigt und den Aufbau einer eigenen Industrie behindert, so war dies mit dem fortschreitenden Industrialisierungsprozeß der Industrieländer und mit der drastischen Verbilligung des transatlantischen Transportes seit dem Ende des 19. Jahrhunderts noch sehr viel mehr der Fall. Die Außenorientierung der lateinamerikanischen Eliten und die aggressivere Exportpolitik der europäischen und US-amerikanischen Industrieunternehmen hatten zur Folge, daß die vermehrte städtische Nachfrage nach Industriewaren der eigenen Volkswirtschaft bzw. ihrer Industrie weit weniger zugutekam, als es ein bis zwei Jahrhunderte früher der Fall gewesen wäre. Trotz Urbanisierung wurde ein eigenständiger Industrialisierungsprozeß nunmehr auch durch das geänderte weltwirtschaftliche Umfeld erschwert.

Wie wenig die moderne, ungleich verteilte Verstädterung bislang eine breitere Industrialisierung zur Folge hatte, spiegelt sich indirekt auch in den sog. Exportzonen wider. Bei ihnen handelt es sich – wie etwa bei den „maquiladoras" an der mexikanischen Nordgrenze – um Betriebsansiedlungen, in denen die aus den USA eingeführten Halbfertigwaren von mexikanischen Arbeitskräften zu Fertigwaren veredelt werden, um dann fast zur Gänze wieder in die USA ausgeführt zu werden (*Olalde-Schmid* 1993, S. 19); eine Industrie also, die nicht mit der restlichen Wirtschaft Mexikos, sondern mit jener der USA verbunden ist, weshalb die sonst üblichen Sekundäreffekte auf andere Zweige der mexikanischen Wirtschaft weitgehend ausbleiben. Dazu kommt, daß sich die inländische Industrieproduktion – die eigene ebenso wie die der ausländischen Multis – inzwischen sehr viel kapitalintensiverer Methoden mit einem relativ geringeren Bedarf an Arbeitskräften bedient als dies in den Anfängen der Industrialisierung der Fall war. Es wurden und werden daher auch aus diesem Grund relativ weniger industrielle Arbeitsplätze geschaffen, mit der Folge, daß eine nur unzureichende Verbreiterung der Kaufkraft erfolgte.

Wenn nun aber die wirtschaftsimmanenten Kräfte allein offenbar nicht ausreichen, das einer breiteren sozioökonomischen Entwicklung im Wege stehende, historische Erbe zu überwinden, bzw. eine solche Überwindung geradezu verhinderten, wäre es – so könnte man meinen – an der Zeit, daß die Regierungen der einzelnen Länder stärker in Erscheinung träten. Unter der Voraussetzung, daß man eine breite, möglichst vielen Menschen zugutekommende wirtschaftliche Entwicklung will, und unter der weiteren Voraussetzung, daß man weiß, welches in Europa und den USA die Triebkräfte und Bedingungen einer solchen Entwicklung waren, müßte von seiten der Regierungen versucht werden, durch entsprechende Maßnahmen vergleichbare Bedingungen zu schaffen bzw. die notwendigen Triebkräfte zu fördern. Dem jedoch steht folgendes entgegen:

8. Die Regierungen stützten sich auf die ertragreichere Exportwirtschaft und vernachlässigten die Binnenwirtschaft.

Auch wenn man davon ausgeht, daß die Regierungen nicht nur in Lateinamerika lange Zeit weniger am Wohl ihrer Bevölkerung als an der Absicherung und an der Mehrung ihrer eigenen Macht interessiert waren, hätten auch daraus stimulierende Impulse für die wirtschaftliche Entwicklung resultieren können. Allerdings hing dies sehr stark von den Strategien ab, derer man sich bediente, um die für die Machtentfaltung notwendige wirtschaftliche Basis zu schaffen. Gerade darin unterschieden sich Europa und Lateinamerika grundlegend: Obwohl auch Europa über genügend exportfähige Rohprodukte oder Primärgüter verfügt hätte, gab es etwa im 18. oder 19. Jahrhundert praktisch keine höher entwickelten Länder, die als Absatzmarkt für solche Produkte in Frage gekommen wären, mit der Folge, daß man aus deren Export keine allzu großen

Erlöse erzielen konnte. Man war daher, wollte man die wirtschaftliche Basis der eigenen Macht stärken, auf die Wertschöpfung im Inneren angewiesen. Wenn daher in Europa – wo es notwendig erschien – von seiten der Regierungen versucht wurde, auf die wirtschaftliche Entwicklung Einfluß zu nehmen, kam dies in erster Linie der Industrie zugute, deren Produkte man dann sehr wohl im Ausland abzusetzen hoffte.³

Ganz anders in Lateinamerika: Hier war die europäische und später auch die nordamerikanische Nachfrage nach lateinamerikanischen Primärgütern von allem Anfang an und bis zuletzt so groß, daß sich daraus genügend Gewinne erzielen ließen, um die Macht der Regierenden auch wirtschaftlich abzustützen. Eine stärkere Förderung der Industrie war daher nicht nur nicht notwendig, sondern hätte einem Bereich, nämlich der Exportproduktion eben dieser Primärgüter, die relativ sichere Erträge versprach, Ressourcen entzogen und sie damit tendenziell geschwächt. Das Hauptaugenmerk der Regierungen richtete sich daher auf die Exportproduktion von Rohstoffen und unverarbeiteten Nahrungsmitteln, weniger hingegen auf die Förderung der Industrie.

Die Überbetonung der Primärgüterproduktion wurde schließlich durch die unterschiedlich hohe und keinesfalls auf die letzten Jahrzehnte beschränkte Verschuldung der lateinamerikanischen Länder noch zusätzlich verstärkt. Die so reichhaltige Ausstattung mit den in Europa und den USA nachgefragten natürlichen Ressourcen verliehen den lateinamerikanischen Ländern eine Kreditwürdigkeit, die ihre Regierungen zu einer leichtfertigen Aufnahme und die westlichen Banken zu einer bereitwilligen Gewährung von Krediten verleitete. Ihre Rückzahlung jedoch konnte mangels exportfähiger Industrieprodukte und mangels einer produktiveren Binnenwirtschaft wiederum nur über den Verkauf von Primärgütern ermöglicht werden.

Das daraus resultierende Übergewicht der Primärgüterproduktion traf sich mit

9. *einer weltweiten Überschätzung des Außenhandels, die in Lateinamerika statt der Industrie der Produktion von Primärgütern zugutekam.*

Die ganz allgemein zu beobachtende Überschätzung des Außenhandels übersieht, daß außer in sehr kleinen Ländern der Außenhandel früher wie heute weit weniger zur Entstehung des Bruttosozialproduktes und damit zum Wohlstand eines Landes beiträgt als die binnenwirtschaftlichen Aktivitäten; und sie dürfte unter anderem damit zusammenhängen, daß der Außenhandel, weil er über von Zollbeamten kontrollierte Grenzen abgewickelt wird, von der amtlichen Statistik früher und besser erfaßt wurde als der Austausch von Gütern und Dienstleistungen innerhalb dieser Grenzen. Auch der vielfach spektakulärere Charakter des über größere Distanzen geführten Außenhandels dürfte ihm mehr Aufmerksamkeit verschafft haben als dem Binnenhandel.

Allerdings war und ist diese Überschätzung keineswegs auf Lateinamerika beschränkt, sondern weltweit verbreitet. Die Folgen jedoch waren in Europa und in Lateinamerika verschieden. Während die Überbetonung des Außenhandels in Europa – wie vorhin bereits erwähnt – in Ermangelung gewinnbringender Primärgüter zu einer Förderung der Industrieproduktion führte, resultierte sie in Lateinamerika in einer verstärkten Hinwendung zu landwirtschaftlichen und bergbaulichen Exportprodukten, für die in Europa und später auch in den USA eine große Nachfrage bestand.

Wenn nun aber eine Regierung trotz allem versuchen wollte, die Entwicklung der Binnenwirtschaft einer Ausweitung des Außenhandels vorzuziehen, so stieß sie auf die letzte der hier angeführten, tragischen Verknüpfungen:

10. *Etwaige Versuche grundlegender Strukturveränderungen scheiterten an der Macht der am Außenhandel interessierten Eliten.*

Die jahrhundertealten Außenhandelsbeziehungen zwischen Lateinamerika und Europa bzw. den USA erwiesen sich – und zwar auf beiden Seiten – für zu viele der daran Beteiligten als derart lukrativ, daß sie sich einer tatsächlichen wie vermeintlichen Einschränkung des Außenhandels mit allen Mitteln widersetzten. Als Beispiele sei lediglich auf die da und dort versuchten, aber letztlich als gescheitert zu bezeichnenden Agrarreformen oder auf die ebenfalls nur vereinzelten Revolutionen bzw. Revolutionsversuche verwiesen. Die gemeinsamen Interessen der lateinamerikanischen wie der europäisch-amerikanischen Eliten an der Aufrechterhaltung des für beide Seiten profitablen Außenhandels erwiesen sich letztlich als zu stark, um eine entscheidendere und wirksame Förderung der Binnenwirtschaft einschließlich einer eigenständigen Industrialisierung zu erlauben.

Als Resümee kann daher festgehalten werden, daß die hier vorgestellten, zehn tragischen Verknüpfungen zusammen ein historisches Erbe darstellten und bis heute darstellen, das eine breitere sozioökonomische Entwicklung in Lateinamerika be-, ja sogar verhindert hat. So gesehen könnte man – zumindest was die bisherige Entwicklung anlangt – auf das zu Beginn eingemahnte Fragezeichen im Titel des Referates tatsächlich verzichten. Gibt es aber – und da bekommt das Fragezeichen wieder seine Berechtigung – nicht vielleicht doch einen Ausweg aus der historisch bedingten Dauerkrise? Obwohl es an sich einem Historiker nicht zusteht, in die Zukunft zu blicken, sollen abschließend – wenn auch ganz vorsichtig – einige diesbezügliche Überlegungen angestellt werden.

Die Hoffnung, die sich gerade einem Historiker aufdrängt, daß nämlich die maßgebenden Entscheidungsträger in Wirtschaft und Politik sich vielleicht doch noch der Geschichte besinnen und die Lehren, die man aus der europäischen und der US-amerikanischen Entwicklung ziehen kann, auf Lateinamerika anwenden, indem sie die Bedingungen für eine ähnliche Entwicklung schaffen, wird man nach den bisherigen Erfahrungen wohl begraben müssen. Daneben lassen aber auch die tatsächlichen Veränderungen in den Gesellschaften Lateinamerikas selbst eine derartige Nachahmung immer unwahrscheinlicher werden. So scheinen die anhaltende Landflucht, der Zug in die städtischen Agglomerationen und die damit verbundene Slumbildung derart stark, daß sie auch durch eine Agrarreform – wie man sie unter anderem gerade auch in Anlehnung an die europäische Geschichte lange Zeit gefordert hat – kaum aufzuhalten sein dürften.

Gerade in dieser Landflucht jedoch könnten sich neue Chancen auftun, für die es allerdings in der europäischen Geschichte keine Parallele gibt. Dies beginnt schon damit, daß in Lateinamerika – wie erwähnt – inzwischen Städte entstanden sind, die bis zu 20 Millionen und mehr Einwohner zählen, Größenordnungen, die Europa nie kannte. Was diese Megastädte jedoch mit den europäischen Städten gemeinsam haben, ist die gegenüber der ländlichen Wirtschaft viel weitergehende Arbeitsteilung, die ihrerseits wiederum – zumindest in Ansätzen und auf der untersten Ebene – einen Markt oder besser eine Reihe von Kleinmärkten innerhalb der Agglomerationen entstehen läßt. Sie spiegeln sich im sog. informellen Sektor der lateinamerikanischen Volkswirtschaften wider, in dem sich zahlreiche Menschen mit diversen Dienstleistungen wie dem Straßenhandel oder mit bescheidenen handwerklichen Produktionen das zum Überleben notwendige Mindesteinkommen zu verdienen suchen.

Auf diese Weise könnten – im besten Fall und durchaus im Sinne etwa der von Axel Borsdorf in seinem Beitrag gezeigten Bilder – zunächst einfache und allmählich kompliziertere wirtschaftliche Kreisläufe entstehen, die infolge der ebenfalls allmählich steigenden Produktivität zu einer gewissen Verbesserung des Lebensstandards führen würden. An die Stelle vieler kleiner, mittlerer und größerer Städte, wie sie sich über ganz Europa verteilten, würden einige wenige Groß- und Megastädte treten, von denen dieselben oder zumindest ähnliche Impulse für eine positivere sozioökonomische Entwicklung ausgehen könnten. Der Preis, der für eine solche, letztlich den Kräften des Marktes überlassene Entwicklung zu bezahlen wäre, ist allerdings hoch, nämlich eine unterschiedlich lange Phase der Armut und des Elends für Millionen von Menschen – ein Preis, der einerseits an das Elend in den europäischen Großstädten des 19. Jahrhunderts erinnert, andererseits zumindest theoretisch vermieden oder gemildert werden könnte, wenn man bereit wäre, aus der europäischen Erfahrung entsprechende Lehren zu ziehen. Da dies bisher nicht der Fall war und auch künftig kaum zu erwarten ist, werden die Menschen in

Lateinamerika vorerst wohl noch lange mit der Krise leben müssen, in der vagen Hoffnung, daß es wenigstens ihren Nachkommen vielleicht einmal besser gehen wird.

Anmerkungen:

[1] Da es sich bei den nachstehenden Ausführungen weniger um die Präsentation neuer Fakten als vielmehr um eine Neu-Interpretation bereits bekannter, in den einschlägigen Handbüchern nachzulesender Tatsachen und Entwicklungen handelt, wird – von Ausnahmen abgesehen – auf eigene Quellennachweise weitgehend verzichtet.
[2] Ein nennenswerter Goldabbau setzte in Brasilien erst an
[3] Dies war in Europa vor allem zur Zeit des Merkantilismus

Literaturverzeichnis

Der Fischer Weltalmanach 1991 (1990). – Frankfurt/Main.
Konetzke, R. (1965): Süd- und Mittelamerika I. Die Indianerkulturen Altamerikas und die spanisch-portugiesische Kolonialherrschaft. (= Fischer Weltgeschichte, Bd. 22) – Frankfurt/Main.
Marr, W. L. and Paterson, D. G. (1980): Canada: An Economic History. – Toronto.
Merrick, W. M. and Graham, D. H. (1979): Population and Economic Development in Brazil 1800 to the Present. – Baltimore/London.
Pomfret, R. (1981): The Economic Development of Canada. – Toronto.
Reinhard, W. (1985): Geschichte der europäischen Expansion, Bd. 2 (Die Neue Welt). – Stuttgart/Berlin/Köln/Mainz.
Wilkins, M. (1970): The Emergence of Multinational Enterprise: American Business Abroad from the Colonial Era to 1914. – Cambridge, Mass.

Anschrift des Verfassers:

Prof. Dr. Franz Mathis
Institut für Geschichte
Leopold-Franzens-Universität Innsbruck
Innrain 52
A-6020 Innsbruck

WALDEMAR HUMMER

Schutz der indigenen Bevölkerung und des tropischen Regenwaldes

Völkerrechtliche Regelungsdefizite im Bereich der „(Menschen)Rechte dritter Generation" unter besonderer Berücksichtigung Lateinamerikas

1. Einführung in die Thematik
   1.1. Definitions- und Einordnungsprobleme indigener Bevölkerungen
   1.2. Schutz der Urbevölkerung versus Minderheitenschutz versus Menschenrechtsschutz
   1.3. Schutz der Urbevölkerung versus Umweltschutz
2. Schutz der indigenen Bevölkerung
   2.1. Definitions- und Abgrenzungsfragen: „indigenous people" versus „indigenous peoples" versus „indigenous populations"
   2.2. Der „Volks"-Begriff als entscheidendes Kriterium
   2.3. Bisherige Bemühungen zum Schutz indigener Völker
       2.3.1. Indienstnahme des Selbstbestimmungsrechts und des Minderheitenschutzes
       2.3.2. Konkrete Forderungen eines speziellen Selbstbestimmungsrechts indigener Völker
   2.4. Landrechte als Kernbereich des Schutzes indigener Völker
       2.4.1. Landrechte von Indianern in den Vereinigten Staaten von Amerika
       2.4.2. Landrechte von Aborigines in Australien
       2.4.3. Landrechte von Indios in Lateinamerika
           2.4.3.1. Die Ausrottung der Urbevölkerung Amerikas
           2.4.3.2. Demarkationsprobleme indianischen Territoriums in Südamerika
           2.4.3.3. Landrechtsprobleme der Yanomami-Indianer in Brasilien
           2.4.3.4. Landrechtsprobleme der Huaorani-Indianer in Ekuador
           2.4.3.5. Landrechtsprobleme der Indios in Chiapas/Mexiko
       2.4.4. Reaktionen dritter Länder auf die Landansprüche indigener Völker
3. Schutz des tropischen Regenwaldes
   3.1. Grundsätzliche Überlegungen
   3.2. Der tropische Regenwald als ökologische Ressource
       3.2.1. Klimaveränderungen durch Waldvernichtung
       3.2.2. Die Vernichtung des tropischen Regenwaldes Amazoniens
       3.2.3. Der Wald als Devisenbringer
   3.3. Internationale und transnationale Ansätze zum Schutz des tropischen Regenwaldes
   3.4. Supranationale Ansätze zum Schutz des tropischen Regenwaldes: der Fall der Europäischen Gemeinschaften (EG)
   3.5. Reaktion eines tropenholzimportierenden Landes – das Beispiel Österreich

„... indigenous peoples must seek redress for injustices through existing international and national law. These bodies of law, however, are not adequately prepared to deal with the unique form of indigenous problems".
(Bradley Reed Howard, Human Rights and Indigenous People: On the relevance of International Law for Indigenous Liberation, in: GYIL 35 (1992) S. 127)

„Die Weltkonferenz über Menschenrechte empfiehlt der Generalversammlung, eine mit Jänner 1994 beginnende Internationale Dekade der eingeborenen Bevölkerungen auszurufen, u.a. mit aktionsorientierten Programmen, die in Partnerschaft mit den eingeborenen Bevölkerungen zu beschließen wären. Ein geeigneter freiwilliger Spendenfonds wäre zu diesem Zweck zu schaffen. Im Rahmen einer solchen Dekade wäre auch die Einrichtung eines ständigen Forums für die eingeborenen Bevölkerungen im Rahmen des Systems der Vereinten Nationen zu erwägen."
(Weltkonferenz der Vereinten Nationen über Menschenrechte, Wiener Erklärung und Aktionsprogramm, vom 25. Juni 1993, Punkt II. B. 2. Nr. 32)

1. Einführung in die Thematik

Die vorliegende Studie verfolgt zwei Zielsetzungen: zum einen die Darstellung der Herausbildung *solidarischer Rechte „dritter Generation"* auf den thematisch eng zusammenhängenden Gebieten *des Schutzes indigener Urbevölkerungen* und ihres Biotops, des *tropischen Regenwaldes,* und zum anderen die Herausarbeitung der Strukturmerkmale des gegenwärtigen Völkerrechts, die diesen Versuchen an sich diametral entgegenstehen und sie daher immer wieder entscheidend behindern.

1.1. Definitions- und Einordnungsprobleme indigener Bevölkerungen

Die in der Literatur angebotenen Definitionen *indigener* oder *Ur-Völker* (indigenous, aboriginal, native oder primitive populations) variieren stark und umfassen – sowohl einzeln, als auch in Kombination – sowohl *(a) objektive* (ethnische, kulturelle, sprachliche), als auch *(b) subjektive* (individuelles Bekenntnis) sowie *(c) funktionelle* (Entwicklungsstand, Lebensumstände, Habitat etc.) Kriterien. Die gängigste Schauweise ist dabei die, daß die indigenen Völker als die ursprünglichen Besitzer eines Territoriums angesehen werden, die seit unvordenklichen Zeiten auf diesem leben und sich auch seit ihrer Entdeckung bzw. Unterwerfung nie mit der herrschenden Gesellschaft – die die jeweiligen Regierungen stellte – assimiliert haben.[1] Mit anderen Worten versteht man heute mehrheitlich unter indigener, autochthoner Bevölkerung solche Völker, deren originäre Kultur ohne Unterbrechungen in die Periode vor der Kolonialisierung zurückreicht und die sich niemals akkulturiert haben.
Weltweit fallen ca. 200 bis 300 Mio. Individuen in mehr als 40 Staaten unter diese Kategorie, die wiederum Angehörige von 5.000 verschiedenen sog. *„Ersten Völkern" („First nations")* – wie z. B. die australischen Aborigines, die amerikanischen Indianer, die lateinamerikanischen Indios, die Inuit (Eskimos), die Maoris und die Sami (Lappen) – sind.
Neben diesen Definitions- bzw. Einordnungsfragen indigener Bevölkerungen bestehen aber noch eine Reihe weiterer Probleme, die damit unmittelbar verbunden sind, nämlich die Bewertung der unterschiedlichen Entwicklungsniveaus, auf denen sich die jeweilige indigene Bevölkerung befindet, deren Abgrenzung von sog. „Minderheiten" und die Kontrastierung des Schutzes der Urbevölkerung mit dem sonstigen Menschenrechtsschutz. Dazu kommen noch die Schwierigkeiten der genauen inhaltlichen Differenzierung und Determinierung des Schutzes der Urbevölkerung sowie dessen Zusammenhang mit dem Lebensraum derselben.

1.2. Schutz der Urbevölkerung versus Minderheitenschutz versus Menschenrechtsschutz

Betrachtet man den ersten Schwerpunkt der gegenständlichen Untersuchung, nämlich den *Schutz indigener Bevölkerungen,* so sprechen die beiden, diesem Beitrag vorangestellten Leitmotive für sich selbst: zum einen belegen sie anschaulich die Ungeeignetheit des gegenwärtigen Standes des Völkerrechts für einen adäquaten Schutz eingeborener Bevölkerungen – seien diese nun (a) echte, (steinzeitlich) lebende Urbevölkerungen oder (b) solche autochthone Bevölkerungen, die entweder in Reservaten leben und damit „ghettoisiert" sind oder frei siedeln, aber auf einem viel höheren Entwicklungsniveau als sonstige Urvölker leben, ohne dabei aber an die Kultur des herrschenden Staatsvolkes voll assimiliert zu sein[2] – und zum anderen dokumentieren sie auch die (politische) Hilflosigkeit, diesen Zustand entsprechend zu ändern. Es ist wohl offensichtlich, daß es mehr als „partnerschaftlicher Programme", „freiwilliger Spendenfonds" und eines „ständigen Forums für die eingeborene Bevölkerung im System der Vereinten Nationen" bedarf, um dieser komplexen Problemlage auch nur einigermaßen gerecht zu werden. Ein ausreichender Schutz eingeborener Bevölkerungen ist deswegen mit völkerrechtlichen Mitteln so schwierig zu bewerkstelligen, da er den bisherigen Strukturen des Völkerrechts zuwiderläuft und dementsprechend von den gegenwärtig ausgebildeten einigermaßen einschlägigen völkerrechtlichen Rechtsnormen – nämlich des „Minderheiten"- bzw. des „Menschenrechts"-Schutzes – im Grunde nicht bzw. nur unvollständig erfaßt wird.

Der Schutz der Urbevölkerung kann nämlich aus folgenden Gründen weder mit dem gegenwärtigen völkerrechtlichen Instrumentarium des (a) Minderheitenschutzes noch dem des (b) Menschenrechtsschutzes adäquat betrieben werden.

ad (a): Ureinwohner-Völker betrachten sich nicht als *„ethnische Minderheiten"*, die in ein „Mehrheits-Staatsvolk" eingesprengt sind, sodaß sie gerade nicht diejenigen Formen von Autonomie fordern, die traditionell von Minderheiten angestrebt werden. Aufgrund ihrer steinzeitlichen Lebensweise sowie des daraus resultierenden Entwicklungsstandes sind sie weder in der Lage, Formen der „äußeren" (z. B. sezessionistische Neustaatsbildung), noch der „inneren" Selbstbestimmung (z. B. Verwaltungsautonomie i.S.e. traditionellen Minderheitenschutzes) in den Formen auszuüben, wie sie bisher völkerrechtlich verwirklicht worden sind. Aber auch entwickeltere eingeborene Völker streben für ihr Überleben andere als die traditionellen Formen völkerrechtlichen Minderheitenschutzes an.

ad (b): Noch krasser dokumentiert sich die Strukturverschiedenheit des Schutzes von Urbevölkerungen im Verhältnis zum Menschenrechtsschutz. Die Besonderheit der Rechte der Ur- bzw. eingeborenen Bevölkerung folgt unter anderem daraus, daß sie nur kollektiv, d. h. als Gruppenrechte, wahrgenommen werden können, sodaß jede Individualisierung – etwa *i.S.d.* individualisierten Minderheitenrechte gem. Art. 27 des UN-Paktes über bürgerliche und politische Rechte vom 19. Dezember 1966[3] – nicht nur kontraproduktiv, sondern sogar zerstörend wäre.

Echte Urvölker streben ja weder die Verwirklichung der Menschenrechte „erster Generation", d.s. bürgerliche und politische Rechte, noch die „zweiter Generation", d.s. soziale, wirtschaftliche und kulturelle Rechte, an, da sie weder an der Staatswillensbildung teilhaben, noch die Vergünstigungen eines Daseinsvorsorge leistenden modernen Wohlfahrtsstaates in Anspruch nehmen wollen. Das einzige, was echte Urvölker von dem Nationalstaat, in dem sie leben, verlangen, ist völlige Abstinenz seiner Staatsgewalt bei gleichzeitiger Akzeptanz ihrer (steinzeitlichen) Lebensführung sowie die Verwirklichung von solidarischen Menschenrechten „dritter Generation", wie z. B. das Recht auf eine saubere Umwelt, das Recht auf Entwicklung, das Recht auf Teilnahme am gemeinsamen Erbe der Menschheit etc.[4]

Ein individualisierter Menschenrechtsschutz für Ureinwohner-Völker würde aber auch schon faktisch daran scheitern, daß die einzelnen Mitglieder derselben weder konskribiert noch sonst irgendwie staatsbürgerlich erfaßt sind. Sie verfügen dementsprechend auch in der Regel nicht über die Staatsangehörigkeit ihres „Heimatstaates", so daß sie in ihm nicht in den Genuß des Grundrechtes der „Gleichheit vor dem Gesetz" kommen und daher durch eigene Gesetze geschützt werden müssen.[5]

Entwickeltere indigene Völker hingegen fordern nicht nur die Gewährleistung von Menschenrechten „dritter", sondern zusehends auch solche „erster" und „zweiter" Generation. Da sie großteils auch bereits „teil-assimiliert" bzw. enkulturiert sind, können sie diese strukturell auch bereits entsprechend nutzen.

1.3. Schutz der Urbevölkerung versus Umweltschutz

Betrachtet man den zweiten Schwerpunkt der vorliegenden Untersuchung, nämlich den Schutz des Lebensraums der Urbevölkerung, so steht dieser zwar in einem engen Verhältnis zum Schutz letzterer, beide bedingen einander aber nicht in derselben Weise. Während ein gesunder Lebensraum eine conditio sine qua non für jedwede indigene Bevölkerung darstellt, ist letztere für ersteren keine notwendige Bedingung. Die existentielle und kulturelle Bindung der Urbevölkerung an ihren Lebensraum ist dabei grundsätzlich so vital, daß man zu Recht feststellte, daß „the land forms part of their existence... Between man and the land there was a relationship of a profoundly spiritual and even religious nature".[6] Jedwede Beeinträchtigung ihres Lebensraumes, etwa durch eine nicht „nachhaltige Nutzung" i.S.e. „sustainable development", würde die dort lebende Urbevölkerung existentiell bedrohen. Dasselbe träfe aber auch für den Fall einer zwangsweisen Umsiedlung – z. B. im Falle von Landraub bzw. bei Umweltschäden – zu, da „ the surest way to kill us is to seperate us from our part of the Earth".[7] Hält man sich diese enge Verbindung von Urbevölkerung und Lebensraum nicht immer vor Augen, könnte man in der gegenwärtigen heftigen Debatte um den Schutz der Fauna und Flora des tropischen Regenwaldes beinahe den Eindruck gewinnen, daß es vor allem um die Konservierung dieser einzigartigen und unwiderbringlichen Ressource und nicht so sehr um die Bewohner derselben geht: Die Urbevölkerung wäre dabei – als bloße „Pertinenz" zum Regenwald – bloß „reflexartig" geschützt. Was für eine Pervertierung des Verhältnisses Umweltschutz zum Menschenrechtsschutz würde aus einer solchen Betrachtungsweise aber folgen (!). Trotzdem ist sie, zumindest vordergründing, nicht ganz von der Hand zu weisen, wenn man bedenkt, daß es der „Ersten Welt" bei ihren Forderungen um die Bewahrung des Regenwaldes vordringlich um *klimatische Gründe*[8] und nicht so sehr um die Sicherung des Lebensraums für die dort lebende Urbevölkerung geht. Wenngleich es mehr als verständlich[9] ist, daß Drittstaaten – zur Vermeidung des „Treibhauseffektes" und anderer damit verbundener ökologischer Schäden, die sich dann weltweit auswirken würden – den Schutz der tropischen Regenwälder fordern, so berührt es doch einigermaßen merkwürdig, wenn dabei nicht zugleich und mit derselben Intensität auf die Notwendigkeit des Schutz der in diesen beheimateten Urbevölkerung verwiesen wird, für die dieser Umweltschutzaspekt zwar ebenfalls existentiell ist, die sich aber auch noch ganz anderen Bedrohungen gegenübersieht. Der Umweltschutz, i.S.e. Bewahrung des Lebensraumes der Urbevölkerung, ist daher eine zwar notwendige, nicht aber hinreichende Bedingung für das Überleben indigener Bevölkerungen.

2. Schutz der indigenen Bevölkerung

2.1. Definitions- und Abgrenzungsfragen: „indigenous people" versus „indigenous peoples" versus „indigenous populations"

Gemäß einer Studie der Subkommission zur Verhütung von Diskriminierung und zum Schutz von Minderheiten aus dem Jahr 1991[10] werden weltweit unter „indigenous people(s)/populations" gegenwärtig ca. 300 Mio. Individuen verstanden, die aus den verschiedensten Völkern bestehen, die sich wiederum auf den unterschiedlichsten Entwicklungsstufen befinden. Gerade dieses Entwicklungsgefälle wirft aber die bereits vorstehend kurz erwähnten Probleme auf: Es ist ganz offensichtlich ein Unterschied zwischen solchen „indigenous people(s)", die als „native/tribal peoples" Urbevölkerungen darstellen, die als bloße Jäger und Sammler auf steinzeitlichem Niveau subsistieren und solchen eingeborenen, autochthonen Bevölkerungen, die – ob mit oder gegen ihren Willen[11] – zumindest teilweise an die gegenwärtige Gesellschaft kulturell assimiliert sind, wenngleich sie in der Regel räumlich konfiniert sind und unter „ghettoähnlichen" Verhältnissen, in der Regel in Reservaten, leben müssen. Je nach Entwicklungsstand ist daher ihr Schutzinteresse unterschiedlich ausgeprägt.
In der zur Zeit gängigsten Arbeitsdefinition des UN-Spezialberichterstatters über die Diskriminierung indigener Bevölkerungen, José Martínez Cobo, wird dieser Unterschied aber nicht genügend herausgearbeitet: „Indigenous communities, peoples and nations are those which, having a historical continuity with pre-invasion and pre-colonial societies that developed on their territories, consider themselves distinct from other sectors of the societies now prevailing in those territories, or parts of them. They form at present non-dominant sectors of society and are determined to preserve, develop and transmit to future generations their ancestral territories, and their ethnic identity, as the basis of their continued existence as peoples, in accordance with their own cultural patterns, social institutions and legal systems".[12]

Die wichtigsten Kriterien für das Vorliegen einer „indigenous population" i.S.d. Definition sind damit aber nur zum einen die in die Zeit vor der Entdeckung und Kolonialisierung zurückreichenden ununterbrochenen Bindungen der indigenen Bevölkerung zu ihrem Territorium sowie zum anderen deren subjektive Option, sich von der gegenwärtig darauf etablierten Gesellschaft ethnisch, kulturell und sozial zu unterscheiden, ohne daß aber dieses Recht auf Selbstdefinition und -identifikation unter Berücksichtigung der gemeinsamen Geschichte sozioökonomisch qualifiziert wird. Ebenso ist das konstitutive Element des „nicht-dominanten" gesellschaftlichen Sektors, den die „indigenous people(s)" innehaben sollen, mehr als fragwürdig, gibt es doch Staaten, in denen die indigene Bevölkerung – wie z. B. in Bolivien (mit 57 %) aber auch in Guatemala (mit 47 %) und in Peru (mit 41 %) – durchaus oder beinahe das Mehrheitsstaatsvolk darstellt.

Anteil indigener Bevölkerung am Staatsvolk lateinamerikanischer Staaten (in Mio.)

	indigene Bevölkerung	Gesamtbevölkerung
Mexiko	16	92,38
Guatemala	6,2	9,78
El Salvador	1	5,5
Kolumbien	0,9	34,3
Ecuador	4,5	10,93
Peru	9,8	22,76
Brasilien	0,45	158
Bolivien	5,5	7,32
Argentinien	0,85	32,9
Chile	1,2	13,53

Quelle: Kurier vom 4. März 1994, S. 4

Ganz allgemein werden - wie bereits erwähnt - bei der Definition von „indigenous people(s)" sowohl objektive Kriterien (Abkunft, Kultur, Sprache) als auch subjektive Elemente (Selbstidentifizierung und Akzeptanz) und funktionale Aspekte (gemeinsame Lebensbedingungen) berücksichtigt. Individuell ist folglich derjenige als Ureinwohner anzusehen, der sich durch Selbstidentifikation als Angehöriger von „indigenous people(s)" betrachtet und von diesen als Angehöriger auch akzeptiert wird. Dementsprechend kommt den „indigenous people(s)" auch das Recht zu, ohne Einmischung von außen zu bestimmen, wer ihre Angehörigen sind. Das Recht auf Selbstdefinition schließt nämlich die Konsequenz ein, daß sich die Ureinwohner nicht lediglich als Bevölkerungsteile (populations), sondern als eigene Völker („peoples") verstehen.[13]

2.2. Der „Volks"-Begriff als entscheidendes Kriterium

Die politische Semantik ist in diesem Zusammenhang mehr als signifikant und hat in der Literatur sehr plakativ als der sog. „Kampf um das ‚S'"[14] ihren Ausdruck gefunden: Da das Völkerrecht lediglich „Völker" als Träger spezieller (Selbstbestimmungs-)Rechte anerkennt, bedeutet der Unterschied zwischen „people" (Individuen, Bevölkerung) und „peoples" (Völker) eben nicht mehr oder weniger als Selbstbestimmung oder nicht, Verfügungsrecht über eigenes Land und eigene Ressourcen oder nicht, politische Selbstbehauptung oder nicht etc. Ebenso verhält es sich mit der Spannung zwischen „peoples" (Völker) und „populations" (Bevölkerungsteile), da auch hier nur mit der Verwendung des „Volks"-Begriffes die entsprechenden völkerrechtlichen Konsequenzen – nämlich die Wahrnehmung der Formen externer und interner Selbstbestimmung – verbunden sind.

Die Problematik wird aber vor allem noch dadurch verschärft, daß das Völkerrecht den „Volks"-Begriff zwar verschiedentlich verwendet, ihn aber nicht näher definiert. Weder in den jeweiligen

Art. 1 der beiden UN-Pakte 1966,[15] noch in den UN-Dokumenten zum Selbstbestimmungsrecht der Völker[16] sowie in der einschlägigen Literatur[17] und Judikatur[18] läßt sich eine einheitliche Bestimmung des (soziologischen) „Volksbegriffs"[19] – im Gegensatz zum genau determinierten juristischen Begriff des „Staatsvolks" – nachweisen.
In der neuesten Literatur wird aber davon ausgegangen, „daß die Ureinwohner-Gemeinschaften aufgrund ihres zumeist stark ausgeprägten Zuammengehörigkeitsgefühls als Völker angesehen werden müssen".[20] Dies wurde auch von den Organisationen der Ureinwohner immer wieder gefordert und hat neuerdings auch in viele nationale Verfassungen[21] sowie in die 1989 revidierte ILO-Konvention Nr. 107 über Indigenous and Tribal Populations (1957)[22] Eingang gefunden. Die ILO entschied sich auf ihrer 76. Tagung anläßlich der Revision der Konvention Nr. 107 mit überwältigender Mehrheit – Widerstand leisteten vor allem Brasilien, Frankreich, Indien, die Türkei, Venezuela, Kanada und Schweden – nämlich für die Verwendung des Begriffs „Völker" (peoples) anstelle von „Bevölkerungsteilen" (populations), dies allerdings mit der Einschränkung, daß damit keine Anerkennung des (externen) Selbstbestimmungsrechts dieser Völker verbunden sei. Damit sollte auch auf die allgemeine Auffassung abgestellt werden, daß das Konzept der Selbstbestimmung grundsätzlich nur auf Völker unter ausländischer (Kolonial-) Herrschaft (Selbstbestimmung lediglich im „kolonialen Kontext" oder für Völker unter „alien domination") und nicht auf Völker in bereits unabhängig gewordenen Staaten anwendbar sei. Diese Ansicht ist aber gerade hinsichtlich indigener Bevölkerungen keinesfalls schlüssig, da diese ja durchaus auch als Opfer der Kolonialisierung zu betrachten sind. Demzufolge träfe auf sie aber das Recht auf Entkolonialisierung und damit auf eigene Staatsbildung erst recht zu.

2.3. Bisherige Bemühungen zum Schutz indigener Völker

2.3.1. Indienstnahme des Selbstbestimmungsrechts und des Minderheitenschutzes

Wie bereits vorstehend erwähnt, sind die beiden völkerrechtlichen Konzepte des (a) externen Selbstbestimmungsrechts sowie des (b) Minderheitenschutzes – in Wahrnehmung des internen Selbstbestimmungsrechts – konzeptuell nicht in der Lage, den Schutz (echter) Urbevölkerungen umfassend sicherzustellen. Lediglich für entwickeltere Gruppen indigener Bevölkerungen konnten beide Prinzipien sinnvoll in Dienst genommen werden.
Das Recht auf Selbstbestimmung wurde erstmals in Art. 1 Abs. 2 und Art. 55 der Satzung der Vereinten Nationen (SVN) als ein Mittel zur Erreichung der Ziele der Vereinten Nationen verankert. Danach fand es Eingang in die „Declaration on the Granting of Independence to Colonial Countries and Peoples" der Generalversammlung der VN des Jahres 1960 (Res. 1514/XV). Sechs Jahre später wurde das Selbstbestimmungsrecht in die jeweiligen Art. 1 der beiden UN-Menschenrechtspakte über bürgerliche und politische Rechte[23] sowie über wirtschaftliche, soziale und kulturelle Rechte vom 19. Dezember 1966[24] übernommen, die 1976 in Kraft getreten sind. Ebenso fand das Selbstbestimmungsrecht Eingang in das Erste Zusatzprotokoll zu den vier Genfer Konventionen zum Schutz der Kriegsopfer (1949) vom 10. Dezember 1977[25] sowie in die Afrikanische Charta über die Rechte des Menschen und der Völker vom 27. Juni 1981[26]. Darüber hinaus wurde das Selbstbestimmungsrecht in eine Reihe bilateraler völkerrechtlicher Verträge und sonstiger Dokumente (z. B. in die Schlußakte von Helsinki) aufgenommen und zur Ausgestaltung mehrerer verschieden ausgestalteter Minderheitenschutzsysteme verwendet. Diese Vielfalt der einzelnen Minderheitenregime hat es bis heute aber verhindert, daß es zur (gewohnheitsrechtlichen) Ausbildung eines allgemeinen Völkerrechtsregimes des Minderheitenschutzes gekommen ist.[27]
Gem. Art. 1 Abs. 1 beider UN-Pakte (1966) haben „alle Völker das Recht auf Selbstbestimmung. Kraft dieses Rechts entscheiden sie frei über ihren politischen Status und gestalten in Freiheit ihre wirtschaftliche, soziale und kulturelle Entwicklung". Im Gegensatz zu diesem Selbstbestimmungsrecht der „Völker" steht gem. Art. 27 des UN-Paktes über bürgerliche und politische Rechte (1966) den Minderheiten nur ein Anspruch auf Autonomie zu: „In Staaten mit ethnischen,

religiösen oder sprachlichen Minderheiten darf Angehörigen solcher Minderheiten nicht das Recht vorenthalten werden, gemeinsam mit anderen Angehörigen ihrer Gruppe ihr eigenes kulturelles Leben zu pflegen, ihre eigene Religion zu bekennen und auszuüben oder sich ihrer eigenen Sprache zu bedienen".

Damit steht ein Recht auf externe Selbstbestimmung nur für nicht-selbstverwaltete Territorien, nicht dekolonialisierte Gebiete, Gebiete unter rechtswidriger militärischer Besetzung und Völker, die unter extremen Folgen eines Souveränitätsmißbrauchs (z. B. in Form gravider, systematischer Menschenrechtsverletzungen) leiden, zu. Das (sezessionistische) externe Selbstbestimmungsrecht verwirklicht sich in diesen Fällen durch Herstellung eigener, souveräner Staatlichkeit. Es kann sich aber ebensogut in selbstgewählten Formen minderer Selbstbestimmung – bis hin zur Beibehaltung der Fremdbestimmung – äußern.

Im Gegensatz dazu steht Völkern bzw. Volksgruppen im nicht-kolonialen Kontext – die auch nicht unter „alien domination" stehen – nur ein Recht auf interne Selbstbestimmung zu, d. h. daß sie lediglich dazu ermächtigt sind, eine (Regional- oder Personal-)Autonomie zu reklamieren, die in der Gewährung eines eigenen verfassungs- bzw. verwaltungsrechtlichen nichtdiskriminierenden Status besteht und mehr oder minder umfangreiche Förderungsmaßnahmen zugunsten der Minderheit umfassen kann („förderndes Minderheitenrecht").[28]

Mit ihren Forderungen nach „independence", „self-determination" und „self-development" gehen indigene Bevölkerungen aber über letztere Art des Selbstbestimmungsrechts hinaus und beanspruchen Formen einer umfassenden Autonomie und Selbstregierung innerhalb eines bestehenden Staatswesens, die nicht nur in der Gewährung einer funktionellen Autonomie i.S.e. bloßen „Objektschutzes" von Minderheiten bestehen.[29] Treffend drückt dies Heintze aus:"Echte Formen der Autonomie dienen der Verwirklichung des Selbstbestimmungsrechts der jeweiligen Völker. Es kann also nicht um Formen der Autonomie gehen, die auch von Minderheiten erreicht werden können und die früher auch indigenous peoples gewährt wurden".[30] Aus diesem Grunde lehnen es indigene Völker auch strikt ab, als „ethnische Minderheiten" i.S.v. Art. 27 UN-Menschenrechtspakt über bürgerliche und politische Rechte (1966) behandelt zu werden. Art. 27 UN-Pakt über bürgerliche und politische Rechte individualisiert bewußt die Minderheitenrechte, da er „not bestow rights on minorities as collective entities, but specifies that the rights which it confers should be enjoyed by „peoples belonging to ... minorities".[31] Die Besonderheit der Rechte der Ureinwohner folgt aber gerade daraus, daß sie nur kollektiv, nämlich durch die Gesamtheit der indigenen Bevölkerung, wahrgenommen werden können. Jede Individualisierung des kollektiven Gruppenschutzes von Urvölkern – so sehr sie auch für den Schutz einzelner Angehöriger indigener Völker Bedeutung hätte[32] – würde diesem die politische Schlagkraft nehmen und die Ausbildung des für den Zusammenhalt der Gruppe so notwendigen „kollektiven Wir-Gefühls" verhindern. Daß dies aber durchaus politisch gewollt ist, spricht einer der Hauptberichterstatter der Vereinten Nationen in der Minderheitenfrage, Francesco Capotorti, offen aus: „Lastly, there is a political reason. The fact of granting rights to minorities and thus endowing them with legal status might increase the danger of friction between them and the State, in so far as the minority group, as an entity, would seem to be invested with authority to represent the interest of a particular community vis-à-vis the entire population".[33] Indigene Bevölkerungen können eben nur aufgrund der kollektiven Wahrnehmung von „Gruppen"-Rechten überleben, die ihnen durch eine auf dem Selbstbestimmungsrecht fußende echte Autonomie garantiert werden muß. In diesem Sinn ist Heintze vollinhaltlich beizupflichten, wenn er feststellt: „Die Anerkennung des Selbstbestimmungsrechts der Ureinwohner-Völker impliziert die Ablehnung des Minderheitenschutzes".[34]

2.3.2. Konkrete Forderungen eines speziellen Selbstbestimmungsrechts indigener Völker

Der politische Prozeß der Konkretisierung des speziellen Selbstbestimmungsrechts für Urvölker begann 1977 mit der Einberufung der „Conference on Discrimination against Indigenous Populations in the Americas" durch das Special Non-Governmental Committee on Human

Rights, eine INGO mit Konsultativstatus bei den Vereinten Nationen. Diese Konferenz nahm eine „Declaration of Principles for the defense of the Indigenous Nations and Peoples of the Western Hemisphere" an, die u.a. vorsah, daß „indigenous nations or groups shall be accorded such degree of independence as they may desire in accordance with international law".[35] In der Folge wurde durch die Res. 2 (XXXIV) der Sub-Commission on Prevention of Discrimination and Protection of Minorities vom 8. September 1981 eine aus fünf Experten bestehende „Working Group on Indigenous Populations" mit dem Mandat eingesetzt, „to give special attention to the evolution of standards concerning the rights of indigenous populations".[36] 1985 wiederum präsentierte eine Gruppe von INGOS aus indigenen Bevölkerungen (Indian Law Resource Center, Four Directions Council, Inuit Circumpolar Conference, International Indian Treaty Council, National Aboriginal and Islander Legal Service und Indian Youth Council) der erwähnten „Working Group" einen Entwurf für eine Deklaration indigener Rechte, in dem das Selbstbestimmungsrecht der Urvölker folgendermassen charakterisiert wurde: „All indigenous nations and peoples have the right to self-determination, by virtue of which they have the right to whatever degree of autonomy or self-government they choose. This includes the right to freely determine their political status, freely pursue their own economic, social, religious, and cultural development, and determine their own membership and/or citizenship, without external interference".[37] Indem sie diese Anregung aufgriff, widmet sich die „Working Group" seit 1985 der Erarbeitung einer „Universal Declaration of the Rights of Indigenous Peoples", die einen Minimalkatalog an Rechten von Eingeborenenvölkern enthalten soll. Die im Juli 1991 vorgelegte Version wandelt den Umfang des Selbstbestimmungsrechts nur geringfügig ab und stellt in diesem Zusammenhang fest: „Indigenous peoples have the right to self-determination, in accordance with international law. By virtue of this right, they freely determine their relationship with the States in which they live, in a spirit of co-existence with other citizens, and freely pursue their economic, social, cultural, and spiritual development in conditions of freedom and dignity . . .".[38]

Auf der Basis des Deklarationstextes, der im Jahre 1988[39] im Schoß der „Working Group" erarbeitet wurde, wurde ein Jahr später die Internationale Arbeitsorganisation (ILO) initiativ und beschloß auf ihrer 76. Arbeitskonferenz am 27. Juni 1989 – mit 328:1:49 Stimmen – eine teilweise Revision der ILO-Konvention Nr. 107 „Concerning the Protection and Integration of Indigenous and Other Tribal and Semi-Tribal Populations in Independent Countries" aus dem Jahre 1957, die noch extrem assimilatorisch konzipiert war.[40] Sie sprach dementsprechend lediglich vom „Schutz der Eingliederung eingeborener . . . und in Stämmen lebender oder stammesähnlicher Bevölkerungsgruppen", die sich als Minderheiten in einem Staat dadurch auszeichnen, daß ihre „sozialen und wirtschaftlichen Verhältnisse einer weniger fortgeschrittenen Stufe entsprechen." Wenngleich diese neue ILO-Convention on Indigenous and Tribal Peoples (Nr. 169), die bereits am 5. September 1991 in Kraft getreten ist,[41] in den Art. 2 Abs. 2 (lit.b), 4 Abs. 1 und 2 sowie 8 Abs. 2 Hinweise auf das Bestehen kollektiver Existenzrechte enthält, konnte aber auch sie sich nicht durchringen, expressis verbis ein Selbstbestimmungsrecht für Urvölker zu normieren. Dementsprechend sieht Art. 1 Abs. 3 auch vor, daß die Verwendung des Begriffs „peoples" in der Konvention „should not be construed as having any implication as regards the rights which may attach to the term under international law", womit sie implizit auf das Selbstbestimmungsrecht verweist, es zugleich aber leugnet.[42] Dieser Umstand hat auch sofort vehemente Kritik bei den Repräsentanten indigener Völker hervorgerufen, hoffte man doch darauf, daß dieses erste und bisher einzige vertragliche Instrument – von der Vorgänger-Konvention Nr. 107 abgesehen – zur Besicherung der speziellen Rechte indigener Völker weitergehende Zugeständnisse enthalten würde.

Bis Ende Juni 1993 haben allerdings erst 6 Staaten die Konvention Nr. 169 ratifiziert, darunter auch Österreich. In Österreich wurde gegen die Ratifikation dieser Konvention des öfteren angeführt, daß es nicht einsichtig sei, warum denn ein Staat, der über keine Urbevölkerungen verfügt, überhaupt ein Interesse haben könne, eine solche Übereinkunft abzuschließen. Diese

Argumentation übersieht aber das grundsätzliche Problem, daß es von großer Bedeutung ist, daß auch davon nicht betroffene Staaten ihre Rechtsüberzeugung dartun und solche Konventionen abschließen. Neben dieser Ostentationsfunktion seiner Rechtsüberzeugung trägt Österreich durch seine Ratifikation nämlich unter Umständen auch dazu bei, daß die Konvention überhaupt in Kraft tritt.

Wenngleich damit noch immer keine allgemeine bzw. partikuläre völkerrechtliche Norm existiert, die indigenen Völkern ein Recht auf Selbstbestimmung konzediert, so ist der eingeleitete Prozeß der Sensibilisierung in bezug auf diesen Problemkreis aber nicht mehr zu übersehen, vor allem in lateinamerikanischen Foren. So prüfte die Inter-Amerikanische Menschenrechtskommission der OAS bereits 1984 das Problem der Miskito-Indianer in Nicaragua unter diesem Aspekt und gelangte dabei zu der Erkenntnis, daß „the current status of international law does not allow the view that the ethnic groups of the Atlantic zone of Nicaragua have a right to political autonomy and self-determination".[43] Konsequenterweise vertrat die Kommission dann – ganz im Sinne des vorstehend bereits erwähnten Art. 27 UN-Pakt über bürgerliche und politische Rechte (1966)[44] – die Auffassung, daß den Miskito-Indianer lediglich „Minderheiten-Rechte" zustünden: „The Miskitos are entitled to special legal protection ... for the use of their language, the observance of their religion, and in general, all those aspects related to the preservation of their cultural identity".[45] Im November 1989 beauftragte die Generalversammlung der OAS die Inter-Amerikanische Menschenrechtskommission „to prepare a juridical instrument relative to the rights of indigenous peoples, for adoption in 1992".[46] Wenngleich bis heute noch kein einschlägiger Entwurf ausgearbeitet wurde, so reagierte im September 1991 sogar die Weltbank einschlägig, indem sie neue Richtlinien herausgab, die unter anderem bezwecken sollen, „that the development process fosters full respect for indigenous peoples` dignity, human rights and cultural uniqueness".[47]

Nachdem es im Mai 1993 in Guatemala-Ciudad zum 1. Gipfeltreffen der eingeborenen Völker gekommen war,[48] wurde breits am 8. Oktober 1993 das 2. Gipfeltreffen der indigenen Völker in Oaxtepec/Mexiko veranstaltet, das von 79 Teilnehmern aus 26 Staaten beschickt wurde. Im Schlußdokument wurde festgehalten, daß das Internationale Jahr der Ureinwohner (1993) nicht die in es gesetzten Erwartungen erfüllen konnte und daß man daher die Dekade von 1994 bis 2003 zum Jahrzehnt der Ureinwohner deklariere.[49] Tatsächlich erhielt der UN-Spendenfonds für das Internationale Jahr der Ureinwohner mit 200.000 US-$ den niedrigsten Betrag, der jemals im Rahmen von Spendenaktionen für ein von den Vereinten Nationen proklamiertes Internationales Jahr erzielt wurde.[50]

2.4. Landrechte als Kernbereich des Schutzes indigener Völker

Das Recht auf das traditionelle Siedlungsland und seine Ressourcen nimmt im Forderungskatalog der indigenen Völker eine zentrale Stellung ein. Das grundlegende Problem ist dabei ein intertemporales, da die Begründung des Landtitels in die vor-koloniale, die Rechtmäßigkeit des Bestandes desselben aber in die nach-koloniale Periode fällt. Es hängt daher zum einen von der Qualifikation der Landnahme im Zuge der Kolonialisierung – Recht des Entdeckers, „terra nullius"-Doktrin versus Landraub-Theorie durch die Kolonisatoren – und zum anderen von der Ansicht des (Nicht-)Fortbestehens der traditionellen Landrechte der Ureinwohner bis in die Gegenwart ab. Grundsätzlich wird man in der Staatengemeinschaft heute wohl einen generellen Konsens über das Fortbestehen der, originär erworbenen, Landrechte indigener Bevölkerungen annehmen können, wenngleich der konkrete Nachweis der Eigentumsansprüche oftmals sehr schwierig ist.[51]

Die meisten Staaten, in denen Ureinwohner-Völker siedeln, haben zwar spezielle Bestimmungen zum Schutz der Landrechte derselben erlassen, aber sowohl die konkrete Erfassung dieses Landes als auch die Frage der Nutzung desselben werfen immer wieder schwierige Probleme auf.

Die Nutzung der Territorien von Urvölkern kann dabei in den mannigfaltigsten Formen erfolgen, wie z. B. durch Straßenbau, durch den Bau hydroelektrischer Anlagen, durch Bergbau, Öl- und Gasförderung. Dazu kommen noch staatliche Umsiedlungsprogramme, kriegerische Vorfälle, Vertreibungen etc., die nachteilige Auswirkungen auf die Landrechte indigener Völker haben.

In engem Zusammenhang mit der Frage der Landrechte indigener Völker steht das Problem der (Rechtsnatur der) Verträge, die zwischen den „indigenous peoples" und den jeweiligen Regierungen abgeschlossen wurden, wobei es immer wieder um die alles entscheidende Vorfrage geht, ob die Repräsentanten der Ureinwohner als Vertreter „souveräner" Völker anerkannt werden oder nicht.[52]

Zur näheren Veranschaulichung dieser komplexen Phänomene sollen nachstehend zwei repräsentative Beispiele angeführt werden, nämlich die Behandlung indigener Landrechte in den USA und in Australien.

2.4.1. Landrechte von Indianern in den Vereinigten Staaten von Amerika

(a) Nach der Unabhängigkeitserklärung des Jahres 1776 und der Verfassungsgebung 1787 schlossen die Delaware als erster Indianerstamm 1787 einen Vertrag mit der Regierung der Vereinigten Staaten ab, in dem sie ihr Land formell an die Bundesregierung abtraten, dafür aber von dieser Fischerei- und Jagdrechte in diesem Territorium garantiert bekamen. Bis zum Jahr 1871 wurden auf diese Weise mehrere hundert einschlägige Verträge abgeschlossen,[53] deren Rechtsnatur allerdings alles andere als eindeutig war. Die Indianerstämme wurden als „domestic dependent nations" angesehen, die „in a state of pupillage" lebten, sodaß ihre Beziehungen zur Regierung der USA die eines „ward to his guardian" waren.[54] Trotzdem wurden diese Verträge wesensmäßig wie solche angesehen, die zwischen ausländischen Nationen abgeschlossen wurden,[55] und die gem. der sog. „supremacy clause" in Art. VI,2 der Verfassung der USA – im Rang von „Federal statutes" stehend – entgegenstehendem Staatsrecht an sich vorgehen.

(b) Zwischen 1820 und 1850 wurde, aufgrund des enormen Druckes der landsuchenden weißen Siedler, eine neue Politik der „Absiedlung" („Removal Act 1830") der Indianerstämme begonnen, aufgrund derer die meisten Stämme, die östlich des Mississippi siedelten, unter oftmals brutalen Bedingungen, westwärts des Mississippi („Indian Territory") vertrieben wurden. Dies betraf insbesondere die sog. „five civilized tribes" der Cherokees, Creeks, Chickasaws, Choctaws und Seminoles, die – nach längerem Widerstand – 1838 den sog. „Trail of Tears" antreten mußten. Lediglich die Cherokees brachten gegen diese Vertreibungs- und Umsiedlungspolitik eine Klage vor dem Supreme Court der USA ein,[56] die aber mangels Aktivlegitimation – den Cherokees wurde die Qualität eines auswärtigen Staates abgesprochen – a limine zurückgewiesen wurde. Im Gegensatz dazu wurde aber nur ein Jahr später, in der Rechtssache Worcester versus Georgia (1832), vom selben Supreme Court festgestellt, daß die USA, durch das Eingehen von vertraglichen Beziehungen mit den Indianerstämmen, diese implizit als „souveräne und unabhängige Nationen" anerkannt haben.[57]

(c) Während der Periode 1850 bis 1887 wiederum setzte eine neue Politik der Konfinierung der Indianerstämme in sog. „Reservaten" ein, die entweder mit Zwang oder mit der Politik einer „friendly persuasion" betrieben wurde. Diese Reservate waren territorial um vieles kleiner als die ursprünglichen Stammesgebiete der Indianer, führten sehr rasch zu einer „Ghettoisierung" derselben und ließen sie ihrer politischen Autonomie verlustig gehen. Dementsprechend verloren die Indianerstämme auch ihre „treaty-making-power" der Regierung gegenüber, was auch durch das Gesetz 25 USCA § 71 sanktioniert wurde, aufgrund dessen „no tribe should thereafter be recognised as an independent nation with which the United States could make treaties".[58]

(d) Die Politik der „Ghettoisierung" der Indianer in Reservaten wurde aber bald als fehlerhaft erkannt und in der Periode 1887 bis 1934 durch eine Politik der Landzuweisung („General

Allotment Act 1887" oder „Dawes Severalty Act") und einer forcierten Assimilierung ersetzt. Durch die Bewirtschaftung eigener Landparzellen sollten die Indianer domestiziert und in die traditionelle ländliche Bevölkerungsstruktur eingegliedert werden. Diese Periode wurde als „an orgy of exploitation, with Indian lands being singled out for sacrifice to the westward expansion" charakterisiert,[59] die zu einer dramatischen Verringerung des traditionellen Stammeslandes der Indianer von 138 Mio. acres im Jahre 1887 auf bloß 48 Mio. acres im Jahre 1934 führte, von denen wiederum mehr als 20 Mio. acres entweder Wüste oder Halbwüste waren.[60]

(e) Nach der Erkenntnis des Scheiterns auch dieser „Allotment"-Politik kam es zu einer neuerlichen Änderung der „Indianer-Politik" der amerikanischen Regierung, die 1934 den Indian Reorganization Act erließ, durch den der Versuch unternommen wurde, das verbliebene Indianerland zu schützen und den darauf lebenden Stämmen gewisse Formen von Selbstverwaltung zu gewähren. Staatlicherseits wurde auch versucht, den Indianerstämmen neuerliches Land und Wasserrechte zuzuteilen. Diese Politik der Reorganisierung und Erhaltung der Indianerstämme wurde von 1934 bis 1953 betrieben, bis sie durch eine neue Politik, nämlich die der Aufhebung der Stammesgesellschaften und der Öffnung der Reservate abgelöst wurde.

(f) Diese Periode wurde 1953, im ersten Regierungsjahr Präsident Eisenhowers, durch die Res.108 beider Häuser des Kongresses, des Repräsentantenhauses und des Senates, eingeleitet, in der es zur offiziellen Politik des Kongresses erklärt wurde, „to make the Indians within the territorial limits of the United States subject to the same laws and entitled to the same privileges and responsibilities as are applicable to other citizens of the United States, and to grant them all the rights and prerogatives pertaining to American citizenship". Diese an sich „gutgemeinte" Gleichstellung der Indianer (als Völker) hatte aber noch verheerendere Konsequenzen und führte zu einer Auflösung von 109 Stammesgesellschaften – mit 11.466 Angehörigen – und zur Aufgabe von 1,362.155 acres Indianerland.[61] Individuell hatten die einzelnen Angehörigen von Indianerstämmen ja bereits im Jahre 1924, durch den „Omnibus Indian Citizenship Act" alle Rechte aus der amerikanischen Staatsbürgerschaft erhalten.

(g) Die Phase seit dem Ende der 60er-Jahre bis heute ist wiederum gekennzeichnet als die „indianischer Selbstbestimmung", die 1970 mit der „Message to Congress" Präsident Nixons – in der die formelle Anerkennung indianischer Staatengesellschaften vorgenommen und das Abrücken von der Politik forcierter Assimilierung für alle Zukunft versprochen wurde – begann und in die Zuteilung einer Reihe juristischer Prärogative an die Indianerstämme mündete, die anderen „Minderheiten", wie z. B. den Schwarzen, den Iren, den Hispanics etc. nicht konzediert wurden.[62] Im besonderen bestehen diese Vorrechte in erweiterten Jagd-, Fischerei-, Wasser- und Forstrechten. Damit soll den speziellen entwicklungspolitischen Bedürfnissen der indigenen Indianerbevölkerung Rechnung getragen werden.

Im Zuge dieser Politik kommt es auch immer wieder zu vereinzelten Kompensationszahlungen, wie z. B. die, die der amerikanische Kongreß am 13. Oktober 1993 an die Indianer vom Stamm der Catawba beschlossen hat. Diesbezüglich sollen 7,5 Mio. US-$ gleichmäßig unter die noch verbliebenen 1.300 Stammesmitglieder aufgeteilt werden. Damit wird ein 150 Jahre andauernder Streit über ein rund 200 km² großes Gebiet im Staat South Carolina definitiv beigelegt. Die Catawba hatten die Regierung von South Carolina im Jahre 1980 auf Rückgabe ihres Stammesterritoriums geklagt, das sie bereits 1840 an den Staat abgetreten hatten. Damals war ihnen im Tausch ein anderes Gebiet versprochen worden, das sie jedoch nie erhalten hatten.

2.4.2. Landrechte von Aborigines in Australien

Am 3. Juni 1992 erließ der High Court of Australia in der Rechtssache Mabo versus Queensland[63], nach einer mehr als zehnjährigen(!) Verfahrensdauer,[64] ein allgemein als sensationell empfundenes Urteil. Unter Verwerfung der bisher vertretenen „terra nullius"-Doktrin[65] stellte der australische Oberste Gerichtshof nämlich fest, daß der Stamm der Meriams – dem der Kläger,

Eddie Mabo, angehörte - der legale Eigentümer gewisser Gebietsteile der Murray Islands (Mer, Dauar und Waier), nämlich der Insel Mer, ist. Als erstes, stattgebendes, Urteil eines (australischen) Höchstgerichts über territoriale Ansprüche indigener Bevölkerungen wird es im anglo-amerikanischen Rechtskreis, der unter der präjudiziellen, „stare decisis"-Doktrin steht, in Zukunft sicherlich entsprechende Beachtung finden.

Ein erster Versuch, den der Yirrkala-Stamm im sog. „Gove-Fall" bereits im Jahr 1971 gegen die Ausbeutung von Bauxit-Vorkommen auf seinem Stammesgebiet unternommen hatte,[66] scheiterte ebenso, wie der Fall Coe versus Commonwealth of Australia,[67] wenngleich letzterer bereits den Weg für die Klage Mabo`s im Jahre 1982 ebnete. Der umfassend begründete Urteilsspruch in der Rechtssache Mabo v. Queensland (1992) stellte in seinem Tenor fest:„. . . that the Meriam people are entitled as against the whole world to possession, occupation,use and enjoyment of the island of Mer . . .; that the title of the Meriam people is subject to the power of the Parliament of Queensland and the power of the Governor in Council of Queensland to extinguish that title by valid exercise of their respective powers, provided any exercise of those powers is not inconsistent with the laws of the Commonwealth". Damit wurde zwar der Bestand des ursprünglichen Gebietstitels der Meriam über die Insel Mer anerkannt, zugleich aber sowohl das Parlament als auch der Gouverneur ermächtigt, diesen Titel – im Namen der britischen Krone – durch ausdrückliche Willenserklärung zu invalidieren.

Wenngleich die faktischen Voraussetzungen für die Anerkennung des Landtitels des Stammes der Meriam besonders günstig waren – sie konnten auf einer kleinen, abgelegenen Insel eine historisch ununterbrochene Innehabung und Kultivierung des Territoriums nachweisen – und eine präjudizielle Ausweitung dieses Judikates „erga omnes" daher nicht so ohne weiteres erwartet werden kann, so haben doch bereits eine Reihe von Angehörigen weiterer indigener Völker Australiens Klagen, vor allem gegen Bergbaugesellschaften, angestrengt. Damit werden die australische Regierung und das Parlament in Zukunft eine schwierige Vorteilsabwägung zwischen dem Schutz indigener Bevölkerungen, der Ausbeutung von Bodenschätzen, der Sicherung von Arbeitsplätzen etc. vorzunehmen haben.

Am 30. Juli 1993 legte die Regierung Keating einen durch das Mabo-Urteil fällig gewordenen Gesetzesentwurf über die Landrechte der Ureinwohner vor, der den Aborigines rechtlich dann Anspruch auf ein Land erheben läßt, sofern sie nachweisen können, daß sie in den vergangenen 200 Jahren eine enge Beziehung zu diesem Land gehabt haben. Den Aborigines steht allerdings kein Vetorecht gegen die Ausbeutung ihres Landes zu, doch wird ihnen ein „Recht auf Verhandlungen" konzediert, wohl in der Hoffnung, daß sie sich dabei mit den Bergbaugesellschaften arrangieren werden. Sollte keine Einigung zustande kommen, so würde ein neu zu schaffendes Gericht einen Entscheid fällen müssen. Es soll aber dem Commonwealth oder der betroffenen Gliedstaatsregierung freistehen, einen solchen Gerichtsentscheid umzustoßen, sofern dieser nicht mit „nationalen Interessen" vereinbar ist. Der Gesetzesentwurf sieht des weiteren nur beschränkte Kompensationszahlungen vor und hält fest, daß die Aborigines keine Ansprüche auf Land stellen können, das derzeit landwirtschaftlich, touristisch oder als Wohnland genutzt wird. Ausgenommen davon sind Pachtverträge mit Bergbaugesellschaften. Anfang August 1993 kamen 400 Stammesführer im Land der „Frosch-Traum-Zeit" (in der Nähe von Katherine Gorge in Nordaustralien) zusammen, um über eine gemeinsame Haltung in der Landfrage zu beschließen. Dies war, nach Aussage der Veranstaltungsteilnehmer, „die wichtigste Zusammenkunft von Aborigines in ihrer 40.000jährigen Geschichte", zu der auch nur Premierminister Keating und der für die Aborigines zuständige Minister, Tickner, eingeladen wurden.[68]

Nach monatelangen Verhandlungen kam es schließlich am 18. Oktober 1993 zu einem Kompromiß, aufgrund dessen die Validierung der bestehenden Bodenrechtsverträge den Gliedstaaten überlassen bleibt. Bereits bestehende Besitz- oder Pachtverträge setzen die neuen Rechtsansprüche außer Kraft, außer bei Bergbauunternehmen, wo nach Abschluß der Ausbeutung die ursprünglichen Rechte der Eingeborenen wieder in Kraft treten. Aborigines können für den

Verlust von Landrechten im Rahmen eines noch auszuarbeitenden Abkommens für soziale Gerechtigkeit Entschädigung verlangen; die Höhe der erwarteten Entschädigungen wird sich dabei voraussichtlich auf Hunderte von Mio. australischer Dollar belaufen. Den Aborigines steht kein Veto bezüglich der geplanten Ausbeutung von Land in ihrem Besitz zu, sie müssen jedoch konsultiert werden. Wo Aborigines Landrechte nachweisen wollen, müssen sie belegen können, daß sie bereits „von jeher" eine direkte Beziehung („genuine link") zu dem betreffenden Boden gepflogen haben.[69]

Am 22. Dezember 1993 kam es schließlich zur Verabschiedung des neuen Landrechtsgesetzes („Native Title Act"), das mit 1. Jänner 1994 in Kraft trat.[70]

2.4.3. Landrechte von Indios in Lateinamerika

2.4.3.1. Die Ausrottung der Urbevölkerung Amerikas

Bevor nachstehend exemplarisch auf die beiden konkreten Fälle der Yanomami- und der Huaorani-Indianer eingegangen wird, soll vorab eine kurze Darstellung der Ausrottung der amerikanischen Urbevölkerung seit der Entdeckung Amerikas im Jahre 1492 gegeben werden, damit man sich die „Größenverhältnisse" dieses Problembereichs besser vergegenwärtigen kann. Zu berücksichtigen ist dabei allerdings, daß die Quellen extrem unterschiedliche Schätzungen aufweisen.

Nach der sehr vorsichtigen Schätzung von Angel Rosenblat sank die Gesamtbevölkerung der Ureinwohner Amerikas von 13,3 Mio. im Eroberungsjahr 1492 auf 10,8 Mio. Menschen im Jahre 1570. Eine andere Quelle, nämlich H.F. Dobyns, weist wiederum für das Jahr 1492 zwischen 90 und 112 Mio Menschen in beiden Amerikas aus, von denen um 1650 nur noch ca. 4,5 Mio. übriggeblieben waren – damit wären mindestens 85,5 Mio. Menschen in anderthalb Jahrhunderten umgekommen. Woodrow Borah wiederum weist für das Jahr der spanischen Eroberung des Aztekenreiches, nämlich 1519, allein für Zentralmexiko eine Einwohnerzahl von über 25 Mio. aus, die im Jahre 1605 auf 1 Mio. dezimiert worden waren. Im ganz Mexiko sollen nach einer – allerdings höchst spekulativen, auf der Möglichkeit voller Landnutzung aufbauenden – Schätzung von Helmuth Wagner im Jahre 1519 80 bis 120 Mio. Indianer gelebt haben, wovon heute nur noch etwa 200.000 übriggeblieben sind. Ebenfalls laut Wagner sollen auf der mexikanischen Halbinsel Yucatán im Jahre 1519 etwa 1,6 Mio. Maya gelebt haben, nach einer anderen Schätzung von Sylvanus Morley aber rund 3 Mio. Im Jahre 1784 waren es nur noch ganze 264.621 Personen.[71] Das Hauptproblem der Ureinwohner beider Amerikas war aber die „mestizaje", d. h. die Vermischung der indigenen Bevölkerung mit der aus Europa eingewanderten Bevölkerung, die erstere voll an letztere „akkulturierte".

Zur Konstrastierung soll dazu noch die Gesamtbevölkerung beider Amerikas dargestellt werden. Helmut Knolle[72] weist für den Zeitraum 1750 bis 1980 folgende Bevölkerungszahlen für Nordamerika bzw. Mittel- und Südamerika aus:

	1750	1850	1950	1980
Nordamerika	1* Mio	26 Mio	167 Mio	246 Mio
Mittel- und Südamerika	11**Mio	33 Mio	162 Mio	368 Mio

* Nur Weiße
** Nur Weiße und seßhafte Indianer

Einigermaßen gesichert sind die Zahlen aber erst für das gegenwärtige 20 Jhdt.; bis 1910 überlebte knapp 1 Mio. der indianischen Urbevölkerung in Südamerika, heute sind es kaum noch 180.000.

2.4.3.2. Demarkationsprobleme indianischen Territoriums in Südamerika

Das Beispiel der Demarkation des Landes der Yanomami- und Huaorani-Indianer im tropischen Regenwald Brasiliens und Ekuadors belegt, daß ohne genaue Sicherung des Indianerlandes das physische, ethnische und kulturelle Überleben von Indianervölkern stark gefährdet ist. An diesen Beispielen läßt sich exemplarisch verdeutlichen, daß die Nationalstaaten – trotz gegenteiliger Beteuerungen – an der Klärung der Landrechte zugunsten der Indianervölker kein übermäßiges Interesse haben.

In Brasilien wurde im Jahre 1973 den Indianervölkern im sog. „Indianerstatut" die Delimitierung und Demarkierung sowie die rechtliche Absicherung ihres Landes bis zum Jahr 1978 zugesichert. Die Einlösung dieses Versprechens steht aber nunmehr über 20 Jahre aus, wenngleich die neue brasilianische Verfassung, die am 5. Oktober 1988 in Kraft getreten ist, in ihrem Art. 260 neuerlich verfügte, daß „die Union in den nächsten fünf Jahren die Demarkation der Indianergebiete abzuschließen (hat)". Damit wäre bereits das Jahr 1993 als Endjahr für die komplette Vermessung und Demarkierung der Indianergebiete anzusehen gewesen. Dies ist deswegen so bedeutsam, da das „Indianerland" zwar gem. Art. 234 der brasilianischen Verfassung an sich den Indianern gehört, diese Bestimmung aber nur dann ihre (volle) Wirksamkeit entfalten kann, wenn das Territorium genau konfiniert ist. Darüber hinaus ist zu beachten, daß gem. Art. 225 § 4 die brasilianischen Regenwälder „patrimónío nacional" sind, d. h. unter Naturschutz stehen und ihre Nutzung nur unter den gesetzlichen Bestimmungen erfolgen kann, die die Erhaltung der Umwelt sichern.

2.3.4.3. Landrechtsprobleme der Yanomami-Indianer in Brasilien

Die Yanomami sind das größte der noch verbliebenen Urwaldvölker Amazoniens. Ihre Zahl wird gegenwärtig auf etwa 21.000 Menschen geschätzt, die im gebirgigen venezolanisch-brasilianischen Grenzgebiet leben, 8.500 davon auf der brasilianischen Seite der Grenze im Bundesstaat Roraima. Auf der venezolanischen Seite wurde im Bundesstaat Amazonas 1991 ein 8.000 ha großes Yanomami-Reservat geschaffen, in dem noch ca. 13.000 Yanomami leben. Obwohl bzw. gerade weil in diesem Reservat ca. 10 % der Goldreserven der Welt lagern, wurden alle Bergbauaktivitäten bis zum Jahr 2050 verboten.[73]

Das Gebiet der Yanomami wurde von Brasilien Mitte der 70er Jahre durch den Bau der Perimetral Norte „erschlossen", nachdem man dort wichtige Rohstoffvorkommen (Uran, Diamanten, Zinn, Titan, Thorium und Gold) entdeckt hatte. Im Jahr 1987 setzte ein wahrer „Gold-rush" ein, und von der Hauptstadt Boa Vista aus gelangten innerhalb von drei Jahren mehr als 45.000 Goldsucher („garimpeiros") über eine Luftbrücke in das Yanomami-Gebiet, wo sie in der Folge einen regelrechten Völkermord an der indianischen Urbevölkerung verübten.[74] Am 20. Oktober 1989 erkannte der Oberste Gerichtshof in Brasilia ein 9,4 Mio. ha großes Gebiet als Indianerland an und verfügte die sofortige Entfernung der Goldgräber.[75] Die Regierung ging diesbezüglich aber mehr als zögernd vor, zählt Brasilien doch – dank dieser „garimpeiros", die landesweit auf über 500.000 Menschen veranschlagt werden können – mit geschätzten 100t pro Jahr zu den größten Goldproduzenten, wenngleich offiziell lediglich 16t deklariert werden.[76]

Bereits im September 1988 hatte die brasilianische Regierung aber ein Dekret erlassen, um das zusammenhängende Yanomamigebiet in 19 kleine, räumlich voneinander getrennte, „Gebiets-Inseln" zu zerteilen. Erst massive nationale und internationale Proteste und der moralische Druck, den die im Juni 1992 in Río de Janeiro veranstaltete UNCED auf die brasilianische Regierung ausübte, ließ den damaligen Präsidenten Collor de Mello Ende Juli 1992 diese Regelung zurücknehmen und ein Dekret zur Anerkennung eines zusammenhängenden Stammesgebietes der Yanomami-Indianer ausfertigen.[77] Wenngleich damit die Yanomamis über ein Habitat von beinahe 10 Mio. ha verfügen, ist die Gefahr, die ihnen von den „garimpeiros" (Mord, Seuchen, Umweltzerstörung etc.) droht, noch nicht gebannt. Dies sollte sich auf tragische Weise bewahrheiten, als am 8. August 1993 23 „garimpeiros" in der Yanomami-Siedlung Haximu ein Blutbad anrichteten und eine bis heute nicht genau geklärte Zahl von Yanomami ermordeten.[78] Viele andere Indianergebiete warten in Brasilien überhaupt noch darauf, demarkiert zu werden. Von 526 Indianergebieten auf brasilianischem Staatsgebiet sind bis heute lediglich 196 (= 37 %) rechtskräftig anerkannt, 93 (= 18 %) vermessen und mit einer gesetzlichen Grundlage versehen, 147 (= 28 %) in der Vermessungsphase und 90 (= 17 %) ohne jede Regelung.[79] Zu allem Überdruß ließ Justizminister Mauricio Correa verlauten, daß die Demarkationen nicht mehr fortgesetzt werden.[80]

2.4.3.4. Landrechtsprobleme der Huaorani-Indianer in Ekuador

Die Huaorani-Indianer sind das am wenigsten assimilierte Urwaldvolk unter den sechs indigenen Kulturen (Shuara, Achuara, Quechua etc.) im „Oriente" Ekuadors. Sie leben im Amazonastiefland, zwischen den Flüssen Napo und Curaray, und umfassen eine Bevölkerungsgruppe von 525 bis 3.000 Menschen,[81] wobei der Großteil davon in einem eigenen Reservat, dem 1979 errichteten „Yasuni-Nationalpark" lebt, der mit seinen 169.000 ha allerdings nur ein Zehntel ihres traditionellen Siedlungsgebietes umfaßt. 1990 wurden den Huaoranis auf Betreiben der „Confederación de Nacionalidades Indígenas de la Amazónia Ecuatoriana" (CONFENIAE) weitere 620.000 ha Land überschrieben.

Die größte Bedrohung der Huaoranis geht von den Erdölfirmen aus, an die die Behörden Ekuadors bereits Bohrkonzessionen für 90 % der Fläche Amazoniens vergeben haben. Ekuador, inzwischen mit 12 Mrd. US-$ an das Ausland verschuldet, bezieht beinahe die Hälfte seiner Einnahmen aus dem Erdölverkauf.[82] Von den 30 im ekuadorianischen Regenwald tätigen Bohrfirmen ist es insbesondere das US-Unternehmen Conoco Ecuador, Ltd. – eine Tochterfirma von Du Pont und aus einem Konsortium de Firmen OPIC, Maxus, Nomeco, Murphy und Canan Offshore Ltd. bestehend – das die Landrechte der Huaorani am meisten bedroht. Conoco plant in Block 16 des „Yasuni Nationalparks" (!) nach Öl zu bohren und will zur Erschließung dieser Förderanlage eine 175 km lange Straße und Pipeline quer durch das Territorium der Huaorani bauen. Die bereits bisher verursachten Umweltschäden der Ölfirmen sind, nach Darstellung der „Dirección General de Medio Ambiente" (DIGEMA), verheerend und haben zur Kontaminierung der traditionellen Jagd- und Fischereigründe der Indianer geführt. Die Ölfirmen fördern durch ihre Geschenke an die Huaorani aber auch deren Seßhaftigkeit und Assimilierung, wobei sie sich mehr und mehr der Hilfe nordamerikanischer Missionsunternehmen bedienen.[83] Besondere Erwähnung verdienen in diesem Zusammenhang die Missionare der/des „Wycliff-Bible-Translators/Summer Institute of Linguistics" (SIL) aus den USA, die zwar bereits 1981 offiziell des Landes verwiesen wurden, ihre Missionierung der Urbevölkerung aber noch immer nicht aufgegeben haben.

Im Mai 1990 machten schließlich Hunderttausende Indianer in Ekuador mit Hungerstreiks, Land- und Kirchenbesetzungen, Straßenblockaden und Streiks auf ihre unhaltbare Lage aufmerksam und übergaben der Regierung ein 16 Punkte umfassendes Forderungsprogramm. Darin verlangte die Dachorganisation CONFENIAE unter anderem eine Autonomieregelung für die Urbevölkerung, eine Rückgabe des ihnen traditionell zustehenden Landes, ein Verfügungsrecht über die darunter liegenden Rohstoffe und die Beilegung von über 100 schwelenden Landkonflikten. Außerdem sollte Ekuador zu einem Vielvölkerstaat erklärt und die indianische Sprache, Kultur und Medizin staatlich gefördert werden[84] Da die Verhandlungen ergebnislos endeten, brachte die CONFENIAE im Juni 1990 eine Beschwerde bei der „Inter-Amerikanischen Menschenrechtskommission" ein. Als Mitglied der von ihr am 8. Dezember 1977 ratifizierten „Amerikanischen Menschenrechtskonvention" (1969)[85] akzeptierte Ekuador ja ipso facto die Zuständigkeit der Inter-Amerikanischen Menschenrechtskommission.[86] Gem. Art. 44 der Amerikanischen Menschenrechtskonvention und Art. 26 der Geschäftsordnung der Inter-Amerikanischen Menschenrechtskommission kann eine solche Beschwerde VON jeder

Person oder Personengruppe sowie jeder in einem oder mehreren Mitgliedstaaten der OAS rechtlich anerkannte nicht-staatliche Einheit – und damit sowohl von einem Mitglied der Huaorani, dem Stamm der Huaorani selbst oder einer damit beauftragten Nicht-Regierungsorganisation (NRO) – eingelegt werden.[87]

In einem ähnlichen Fall, dem sog. „Yanomami-Fall",[88] kam die Inter-Amerikanische Menschenrechtskommission 1985 zu dem Schluß, daß die mit der Prospektierung und Gewinnung von Öl verbundenen Infrastrukturmaßnahmen eine drastische Verminderung der Gesundheit und damit der Lebenserwartung der Urbevölkerung (der Yanomami) nach sich ziehen und auch zur Vertreibung der indigenen Bevölkerung aus ihren traditionellen Lebensräumen führen. Die damit verbundenen Wohlfahrtseinbußen der Yanomami müssen so gering als möglich gehalten werden.[89]

Daneben stünde den Huaorani aber auch noch die Möglichkeit einer Beschwerde gem. Art. 27 des UN-Paktes über bürgerliche und politische Rechte (1966)[90] zu, den Ekuador ebenfalls ratifiziert hat.

2.4.3.5. Landrechtsprobleme der Indios in Chiapas/Mexiko

Zur Kontrastierung mit den Landproblemen der indianischen Urbevölkerung des tropischen Regenwaldes soll hier auch noch kurz auf den jüngsten Fall eines Land- und „Minderheiten"-Konflikts in Lateinamerika,[91] nämlich den Aufstand der „Zapatistischen Nationalen Befreiungsarmee" („Ejercito Zapatista de Liberación Nacional", EZLN) in der mexikanischen Provinz Chiapas, eingegangen werden. Der zu Neujahr, am 1. Jänner 1994, ausgebrochene bewaffnete Aufstand von Indiobauern im südostmexikanischen Gliedstaat Chiapas überraschte offensichtlich die mexikanische Regierung, die nur zögernd reagierte und auch vorerst das Heer nicht anwies, die Rebellion zu beenden. Die Truppen des EZLN, im Umfang von bis zu 200 Mann, sollen sich fast ausschließlich aus Eingeborenen der Lacandona-Region rekrutieren. In einem Kommuniqué ließen die Aufständischen verlauten, daß gegen die Eingeborenen in Chiapas seit vielen Jahren ein nicht-erklärter, völkermörderischer Krieg im Gange sei, dessen man jetzt müde sei.[92] Am 12. Jänner 1994 kam es schließlich zu einem provisorischen Waffenstillstand, woran sich Gespräche über Frieden und Versöhnung zwischen dem persönlichen Beauftragten von Präsident Salinas, Manuel Camacho Solís, und 19 Vertretern des EZLN anschlossen, die am 3. März 1994 zu einer ersten Grundsatzeinigung über 34 Forderungen des EZLN führten. Dabei stand naturgemäß die Landfrage im Vordergrund, wobei vor allem eine Revision von Art. 27 der Verfassung gefordert wurde, der den freien Handel mit Grundstücken erlaubt und damit den Fortbestand des Kommunallandes im Besitz der indianischen Dorfgemeinschaften in Frage stellt. Die Regierung verpflichtete sich dementsprechend, dem Bundeskongreß im April 1994 ein Gesetz über die Eingeborenengemeinden vorzulegen; darin soll die Abgabe von landwirtschaftlich nutzbarem Boden, nötigenfalls durch die Enteignung und Parzellierung von Latifundien, der Schutz des bestehenden Gemeindelandes sowie die Rückgabe gestohlener Territorien vorgesehen werden.[93]

Die brutale Ausbeutung und Unterdrückung der Eingeborenenbevölkerung in dem an Guatemala angrenzenden Gliedstaat hat schon in der Vergangenheit die Formel einer „Guatemalisierung" Chiapas hervorgebracht, da auch in Guatemala eine kleine Minderheit seit Jahrhunderten die indianische Bevölkerungsmehrheit gewaltsam unterdrückt. Diese Behauptung wurde regierungssamtlich aber immer wieder damit zurückgewiesen, daß solche Verhältnisse seit der mexikanischen Revolution (1910 bis 1917) nicht mehr bestünden. Trotzdem ist der Vergleich zwischen Chiapas und Guatemala nicht ganz abwegig: Chiapas kam erst vor 170 Jahren von Guatemala an Mexiko und auch die Bevölkerungsverhältnisse sind ganz ähnlich: Chiapas ist der einzige mexikanische Gliedstaat mit einer indianischen Bevölkerungsmehrheit. In Mexiko selbst beträgt der Anteil der Indios an der Gesamtbevölkerung bloß 14 %.[94] Als zu Beginn der 80er-Jahre Zehntausende von Guatemalteken vor dem Terror der Militärs nach Chiapas flohen, kamen die mexikanischen

Behörden dem Ersuchen Guatemalas auf Umsiedlung der Guerilleros in das Landesinnere sofort nach, um damit zum einen Retorsionsmaßnahmen zu vermeiden und zum anderen um auch die eigene indianische Bevölkerung nicht allzusehr in Kontakt mit der Guerilla aus dem Süden treten zu lassen.[95]

Chiapas kennt eine lange Tradition von Landkonflikten. Nachdem sich die nach der spanischen Eroberung verbliebenen Waldbewohner (Choles und Tzeltales) ergeben hatten, wurden sie zur Zwangsarbeit auf die Haciendas im Hochland verschleppt. Die Konzentration des Bodenbesitzes erfuhr ab der Mitte des 20. Jhdts. nochmals eine gewaltige Steigerung, nachdem die Zucker- und die Baumwollindustrie weiter ausgedehnt wurden. Erst 1969 zahlte der Staat die Großgrundbesitzer aus, diese verließen aber trotzdem nicht ihren Boden und wollten mit gekauften „pistoleros" die alte Ordnung wieder herstellen. Um einen offenen Konflikt zu vermeiden, schob man die landlosen Eingeborenen in den Urwald, die „Selva Lacandona" ab. Das war der Beginn der „Erschließung" der Selva Lacandona, des mit 15.000 km² einzigen Urwaldes Mexikos. Vor mehreren Jahrzehnten lebten dort allein die oftmals als „Nachfahren der Maya" bezeichneten Lacandonen. Heute ist die Selva Lacandona hingegen einer der am dichtesten besiedelten Primärwälder der Erde, mit Hunderttausenden von Siedlern (vor allem Tzeltales, Choles, Tzotziles) in seinem Inneren. Es ist geradezu eine Ironie der Geschichte, daß diese Indianer auf der Flucht vor Landkonflikten und auf der Suche nach einem Stück Boden wieder in ihr ursprüngliches Herkunftsgebiet zurückkehren, aus dem sie seinerzeit von den Spaniern vertrieben wurden.

Den im Dienst der Großgrundbesitzer stehenden mexikanischen Behörden ist nun ein besondere Trick eingefallen, um das Heer der Kleinbauern im Urwald zu „neutralisieren". Sie überschrieben rund 40 % der Selva den Lacandonen, die nur mehr eine Population von ca. 500 Personen ausmachen. Damit haben sie nicht nur nach außen eine großzügige Geste der Urbevölkerung gegenüber gesetzt, sondern sie haben sich damit auch nicht mehr mit den Besitzrechten abertausender Kleinbauern herumzuschlagen und können mit den wenigen Angehörigen der nicht-alphabetisierten Urbevölkerung der Lacandonen schalten und walten, wie sie wollen. Darüber hinaus wurden die Kleinbauern in eigene Zentren wie Granizo, Corozal und Palestina umgesiedelt, um sie nicht nur zu konzentrieren und besser überwachen zu können, sondern um sich so auch noch ungestörter über den Rest der Selva hermachen zu können. Die Unzufriedenheit der Kleinbauern schwoll aber immer mehr an, ohne daß die Regierung dieses Protestpotential aber ernst nahm. Die große alte Dame der Selva Lacandona, die Schweizerin Gertrude Duby Blum, die zum Jahresanfang 1994 in San Cristobál de las Casas verstarb, hatte vergebends vor der Zerstörung der Selva Lacandona gewarnt und auf die Notwendigkeit der Anerkennung der Landrechte der indigenen Bevölkerung hingewiesen. Sie bekam dafür den UNO-Umweltpreis, die mexikanische Regierung ließ sich dadurch aber nicht beeindrucken.

2.4.4. Reaktionen dritter Länder auf die Landansprüche indigener Völker

Die Reaktionen dritter Staaten auf die ständig zunehmenden Reklamationen indigener Völker auf Rückerstattung ihrer traditionellen Siedlungsgebiete sind zwiespältig. Zum einen erklären sie sich an dieser Frage deswegen uninteressiert, da es in ihren Ländern ohnehin keine indigenen Völker gäbe,[96] zum anderen zeigen sie sich aber mehr und mehr bereit, an der Ausbildung völkerrechtlicher Normen zur Regelung dieses Problembereichs mitzuwirken. Andere Staaten wiederum gehen so weit, die Gewährung von Entwicklungshilfe von einer Anerkennung der Landansprüche ihrer Urbevölkerungen abhängig zu machen. So erklärte der belgische Staatssekretär für Entwicklungszusammenarbeit, Eric de Rijcke, in einer dem belgischen Senat im Jänner 1994 vorgelegten Entschließung, daß indigene Völker ein „unveräußerliches Recht" haben, auf ihrem angestammten Land zu leben und es wirtschaftlich nach ihren Bedürfnissen zu nutzen. „Sogar wenn ihr Land nicht durch Besitztitel abgesichert ist oder ihnen als heilig gilt, hat die industrielle Welt das zu respektieren ... Das bedeutet, daß die belgische Regierung versuchen wird, die Unterstützung von Staaten für dieses Prinzip zu gewinnen, wo die Rechte der Ureinwohner in Frage gestellt werden".[97] Damit will die belgische Regierung ihre Entwicklungszusammenarbeit offensichtlich künftig an die Anerkennung des Schutzes von Landrechten der indigenen Völker in Lateinamerika, Asien und Afrika binden. De Rijcke wies in diesem Zusammenhang aber auch darauf hin, daß Belgien dabei – allein schon wegen seiner kolonialen Vergangenheit – sehr behutsam vorgehen müsse. Der Dialog, vor allem mit Lateinamerika, sei sehr schwierig – lediglich mit Bolivien und Ekuador hätte es bereits „konstruktive Gespräche" gegeben – da viele dieser Staaten den Schutz der Landrechte der Ureinwohner als eine soziale und wirtschaftliche Bedrohung empfänden. Die direkte Unterstützung der indigenen Völker- wie etwa der indianischen Bewegungen in Brasilien – solle besser über nichtstaatliche Organisationen erfolgen; aber auch da sei Vorsicht geboten, da die INGOs dazu neigen, die Arbeit für die Indianer zu tun, was sehr leicht als Bevormundung interpretiert werden kann.

3. Der Schutz des tropischen Regenwaldes

3.1. Grundsätzliche Überlegungen

Der Schutz des tropischen Regenwaldes wird gegenwärtig weniger aus der Überlegung seiner Funktion als Habitat für indigene Bevölkerungen sondern vielmehr aus allgemeinen Klimaüberlegungen – Treibhauseffekt („global warming"), Desertifikation der Böden, Versandung bewässerter Gebiete, Rückgang der Artenvielfalt etc. – heraus betrieben, wobei sofort folgende grundsätzlichen politischen und rechtlichen Fragen auftauchen:

(a) Sind die Länder der Ersten Welt „Öko-Imperialisten", wenn sie auf der einen Seite die Bewahrung der tropischen Regenwälder fordern, auf der anderen Seite aber mit ihren eigenen Ressourcen nicht schonend umgehen ?[98]

(b) Steht den Ländern der Dritten Welt, z. B. aus einem bereits gewohnheitsrechtlich erstarkten Grundsatz der „permanent sovereignty over natural resources",[99] überhaupt ein unbeschränktes Nutzungsrecht eigener Tropenwaldbestände zu oder wird dieses durch bereits im Völkerrecht vorhandene „Solidarpflichten dritter Generation" eingeschränkt? Stehen die tropischen Regenwälder nicht schon längst als „Gemeinsames Erbe der Menschheit" („common heritage of mankind") fest?[100] Kommt vielleicht heute schon Konzepten wie „inter-generational responsibility" and „inter-generational justice" juristische Relevanz zu ?[101]

Macht es bei der Nutzung der Tropenwälder einen Unterschied, ob diese nur zur Sicherung der bloßen Subsistenzmittel der Bevölkerung[102] oder aber zur Erzielung von Devisenreserven dient?

(c) Sollte es bereits solche Solidarpflichten geben, die eine unbeschränkte Nutzung eigener Ressourcen nicht mehr zulassen, wie steht es dann:

(ca) mit der Zulässigkeit der Einflußnahme dritter Staaten auf den Nutzerstaat? Welche Form der Einwirkung würde am „Interventionsverbot" des Art. 2 Abs. 7 SVN ihre Grenze finden?

(cb) mit der Zulässigkeit der Nicht-Nutzung, d. h. der Nicht-Aufbringung einer unter Umständen wichtigen Ressource auf den Weltmarkt durch den Staat, der diese (exklusiv) innehat (z. B. aus Spekulationsgründen)? Steht einem solchen Vorgehen unter Umständen ein vielleicht schon bestehendes völkerrechtliches „ius commercii" entgegen, das diesen Staat aus Solidargründen zu einer Aufbringung auf dem Weltmarkt und einer verpflichtenden Vermarktung seiner knappen Ressource zwingt?

All diesen völkerrechtlichen Fragestellungen kann an dieser Stelle aus Raumgründen nicht näher nachgegangen werden. Sie müssen aber bei der nachstehenden Darstellung der gegenwärtigen Situation der Ausbeutung des tropischen Regenwaldes stets mitbedacht werden. Ganz grundsätzlich soll hier dazu nur angemerkt werden, daß jedem Volk zwar die autonome Verfügung über seine Naturschätze zusteht, dieses Souveränitätsrecht aber nicht absolut, sondern nur relativ verstanden und ausgeübt werden darf. Das heißt mit anderen Worten, daß die Nutzung dieser Ressourcen nur unter Berücksichtigung der bestehenden nachbar- und umweltrechtlichen völkerrechtlichen Normen geschehen darf.[103]

3.2. Der tropische Regenwald als ökologische Ressource

3.2.1. Klimaveränderungen durch Waldvernichtung

Der tropische Regenwald ist in einem dramatischen Schrumpfungsprozeß begriffen. In den letzten 180 Jahren schrumpfte die Waldfläche der Erde um 25 % auf 29 Mio. km², wobei die größten Verluste in Westafrika (mit über 21 %), in Mittelamerika (mit 18 %) und in Südostasien (mit 11 %) zu verzeichnen waren.[104] Trotzdem sind noch immer 40 % der Landgebiete der Erde mit Wald bedeckt, von dem mehr als die Hälfte in den Tropen steht. Dort werden aber jährlich 7,5 Mio ha Regenwald – d. h. 0,6 % des Gesamtbestandes – ökologisch mehr oder weniger vernichtet; dazu wird Holz auf 11 bis 15 Mio. ha in den tropischen Regenwäldern eingeschlagen. Schreitet die Zerstörung in diesem Umfang fort, werden im Jahr 2000 10 bis 20 % des Pflanzen- und Tierbestandes auf der Erde verschwunden[105] und in 50 Jahren der letzte Baum abgeholzt sein. Bedenkt man, daß ein ha Wald pro Jahr ca. 10t CO_2 bindet und daß die gesamte Weltbevölkerung im Jahre 2030 auf etwa 8 Mrd. Menschen angewachsen sein wird, kann man sich vorstellen, daß der Kohlendioxydgehalt der Atmosphäre dramatisch ansteigen wird. Zur Zeit verbraucht jeder Mensch auf der Welt 1,45t Kohlendioxyd, eine Zahl, die bei dem zu erwarteten Bevölkerungszuwachs auf 0,35t/Person reduziert werden muß, um den Kohlendioxydgehalt der Atmosphäre auch nur auf dem derzeitgen Stand zu halten. Da in der Biomasse der tropischen Regenwälder Kohlenstoff (C) gebunden ist, würde z. B. ein Abbrennen der gesamten Waldbiomasse im Amazonas-Becken (= 20 % des C der Erdatmosphäre) etwa 275 Mrd.t CO_2 in die Atmosphäre entlassen. Obwohl ein gewisser Teil des CO_2 in den Ozeanen gepuffert und auch durch Photosynthese wieder in neue Vegetation gebunden wird, würde doch der größte Teil in der Atmosphäre verbleiben und den CO_2-Gehalt um etwa 10 % erhöhen. Dieser Wert käme noch zu dem globalen CO_2-Anstieg hinzu, der während der letzten 130 Jahre (1850-1980) durch Verbrennen fossiler Brennstoffe und bisherige Brandrodung 18 % betrug.[106] Bei der erwarteten Verdoppelung des CO_2-Gehalts in der Atmosphäre innerhalb der nächsten 40 Jahre gehen Modellrechnungen davon aus, daß dies zu einer mittleren Temperaturerhöhung um 1,5 bis 4° C führen würde, was wiederum eine Anhebung des des Meeresspiegels um 5 bis 10 Meter zur Folge haben würde.

3.2.2. Die Vernichtung des tropischen Regenwaldes Amazoniens

a) Mehr als die Hälfte des zerstörten Regenwaldes fällt in Lateinamerika dem „Fortschritt" zum Opfer, wobei dort aber allein noch 56 % der gesamten Weltreserven an feuchtem tropischen Laubwald stehen, allein ein Drittel davon in Brasilien. Von der 3,88 Mio. km² betragenden Waldfläche Amazoniens waren bis zum Jahr 1957 erst 0,7 % gerodet. 1978 betrug dieser Anteil 2,0 %, 1980 3,2 % und 1984 bereits 5,2 %, was einer Fläche von fast 200.000 km² entspricht. Mitte 1988 erreichte die gesamte Rodungsfläche im brasilianischen Amazonien bereits knapp 600.000 km², d. h. 15,4 % der Waldfläche.[107] Das bedeutet eine Verdreifachung der vernichteten Regenwaldfläche innerhalb von dreieinhalb Jahren, oder anders ausgedrückt: allein im Jahre 1988 ist eine Fläche von ca. 270.000 km² der Brandrodung zum Opfer gefallen. Dieser Wert eines einzigen Jahres übertrifft die Gesamtfläche der Bundesrepublik Deutschland um fast 10 % (!).[108] Vom brasilianischen Weltrauminstitut INPE wurde für das Amazonas-Gebiet ab 1989 eine Abholzungsrate von 24.000 km²/Jahr ermittelt.[109]

Mit Hilfe von Satellitenaufnahmen des vorerwähnten INPE wurden in Brasilien allein in den drei Monaten von September bis November 1991 ca. 500.000 (!) Brandherde, die meisten in der Amazonasregion und im Mittelwesten des Landes, gezählt.[110] Dabei ist gem. Art. 27 einziger §

des Código Florestal[111] die Brandrodung strikt verboten, soferne nicht besondere örtliche Gegebenheiten dies rechtfertigen, oder die Erlaubnis einer öffentlichen Stelle vorliegt.

b) Vor Inkrafttreten der neuen Verfassung vom 5. 10. 1988[112] gab es in Brasilien keine explizite verfassungsrechtliche Verankerung des Umweltschutzes. Der Verfassungszusatz Nr. 1 vom 17. Oktober 1969[113] schuf erstmals ausschließliche Kompetenzen für den Bundesgesetzgeber – allerdings interessanterweise im Bereich des Gesundheitswesens (!) – um folgende Bereiche umfassend zu regeln: Dürreprobleme, Überschwemmungen, Bergbau, Waldnutzung, Fischerei, Jagd, Wassernutzung, Energiegewinnung etc. Umweltschutzpolitik in Brasilien war daher vor der Verfassungsnovelle 1988 Gesundheitsfürsorgepolitik auf Bundesebene. Erst das Gesetz Nr. 6938 vom 31. August 1981 schuf die Rechtsgrundlagen für eine nationale Umweltpolitik (Politica Nacional do Meio Ambiente) und einen nationalen Rat für die technische Überwachung des Umweltschutzes. Diese Grundzüge wurden anschließend im Titel VIII, Kap. VI, Art. 225, § 10,Ia VII, §§ 2,3 („Über die Umwelt") der brasilianischen Verfassung 1988[114] niedergelegt und sieben Tage nach der Verkündung dieser Verfassung in dem vom brasilianischen Präsidenten durch Dekret Nr. 96944/88 vom 12. Oktober 1988 verkündeten Programm „Nossa Natureza" weiter ausgeführt.

Gem. Art. 225 §4 der brasilianischen Verfassung werden sowohl der Amazonasregenwald als auch die Mata Atlántica, die Serra do Mar, der Pantanal im Mato Grosso und die Zona Costeira als „patrimonio nacional" deklariert. Dieses Konzept stellt eine erweiterte Form des öffentlichen Eigentums dar, die – sowohl in bezug auf die Ausübung der Souveränität als auch die Ressourcennutzung – der Regelungshoheit des Bundesstaates selbst unterliegt. Amazonien dient demnach dem Wohl der Allgemeinheit („de utilidade difusa, coletiva") und seine Nutzung untersteht dem öffentlichen Interesse.[115] Ganz allgemein wird in Art. 225 die „ökologisch intakte Umwelt als Allgemeingut des Volkes" definiert, das zu schützen „Verpflichtung der öffentlichen Gewalt und der Gemeinschaft" ist. Gem. Art. 170 VI wird der Umweltschutz auch zum Bestandteil der Wirtschaftsordnung Brasiliens erklärt.

c) Besondere Erwähnung muß an dieser Stelle aber noch der am 3. Juli 1978 zwischen Bolivien, Brasilien, Ekuador, Guyana, Kolumbien, Peru, Surinam und Venezuela gegründete Amazonas-Pakt („Pacto Amazónico")[116] finden, dessen Ziel u.a. auch die Erhaltung des Amazonasregenwaldes ist, wenngleich in Art. VII vom Bedarf einer rationalen Ausbeutung der Flora und Fauna der Amazonasregion die Rede ist. In den zehn Jahren von 1978 bis 1988 wurden in praktisch allen acht Amazonas-Anliegerstaaten Dachorganisationen der jeweiligen Amazonas-Indianervölker eingerichtet, die sich auch auf kontinentaler Ebene mit der „Coordinadora de las Organizaciones Indígenas de la Cuenca Amazónica" (COICA) zu vernetzen begannen. Die COICA wurde unter besonderer Ausrichtung am Amazonas-Pakt gegründet, verband 1989 aber erst die indigenen Organisationen aus fünf Mitgliedstaaten desselben: AIDESEP/Peru, CIDOB/Bolivien, CONFENIAE/Ekuador, ONID/Kolumbien und UNI/Brasilien. 1988 wurden im Schoß des Amazonas-Paktes sechs spezielle Kommissionen zum Schutz und zur Entwicklung der Amazonas-Region eingerichtet, von denen sich die „Amazonia Special Environmental Commission" (CEMAA) mit dem Schutz der Umwelt und die „Amazonia Special Commission on Indigenous Affairs" (CEAIA) mit Indianerfragen beschäftigt[117]. Am 6. Mai 1989 wurde in Manaus durch die Präsidenten der acht Mitgliedstaaten des Amazonas-Paktes die „Amazon Declaration"[118] unterzeichnet, in der sie sich nicht nur dazu verpflichteten, sich je einmal im Jahr zu einem „follow-up" zu treffen, sondern darüber hinaus auch dazu, die am 7. März 1989 beschlossene „Declaración de Quito" zu beachten, in der sie unter anderem einen Ausweg aus der tiefgreifenden Wirtschaftskrise ihrer Länder durch ein auf die Ausbeutung der natürlichen Ressourcen der Amazonas-Region angeregt hatten. Dementsprechend hielten sie in Punkt 4. der „Amazon Declaration" auch fest: „We reaffirm the sovereign right of each country to manage freely its natural resources, bearing in mind the need for promoting the economic and social development of its people and the adequate conservation of the environment."

Trotz der dargestellten Aktivitäten im Rahmen des Amazonas-Paktes kann man wohl feststellen, daß der Amazonas-Pakt in den fünfzehn Jahren seiner bisherigen Existenz zu keiner nennenswerten Verbesserung der Ökologie des Amazonas-Raumes geführt hat.[119] Bis Ende 1991 wurden allerdings 20 Projektanträge, hauptsächlich im Bereich Umwelt und in Angelegenheiten der indigenen Bevölkerung, dem Pro-Tempore Sekretariat des Amazonas-Paktes in Quito/Ekuador zur Genehmigung und zur Finanzierung durch die einschlägigen Organisationen (UNDP, FAO, UNICEF, UNIDO, CEPAL, ITTO, ILO, IUCN, IAEB, Weltbank, EG, WWF, Gaia-Stiftung etc.) vorgelegt. Das Volumen der einzelnen bisher genehmigten Projekte beträgt zwischen 20.000 und 250.000 US-$, mit einer Laufzeit von 1 bis 4 Jahren. Das wohl wichtigste Projekt, das vor allem durch ein Übereinkommen mit den EG finanziert wird, ist das „Regionalprogramm zur Konsolidierung der Eingeborenenterritorien im Rahmen des Vertrages für amazonische Kooperation,"[120] in Verfolg dessen im April 1991 beschlossen wurde, daß die rechtliche Anerkennung der Indianer-Territorien eine besondere Priorität für die Mitgliedstaaten des Amazonas-Paktes darstellen müsse. Die Demarkierung der Grenzen der Indianer-Territorien sollte zunächst in Bolivien, Ekuador und Peru in Angriff genommen werden, wobei es gleichzeitig auch zur Ausfertigung eines gültigen Landrechts-Titels für die indigenen Völker kommen sollte. In der Praxis treffen diese Pilot-Versuche aber immer wieder auf große Schwierigkeiten, die vor allem in den vorherrschenden politischen und rechtlichen Strukturen liegen.[121]

3.2.3. Der Wald als Devisenbringer

Mit einem Ausfuhrwert von nur 135 Mio. US-$ im Jahre 1988 spielt Brasilien am Holz-Weltmarkt vorerst noch keine überragende Rolle.[122] Wie wichtig der Export von Tropenholz aber für die Staaten der „Dritten Welt" ist, belegt der Umstand, daß er 1990 zwar nur 1,6 % des Gesamtwert aller Ausfuhren aus Entwicklungsländern (ohne Ölprodukte) betrug, für viele dieser Länder aber von lebenswichtiger Bedeutung ist, wie z. B. für die Zentralafrikanische Republik (31 % der Exporterlöse), Myanmar (28 %), die Elfenbeinküste (15 %), Malaysia (13 %) etc.[123] Insgesamt erlösten die Entwicklungsländer aus dem Verkauf von Tropenholz im Jahre 1990 12,1 Mrd. US-$, wobei neben Japan und der EG China und die USA die Hauptabnehmeländer sind. Die wichtigsten Exporteure von Tropenholz sind Malaysia und Indonesien mit einem Weltmarktanteil von zusammen rund zwei Drittel.

Vorausschätzung der Ausfuhr von Rund- und Schnittholz aus den Entwicklungsländern zwischen 1980 und 2020 (in Mio m³)

	1980	1990	1995	2000	2010	2020
Afrika						
Schwacher Trend	7,9	11,4	15,4	32,8	21,6	8,1
Starker Trend	7,9	12,1	20,4	57,2	15,3	6,0
Asien/Pazifik						
Schwacher Trend	41,5	35,6	30,9	12,1	11,8	7,1
Starker Trend	41,5	28,5	28,4	15,0	7,0	5,4
Lateinamerika						
Schwacher Trend	1,2	32,2	51,7	77,0	55,4	20,7
Starker Trend	1,2	46,3	63,9	73,2	33,9	4,0

Quelle: Repetto, R. The Forest for the Trees? Government policies and the Misuse of Forest Resources, World Watch Resources Institut, 1988, S.10, zitiert nach Gawora, D.-Moser, C. Amazonien. Die Zerstörung, die Hoffnung, unsere Verantwortung, 1992, S.62

Was den Verbrauch an Tropenhölzern betrifft, so stellt sich die Entwicklung der letzten fünfzig Jahre folgendermaßen dar.

Verbrauch von tropischen Harthölzern 1950 bis 2000 (in Mio. m³)

	1950	1960	1970	1976	1980	1990	2000
Japan	1,5	4,6	20,1	22,7	35,0	38,0	48,0
USA	0,8	2,2	5,1	5,7	10,0	15,0	20,0
Europa	1,9	6,2	10,5	13,8	21,0	27,0	35,0

Quelle: Heske, H. Ökozid 3, 1988, zitiert nach Has, M. Die Zerstörung von Lebensraum und das Aussterben von kleinen Völkern, in: Gesellschaft für bedrohte Völker (Hrsg.), Land ist Leben, 1993, S. 35

3.3. Internationale und transnationale Ansätze zum Schutz des tropischen Regenwaldes

Bei den bisher gesetzten internationalen und transnationalen[124] Initiativen zum Schutz tropischer Regenwälder muß stets die jeweilige juristische Struktur und Charakteristik derselben beachtet werden. Es kann sich dabei nämlich um (a) koordinierte Aktivitäten nationaler Regierungen, (b) Maßnahmen internationaler, regierungsamtlicher Organisationen (IGOs) (z. B. UNO, EG, FAO etc.) oder (c) internationaler, nicht-regierungsamtlicher Organisationen (INGOs) (z. B. Greenpeace, Worlds Watch etc.) sowie um solche von (d) nicht-staatlichen, nationalen Organisationen handeln. Dementsprechend kann es sich bei solchen Aktivitäten überhaupt nur in den Fällen der lit.a) und b) um völkerrechtlich relevantes Rechtsgut handeln, dem aber wiederum nur im Falle völkerrechtlicher Verträge – in der Regel aber nicht im Falle von Beschlüssen von Organen von IGOs – verbindlicher Charakter zukommt.

An dieser Stelle ist es völlig ausgeschlossen, alle bisherigen Initiativen zum Schutz des tropischen Regenwaldes auch nur annähernd geschlossen darzustellen. Es soll aber zumindest versucht werden, kurz auf die wichtigsten davon einzugehen.

– Als wichtigster völkerrechtlicher Vertrag zum Schutz tropischer Wälder ist das „International Tropical Timber Agreement" (ITTA) zu erwähnen, das 1983 als Rohstoffabkommen von 36 Erzeuger- und 34 Verbraucherländer von Tropenholz unterzeichnet wurde[125] und 1985 in Kraft trat. Die gegenwärtig 44 Mitgliedsländer des ITTA repräsentieren ca. 75 % der gesamten Tropenwaldbestände und über 95 % des internationalen Tropenholzhandels. Die Laufzeit des ITTA ist mit April 1994 befristet. Erwähnung finden soll hier ebenfalls noch das „Übereinkommen über den internationalen Handel mit gefährdeten Arten freilebender Tiere- und Pflanzen" (Washingtoner Artenschutzübereinkommen) vom 3. März 1973.[126]

– Als wichtigste Internationale Organisation (IGO) ist die ebenfalls 1983 unter den Auspizien der United Conference on Trade and Development (UNCTAD) gegründete „International Tropical Timber Organisation" (ITTO), mit Sitz in Yokohama, zu erwähnen, die allerdings erst 1987 ihre Aktivitäten aufnehmen konnte. Ihr gehören gegenwärtig 43 Staaten an, die 95 % des Handels mit Tropenholz repräsentieren. 1991 verpflichteten sich die wichtigsten Tropenholzexporteure (Malaysia, Indonesien, Philippinen, Brasilien, Elfenbeinküste, Gabun und Kamerun) im Schoß der ITTO, ab dem Jahr 2000 nur mehr Holz „aus nachhaltiger Nutzung" zu exportieren („Target 2000"). Dieses Programm „Target 2000" soll als Grundlage für einen späteren völkerrechtlichen Vertrag zur verpflichtenden substanzerhaltenden Bewirtschaftung von Tropenwäldern dienen.

Daneben soll noch die 1975 gegründete „African Timber Producing and Exporting Countries Organization" (ATO)[127] mit Sitz in Libreville/Gabun sowie die „Organisation africaine du bois" (OAB) erwähnt werden.[128]

– Der wichtigste bisher international vereinbarte, völkerrechtlich aber unverbindliche, Rahmenplan ist der „Tropical Forestry Action Plan" (TFAP), der 1985 auf Initiative der FAO vorgelegt und 1986/87 von der FAO zusammen mit der Weltbank, dem Entwicklungsprogramm der VN (UNDP) und dem „World Resources Institute" vorgestellt wurde. Der TFAP soll als Leitlinie für die Erarbeitung und Umsetzung von Nutzungsstrategien auf der Ebene der einzelnen Tropenwälder dienen und Grundlage der Koordinierung der internationalen Entwicklungshilfe zum Waldschutz und zur Forstentwicklung in den Tropen sein.[129]

– Im Schoß Internationaler Organisationen wurde z. B. innerhalb der UNESCO der „World Heritage Trust-Fonds" auf der Basis der „Konvention zum Schutz des kulturellen und natürlichen Erbes der Menschheit" (1973) errichtet, der – ebenso wie das 1971 gestartete Programm „Der Mensch und die Biosphäre", bei dem allerdings der Natur- und Artenschutz im Vordergrund steht – dazu dienen soll, Ökosysteme von herausragender Bedeutung zu schützen, die bereits durch nationales Recht als Nationalparks ausgewiesen sind.

3.4. Supranationale Ansätze zum Schutz des tropischen Regenwaldes: der Fall der Europäischen Gemeinschaften (EG)

Daß sich auch die EG mit dem Schutz des tropischen Regenwaldes befassen, ist mehr als signifikant. Dies zum einen, da vordergründig für deren initiativstes Organ, das Europäische Parlament,[130] an sich keine besondere Veranlassung besteht, sich mit dieser Problematik zu beschäftigen, und zum anderen, da der Rat von der Kommission bereits mehrfach dazu angehalten wurde, tätig zu werden. In der Mitteilung der Kommission für den Rat vom 16. Oktober 1989 über „Die Rolle der Gemeinschaft bei der Erhaltung der Tropenwälder"[131] wurden bereits Leitlinien für einschlägige Aktionen der EG festgelegt. Mit der Entschließung des Rates vom 29. Mai 1990 über „Tropenwälder: Entwicklungspolitische Aspekte" wiederum wurden die Grundlagen für den Einsatz von Entwicklungsinstrumenten zum Schutz der Tropenwälder geschaffen. Im Juni 1990 forderte der Europäische Rat von Dublin die Ausarbeitung eines Aktionsprogramms zum Schutz der Tropenwälder und im Juni 1992 unterzeichnete die Gemeinschaft und ihre Mitgliedstaaten in Río de Janeiro im Schoß der UNCED die sog. „Tropenwald-Erklärung".

Am 26. Februar 1993 legte die Kommission dem Rat einen Vorschlag für eine Verordnung (EWG) betreffend Maßnahmen zugunsten tropischer Wälder (93/C 78/05) vor,[132] der auf Art. 130s und 235 EWGV gestützt ist und die Unterstützung von Aktionen zur Förderung der Erhaltung und der dauerhaften und umweltverträglichen Bewirtschaftung der Tropenwälder vorsieht. Die EWG versucht damit, durch eine eigene Maßnahme auf Gemeinschaftsebene ihre Aktionen zur Förderung der Tropenwälder im Rahmen ihrer Entwicklungspolitik und unter Einsatz aller einschlägigen Entwicklungshilfeinstrumente zu erweitern. Gem. Art. 12 soll diese Verordnung Teil eines kohärenten Konzepts sein, das auch Maßnahmen gemäß der VO(EWG)Nr. 443/92 des Rates über die finanzielle und technische Hilfe zugunsten der Entwicklungsländer in Lateinamerika und Asien sowie gemäß dem Vierten Lomé-Abkommen umfaßt. Gem. Art. 10 Abs. 1 verwaltet die Kommission die Kooperationsmaßnahmen zur Erhaltung der Tropenwälder, die dabei von einem Beratenden Ausschuß unterstützt wird.

Gem. Art. 2 Abs. 1 sind „Tropenwälder" „Wälder, Savannen und Baumbestände mit ihren jeweiligen Ökosystemen, die sowohl in trockenen als auch in feuchten tropischen und subtropischen Klimazonen vorkommen, mit den dort lebenden Ureinwohnern und sonstigen Bewohnern sowie anderen Bevölkerungsgruppen, die den Wald nutzen oder deren Tätigkeit sich auf den Wald auswirkt".

Mit diesem VO-Vorschlag stellt die EWG bewußt eine Beziehung zwischen dem Tropenwald als Ökosystem und als Habitat für die in ihm lebenden Menschen (Ureinwohner, sonstige Bewohner sowie andere Bevölkerungsgruppen, die den Wald nutzen) her. Gem. Art. 2 Abs. 4

wird dabei unter dauerhafter und umweltgerechter Entwicklung – i.S.v. Abs. 3 – die Verbesserung des Lebensstandards und des Wohlergehens der betroffenen Bevölkerung verstanden, während gleichzeitig die natürlichen Ressourcen, einschließlich der Wälder, für die künftigen Generationen erhalten werden.

Gem. Art. 3 Abs. 1 leistet die EWG finanzielle Hilfe oder technische Beratung bei Aktionen, die die Anstrengungen der Entwicklungsländer oder deren regionaler Organisationen zur Erhaltung ihrer Tropenwälder unterstützen und fördern. Gem. Art. 3 Abs. 2 können sowohl öffentliche als auch private Organisationen einschließlich Nicht-Regierungsorganisationen (NRO) und repräsentative Zusammenschlüsse von Ureinwohnern und anderen Urwaldbewohnern finanziell unterstützt werden. Gem. Art. 3 Abs. 3 werden solche Aktionen besonders berücksichtigt, mit denen die Erhaltung von Wäldern gefördert wird, die Einfluß auf globale Erscheinungen wie Klimaveränderungen und den Rückgang der Artenvielfalt haben.

Seit 1980 beteiligt sich die EWG finanziell – mit einem Betrag von insgesamt 20 Mio. ECU – an Maßnahmen zum Schutz der Tropenwälder, erhöhte ihre Beteiligung aber markant ab 1986 im Rahmen der integrierten Projekte für die ländliche Entwicklung.[133] Im April 1992 wurde, auf Betreiben des Europäischen Parlaments, ein weiterer Betrag in Höhe von 50 Mio. ECU zum Schutz der Tropenwälder bereitgestellt. Auf der UNCED in Río de Janeiro im Juni 1992 verpflichteten sich die EWG und ihre Mitgliedstaaten, einen Beitrag von 3 Mrd. ECU zur Beschleunigung der „Agenda 21" zu leisten. 1993 beschloß der Rat, davon eine erste Tranche in Höhe von 600 Mio. ECU in Schlüsselbereichen der „Agenda 21" freizugeben und zugleich noch weitere 20 % von diesen 600 Mio. ECU bereitzustellen. Alles in allem wird die EWG 1993 etwa 770 Mio. ECU in den verschiedenen Sektoren der „Agenda 21" bereitstellen, so etwa in den Bereichen effiziente Energiegewinnung und -nutzung, tropische Regenwälder, Wasserressourcen, ländliche Entwicklung, Eindämmung der Versteppung etc.[134] Als spezifische Zahlungsermächtigung zum Schutz von Tropenwäldern weist der Haushaltsposten B7-5041 im Budget der EG für das Jahr 1993 allerdings nur 30 Mio. ECU aus.[135]

3.5. Reaktion eines tropenholzimportierenden Landes – das Beispiel Österreich

Die wechselvolle Geschichte der Bemühungen Österreichs um eine Eindämmung der Raubbau-Praktiken im Einschlag von tropischen Edelhölzern spiegelt in eindrücklicher Weise die politischen und sozio-ökonomischen Zwänge wider, denen die Ressourcennutzung durch Länder der „Dritten Welt" im Rahmen ihrer „permanent sovereignty over natural resources"[136] unterliegt.

Nachdem Österreich die ILO-Konvention Nr.169 über den Schutz und die Eingliederung eingeborener Bevölkerungsgruppen ratifiziert hatte,[137] die in Art. 14 besagt, daß die Eigentumsrechte der indigenen Völker an dem von ihnen besiedelten Land anzuerkennen sind und in Art. 15 das Recht dieser Ureinwohner auf Mitbestimmung über Nutzung, Verwaltung und Schutz der Natur-Ressourcen sowie auf Gewinnbeteiligung im Falle deren Nutzung erwähnt, drängten vor allem die Grünen in Österreich auf die Verabschiedung eines einschlägigen Gesetzes. Durch ihren Gesetzesantrag vom 26.2.1992 betreffend ein Bundesgesetz, mit dem der Import von Tropischen Hölzern verboten wird,[138] wollten sie Österreich zur Übernahme einer internationalen Vorreiterrolle auf dem Gebiet des Schutzes des tropischen Regenwaldes zwingen. In abgeschwächter Form verabschiedete der Nationalrat anschließend im Juni 1992 ein Bundesgesetz zur Kennzeichnung von Tropenhölzern und Tropenholzprodukten sowie zur Schaffung eines Gütezeichens für Holz und Holzprodukte aus nachhaltiger Nutzung (BGBl. 309/1992), das mit 1. September 1992 in Kraft trat. Darin wurde zwar kein Importverbot, aber zumindest eine strikte Kennzeichnungspflicht von Tropenholz für dessen Verkehrsfähigkeit verfügt (§ 2), ebenso wie auch ein eigenes Gütezeichen für Holz und -produkte „aus nachhaltiger Nutzung" eingeführt wurde (§ 4). Zuwiderhandeln wurde in § 7 allerdings lediglich als Verwaltungsübertretung und mit einer Geldstrafe von 5.000 öS bis 1,000.000 öS sanktioniert.

Wenige Tage nach dem Erlaß dieses Gesetzes wurden auf der UN-Umwelt- und Entwicklungskonferenz in Río de Janeiro (UNCED) im Rahmen der „Agenda 21" und der „Walddeklaration" Beschlüsse gefaßt, die eine internationale, multilaterale Befassung mit der gesamten Thematik der Walderhaltung sowie nachhaltigen Waldnutzung vorsehen und einseitige Maßnahmen von Staaten verhindern sollen. Im August 1992 kam es dann zum Erlaß der VO des BMfUJF über die Kennzeichnung von Tropenhölzern, Tropenholzprodukten und Produkten, die Tropenholz beinhalten (BGBl. 539/1992).

Um diesen internationalen Vorgaben zu entsprechen und um auf internationaler Ebene gleichberechtigt mitarbeiten zu können, faßte die Bundesregierung am 26. Februar 1993 den Beschluß, die Kennzeichnungspflicht abzuschaffen und sie durch ein bloßes „Holzgütesiegel" zu ersetzen. Knapp danach wurden im Umweltausschuß des österreichischen Nationalrats drei Anträge eingebracht, aufgrund derer anstatt der Setzung einseitiger Schritte Österreichs die multilateralen Bestrebungen verstärkt werden sollten.[139] Im Gegensatz zum Antrag 365/A über ein Welt-Waldschutz- und Lebensraumschutz-Gesetz für indigene Völker fanden im Umweltausschuß des NR die beiden anderen Anträge auf Änderung des oben erwähnten Bundesgesetzes über die Kennzeichnung von Tropenholz sowie auf Schaffung international akkordierter Instrumente auf dem Gebiet der Information über Holz und Holzprodukte am 3. März 1993 Zustimmung. Der Nationalrat schloß sich diesen Anträgen an und verabschiedete Anfang April 1993 ein Bundesgesetz, mit dem das Bundesgesetz zur Kennzeichnung von Tropenhölzern und Tropenholzprodukten sowie zur Schaffung eines Gütezeichens für Holz und Holzprodukte aus nachhaltiger Nutzung geändert wird (BGBl. 228/1993), mit dem er die Kennzeichnungspflicht wieder zurücknahm und lediglich das Gütezeichen „aus nachhaltiger Nutzung" beließ. Dementsprechend wurde auch der Titel des früheren Gesetzes geändert, der nunmehr „Bundesgesetz zur Schaffung eines Gütezeichens für Holz und Holzprodukte aus nachhaltiger Nutzung" lautet. Der „Rückzieher" Österreichs war total: es wurde nicht nur die obligatorische Kennzeichnungspflicht sondern sogar jedweder Hinweis auf Tropenholz beseitigt, da es ja jetzt nur mehr um ein Gütezeichen für Holz „aus nachhaltiger Nutzung" geht. Daß damit (auch) Tropenholz verstanden werden soll, ist wohl nur mehr Experten, nicht aber der breiten Öffentlichkeit einsichtig. Vordergründig wurde diese Vorgangsweise nicht nur mit der Pflicht zum „internationalen Gleichklang", sondern auch mit der Vorbehaltsklausel des Art. XX lit.b) und g) iVm Art. XI Abs. 2 lit.b) GATT gerechtfertigt, im Hintergrund standen aber massive politische und ökonomische Interessen, die Österreich zu diesem Gesinnungswandel innerhalb kürzester Zeit veranlaßt hatten. Österreich geriet sofort nach Erlassung des Tropenholzkennzeichnungs-Gesetzes unter massivsten Druck der Holzexportländer Südostasiens, die auf der vom 17. bis 20. Februar 1993 stattgefundenen Welt-Wald-Konferenz in Jakarta nicht davor zurückschreckten, Österreich „Neokolonialismus" vorzuwerfen. Zugleich wurde Österreich auch angedroht, abschlußfertige Aufträge in Höhe von 4 bis 5 Mrd.öS zu sistieren, wodurch Österreich den einzigen Wachstumsmarkt der Welt, nämlich den südostasiatischen Raum verloren hätte.[140] Aber auch die internationale Glaubwürdigkeit Österreichs wurde durch diese Vorgangsweise nachhaltig erschüttert, da sie als Zeichen von Schwäche ausgelegt wurde, das noch dazu allen GATT-Vertragsparteien zur Kenntnis gebracht werden mußte.[141]

Anmerkungen

[1] Alfredsson, G. Indigenous populations, protection, in: Encyclopedia of Public International Law, 1985, vol 8., S.311; vgl. dazu auch die nachstehenden Ausführungen

[2] Vgl. dazu die Ausführungen zur ILO-Konvention Nr.107

[3] Vgl. dazu öBGBl. 1978/591;

[4] Vgl. dazu Hummer, W. Der Internationale Menschenrechtsschutz, in: Neuhold,H.-P.-Hummer, W.-Schreuer,C. (Hrsg.), Österreichisches Handbuch des Völkerrechts, 2. Aufl. 1991, Bd.1, S. 232; sie werden auch „Menschenrechte der dritten Dimension" genannt: Riedel, E. Menschenrechte der dritten Dimension, in: EuGRZ 1989, S.9ff.

[5] So räumte z. B. Australien erst Ende der 60er Jahre seinen „aborigines" das Bürgerrecht ein, nachdem Abschnitt 51 der Verfassung von 1901 noch bestimmt hatte: „Das Commonwealth Parlament hat laut dieser Verfassung die Macht, Gesetze für den Frieden, die Ordnung und gute Verwaltung zu verkünden, in bezug auf Menschen jeglicher Rasse außer der Ureinwohnerrasse in den jeweiligen Staaten, für die die Ausarbeitung spezieller Gesetze als notwendig erachtet wird". Rose, F. Australien und seine Ureinwohner (1976), S.129, zitiert nach Heintze, H.-J. Völkerrecht und *Indigenous Peoples*, in:ZaöRV 1990, S.56

[6] U.N. Subcommission on Prevention of Discrimination and Protection of Minorities, Study of the Problem of Discrimination against Indigenous Populations, U.N. Doc. E/CN.4/Sub.2/1986/7 & Adds.1-4 (1986), S.28

[7] World Council of Indigenous Peoples, Rights of the Indigenous Peoples to the Earth, summary of Statements submitted to the U.N. Working Group in Indigenous Peoples, July 1985, S.27

[8] Vgl. dazu z. B. die Entschließungen des Europäischen Parlaments

[9] Für die völkerrechtliche Problematik einer solchen Forderung vgl. unten

[10] Sub-Commission on Prevention of Discrimination and Protection of Minorities, Discrimination Against Indigenous Peoples: Report of the Working Group on Indigenous Populations on its ninth session, Doc. E/CN.4/Sub.2/1991,40, Geneva 1991, S.53

[11] So assimilierten sich z. B. die Indios in El Salvador in die „mestizo"-Kultur, um nach dem Genozid an 30.000 Indios im Jahre 1934, als alle Indios als Verbündete des kommunistischen Revolutionärs Farabundo Martí angesehen wurden, diesem Schicksal in Zukunft zu entgehen

[12] José Martínez Cobo, Study of the Problem of Discrimination Against Indigenous Populations, Doc. E/CN.4/Sub.2/1986/7/Add.4, geneva 1986, para. 379; vgl. dazu Has, M. Die Zerstörung von Lebensraum und das Aussterben von kleinen Völkern, in: Gesellschaft für bedrohte Völker (Hrsg.), Land ist Leben. Bedrohte Völker im Kampf gegen die Zerstörung der Umwelt, 1993, S.23

[13] Heintze (Fn. 5), S.44

[14] Santler, H. Der Kampf um das „S", in: Land ist Leben (Fn. 12), S. 248ff.

[15] Vgl. dazu Heintze (Fn. 5), S.44

[16] Vgl. dazu vor allem die Ausführungen des UN-Spezialberichterstatters zum Selbstbestimmungsrecht, Cristescu, in seinem Bericht: „The Right to Self-Determination", in: U.N. Doc. E/CN.4/Sub.2/404/Rev.1, S.41

[17] Vgl. dazu exemplarisch Arzinger, R. Das Selbstbestimmungsrecht im allgemeinen Völkerrecht der Gegenwart (1966), S.252; Kimminich, O. Rechtsprobleme der polyethnischen Staatsorganisation (1985), S.17;

[18] Vgl. dazu das Schicksal der Individualbeschwerde im Fall der Micmac-Stammesgemeinschaft versus Kanada, die 1984 durch den UN-Menschenrechtsausschuß entschieden wurde; EuGRZ 1984, S.388ff.

[19] Der Volksbegriff wird grundsätzlich von drei Gemeinsamkeiten geprägt: gemeinsame Sprache, gemeinsame Kultur und gemeinsames Schicksal (Sprachgemeinschaft, Kulturgemeinschaft, historische Gemeinschaft); Vgl. Kimminich, O. Rechtsprobleme der polyethnischen Staatsorganisation, 1985, S.17

[20] Heintze (Fn.5), S.46

[21] Vgl. z. B. Art. 231 der brasilianischen Verfassung von 1988 (Moura Rocha, B. The Brazilian Constitution of 1988, in: ZaöRV 1989, S. 81); Art. 35 Abs. 2 des Constitution Act of Canada 1982

[22] Vgl. dazu unten

[23] öBGBl.591/1978

[24] öBGBl.590/1978

[25] öBGBl.1982/527

[26] Art. 20; Text in: EuGRZ 1986, S.677ff.

[27] Vgl. Hummer (Fn. 4), S. 270

[28] Vgl. Hummer (Fn. 4), S. 269

[29] Vgl. dazu Hannum, H.-Lillich, R.B. The Concept of Autonomy in International Law, in: AJIL 1980, S.860

[30] Heintze (Fn. 5), S.52

[31] Draft general comments on Art. 27, zitiert nach Ramcharan, B. Peoples-Rights and Minorities-Rights, in: Nordic Journal of International Law 1987, S.33

[32] Vgl. z. B. den Fall der kanadischen Maliseet-Indianerin Lovelace vor dem UN-Menschenrechtsausschuß; EuGRZ 1981, S.522ff.

[33] Capotorti, F. Study on the Rights of Persons Belonging to Ethnic, Religious and Linguistic Minorities, in:UN-Doc.E/CN.4/Sub.2/1979/384/Rev.I,para.209, zitiert nach Heintze (Fn. 5), S.54

[34] Heintze (Fn. 5), S.56; vgl. dazu auch Torres, R. The Rights of Indigenous Populations: The Emerging International Norm, in: Yale Journal of International Law, 1991, S.127ff.

35 Text in: 3 American Indian Journal, Nov. 1977, S.12f.(Beilage zum Harvard Human Rights Journal)
36 UN-Doc.E/CN.4/Sub.2/1988/24,para.1
37 Report of the Working Group on Indigenous Populations on its Fourth Session, Annex IV, UN-Doc.E/CN.4/Sub.2/1985/22
38 Draft Operative paragraphs as Submitted by the members of the Working Group on 26 July 1991, UN-Doc.E(CN.4/Sub.2/AC.4/1991/CRP.2, S.2
39 UN-Doc.E/CN.4/Sub.2/1988/24; Berman, H. The International Labour Organization and Indigenous Peoples: Revision of ILO Convention No. 107 at tzhe 75th Session of the International Labour Conference, 1988, in: International Commission of Jurists, The Review No.41/1988, S. 48ff.
40 328 U.N.T.S.(1959), S.252ff.
41 Note by ILO, UN-Doc.E/CN.4/Sub.2/AC.4/1991/6, S. 3
42 Vgl. dazu oben
43 OEA/Ser.L/11.62, Doc.26 (1984), S.81
44 Vgl. dazu oben
45 OEA/Ser.L/11.62, Doc.26 (1984), S.91
46 OAS,General Assembly, Res. of November 13, 1989, 13, AG,/doc.2518/89 rev.1
47 World Bank (ed.), Operational Manual, Operational Directive 4.20 (Sept.1991), S.2
48 Archiv der Gegenwart, S. 37909
49 Archiv der Gegenwart vom 19.11.1993, S. 38405
50 ips-austria (Hrsg.), Human Rights & Development Bulletin Nr. 22/93, S.11
51 Heintze (Fn. 5), S. 60
52 Vgl. dazu Dörr, D. Die „Indian Nations and Tribes" in Nordamerika und das Völkerrecht, in:JöR 1987, S. 503
53 Vgl. dazu die instruktive Studie des Sonderberichterstatters der Menschenrechtskommission der Vereinten Nationen, Miguel Alfonso Martínez, Discrimination against indigenous peoples. Study on treaties, agreements and other constructive arrangements between States and indigenous populations, UN Doc. E/CN.4/Sub.2/1992/32 vom 25.August 1992
54 Votum von Chief Justice John Marshall im Fall Cherokee Nation versus Georgia 30 US (5 Pet) 1 (1831); Morris, G.T. In Support of the Right of Self-Determination for Indigenous Peoples under International Law, in:GYIL 1986, S.295
55 Glavovic, PD American Indian law and the recognition of aboriginal environmental rights, in: Comparative and Int'l. Journal of Southern Africa 2/1993, S.270
56 Cherokee Nation versus Georgia (1831); vgl. Fn. 54
57 31 US (6 Pet.), S.559ff.
58 Vgl. Canby, W.C. American Indian law in a nutshell, 2. Aufl. 1988, S.17
59 Getches,D.H.-Wilkinson, C.F. Federal Indian Law: Cases and materials, 2. Aufl. 1986, S. 120
60 Vgl. dazu Canby (Fn. 58), S.19ff.
61 Getches/Wilkinson (Fn. 59), S.131; Canby (Fn. 58), S.25ff.,52ff.
62 Vgl. dazu die vorstehenden Bemerkungen
63 Mabo and Others v. State of Queensland, 107 A.L.R. 1(1992)(Austl.); der Streit ist nach dem Namen des Klägers, Eddie Mabo, ein Angehöriger des Meriam-Stammes, benannt; vgl. dazu Manwaring, M. A small step or a giant leap? The implications of Australia's first judicial recognition of indigenous land rights: Mabo and Others v. State of Queensland, in: Harvard International Law Journal, vol. 34, No.1/1992, S.177ff.
64 Aufgrund der langen Verfahrensdauer erlebte der Kläger Eddie Mabo den positiven Ausgang des von ihm angestrengten Verfahrens nicht mehr; er starb im Jänner 1992
65 Australien war dementsprechend zur Zeit der Eroberung durch die Engländer am 26.1.1788 keine „terra nullius", sondern befand sich in Besitz der eingeborenen Bevölkerung
66 Milirrpum v. Nabalco Pty. Ltd., 17 F.L.R. 141(1971) (N.T. S.Ct.)
67 24 A.L.R. 118(1979)(Austl.)
68 Streit um Landrechte der Aborigines in Sydney, in: NZZ vom 1./2.8.1993, S.5
69 Einigung in der australischen Landrechtsfrage, in: NZZ vom 23.10.1993, S.2; Archiv der Gegenwart vom 18. 10. 1993, S. 38291
70 Archiv der Gegenwart vom 12. 12. 1993, S.38462f.
71 Alle Zitate stammen aus Münzel, M. Kolumbus ist vielleicht doch gescheitert, in: Unsere Zukunft ist eure Zukunft. Indianer heute. Eine Bestandsaufnahme der Gesellschaft für bedrohte Völker, Sammlung Luchterhand 1044, 1992, S.28f.

72 Knolle, H. 500 Jahre Verirrung. Voraussetzungen und Folgen der Entdeckung Amerikas, 1992, S.125
73 Archiv der Gegenwart vom 14. 12.1993, S. 38474
74 Yanomami retten, in: Gesellschaft für bedrohte Völker (Hrsg.), Vierte Welt Aktuell Nr. 82, August 1989
75 Fluch, F. Goldrausch im Yanomami-Gebiet, in: Gesellschaft für bedrohte Völker (Hrsg.), Bedrohte Völker-Menschenrechtsreport Nr.12: Indigene Völker, Juni 1993, S. 47f.
76 Werner, C. Sterben - oder tun wie Hund und Kuh, in: Die Presse vom 4.9.1993, Spektrum, S. VI
77 Vgl. dazu unten
78 Die Zahlen schwanken zwischen 15 und 120 Hingemetzelten; vgl. Zwei Gemetzel belegen den „Freiwild-Status" der Indianer, in: SN vom 23.8.1993; Ausrottungspolitik in Amazonien, in: NZZ vom 25.8.1993, S.3; Verwirrung um das Yanomami-Massaker, in: NZZ vom 4.9.1993, S.6; Beriht aus caracas zum Yanomami-Massaker, in: NZZ vom 16.10.1993, S.6; Archiv der Gegenwart, S. 38246
79 Siehe Gawora, D.-Moser, C. Amazonien. Die Zerstörung, die Hoffnung, unsere Verantwortung,199, S.121
80 Blockierte Demarkation der Indianergebiete in Brasilien, in: NZZ vom 16.10.1993, S.6
81 Vgl. dazu Gonzalez, P. Land Use Conflicts in Tropical Rainforests: A Critique of the management Plan for Yasuni national Park in Ecuador, M.A. Thesis, Department of Landscape Architecture, Univ. of California/Berkeley, Mai 1990, S.57
82 Vgl. Gawora/Moser (Fn. 79), S.124
83 Für eine gute Zusammenstellung vgl. Rohr, E. Die Indios sollen beten und arbeiten. Nordamerikanische Missionsunternehmen in Lateinamerika, in: NZZ vom 16.4.1988, S.5
84 Siehe 1492-1992. Ecuadors Indios im Kampf um Land und Öl, in: NZZ vom 26./27.4.1992, S.3
85 Text in: EuGRZ 1980, S. 435ff.
86 Zur Verschränkung des Menschenrechtsschutzes innerhalb und außerhalb der OAS in Amerika siehe Kokott, J. Das interamerikanische System zum Schutz der Menschenrechte (1986)
87 Vgl. dazu Henkel/Madlener/Mols/Nowak/Thun, Menschenrechtsprobleme in Lateinamerika (1991)
88 Case 7615 Inter-Am.C.H.R. 24, OEA/Ser.L/V/11.66, doc. 10 rev.1 (1985)
89 Vgl. dazu auch Shutkin, W.A. International Human Rights Law and the Earth: The Protection of Indigenous Peoples and the Environment, in: Virginia Journal of International Law, vol. 31, 3/1991, S.498f.
90 Vgl. dazu oben
91 Vgl. Eskalation alter Land- und Minderheitenprobleme. Zahlreiche Tote beim Aufstand in Südmexiko, in: NZZ vom 5.1.1994, S.1
92 NZZ vom 5.1.1994 (Fn.91)
93 NZZ vom 5.3.1994, S.5
94 Vgl. dazu die vorstehende Tabelle auf S. 105
95 Vgl. Mißratene Urwaldbesiedlung in Mexiko, in: NZZ vom 5.1.1994, S.3
96 Vgl. dazu ILO, 76. Tagung 1989, Bericht IV(2A), S.1
97 INDIGENE:Belgische Regierung will Entwicklungshilfe von Landrechten für Ureinwohner abhängig machen, in: ips-austria(Hrsg.), Human Rights & Development Bulletin. No.03/1994, vom 17.2.1994, S.17
98 Vgl. Drekonja-Kornat, G. Diese Rechnung geht nicht auf. Lateinamerika soll die Wälder schonen, während wir Skipisten anlegen: Sind wir Öko-Imperialisten?, in: Die Presse vom 23.5.1992, Zeichen der Zeit III
99 Vgl. dazu Res.1803 (XVII) der GV der VN vom 14.12.1962; vgl. dazu Neuhold,H.-P.-Hummer,W.-Schreuer,C (Hrsg.) Österreichisches Handbuch des Völkerrechts, 2. Aufl. 1991, Bd. 1, Rdnr. 1171, 1181, 1189 und 2162; vgl. dazu auch Art. 80 Abschnitt III der Deklaration von Algier aus dem Jahre 1976: „Jedes Volk hat ein ausschließliches Recht auf seine Reichtümer und Naturvorkommen; es hat das Recht der Wiedererlangung bei Ausbeutung durch Dritte sowie das Recht auf Rückerstattung ungerechtfertigter-weise gezahlter Entschädigungen".
100 Vgl. dazu Santos, R. Die Amazonien-Frage und das Recht: Umwelt, Souveränität, Auslandsverschuldung, Entwicklung, in: Paul,W.-Santos,R. (Hrsg.), Amazonia. Realität und Recht, 1993, S.13ff.
101 Vgl. dazu neuerdings das sensationelle Urteil des Obersten Gerichtshofs der Philippinen in der Causa Minors Oposa v. Secretary of the Departement of Environment and Natural Resources (DENR) vom 30. Juli 1993, in: 33 I.L.M. 1994, S. 173ff.
102 Völlig richtig stellt in diesem Zusammenhang der „Brundtland-Bericht" fest: „Eine Welt, in der die Armut und die Ungleichheit endemisch sind, wird immer zu ökologischen oder Krisen anderer Art neigen". Comisión Mundial del Medio Ambiente y del Desarrollo. Nuestro Futuro Común (Brundtland-Bericht), 1988, Teil)I, Kap. 2

103 Vgl. dazu Churchill,R.-Freestone, D. U. International Law and Global Climate Change (1991)
104 Archiv der Gegenwart, vom 20. Februar 1993, S.37595 B
105 Die amazonischen Regenwälder sind mit 1,5 bis 2 Mio. Pflanzen- und Tierarten die artenreichsten Ökosysteme der Erde
106 Kohlhepp, G. Die Vernichtung der tropischen Regenwälder Amazoniens. Zur Problematik von Regionalentwicklung und Umweltpolitik in der Dritten Welt in: Umweltpolitik. Eichholzbrief 1,89. Zeitschrift zur Politischen Bildung und Information, S. 48
107 Mahar, D. Government Policies and deforestation in Brazil's Amazon Region, Environment Department Working Paper, No.7, Washington 1988
108 Kohlhepp (Fn. 106)
109 Zitiert nach Gutberlet, J. Tropenwaldzerstörung im Amazonasgebiet: was wird vom Amazonaspakt dagegen unternommen?, in: Paul, W.-Santos, R. (Hrsg.), Amazonia. Realität und Recht, 1993, S. 44
110 Zitiert nach Santos, R. Das brasilianische Umweltrecht und seine Wirkungen in Amazonien, in: Paul, W.-Santos, R. (Hrsg.), Amazonia. Realität und Recht, 1993, S.91
111 Gesetz Nr. 4771 vom 15.9.1965
112 Text in: Jahrbuch des öffentlichen Rechts der Gegenwart 1989, S.462ff.; Paul, W. (Hrsg.) Die brasilianische Verfassung von 1988, in: Schriften der Deutsch-Brasilianischen Juristenvereinigung, Bd.8, 1989, S. 186ff.
113 Art. 80 XIII,XIV,XVII,c,d,h,i
114 Für eine detaillierte Darstellung siehe Brandao de Oliveira, A. Gerichtlicher Umweltschutz in Brasilien, in: Paul/Santos (Fn. 110), S.150f.
115 Vgl. Santos, R. Das brasilianische Umweltrecht und seine Wirkungen in Amazonien, in: Paul/Santos (Fn. 110), S.99f.,115f.
116 17 ILM 1978, S. 1045ff.; vgl. dazu Hummer, W. Der Amazonas-Pakt in rechtlicher und politischer Sicht, in: Jahrbuch des öffentlichen Rechts der Gegenwart, 1980, S. 552ff.; Hummer, W. Der Amazonas Pakt als Ausdruck brasilianischen Hegemoniestrebens in Lateinamerika, in: Lateinamerika-Berichte, Januar/Februar 1980, S. 2ff.; Hummer, W. Der Amazonas-Pakt, in: Waldmann, P.-Zelinsky, U. (Hrsg.) Politisches Lexikon Lateinamerika, 2. Aufl. 1992, S. 360ff.
117 Vgl. dazu Gutberlet (Fn. 109), S.49ff., 51
118 Englischer Text in: 28 ILM 1989, S.1303ff.
119 „Bis heute gibt es kein konkretes Beispiel, an dem aufgezeigt werden könnte, daß der Amazonaspakt mit seinen Anstrengungen der Umwelt- und Kulturzerstörung im Amazonasgebiet entgegenwirkt". Gutberlet (Fn. 109), S.55
120 Tratado de Cooperación Amazónica, Secretaría Pro Tempore SPT-TCA-ECU-16, S.99ff.; vgl. dazu Kuppe, R. Die Demarkierung indianischer Territorien im Brennpunkt internationaler Kooperation, in: Land ist Leben (Fn. 12), S. 44ff.
121 Vgl. dazu Hurtado Guerra, A.-Sánchez, E. Situación de propiedad, aprovechamineto y manejo de los recursos naturales en los territorios indígenas en áreas bajas de selva tropical, in: Fundación GAIA und CEREC (Hrsg.), Derechos territoriales indígenas y ecología, 1992, S. 21ff.
122 FAZ vom 12. Juli 1988; Archiv der Gegenwart vom 12. Juli 1988
123 Siehe Varangis, P.N.-Primo Braga, C.A.-Takeuchi, K. Tropical Timber Trade Policies. What Impact will Eco-labeling have?, in: Wirtschaftspolitische Blätter 3-4/1993, S. 338ff., 342f.; vgl. dazu auch Bruening, E.F. Eco-Labelling and Sustainability of Tropical Rainforest Management and Conservation, in: Wirtschaftspolitische Blätter 3-4/1993, S.351ff.
124 Für eine Unterscheidung zwischen inter- und transnationalen Aktivitäten vgl. Hummer, W. Politisch bedeutsame transnationale Akteure an oder unter der Schwelle der Völkerrechtssubjektivität, in: Neuhold/Hummer/Schreuer (Fn. 98) S.205ff.; vgl. de Onis, J. The Green Cathedral. Sustainable Development of Amazonia (1992)
125 BGBl.1986 II S.172ff.
126 BGBl.1975 II S.777ff.
127 ILM Vol. XIV No.5, Sept. 1975, S. 1105ff.
128 Vgl. dazu Khan, K. The Law and Organisation of International Commodity Agreements (1982), S.319; Schirmer, W.G.-Meyer-Wöbse, G. Internationale Rohstoffabkommen (1980), S.223f.
129 Vgl. Kohlhepp, G. Umweltpolitik zum Schutz tropischer Regenwälder in Brasilien, in: Konrad Adenauer-Stiftung - Auslandsinformationen, 7/91, S.11

[130] Die Zahl der Entschließungen des EP zum Schutz der Tropenwälder ist inzwischen fast Legion: vgl. z. B. ABl. 1990, Nr. C 295, S.193ff.; Nr. C 295, S.196ff.; ABl. 1992, Nr. C 67, S.152ff.; Nr. C 67, S. 156ff.;
[131] ABl. 1989, Nr. C 264
[132] KOM (93) 53 endg.; ABl. 1993, Nr. C 78, S. 8ff.
[133] Vgl. dazu Robbins, M. The European Community and Tropical Forests, in: The Courier, May-June 1992; Bell, K. The European Community and tropical forest conservation, in;: The Courier, November-December 1993, S.92ff.
[134] Antwort des Rates auf die mündliche Anfrage Nr.62 von Frau Ruiz-Gimènez Aguilar (H-0593/93), Verhandlungen des EP vom 23.6.1993, Nr. 3-432, S. 237f.;
[135] Antwort des Rates vom 1.9.1993 auf die Schriftliche Anfrage E-2637/93 von Herrn Paul Staes, ABl. 1993, Nr. C 320, S.44f.
[136] Vgl. dazu oben
[137] Vgl. dazu oben
[138] II-4943 der Beilagen zu den StenProtNR. XVIII.GP, No. 292/A
[139] Vgl. den Bericht des Umweltausschusses vom 3.3.1993, 978 der Beilagen zu den StenProtNR, XVIII.GP
[140] Keesing's Archiv der Gegenwart, vom 20. Februar 1993, S. 37595 B Fn.1
[141] Vgl. dazu die Beantwortung der Schriftlichen Anfrage Nr. 1476/93 des Abg. Paul Staes durch den Rat der EG am 14.6.1993, ABl. 1993, Nr. C 283, S.51; siehe auch Bogenreiter, J.-Kuppe, R.-Santler, H. Ein kleiner Schritt gegen die Regenwaldzerstörung, in: Land ist Leben (Fn. 12), S.129ff.; Nicht nur Holz im Kopf, in: Land ist Leben (Fn. 12), S. 136ff.

Anschrift des Verfassers:

Prof. DDDr. Waldemar Hummer
Institut für Völkerrecht und Internationale Beziehungen
Leopold-Franzens-Universität Innsbruck
Innrain 52
A-6020 Innsbruck

NORBERT GREINACHER

Bekehrung durch Eroberung
Kritische Reflexion auf die Kolonisations- und Missionsgeschichte in Lateinamerika

Einleitung

Im Jahre 1960 erschien die Festschrift für den katholischen Philosophen und Theologen Erich Przywara. In dieser Festschrift veröffentlichte Carl Schmitt (1888 – 1985), ein katholischer Staats- und Völkerrechtler, einen Artikel mit dem Titel „Nomos – Nahme – Name". In diesem Artikel schreibt Schmitt am Ende: „Die letzte große Heldentat europäischer Völker, die Landnahme einer Neuen Welt und eines bisher unbekannten Kontinents, wurden von den Helden der Conquista nicht unter Berufung auf das jus commercii vollzogen, sondern im Namen ihres christlichen Heilands und seiner heiligen Mutter Maria.... Das große Werk der spanischen Konquistatoren wird heute von dem Verdammungsurteil getroffen, das den europäischen Kolonialismus im ganzen trifft... Sein Anfang aber ist die jahrhundertelange Propaganda gegen die spanische Conquista. Die 'schwarzen Legenden', die die Conquista entwerten sollten, sind auf ihre Urheber und Verwerter zurückgefallen. Heute gibt es Europäer, die für die Heldentaten ihrer Vorfahren um Verzeihung bitten und hoffen, sich dadurch von dem Odium des Kolonialismus zu entlasten".[1]

Im Oktober 1991 traf sich Papst Johannes Paul II. in der Amazonasstadt Cuiaba mit 160 brasilianischen Indios aus 34 Stämmen. „Der Boden Brasiliens ist mit Indianerblut getränkt", klagte bei diesem Treffen ein Häuptling des Macuxi-Stammes. „Wir sind auch ein von Gott gesandtes Volk, nicht nur die Weißen. Doch man behandelt uns wie Tiere." Die Indianerin Edua Tupa, deren Vater im November 1980 ermordet worden war, wenige Monate, nachdem er als Indianer-Vertreter mit dem Papst während dessen ersten Reise durch Brasilien gesprochen hatte, – diese Indianerin sagte zu dem Papst: „Wie vor 500 Jahren erleiden die indianischen Völker heute den hinterhältigen Überfall einer Ideologie der Beherrschung, die uns unser Existenzrecht als eigenständige Völker abzusprechen versucht." In einer Erklärung wehrten sich die Indios auf diesem Treffen gegen die Absicht der Kirche, 1992 als das fünfhundertste Jahr der Entdeckung Amerikas zu feiern. „Wir haben Jahrhunderte gelitten, der Prozeß der Auslöschung hat seither nie aufgehört. Mit Leiden und Schmerzen haben die Indios die sogenannte Entdeckung Amerikas bezahlt."

Für den Papst aber stellen ganz im Sinne Carl Schmitts diese fünfhundert Jahre – so sagte er – die „grandiose Epoche der Missionierung" dar, die es gegen „ideologische Verleumdung" zu verteidigen gelte. Der Papst führte aus diesem Anlaß weiter aus: „Die Kirche war immer an eurer Seite und wird es immer sein, um die Würde des menschlichen Lebens und das Recht auf ein eigenes und ungestörtes Leben zu verteidigen." Während der Papst auf die unermeßlichen Blutopfer der Indios seit der Eroberung Amerikas nicht einging, gedachte er der „wertvollen und opferbereiten Missionare, die sich in Jahrhunderten aufzehrten, damit die Heilsbotschaft Christi die Herzen, die Leben und die Kulturen der indianischen Völker Brasiliens erleuchten konnte".[2]

Schon 1983 hatte derselbe Papst bei seinem Besuch in Santo Domingo, der Hauptstadt der Dominikanischen Republik, die von Kolumbus gegründet wurde, ein feierliches, neun Jahre bis 1992 währendes Gedenken in Form einer Novene begonnen: Bis in das Jubeljahr hinein solle die Kirche Lateinamerikas das „Geschenk der Evangelisierung" glühend hervorheben.[3]

Ganz anders lautet die Botschaft „Zum 500. Jahrestag der Entdeckung Amerikas" vom März 1991, herausgegeben vom Kirchenamt der Evangelischen Kirche in Deutschland. Dort heißt es: „Die sogenannte Entdeckung war eine grausame Eroberung; es handelt sich – aus lateinamerikanischer Sicht betrachtet – um die Invasion einer fremden Kultur, in deren Folge im Laufe von anderthalb Jahrhunderten ungefähr einhundert Millionen Menschen ums Leben kamen, Völker ausgerottet und Kulturen vernichtet wurden." Jubeln über das Geschenk der Evangelisierung oder Scham und Trauer, ja Entsetzen über den „größten Völkermord in der Geschichte der Menschheit" – so der bulgarische Historiker Todorov in seiner wichtigen Studie über „Die Eroberung Amerikas"[4] Darüber wollen wir hier etwas nachdenken.

1. Von der Reconquista zur Conquista

1.1.. Reconquista

Die *Conquista*, die Eroberung Lateinamerikas, muß auf dem Hintergrund der *Reconquista*, der Wiedereroberung der Iberischen Halbinsel, gesehen werden. Die Mauren, das heißt die Muslime arabischer und berberischer Herkunft, hatten seit dem achten Jahrhundert in weiten Teilen der Iberischen Halbinsel und Nord-West-Afrikas die Macht ausgeübt. Bei allen Problemen und auch gewalttätigen Auseinandersetzungen war aber in diesen Jahrhunderten auf der Iberischen Halbinsel das entstanden, was wir heute eine multikulturelle Gesellschaft nennen würden, genauer gesagt eine Koexistenz von drei Kulturen: der maurischen, der jüdischen und der christlichen.[5] Joseph van Ess urteilt: „Judentum, Christentum und Islam haben seit jeher eng beieinander gelebt und sind sich auch strukturell, als Offenbarungsreligionen, so nahe verwandt, daß Spannungen und Eifersüchteleien zum Alltag gehören".[6]

Die Mauren hatten den Juden auf der Iberischen Halbinsel jahrhundertelang Asyl gewährt und ihnen ein eigenständiges wirtschaftliches und kulturelles Leben gestattet. Die großen Judenverfolgungswellen, die während der Kreuzzüge und als Folge der Pest (1347 – 1352) Europa überzogen hatten – man verfolgte die Juden als die Sündenböcke –, machten an den Grenzen des maurischen Reiches halt. Nun aber, am Ende des 15. Jahrhunderts, wurde diese Koexistenz der drei Kulturen beendet: mit dem Schwert und dem Feuer. 1478 wurde die spanische Inquisition mit einem Großinquisitor neu organisiert. Am 6.2.1481 wurde eine große Anzahl jüdischer Frauen und Männer auf dem Scheiterhaufen verbrannt. Im Jahre 1492 versuchte der spanische König, alle Juden aus seinem Reich zu vertreiben. Die Inquisition rief die Christen auf, diejenigen anzuzeigen, die jüdische Gebräuche befolgten, zum Beispiel jene, die am Samstag ihre Kleider wechselten, diejenigen, die kein Schweinefleisch aßen usw. Juden und alle, die von Juden abstammten, erhielten Berufsverbot im öffentlichen Leben.[7]

Unerbittlich wurden auch die Mauren verfolgt, nachdem König Ferdinand von Aragon 1492 das maurische Königreich Granada endgültig besiegt hatte. 1502 wurde verfügt, daß alle Mauren, die sich nicht taufen ließen, das Land zu verlassen hätten. Um dem in den meisten Fällen unausweichbaren wirtschaftlichen Ruin zu entgehen, vollzogen viele Mauren Scheinübertritte, wofür sie mit dem Schmähwort Morisco (getaufter Maure) belegt wurden. Gleichzeitig wurden die Mauren Opfer der spanischen Inquisition, die jede Äußerung des islamischen Glaubens und der islamischen kulturellen Traditionen als Häresie brandmarkten. 1499 wurden viertausend Mauren auf einmal zwangsgetauft. Die islamischen Bücher wurden verbrannt, die Moschee von Granada in eine Kirche umgewandelt. Die Mauren revoltierten immer wieder. Im Jahre 1524 konnten sie nur noch wählen zwischen der Taufe und dem Sklaventum. Da die zwangsgetauften Mauren verpflichtet waren zu beichten, suchten sie sich taube Priester aus. Nach der Taufe ihrer Kinder wuschen sie diese mit heißem Wasser, um die Spuren des Taufwassers und der Heiligen Öle zu vernichten.

1.2. Conquista

Diese *Reconquista*, das heißt die Wiedereroberung der Iberischen Halbinsel durch die Christen, ging nun nahtlos über in die *Conquista*, das heißt die Eroberung Lateinamerikas zunächst durch die Spanier und Portugiesen, später aber auch durch Franzosen, Engländer, Holländer, auch Deutsche[8] und Italiener.

Christoph Kolumbus war sich dieses geschichtlichen Zusammenhangs bewußt. Im Prolog seines „Bordbuches" – eine Art Tagebuch – wendet er sich feierlich an die Königin Isabella und den König Ferdinand und stellt eine enge Verbindung her zwischen der Eroberung Granadas am 2.1.1492, der Vertreibung der Juden mit ihrem Höhepunkt am 31.3.1492 und seinem eigenen Reiseprojekt nach Westindien. Kolumbus schreibt: „In diesem Jahre 1492 beendeten Eure Hoheiten den Krieg gegen die Mauren, welche Europa beherrschten und die sich nach Granada zurückgezogen hatten. Ihre Hoheiten sind als katholische Fürsten dem heiligen christlichen Glauben verpflichtet; Sie verbreiten diesen Glauben und sind Feinde der Sekte Mohammeds und jeglicher Götzendienerei und Häresie. Sie haben beschlossen, mich, Christoph Kolumbus, zu den sogenannten Indischen Regionen zu entsenden, um die dortigen Fürsten und ihre Völker kennenzulernen . . . und um die Art zu prüfen, wie man diese Völker zu unserem heiligen Glauben bekehren kann . . . Nachdem sie also alle Juden, die sich hier befanden, von Ihrem Königreich vertrieben haben, beschlossen Ihre Hoheiten, mich in diese Gegend zu entsenden mit einer ausreichenden Armada."[9]

Im November 1492 auf Kuba angekommen, stellt Kolumbus einen engen Zusammenhang her zwischen der Bekehrung der Völker, der Vernichtung der Häresien und dem Handel. In einem Brief an die königlichen Hoheiten heißt es: „Ich sehe es für gesichert an, daß, wenn religiöse und fromme Menschen die Sprache der Eingeborenen kennen, sie dann sofort alle Christen werden. Ich hoffe, daß Ihre Hoheiten sich mit großer Sorgfalt an diese Aufgabe machen, um der Kirche so große Völker zu geben und sie zu bekehren, so wie Sie jene vernichtet haben, die den Vater, den Sohn und den Heiligen Geist nicht bekennen wollten . . . Aber diese Gegenden werden ein Ort des Handels sein für die ganze Christenheit und vor allem für Spanien, dem alles zu unterwerfen ist. Allein gute katholische Christen dürfen hier Fuß fassen, denn das hauptsächliche Ziel des Unternehmens war immer die Mehrung des Ruhmes der christlichen Religion."[10]

Christoph Kolumbus will das Heil der Indios und gleichzeitig will er sie als Sklaven verkaufen, um den Kreuzzug und die Wiedereroberung Jerusalems zu finanzieren. Von der dritten Reise schreibt Kolumbus 1498 nach Hause: „Im Namen der Heiligen Dreifaltigkeit kann man von hier aus so viele Sklaven schicken, wie man verkaufen kann und auch Rotholz . . . Von diesen beiden Waren wird man – so scheint mir – einen Gewinn von 40 Millionen ziehen."[11]

Es geht allein um Bereicherung: Zwischen Rotholz und Menschen besteht hier kein Unterschied. Und von seiner vierten Reise (1502 – 1504) schreibt Kolumbus nach Hause: „Das Gold – welch ein hervorragendes Produkt! Vom Gold kommt aller Reichtum. Wer Gold hat, kann alles machen auf der Welt, was ihm gefällt. Mit Gold kann man selbst Seelen in den Himmel kommen lassen . . . Jerusalem und der Berg Sion müssen wieder aufgebaut werden durch die Hände der Christen. Gott sagt durch den Mund des Propheten im 14. Psalm dies voraus. Joachim von Fiore sagt, daß diese Christen von Spanien kommen. Wer wird diese Aufgabe übernehmen? Wenn der Herr mich gesund und sicher nach Spanien zurückführt, werde ich mich für diese Aufgabe einsetzen."[12]

Kurz und bündig faßt Bernal del Castillo, ein Eroberer unter Cortés, der Mexiko eroberte, seine Überzeugung zusammen: „Wir sind hierhergekommen, um zugleich Gott zu dienen und uns zu bereichern."[13]

In seiner Bulle „Inter caetera" von 1493 stellt auch Papst Alexander VI. den Zusammenhang zwischen der Reconquista und der Conquista her: „Unter den anderen der göttlichen Majestät wohlgefälligen und Unserem Herzen erwünschten Werken ist es das Wichtigste, daß der katholische Glaube und die christliche Religion gerade in Unserer Zeit verherrlicht und überall verbreitet, das Heil der Seelen gefördert und die barbarischen Nationen gedemütigt und zum Glauben zurückgeführt werden . . . Nachdem Wir, ohne angemessenes Verdienst, durch Gottes Gnade auf diesen Heiligen Stuhl Petri erhoben worden sind und Euch als wahre katholische Könige und Fürsten kennen, von welcher Eigenschaft Eure schon fast dem ganzen Erdkreis bekannten Taten Zeugnis ablegen, namentlich die Befreiung des Königreichs Granada, so haben Wir es für nicht unberechtigt und sogar für unsere Pflicht gehalten, Euch als unverlangtem

Gunsterweis das zu gewähren, wodurch Ihr das heilige, löbliche und Gott wohlgefällige Vorhaben mit immer größerer Begeisterung zur Ehre Gottes und zur Ausbreitung des christlichen Reiches fortzusetzen vermöget."[14]

Und so vollzog sich nun dieser einzigartige, grauenhafte Eroberungs- und Bekehrungsprozeß. Leonardo Boff und Virgil Elizondo schreiben dazu: „Diese Invasion bedeutete den Beginn des größten Völkermordes der Menschheitsgeschichte. Die Ausrottungsaktion betrafen 90 Prozent der Bevölkerung. Von 22 Millionen Azteken im Jahre 1519, als Hernan Cortés in Mexiko eindrang, waren um 1600 nur noch eine einzige Million übriggeblieben."[15]

1.2.1. Vier Dimensionen der Bekehrung durch Eroberung

1.2.1.1. Bekehrung durch Eroberung der Sprache

Diese Bekehrung durch Eroberung hat mehrere Dimensionen. Eine erste kann als Bekehrung durch Eroberung der Sprache bezeichnet werden. Tzvetan Todorov arbeitet heraus, daß die Beherrschung der Sprache des anderen, die kommunikative Überlegenheit Cortes' gegenüber den Azteken, entscheidend zur Eroberung des mittelamerikanischen Reiches beigetragen hat. Sein Sieg fußte vor allem auf Täuschungsmanövern und auf bewußt ausgestreuten Fehlinformationen. Die zur kompromißlos zweckorientierten Improvisation unfähigen Azteken waren in dieser Hinsicht hoffnungslos unterlegen. Bartolomé de Las Casas schreibt, daß Doppelzüngigkeit den Indianern völlig fremd sei. Dem stellt er das Verhalten der Spanier gegenüber: „Die Spanier haben in den Indischen Ländern den Indianern gegenüber nie ihr Wort gehalten noch die Wahrheit beachtet, so daß 'Lügner' und 'Christ' zu Synonymen geworden sind: Wenn die Spanier die Indianer fragten (und dies geschah nicht nur einmal, sondern öfters), ob sie Christen seien, antwortete der Indianer: Ja, Herr, ich bin schon ein bißchen Christ, denn ich kann schon ein bißchen lügen; bald werde ich gut lügen können und dann werde ich ein guter Christ sein."[16]

1.2.1.2. Bekehrung durch Eroberung des Kultes

Eine zweite Dimension stellt die Eroberung des Kultes dar. Wohlwissend, daß eine rein militärische Eroberung zur Konsolidierung einer dauerhaften Herrschaft über die zu erobernden Völker nicht ausreicht, mußte von den Conquistadoren eine Herrschaft über das den Menschen zuinnerst bestimmende religiöse Bewußtsein angestrebt werden; die Eroberung des Indio-Kultes als potentiellen institutionellen Machtfaktor des Widerstands leitete diesen Prozeß ein und gehörte zu den ersten Maßnahmen der Eroberer.

Schon unter Kolumbus wird mit dieser Art der Bekehrung begonnen: „Im Verlauf der zweiten Expedition beginnen die Mönche, die Colón nun begleiten, mit der Bekehrung der Indianer; doch es bedarf großer Anstrengungen, damit sich alle fügen und fortan die heiligen Bilder verehren. 'Kaum hatten sie das Bethaus verlassen, warfen sie die Bilder zu Boden, bedeckten sie mit Erde und schlugen ihr Wasser darüber ab'; als Colóns Bruder Bartolomé davon erfährt, beschließt er, sie auf gut christliche Weise zu bestrafen. 'Als Statthalter des Vizekönigs und Gouverneur der Inseln machte er den Übeltätern den Prozeß und ließ sie, nachdem die Wahrheit erwiesen war, öffentlich verbrennen.'"[17]

Und bei Cortés können wir lesen: „Die wichtigsten dieser Götzenbilder, diejenigen, in die sie das meiste Vertrauen setzten, ließ ich von ihren Sockeln stoßen und die Stufen hinunterwerfen, und ich ließ die Kapellen, in denen sie aufgestellt waren, säubern, denn sie waren alle mit dem Blut ihrer Opfer besudelt, und stellte dort Bilder unserer Heiligen Jungfrau und anderer Heiliger auf."[18]

Die „Überzeugungskraft", die ein solches Vorgehen der Conquistadoren hatte, ergibt sich von selbst: Bartholomé de Las Casas, auf den ich später noch näher eingehen werde, zum Beispiel berichtet: Ein Indiohäuptling, zum Tode auf dem Scheiterhaufen verurteilt, „fragte sodann den Geistlichen, ob denn auch Christen in den Himmel kämen. Allerdings, sagte der Geistliche, kommen alle guten Christen hinein: Sogleich, und ohne weiteres Bedenken erwiderte der Cazique, dort wolle er nicht hinein, sondern lieber in die Hölle, damit er nur dergleichen grausame Leute nicht mehr sehen, noch da sich aufhalten dürfe, wo sie zugegen wären".[19]

1.2.1.3. Bekehrung durch Eroberung des Goldes

Eine besonders wichtige Dimension – wir sahen es bereits – war die Bekehrung durch Eroberung des Goldes. Das Gold war die Hauptmotivation für die allermeisten, die weite Seereise von Europa nach Amerika auf sich zu nehmen; auch Geistliche missionierten in erster Linie deswegen. Regelrecht magisch muß die Anziehungskraft dieses Edelmetalls für die Europäer gewesen sein. Die Indios zogen daraus ihre Schlußfolgerungen: Die *Carta de franciscanos y dominicos* berichtet:
„Es geschah, daß ein Häuptling alle seine Leute zusammenrief. Jeder sollte an Gold mitbringen, was er hatte, und alles sollte dann zusammengelegt werden. Und er sagte zu seinen Indianern: Kommt, Freunde, das ist der Gott der Christen. Wir wollen also etwas vor ihm tanzen, dann fahrt auf das Meer da und werft es hinein. Wenn sie dann erfahren, daß wir ihren Gott nicht mehr haben, werden sie uns in Ruhe lassen."[20]
Und Eduardo Galeano rezitiert die Geschichte des Indianerhäuptlings Hatuey, die denselben Duktus enthält: „Er (Hatuey) floh mit den Seinen auf einem Kanu von Haiti und tauchte in den Höhlen und Wäldern Ostkubas unter. Dort zeigte er auf einen Korb Gold und sagte: 'Das ist der Christengott. Seinetwegen verfolgt man uns. Seinetwegen mußten unsere Eltern und Geschwister sterben. Tanzen wir ihm etwas vor: Wenn ihm unser Tanz gefällt, gebietet dieser Gott, daß man uns nicht mißhandelt."[21]
Tatsächlich gehörten für die Eroberer Gott und Gold unverbrüchlich zusammen. Diese symbiotische Verhältnis wurde als theologische Notwendigkeit zum „Heil" der Indianer angesehen. Der Vizekönig von Peru, Garcia de Toledo, schreibt: „Also sage ich von diesen Indianern, daß eines der Mittel ihrer Vorherbestimmung und Erlösung diese Minen, Schätze und Reichtümer waren; denn wir sehen klar, daß dorthin, wo es sie gibt, das Evangelium im Fluge und um die Wette kommt, während dort, wo es sie nicht gibt, sondern nur Arme, dies ein Mittel der Zurückweisung ist, denn dorthin kommt das Evangelium niemals, wie die Erfahrung ja ausgiebig lehrt, weil in ein Land ohne diese Mitgift an Gold und Silber auch kein Soldat oder Heerführer gehen will und auch kein Verkünder des Evangeliums. Damit sind die Bergwerke bei diesen Barbaren eine gute Sache; denn Gott hat sie gegeben, damit sie ihnen Glauben und Christenheit brächten – den Fortbestand in ihr und zu ihrer Rettung."[22]
Und Gustavo Gutiérrez resümiert: „Mit einem Wort gesagt: Gibt's kein Gold in Westindien, gibt's auch Gott dort nicht ... Letztlich steht das Gold, wo sonst Christus steht: als Mittler der Liebe des Vaters."[23]
Die Reichtümer, welche die Conquistadoren von Lateinamerika nach Europa brachten, bildeten die ökonomische Grundlage für den Merkantilismus des 17. und 18. Jahrhunderts und für die Entstehung des Kapitalismus im 19. Jahrhundert.

1.2.1.4. Bekehrung durch Eroberung der Menschen

Alle bisher genannten Dimensionen der Bekehrung durch Eroberung gehen aus von der und münden in die Bekehrung durch Eroberung der Menschen. Die Ausrottung von 90 Prozent der Bevölkerung spricht ihre eigene Sprache. Die Behandlung der Menschen mit der Behandlung von Vieh zu vergleichen – Indianer und Vieh wurden von den Conquistadoren immer gleichgesetzt –, ist fast euphemistisch: Wohl dem lateinamerikanischen Vieh!
Ausdrücklich illustriert werden soll hier noch eine Facette der Bekehrung durch Eroberung der Menschen, die besonders gern verdrängt wird: die Eroberung der Frauen. Die Errichtung der christlichen Herrschaft ist verknüpft mit der Herrschaft über die Frauen. So ist die Vergewaltigung Tecuichpos, der Frau des letzten Aztekenherrschers Cuauhtemoc, durch Cortés einer seiner ersten Handlungen nach der erfolgreichen Eroberung des Reiches.[24]

Ein Beispiel aus dem Alltag gibt der Bericht einer Gruppe von Dominikanern an M. de Chièvres, Minister Karls I., des späteren Kaisers Karl V., wieder; hier greift die Unterdrückung von Frauen und Männern ineinander: „Jeder Bergwerksbesitzer hatte es sich zur Gewohnheit gemacht, mit jeder Indianerin, die ihm unterstand und seinen Gefallen fand, zu schlafen, gleichgültig, ob sie verheiratet oder noch ein Mädchen war; während er mit ihr in ihrer Hütte blieb, schickte er den bedauernswerten Ehemann zum Goldschürfen in die Minen, und wenn dieser abends mit dem Gold zurückkehrte, prügelte er ihn und peitschte ihn aus, weil er nicht genug gebracht hatte, und oft kam es vor, daß er ihm wie einem Hund Hände und Füsse zusammenband und ihn unter das Bett warf, auf dem er selbst sich mit seiner Frau niederlegte."[25]

Julia Esquirel schreibt dazu nach Auswertung einschlägiger Quellen: „Die Grausamkeit ... geht einher mit einer zügellosen sexuellen Gewalt und mit einem Machismo, der die Frau zu einem Tier macht, das dem Soldaten Lust bereitet, und anschließend, wenn sie zu nichts anderem mehr nutze ist, kann sie ermordet werden. Manchmal haben wir gesehen, wie die Soldaten Schlange stehen und dann zu einem Mädchen gehen, das anschließend wie Fleischabfall zurückbleibt."[26]

2. Der ideolologische Hintergrund

Welche tieferliegenden Motive bewegten aber die Eroberer? Weswegen nahmen sie Mühen und Gefahren, Krankheiten und Entbehrungen auf sich? Einiges äußerlich Festzumachende ist ja bereits angeklungen bei der geschichtlichen Beschreibung, und es wäre sicher falsch, hier monokausal zu argumentieren. Zu komplex ist die Situation, ist auch der geistesgeschichtliche Hintergrund.

Dies aber ist mir immer deutlicher geworden bei der Beschäftigung mit diesem Thema: Die Conquista begann am Schnittpunkt von Mittelalter und Neuzeit, und beide Traditionen waren wirksam. Auf der einen Seite war die Eroberung noch bestimmt durch die frühchristliche und mittelalterliche Vorstellung des „extra ecclesiam nulla salus", außerhalb der Kirche kein Heil. Deshalb mußten alle Menschen zum christlichen Heil gezwungen werden. Diese Tradition wird vor allem in Christoph Kolumbus personalisiert. Die andere, neuzeitliche Tradition bestand darin, den anderen zu erobern und zu beherrschen. Das „Ich erobere, also bin ich" ging dem „Ich denke, also bin ich" (Descartes, 1596 – 1650) etwa hundert Jahre voraus. Diese Tendenz wird vor allem durch Hernan Cortés versinnbildlicht.

2.1. Die mittelalterliche Tradition: „Compelle intrare" und die Folgen

Doch zunächst zu der hier wirksam gewordenen mittelalterlichen Tradition. Charakteristisch dafür ist Begriff und Wirkungsgeschichte des „Compelle intrare". Wir begegnen diesem Ausdruck ursprünglich beim Evangelisten Lukas im Gleichnis vom Großen Gastmahl (14,15-24), in der lateinischen Übersetzung des Neuen Testaments.

Ein begüterter Mann nimmt mit einiger Verärgerung zur Kenntnis, daß alle, die er zu einem Festmahl eingeladen hatte, ihn versetzt haben, und er beschließt daraufhin, Arme, Krüppel und Landstreicher in sein Haus zu laden: „Nötige sie hereinzukommen", sagt er zu seinem Diener nach heute gängiger Übersetzung, und es wird wohl niemandem von uns in den Sinn kommen, daß der Diener dabei Gewalt anwenden soll. Die nachträglich Geladenen lassen sich sicher gerne überzeugen – so eine weitere Übersetzungsmöglichkeit.

Ganz anders sehen das Augustinus und die christliche Tradition. Sie glauben, mit dieser Schriftstelle die biblische Legitimation dafür gefunden zu haben, daß man andere zu ihrem „Glück" zwingen muß – wenn nötig durch die Folter oder durch das Schwert.

Und damit beginnt die Tragödie oder besser der Skandal der Christentumsgeschichte. Es waren zunächst drei Kategorien von Menschen, die man mit diesem „Compelle intrare" vor die Alternative stellte, Christ zu werden oder den Tod zu erleiden: die Heiden, die Juden und die Ketzer.

In seinem Brief an Vincentius liefert uns Augustinus seine biblisch-theologische Begründung: „Du meinst, niemand dürfe zur Gerechtigkeit gezwungen werden, obwohl du doch liest (Lukas 14,23), daß der Hausvater zu den Dienern gesagt hat: Alle, die ihr findet, nötigt hereinzukommen *(compelle intrare)*... Hoffentlich siehst du nunmehr ein, daß es nicht darauf ankommt, ob einer gezwungen wird, sondern allein darauf, wozu er gezwungen wird, ob es nämlich etwas Gutes oder etwas Böses ist."[27] Mit anderen Worten: Der Zweck heiligt die Mittel.

Diese Sätze wurden über die Jahrhunderte weitergegeben und dienten zur Rechtfertigung der Folterung von Ketzern, der Hexenverbrennungen, der Inquisition, der Judenpogrome und der Unterdrückung der Indios.

Thomas von Aquin hatte noch erklärt, daß man die Heiden nicht allein deshalb bekriegen dürfe, weil sie den christlichen Glauben nicht annehmen wollten; auch Cajetanus hatte bezüglich jener Länder, die niemals ein Teil des Römischen Imperiums gewesen waren, ausdrücklich betont: „Kein König, kein Kaiser, auch nicht die römische Kirche darf gegen sie Krieg führen."[28]

Es war auch klar, daß nach den Regeln des gerechten Krieges im „Eroberungskrieg... von einer Schuld der überfallenen Völker nicht die Rede sein konnte."[29] Andererseits weitete man nun den Begriff des Unrechts aus und wertete die individuelle oder kollektive Schuld vor Gott, mithin jede Sünde als hinreichenden Kriegsgrund.

Da für die Heiden nur das Naturgesetz gelte, so Papst Innozenz IV. (1243–1254), dürfe man sie wegen Verletzung der Vorschriften des Evangeliums nicht bestrafen. Kraft seiner Autorität als Stellvertreter Christi dürfe er das aber sehr wohl, „wenn die Heiden Götzen anbeten. Das Naturgesetz verlangt nämlich, daß man nur den einen und alleinigen Schöpfergott anbetet und nicht die Geschöpfe."[30]

Andererseits ließ Papst Innozenz gelten, daß die Ungläubigen nicht zum Glauben gezwungen werden dürften, da der freie Wille unantastbar sei und es in der Berufung allein auf die Gnade Gottes ankomme. Dennoch könne er ihnen als Papst durchaus befehlen, daß sie Glaubensboten in den Ländern ihres Herrschaftsbereichs zuließen. Sollten sie in all den Fällen, ‚in denen der Papst ihnen etwas befehlen kann', den Gehorsam verweigern, ‚so sind sie mit weltlicher Gewalt zu zwingen'... Damit war theoretisch das Verhältnis zu den Heidenvölkern als dauernder Kriegszustand gekennzeichnet."[31]

Der katholische Universalismus blieb also nicht an den Grenzen des Imperium Romanum stehen, sondern betrachtete den gesamten Erdkreis als sein Herrschaftsgebiet. So konnte der Kardinal von Ostia, Heinrich von Segusia († 1271), unverblümt feststellen, die Heiden seien dem Stellvertreter Christi unterworfen. „Wenn sie diese Herrschaft nicht anerkennen, darf man sie mit Waffengewalt unterjochen und ihres Besitzes berauben."[32] Diese zynische Herrschaftsideologie fand ihren vollständigen Ausdruck in dem 1513 von Palacios Rubios verfaßten „Requerimiento" (Proklamation des spanischen Rechtstitels vor den Indianern). Zunächst heißt es anscheinend konziliant: Es ist den Ungläubigen „die innere Einsicht in die rechtliche Notwendigkeit freiwilliger Unterwerfung zu vermitteln und Gewaltanwendung möglichst zu umgehen." Dann aber kommt es in aller Deutlichkeit zur Sprache: „Bei Nichtanerkennung und Nichtzulassung (der Glaubenspredigt) werde man rechtens Gewalt und Krieg, Güterenteignung und -zerstörung und Versklavung aller anwenden."[33]

Innerhalb dieser Logik wurde die Versklavung gleich in dreifacher Weise gerechtfertigt:

1. Zunächst wurden als tiefste Wurzel aller Unfreiheit, also gerade auch der Sklaverei, die Erbschuld und die Sünde ausgemacht; mit diesen beiden Übeln war der Heide besonders ausgestattet. Sollte man nun erwartet haben, die Taufe würde dem Delinquenten aus seinem Dilemma heraushelfen, so war diese Erwartung irrig. Der Bekehrte blieb Sklave. Es sollte sich lediglich „ein herzlicheres Verhältnis zwischen Herren und Sklaven anbahnen"[34]

2. Die Heiden in den eroberten Ländern waren Kriegsbeute, und es stand damals außer Zweifel, daß die in einem „gerechten" Krieg erbeuteten heidnischen Gefangenen erlaubterweise zu Sklaven gemacht werden durften und auch deren Kinder dieses Los zu teilen hatten. Dafür hätten sie im Grunde genommen sogar dankbar zu sein, war die Versklavung doch ein Gnadenakt; so

behauptete Antonin von Florenz, „das Wort 'servus' komme von 'servando', 'weil das Leben des Gefangenen geschont und nicht vernichtet wurde; man ließ ihn leben, damit er diene'."[35] Es liegt auf der Hand, daß in diesem Kontext die Flucht des nach einem „gerechten" Krieg versklavten Kriegsgefangenen als Sünde galt. Sklavenjagden, bei denen es ausschließlich um die Ausbeutung der Arbeitskraft ging, deklarierte man als „kriegerische Unternehmungen gegen Ungläubige".
3. Blieb dennoch ein Vorbehalt gegen die „sehr starke Zwangsbindung ... des ungläubigen Menschen an einen fremden Willen"[36], so zog man sich auf das Naturrecht zurück, wie oben schon am Beispiel Innozenz IV. dargestellt. Noch ungeschminkter als dieser postulierte Thomas von Aquin unter Berufung auf Aristoteles, daß es minderwertige Menschen gebe, denen gegenüber nur Zwang und Gewalt am Platz sei; sie seien geborene Sklaven. Die Kennzeichnung der geistigen und sittlichen Minderwertigkeit treffe vor allem auf die Naturvölker zu, die in Stumpfsinn und tierischen Sitten dahinlebten.[37]
Und Gonzalo Fernández de Oviedo schreibt: „Die Bewohner Ostindiens haben zwar eine Vernunft und stammen ab von den Menschen, die aus der Arche Noahs kamen. Doch sind sie durch ihren Götzendienst und ihre teuflischen Opfer und Zeremonien tierisch geworden und haben ihre Vernunft verloren."[38]

2.2. Die neuzeitliche Tradition: Kompromißloses Begehren nach Herrschaft

Es gab aber in der Conquista auch die andere, die neuzeitliche Tradition. Darauf haben vor allem Todorov und Rottländer[39] hingewiesen. Todorov vertritt die überzeugende These, daß wichtige Elemente der Conquista zur beginnenden Moderne gehören. Vor allem am Beispiel von Hernán Cortés zeigt er auf, daß die Mentalität dieser Conquista von der modernen Vernunft geprägt ist. Peter Rottländer drückt dies, was auch oben schon unter Punkt 1.2.1.1. „Bekehrung durch Eroberung der Sprache" angeführt worden ist, so aus: „Die Rationalität der Eroberer ist streng zweckorientiert, Täuschung und List sind zentrale Momente ihres Handelns, während die Azteken sich in einer Eindeutigkeit verhalten, die ihnen den Ruf einbringt, die Lüge gar nicht zu kennen."[40] Das historische Rätsel, warum Cortés mit seiner kleinen Truppe von ein- oder zweihundert Menschen seine Gegner, den Aztekenkönig Moctezuma und seinen Nachfolger mit einem Heer von etwa 100.000 Menschen, bezwang, ist letztlich – wenn auch bleibend unbefriedigend – nur so zu erklären: Die zweckorientierte Vernunft des Cortés war der traditionsgeleiteten Vernunft der Azteken überlegen.[41]
Die andere Seite dieser neuzeitlichen Rationalität, die Cortés repräsentiert, ist ein leidenschaftlicher, aufklärerischer Wissensdrang, der sogar in der Lage ist, das eigentliche, rational übergeordnete Vorhaben zu verdrängen: Als Cortés, um nur ein Beispiel anzuführen, am Horizont den Rauch eines Vulkans sieht, befiehlt er einigen Kundschaftern, diesen Vulkan auszuforschen, obgleich dies seine militärischen Pläne gefährdet.
Gemeinsam ist diesen scheinbar widersprüchlichen Seiten neuzeitlicher Rationalität das Hingeordnetsein, die Fixierung auf Macht, ja auf Herrschaft sowohl über die Natur wie vor allem über die Menschen. Hier zeigt sich bereits die „Dialektik der Aufklärung", d. h. die ganze Ambivalenz der Aufklärung.[42] Es besteht kein Interesse an dem anderen als dem anderen. Es gibt kein Erkennen des anderen und damit auch keine Anerkennung des anderen als des anderen. Wohl handelt es sich um eine instrumentalisierte Vernunft: Der andere – und auch: das Andere – wird Instrument und Funktion meines Willens und meiner Interessen.

2.3. Bartholomé de Las Casas

Selbstverständlich gab es zwischen diesen beiden Traditionen des Mittelalters und der Moderne noch viele andere Urteile und Begründungen, auch Kritiken an der Eroberung. Zu nennen wäre etwa Francisco de Vitoria (geboren 1483 oder 1493, gestorben 1546). Man hat ihn schon einen der Väter des internationalen Völkerrechtes genannt. Zwar vertritt Vitoria auf der einen Seite die

Position, daß die Indios die legitimen Besitzer ihres Grund und Bodens seien. Man dürfe sie auch nicht zum christlichen Glauben zwingen. Aber aus dem Grundsatz der Solidarität und der Einheit der einen Menschheit folgt für ihn, daß die Spanier das Recht haben, sich nach Westindien zu begeben und das Evangelium zu predigen. Wenn sich die Indios gegen die Spanier wehren, dürfen diese auch einen gerechten Krieg gegen sie führen.

Ganz anders die Position von Bartholomé de Las Casas (1474 – 1566). Las Casas war selbst als Kleriker Kommendenherr in Hispaniola (heute aufgeteilt in die beiden Staaten Haiti und Dominikanische Republik) gewesen – und sicherlich nicht der mildeste:[43] 1514 verweigerte ihm ein Dominikanerpater die Absolution und damit die Kommunion, weil er seinen Verpflichtungen gegenüber den Indianern nicht nachgekommen war. An Pfingsten dann – so berichtet er selbst – meditierte er biblische Texte, darunter Jesus Sirach 34, 21-27:

„Ein Brandopfer von unrechtem Gut ist eine befleckte Gabe Opfer der Bösen gefallen Gott nicht. Kein Gefallen hat der Höchste an den Gaben der Sünder, auch für eine Menge Brandopfer vergibt er die Sünden nicht. Man schlachtet den Sohn vor den Augen des Vaters, wenn man ein Opfer darbringt vom Gut der Armen. Kärgliches Brot ist der Lebensunterhalt der Armen, wer es ihnen vorenthält, ist ein Mörder. Das mit Schweiß verdiente Brot wegnehmen, ist gleich seinen Nächsten umbringen. Den Nächsten mordet, wer ihm den Unterhalt nimmt, Blut vergießt, wer dem Arbeiter den Lohn vorenthält."

Nun sieht er, daß alle hier aufgeführten Verbrechen aus Gier nach Gold in Westindien begangen werden – Anlaß genug, „über das Elend und die Sklaverei nachzudenken, welche jene Menschen zu erleiden hatten". Er bekehrt sich und wird sein Leben lang zum großen Verteidiger der Indianer. Wichtig ist zu sehen, wie er das tut.

- Er formuliert die entscheidende theologische Frage diametral entgegengesetzt zu seinen Zeitgenossen, für die der oben zitierte García de Toledo steht: nicht Gott und Gold bzw. durch Gold, sondern Gott oder Gold, Gott des Lebens und der Befreiung oder der tötende Götze Geld?
- Er beschränkt sich nicht auf karitative Hilfe an den Leidenden (sie wäre ein Opfer, das Gott nicht annimmt), sondern er greift die strukturelle Sünde des Krieges gegen die Indios und des Sklavensystems der Kommenden in Bergbau und Plantagen an.
- Er arbeitet an Alternativen in Form von selbständigen Siedlungen der Indios.
- Er bedrängt unablässig die politisch Verantwortlichen, also in seinem Fall König und Kaiser, um die Kommendenwirtschaft abzuschaffen, Wiedergutmachung zu gewährleisten und Gesetze zum Schutz der Indios zu erreichen – durchaus mit Erfolg, wie besonders die Leyes Nuevas zeigen. Dabei nutzt er geschickt die erwähnten Interessengegensätze zwischen Krone und Kolonisten aus. Seine Argumente sind ein Arsenal des theologischen, ökonomischen und politischen Widerstands- und Befreiungskampfes gegen das kolonialistische System mit zentraler Bedeutung bis heute – selbst wenn er zu seiner Zeit nicht alle seine Ziele erreichte.

Im Jahre 1550 und 1551 kam es zwischen ihm und Sepulveda (1489 – 1573) zu leidenschaftlichen öffentlichen Streitgesprächen am königlichen Hofe. Trotz neuer Gesetze und einer neuen Terminologie – man sprach jetzt nicht mehr von Eroberung sondern von Befriedung –, nahm die Tragödie der Bekehrung durch Eroberung ihren Lauf. Auch die Franziskaner in Mexiko widersetzten sich entschieden der Position von Bartholomé de Las Casas: In einer eschatologischen Perspektive müsse man sich beeilen, die Indios zu taufen. Den Eroberungszug aufzuhalten würde bedeuten, die Bekehrung der Indios und damit ihr Heil aufs Spiel zu setzen. Mit anderen Worten: Man würde ein Risiko für das ewige Heil der Indios eingehen.

Sowenig Las Casas unermüdlicher Einsatz für die Indios faktisch bewirkt hat, so ist es immerhin erstaunlich, daß seine Argumente durch das Oberhaupt der Katholischen Kirche selbst offizielle Bestätigung fanden. In der Bulle „Sublimis Deus" vom 7. Juni 1537 wandte sich Papst Paul III. entschieden gegen die wirkmächtige theologische Position, die Indios auf die Stufe von Tieren zu stellen. In der Bulle heißt es:

„Der Feind des Menschengeschlechts, der beständig alle guten Werke bekämpft und zunichte zu machen sucht, hat eine neue Art ersonnen, zu verhindern, daß die Botschaft des Gotteswortes den Völkern das Heil bringe. Er hat einigen seiner Helfershelfer die Idee eingegeben, in der Welt die Meinung zu verbreiten, die Bewohner Westindiens und der südlichen Erdteile müßten wie vernunftlose Tiere behandelt werden, ausschließlich zu unserem Vorteil gebraucht werden und uns zu Diensten sein, unter dem Vorwand, sie hätten nicht teil am katholischen Glauben und seien unfähig, ihn anzunehmen. Wir als unwürdiger Stellvertreter Unseres Herrn haben all Unsere Mühe aufzubieten, die Uns anvertraute Herde zu hüten sowie die verirrten Schafe heimzuholen. Wir sehen in den Indianern wahre Menschen, die nicht nur fähig sind, den christlichen Glauben anzunehmen, sondern die auch danach trachten. Und in dem Wunsch, dem Übel, das angerichtet worden ist, abzuhelfen, entscheiden und erklären Wir durch diesen Unsern Brief, dessen Einhändigung jeder Priester mit seinem Siegel zu bestätigen hat, daß besagte Indianer, ebenso wie alle anderen Völkerschaften, von denen die Christenheit in Hinkunft noch Kunde erhält, ihrer Freiheit und ihrer Habe nicht beraubt werden dürfen – ohne Rücksicht auf anderslautende vorgeschützte Behauptungen – selbst wenn sie Nichtchristen sind, und daß sie im Gegenteil im Genuß ihrer Freiheit und ihrer Habe belassen werden sollen. Die Indianer und die anderen Völker, die noch entdeckt werden könnten, dürfen nur durch das Wort Gottes und das Beispiel eines guten und heiligmäßigen Wandels bekehrt werden."

Die Bulle kommentierend, schreibt Johannes Oesterreicher: „Las Casas – vielmehr die Wahrheit – hatte gesiegt. Die Kirche hatte gesprochen, hatte für alle Zeiten gesprochen: Alle Menschen gleich vor Gott, gleich an Würde, haben dieselben Grundrechte.[44] Die Bulle als „Sieg" Las Casas' zu bezeichnen, während in Lateinamerika unverändert ausgebeutet und gemordet wurde, kann als Hohn bezeichnet werden. Ein Ruhmestitel sind diese höchstinstanzlichen kirchlichen Äußerungen für Las Casas dennoch, aber kein Ruhmestitel für die Kirche: Umso deutlicher erscheint, daß die Kirche schon damals nicht aus (falscher) theologischer Überzeugung handelte, sondern daß sie gegen ihre eigenen Lehren aus Sucht nach Herrschaft und Reichtum handelte.

3. Zur heutigen Situation

Wir machen einen großen Schritt vom 16. Jahrhundert hin zum 20. Jahrhundert. In dem Armutsbericht der Wirtschaftskommission der Vereinten Nationen für Lateinamerika und die Karibik (ECLAC) 1990 wird festgestellt, daß von den 415 Millionen Menschen, die in Lateinamerika leben, 183 Millionen in Armut leben; das sind 44 Prozent der Bevölkerung.[142] Etwa die Hälfte dieser 183 Millionen leben in extremer Armut, sind also nicht in der Lage, sich ausreichend zu ernähren. Weiter wird in diesem Bericht festgestellt, daß es in den achtziger Jahren zu den schlimmsten Rezessionen seit 1930 gekommen sei. Im Gegensatz zu den siebziger Jahren, in denen die Verelendung auf dem Lande besonders dramatisch war, ist die Armut heute vor allem ein Phänomen der Städte. An erster Stelle der Armutsliste steht Guatemala mit 73 Prozent Armen, gefolgt von Peru mit sechzig Prozent Armen.

Ein Hauptgrund für diese strukturelle Armut in Lateinamerika ist die internationale Schuldenkrise. Aufgrund der Angaben der OECD hatten die 140 Entwicklungsländer in der Welt 1,45 Billionen US-Dollar Auslandsschulden. Die Länder des Südens haben im Jahr 1990 zwanzig Milliarden US-Dollar mehr an den reichen Norden gezahlt aufgrund der Schuldentilgung und der Zinsen, als sie in demselben Jahr an neuen Krediten, Subventionen oder verlorenen Zuschüssen erhielten – und das trotz des dramatischen Preisverfalls für Primärgüter, die die Haupteinnahmequelle für die Länder des Südens darstellen: Wenn zum Beispiel für einen durchschnittlichen Lastkraftwagen im Jahre 1985 den Wert von 93 Sack Kaffee zu bezahlen war, waren es im Jahre 1990 bereits 302 Sack Kaffee.

Der Weltentwicklungsbericht 1991 der Weltbank stellt fest, daß eine Milliarde Menschen (von rund fünf Milliarden) auf der ganzen Welt in tiefer Armut leben, das heißt von weniger als einem Dollar pro Tag leben müssen.[46] Die Schätzungen über die Zahl der Hungertoten in einem

einzigen Jahre auf der ganzen Welt schwanken zwischen 25 Millionen und 70 Millionen Hungernden.
Demgegenüber werden jährlich rund eine Billion US-Dollar für die Rüstung ausgegeben. Die fünf ständigen Mitglieder des Weltsicherheitsrates – USA, Rußland, China, Großbritannien und Frankreich – sind die fünf größten Waffenexporteure der Welt. 85 Prozent der Waffen, die in den Nahen Osten im Jahre 1990 geliefert wurden, stammen von diesen fünf Mitgliedern.[47]
Ich behaupte nicht, daß die Conquista, die Bekehrung durch Eroberung, allein schuld sei an der heutigen, zum Himmel schreienden Situation in Lateinamerika. Es gibt sicher auch andere Gründe. Zu nennen wäre unter anderem der zweihundertjährige nordamerikanische Imperialismus, der vor allem Mittelamerika und die nördlichen Länder von Südamerika bedrohte und immer noch bedroht; zu nennen wäre das heutige, zutiefst ungerechte Weltwirtschaftssystem; zu nennen wären sicher auch Gründe und Faktoren, die „hausgemacht" sind: Die maßlosen Privilegien von kleinen Eliten im Lande selbst, die Kapitalflucht aus den lateinamerikanischen Ländern, die Korruption usw. Indes bedeutet die Tatsache, daß als Ergebnis einer maßgeblich von Christinnen und Christen und von der katholischen Kirche über fünfhundert Jahrhunderte lang geprägten Geschichte eine solche schreckliche Armutssituation in Lateinamerika heute besteht, für meinen persönlichen Glauben die größte Herausforderung.

4. Trauer muß Europa tragen

Ob wir Christen sind oder nicht: Das Jahr 1992 sollte für uns alle Anlaß sein, kritisch darüber nachzudenken, daß die fünfhundertjährige Kolonisationsgeschichte in Lateinamerika ein Teil der Geschichte Europas ist: ein Teil der Geschichte des christlichen Abendlandes, aber auch ein Teil der Geschichte der Moderne, der neuzeitlichen Freiheitsgeschichte, der Aufklärung und ihrer Dialektik.
Was uns allen nottut, ist Trauerarbeit. Trauerarbeit ist bekanntlich ein Begriff aus der Psychoanalyse, der den Vorgang bezeichnet, in welchem der einzelne durch das Erinnern schrittweise die Bindung an ein geliebtes Objekt zerreißt. Trauerarbeit meint ein Erlebnis von Rissen und Wunden im Selbst des Trauernden.
Wie Alexander Mitscherlich dargelegt hat, ist Trauerarbeit aber auch für eine nationale Gesellschaft möglich und notwendig.[48]
Trauerarbeit bedeutet dann neue Realitätseinsicht. Sie ist ein lang sich hinziehender Vorgang der Ablösung einer bestimmten Gesellschaft von etwas, was man bisher liebgewonnen hatte. In der Trauerarbeit werden Kräfte frei für neue Objektbesetzungen, neue Identifizierungen, neue Liebes- und Interessenzuwendungen. Geschieht die Trauerarbeit nicht, besteht die große Gefahr, daß der einzelne oder die Gesellschaft in narzißtischer Liebe dem liebgewordenen vergangenen Objekt verhaftet bleiben. Mit dem Verlust des liebgewordenen Objektes ist oft ein Verlust an Selbstwert und Selbstvertrauen verbunden. Dies kann zu einem psychischen Energieverlust, zu einer Verarmung führen. Stellt man sich aber dem Schmerz und der Trauer, dann kann eine neue Hinwendung, eine neue Objektbeziehung entstehen.
Wir können diesen Vorgang auch mit dem biblischen Begriff der Umkehr (Metanoia) bezeichnen. Man erkennt, daß der bisher eingeschlagene Weg falsch ist, man kehrt zurück bis zur Wegkreuzung und geht in die entgegengesetzte Richtung. Voraussetzung dafür ist allerdings, daß die Christinnen und Christen und die christlichen Kirchen sich ihrer Geschichte der Schuld bewußt werden und daß sie diese auch vor sich selbst und der Öffentlichkeit eingestehen.
Walter Dirks, der 1991 verstorbene große katholische Publizist, sagte mir in einem erschütternden Gespräch schon vor Jahren, daß die katholische Kirche in seinen Augen so lange nicht glaubwürdig sei, wie sie sich nicht vor der Öffentlichkeit schuldig bekenne, eine unchristliche Sexualmoral vertreten zu haben.
Einen analogen Vorgang sehe ich im Hinblick auf die christliche Legitimierung von Kolonisation, Eroberung und Imperialismus. Auch hier kann es nicht nur darum gehen – so wichtig dies ist,

daß die Christinnen und Christen und die christlichen Kirchen in ihrer Herzenskammer sich ihrer Schuld bewußt werden. Es ist darüber hinaus ein öffentliches Schuldbekenntnis und ein Bußzeichen notwendig. Das Jahr 1992 wäre ein Anlaß dazu gewesen. Entsprechend hat der Bischof Antonio Fragoso auf der Brasilianischen Bischofskonferenz in Indaiatuba 1992 gesagt: „Wir wollen die Geschichte korrigieren. Wir wollen, daß die Kirche öffentlich um Verzeihung bittet und sich bemüht, die zerstörten Kulturen wieder herzustellen."[49] Von verschiedenen kirchlichen Organisationen sind auch tatsächlich schon Schritte in diese Richtung unternommen worden.[50]

Ganz anders aber sieht es der Papst in einer Ansprache vom 12. Oktober 1984 in Santo Domingo im Hinblick auf den 500. Gedenktag der Ankunft von Christoph Kolumbus: „Unter dem Aspekt der Evangelisation war dies der Anfang einer missionarischen Entfaltung ohne vergleichbaren Vorgang, welche, ausgehend von der Iberischen Halbinsel, der kirchlichen Karte eine neue Form gab. Und das geschah an einem Augenblick, als die religiösen Erregungen in Europa Kämpfe und partielle Visionen erzeugten, die einen Bedarf an neuen Ländern hervorriefen, um die Kreativität des Glaubens zu stützen. Es war das kraftvolle Heraufbrechen einer Universalität, die durch die christliche Botschaft hervorgerufen war."[51]

Dies ist die Art eines christlichen Triumphalismus, wie man ihn sich schlimmer nicht vorstellen kann. Anstatt sich an die grundlegende Mahnung des Jesus von Nazaret zur Umkehr zu erinnern (vgl. Mk 1,15), wird hier – ohne auch nur sich zu erinnern an die Millionen Opfer – über die Geschichte hinweggegangen und so den Siegern noch einmal rechtgegeben. Leider ist auch der Hirtenbrief der nordamerikanischen Bischöfe zum 500. Jahrestag der Evangelisierung in Amerika vom November 1990 nicht an dieser Gefahr vorbeigegangen. Zwar werden dort durchaus auch einige selbstkritische Töne angeschlagen; aber der Gesamttenor ist doch eher eine kirchliche Selbstbestätigung.[52]

Was also wäre eine christlich motivierte und adäquate Einstellung von Europäerinnen und Europäern in Erinnerung an den 500. Jahrestag der Landung von Christoph Kolumbus?

Die christlichen Kirchen haben eine historische Schuld an diesem fortwährenden Völkermord, an dieser Ausbeutung und Unterdrückung von Menschen und Völkern. Sie sind mitschuldig geworden an dem Kolonisationsprozeß in Lateinamerika, der vor fast fünfhundert Jahren begann und der durch Grausamkeit, Habgier und Völkermord gekennzeichnet war und ist. Leonardo Boff schreibt mit Recht dazu: „Europäische Christen überfielen den Kontinent, verursachten den größten Völkermord aller Zeiten, der die Bevölkerung auf ein Fünfundzwanzigstel zurückgehen ließ. Sie eigneten sich das Land widerrechtlich an, zerstörten die soziale und politische Ordnung des Volkes, unterdrückten die einheimischen Religionen und zerbrachen die interne Logik eines natürlichen Wachstums der eigenständigen Kulturen. Die katholischen und protestantischen Missionare predigten nicht nur das Evangelium, sondern auch die europäische Kultur. Sie gehörten wesentlich zum Plan der Eroberung und Kolonialisierung. Den Eingeborenen und versklavten Afrikanern bot sich das Christentum dar als Religion der Feinde, die unterjochen und töten. Das Evangelium konnte keine frohe Botschaft sein, sondern eine häßliche Unheilsbotschaft. Darum sagt ein Zeuge aus dem Volk der Mayas: 'Die Einführung des Christentums war die Einführung der Trauer, der Anfang unseres Elends. Die Eindringlinge lehrten uns die Früchte und kamen, um unsere Blumen zum Welken zu bringen. Weil nur ihre Blumen blühen durften, zertrampelten und vernichteten sie unsere Blumen."[53]

Der 500. Jahrestag der Eroberung Lateinamerikas wäre eine Chance, sich von einer Zerstörung des anderen zu einer Sympathie mit dem anderen hinzubewegen. Todorov drückt es so aus: „Es ergibt sich so eine erschreckende Verkettung, die vom Verstehen zum Nehmen, vom Nehmen zum Zerstören führt, eine Verkettung, deren unabwendbaren Charakter man gerne in Frage stellen möchte. Sollte Verständnis nicht Sympathie mit sich bringen?"[54] Oder um es in der Sprache Emmanuel Levinas' auszudrücken, auf den Todorov sich bezieht: „Ist mein 'In-der-Welt-Sein' oder mein 'Platz an der Sonne', mein Zuhause, nicht bereits widerrechtliche

Inbesitznahme von Lebensraum gewesen, der anderen gehört, die ich schon unterdrückt oder ausgehungert, in eine Dritte Welt vertrieben habe: ein Zurückstoßen, ein Ausschließen, ein Heimatlos-Machen, ein Ausplündern, ein Töten? Mein 'Platz an der Sonne': Anfang und Urbild der widerrechtlichen Besitzergreifung der ganzen Erde."[55]

Eine konkrete Konsequenz aus diesen Überlegungen ist die, die Gustavo Gutierrez in einem Interview der nordamerikanischen Kirchenzeitung „National Catholic Reporter" am 26.4.1991 erhoben hat. Auf die Frage: „Sollte das Datum zu einem Akt der Buße werden?" antwortete Gustavo Gutierrez: „Ja, sicherlich. Wir haben es aus verschiedenen Gründen nötig, um die Vergebung Gottes zu bitten. Die Vernichtungen des 16. Jahrhunderts waren furchtbar. Und wir sind nicht unschuldig, auch dann nicht, wenn wir – wie ich auch – Mestizen, halb Indio, halb Spanier sind; wir tragen Verantwortung. Ebenso als Kirche, denn die Kirche war auf beiden Seiten vertreten: Durch einige Personen hat sie die Situation gerechtfertigt und durch andere protestiert. Viele von uns sehen eine gute Art und Weise des Gedenkens des 500. Jahrestages zum Beispiel darin, den Erlaß der Auslandsschulden einzufordern. Das ist sehr konkret; und wenn wir heute an das Gold denken, das den Indios und dem Kontinent genommen wurde, haben wir auch ein historisches Recht, dies zu fordern. Und nicht nur das. Die reichen Länder – die USA und Europa – brauchen diese Zahlung nicht, um das Leben ihrer Menschen zu bewahren. Für uns bedeutet die Bezahlung der Auslandsschulden dagegen den Tod vieler Menschen. Aus menschlicher und christlicher Solidarität können wir den Schuldenerlaß fordern und darum kämpfen."

Die Frage nach dem anderen also muß sich umkehren in Verantwortung für die anderen. Aus Furcht vor dem anderen wird dann Furcht für die anderen.

Anmerkungen

1. Carl Schmitt, Nomos – Nahme – Name. In: Siegfried Behn (Hg.), Der verständige Aufbruch. Festschrift für Erich Przywara, Nürnberg 1960, 92-105, hier 104 f.
2. Süddeutsche Zeitung 18. 10. 1991.
3. Publik-Forum 24.8.1990, 10.
4. Tzvetan Todorov, Die Eroberung Amerikas. Das Problem des Anderen, Frankfurt 1985, hier 13.
5. Vgl. Jean Comby, 1492: Le choc des cultures et l'Evangelisation du monde. In: Documents Episcopals. Bulletin du secretariat de la Conference des Eveques de France. Oct. 1990.
6. Joseph van Ess, Islamische Perspektiven. In: Hans Küng u.a., Christentum und Weltreligionen, München 1984, 32.
7. Vgl. Fritz Baer, Die Juden im christlichen Spanien. Erster Teil: Urkunden und Regesten, Berlin 1929/1936, 404-408.
8. 1528 hatte das Augsburger Handelshaus der Welser von Karl V. als Entlohnung für die deutsche Kaiserkrone bzw. für die erfolgreichen Schmiergeldzahlungen an die Kurfürsten die Entdeckerrechte über das heutige Venezuela überschrieben bekommen. Zwei Schwaben – aus Ulm – leiteten die Expeditionen der Augsburger: Ambrosius Dalfinger gleich 1528 und Nikolaus Federmann 1529. In geringerem Maße waren auch die Fugger in Lateinamerika „engagiert", und zwar in Chile – ebenso als Lohn Karls V. Bartolomé de Las Casas schreibt: „(In diesem Gebiet,) in dem die Deutschen dafür zuständig sind, daß alles geraubt und zerstört wird, könnten Teufel keine größeren Verbrechen begehen und keine größeren Schäden anrichten. Schreckliche, ausgeklügelte Dinge haben sie im Kopf. Und schlimme Grausamkeiten haben diese mehr als abenteuerlichen Christen, wenn sie es denn sind (was unmöglich ist), den unschuldigen Menschen angetan... Haben Eure Gnaden den Eindruck, daß der König gut beraten war, als er den Deutschen für vierhunderttausend Golddukaten bzw. Dukaten, die sie ihm ein so großes Gebiet wie dieses (als Pfand oder ich weiß nicht wie) gab und als er ihnen derma Ben sanftmütige Menschen anvertraute, damit sie sie dann umbrächten, aus der Welt beförderten und die Hölle von Seelen nur so anschwellen ließen? Warum und wieso konnte der König, unser Herr, einen solchen Vertrag abschließen?... Sollen das etwa die Prediger sein, die der König schickt, um die zu bekehren, die im anvertraut sind?" (Brief an den Rat der Westindischen Länder, 1516, V 67-68, zit. nach Gustavo Gutierrez, Gott oder das Gold. Der befreiende Weg des Bartolomé de Las Casas, Freiburg 1990, 187 [Anm. 2].). Und an anderer Stelle heißt

es: „Sie [die deutschen Kaufleute] wüteten weit grausamer unter ihnen [den Indianern] als alle bereits erwähnten Barbaren [gemeint sind die Spanier]; ja noch viehischer und rasender als die blutgierigsten Tiger und wütigsten Wölfe und Löwen. Vor Geiz und Habsucht handelten sie weit toller und verblendeter als alle ihre Vorgänger, ersannen noch abscheulichere Mittel und Wege, Gold und Silber zu erpressen, setzten alle Furcht vor Gott und dem Könige und alle Scham vor Menschen hintenan; und da sie so große Freiheiten genossen und die Jurisdiktion des ganzen Landes in Händen hatten, so vergaßen sie beinahe, daß sie Sterbliche waren." (Zit. nach Ulrich Duchrow, Europa im Weltsystem 1492-1992. Sonderdruck der Jungen Kirche, Bremen 1991, 9.)

9 Zit. nach Comby 2 f.
10 Ebd. 3.
11 Ebd.
12 Ebd.
13 Ebd.
14 Die ganze Bulle hat erstmalig Ernst Reibstein (Völkerrecht. Eine Geschichte seiner Ideen in Lehre und Praxis, Bd. l: Von der Antike bis zur Aufklärung [Orbis Academicus. Problemgeschichten der Wissenschaft in Dokumenten und Darstellungen I/5], Freiburg/München 1957/58, 268-272, hier 268 f.) in deutscher Sprache veröffentlicht. Er stützt seine Übersetzung auf die lateinische Originalfassung, die bei J. Du Mont (Corps universel diplomatique du droit des gens ... jusques à présent, Bd. III, Amsterdam 1727, 2 p. 302) abgedruckt ist.
15 Leonardo Boff – Virgil Elizondo, Die Stimme der Opfer: Wer wird sie hören? In: Concilium 26 (1990) 445-447, hier 445.
16 Zit. nach Todorov 111.
17 Todorov 58.
18 Ebd. 77 f.
19 Zit. nach Duchrow 8.
20 Ebd. 8.
21 Eduardo Galeano, Geburten. Erinnerung an das Feuer l, Wuppertal 1983, 77.
22 Zit. nach Gutierrez 141.147.
23 Gutierrez 149.152.
24 Vgl. Julia Esquivel, Die eroberte und vergewaltigte Frau. In: Concilium 26 (1990) 490-496.
25 Zit. nach Todorov 170.
26 Esquivel 493.
27 Bibliothek der Kirchenväter IX, München 1917, 333-384, hier 338.349
28 J. Höffner, Christentum und Menschenwürde. Das Anliegen der spanischen Kolonialethik im Goldenen Zeitalter, Trier 1947, 47.
29 Ebd. 56.
30 Ebd. 57.
31 Ebd.
32 Ebd. 48.
33 Zit. nach Paulus Engelhardt, Die Lehre vom „gerechten Krieg" in der vorreformatorischen und katholischen Tradition. In: Reiner Steinweg (Hg.), Der gerechte Krieg: Christentum, Islam, Marxismus, Frankfurt 1980, 77.
34 Höffner 272. Vgl. dazu schon den hierfür grundlegenden Philemon-Brief des Paulus.
35 Ebd. 65.
36 Ebd. 66.
37 Vgl. ebd. 63.
38 Zit. nach Enrique Dussel, Herrschaft und Befreiung, Fribourg 1985, 65.
39 Peter Rottländer, Die Conquista – auch ein Aufbruch zur Moderne. In: Orientierung 54 (31. 10. l990), 223-227.
40 Ebd. 224.
41 Vgl. die Analyse der Gründe des Sieges bei Todorov 69 ff.
42 Vgl. Max Horkheimer – Theodor W. Adorno, Dialektik der Aufklärung, Frankfurt 1966.
43 Vgl. zum Folgenden Duchrow 14.
44 Johannes Oesterreicher, Rassenhaß ist Christushaß. Hitlers Judenfeindlichkeit in zeitgeschichtlicher und in heilsgeschichtlicher Sicht. Dokumente und Kritik, Klagenfurt 1993, 52 f.; dort auch die zitierte Bulle „Sublimis Deus" Papst Pauls III. vom 7. Juni 1537.

45 Diese und die folgenden Angaben nach: Frankfurter Rundschau 16.7.1990.
46 Süddeutsche Zeitung 8.7.1991.
47 Frankfurter Rundschau 17.4.1991.
48 Vgl. A. Mitscherlich, Die Unfähigkeit zu trauern, München 1970.
49 Frankfurter Rundschau 11.5.1992
50 Vgl. Blick zurück nach vorn. Erklärungen zu 500 Jahre Lateinamerika aus der katholischen Kirche im deutschsprachigen Raum, herausgegeben und eingeleitet von Peter Rottländer (Schriftenreihe Gerechtigkeit und Frieden der Deutschen Kommission Justitia et Pax, Dokumentation 35), 1992, darin besonders die Erklärung des Diözesanrats der Katholiken im Bistum Berlin (42 f.) und die Erklärung des Diözesanrats der Katholiken im Bistum Hildesheim (44-46).
51 Eigene Übersetzung. Nach: Documentation Catholique Nr. 1884, 18.11.1984.
52 Vgl. Heritage and Hope: Evangelisation in America. In: Origines 6.12.1990, 414-426.
53 Leonardo Boff, Feier der Buße – Feier des Widerstandes. Anlage zu Publik-Forum Juni 1991.
54 Todorov 155.
55 Emmanuel Levinas, Wenn Gott ins Denken einfällt. In: Diskurse über die Betroffenheit von Transzendenz, Freiburg 1985, 250.

Anschrift des Verfassers:

Prof. Dr. Norbert Greinacher
Abteilung für Praktische Theologie
Katholisch-Theologisches Seminar
Eberhard-Karls-Universität Tübingen
Liebermeisterstraße 12
D-72076 Tübingen

WOLFGANG DIETRICH

Hawa Mahal
Menschen Rechte Staaten

Hawa Mahal, der Palast der Winde, steht an einer Hauptstraße im Zentrum der indischen Stadt Jaipur. Er ist rosarot wie viele Gebäude in dieser Stadt, fünfstöckig, geschmückt mit Erkern und Balkonen. Doch der Prunk ist nur Kulisse. Der Maharadscha von Jaipur wollte sich bei Triumph- und Festzügen von seinen Hofdamen bewundern lassen, ohne die Frauen selbst neugierigen Blicken auszusetzen. So ließ er die prächtige Fassade, die einen Palast vorspiegelt, in den Straßenzug einfügen. Geschickte Architektur sorgte dafür, daß die Fassade den Wind einfing und den dahinter versteckten Beobachterinnen angenehm zufächelte. Hawa Mahal ist schön und für diesen Zweck bestens geeignet, doch was man von außen sehen und sogar anfassen kann, ist nicht, was es zu sein scheint. Der Palast der Winde ist der architektonische Ausdruck für das, was man auf Hindi „Maya" nennt. Dieser Begriff meint den Schein einer Wirklichkeit, die nicht mit Worten, sondern nur in ihren spezifischen Rhythmen und Harmonien, nur mit dem Gefühl zu erfassen ist (*Breitenstein* 1986, S. 196/97).

1. Menschenrecht und Weltsystem

Als sich vom 29.3. bis zum 2.4.1993 in Bangkok die Vertreter der asiatischen Staaten zur Vorbereitung der Weltmenschenrechtskonferenz von Wien (Juni 1993) trafen, exponierte sich Indien gemeinsam mit China, Indonesien, Malaysia und Burma in der Gruppe jener Länder, die dem von westlichen Staaten und Aktivisten hochgehaltenen Anspruch der Universalität der Menschenrechte das Konzept der „regionalen Vielfalt" entgegenhielten (*Deile* 1993, S.4). Dieser Widerspruch wurde in Wien nicht aufgelöst, und diesem Umstand ist es zuzuschreiben, daß der menschenrechtliche Theaterdonner vom Juni 1993 ohne wesentliche Konsequenz verklungen ist. Es darf vermutet werden, daß die faktische Ergebnislosigkeit des Treffens von Wien ebenso wie die der ein Jahr zuvor verpufften Umweltkonferenz von Rio dem Kalkül verschiedener Machthaber entspricht, deren Anweisungen von emsigen Diplomaten pflichtbewußt erfüllt wurde. Diese Vermutung wurde vor und nach den beiden Großereignissen von Kommentatoren auf der ganzen Welt ausgesprochen und sie braucht hier nicht mehr vertieft zu werden. An dieser Stelle soll es nicht um Spekulationen über mögliche Absichten einzelner Regime gehen, sondern um jene Diskussion zur Menschenrechtsfrage, die in Wien peinlichst vermieden wurde, gerade weil Juristen und Diplomaten über die Spielregeln bei dieser Konferenz entschieden haben – und weil die Vertreter der nicht-staatlichen Organisationen (NGOs) um den Bestand bereits festgeschriebener Standards fürchteten und fürchten, würden die Asiaten und die Vertreter einiger islamischer Staaten mit ihrer Forderung durchdringen, die Menschenrechte neu zu formulieren und dabei „regionale Vielfalt" zu beachten.
Es gehört zu den konstituierenden Elementen des modernen Weltsystems, daß Machthaber ihre Herrschaft durch völkerrechtliche Anerkennung von außen auch und gerade nach innen legitimieren, während die Ausgestaltung dieser Herrschaft durch das Prinzip der Nichtintervention äußeren Einflüssen entzogen bleibt. Natürlich, die Internationalisierung des Menschenrechtsschutzes seit dem Zweiten Weltkrieg will dem entgegenwirken. Die UNO tritt heute mit dem Anspruch auf, daß ihre Standards absolut sind und daher universal zu gelten haben. Dies ist eine säkularisierte Neuauflage der alten christlichen Lehre vom „gerechten Krieg", also ein moralischer und doktrinärer Interventionismus, der sich auf das edle Anliegen beruft, das völkerrechtliche Friedensgebot und die Achtung vor den Menschenrechten weltweit durchzusetzten.

Soweit der Anspruch. In der Praxis wurde eine A-priori-Derogation der Souveränität von Staaten aus allgemeinen Humanitätsgründen oder zum Schutz der Menschenrechte nicht erreicht. Die leidenschaftliche Diskussion dieses Themas (dazu u.a. *Heinz* 1993, S. 3-11) in den letzten Jahren findet notwendig da ihr Ende, wo sie über machtpolitisch determinierte Einzelfälle hinaus geführt werden soll. Die generelle und konsequente Durchbrechung des Souveränitätsprinzips zum Schutz der Menschenrechte im Völkerrecht würde die Funktionsweise des Weltsystems insgesamt in Frage stellen. „Gerechte Kriege" benötigen ein absolutes Dogma und unfehlbare Päpste, die in jedem Fall entscheiden, ob die Kriterien zur Führung solcher Kriege gegeben sind. Zudem müssen derartige Urteile auch vollzogen werden. Selbst eine stark reformierte UNO wird diese Exekutivgewalt solange nicht erreichen, solange mehr als nur eine Gruppe in der Lage ist, vor diesem Gremium eigene Herrschaftsinteressen zu vertreten. Damit das kapitalistische Weltsystem bestehen kann, muß es Konkurrenz zwischen Herrschafts- und Interessensgruppen geben. Solange diese sich mit dem Anspruch organisieren, Vertreter von Staaten oder gar Nationen zu sein, wird die UNO nur eines unter mehreren möglichen Mitteln zur – fallweise auch gewalttätigen – Durchsetzung dieser Interessen sein. Dem hehren Anspruch der Weltorganisation sind also enge Grenzen gesetzt, die sich im Zweck ihres eigenen Seins begründen. Gerade seit die Diplomaten des ehemaligen Ostblocks in der Perzeption des Westens von der Sündenbock-Rolle als Repräsentanten notorischer Menschenrechtsverletzer zum Image systemkonformer Demokraten mutierten, wurden diese systemimmanenten Grenzen unübersehbar.

Aus diesem Grund verharrte der zaghafte Aufbau entsprechender Mechanismen durch Jahrzehnte im juristisch-formellen Bereich, und er folgte dabei der Logik, die der Kalte Krieg vorgab. Dies führte einerseits zur Dominanz von Formen, die aus europäischen Traditionen abgeleitet wurden, über jene Inhalte, deren universale Gültigkeit angenommen werden darf, und andererseits zur völligen Mißachtung jener Formen, die für außereuropäische Kulturkreise denselben Inhalt möglicherweise besser vermitteln können.

Um Menschenrechte als moralische und erst recht als formalrechtliche Kategorie einführen zu können, benötigt man einen nicht unerheblichen gesellschaftlichen Konsens, also einen philosophischen und auch einen realpolitischen Unterbau, der seinerseits keineswegs „von Gott gegeben", „natürlich", „selbstverständlich", „anders nicht denkbar" oder gar unabhängig von Macht und Gewalt wäre.

Wenngleich 1948 die Allgemeine Erklärung der Menschenrechte der UNO schon in der Präambel alle menschlichen Wesen ohne Unterschied als Träger dieser Rechte definierte und wenngleich sie auch „jeden einzelnen" zur Einhaltung dieses Rechtskatalogs auffordert, so ist doch nicht zu übersehen, daß dieses Dokument von Vertretern konkreter Staaten verfaßt wurde und daß es sich als völkerrechtliches Dokument auch in erster Linie an das klassische Subjekt des Völkerrechts, den Staat, richtet. In derselben Präambel heißt es schließlich auch noch, daß eine „... gemeinsame Auffassung über diese Rechte und Freiheiten von größter Wichtigkeit für die volle Erfüllung dieser Verpflichtung ist".

Das heißt, die Vertreter von damals überwiegend europäischen Staaten haben homogenisiert und standardisiert, was in seiner Essenz, als Inhalt, mit größter Wahrscheinlichkeit tatsächlich Anliegen aller Menschen ist: Alle Menschen wollen leben – und zwar nicht nur überleben, sondern auf eine ganz bestimmte Art leben; niemand will eingesperrt, verfolgt, vertrieben oder gefoltert werden; jeder möchte sagen dürfen, was er sich denkt ...

Doch der Weg von der Feststellung, daß dies so ist, bis zur Ableitung konkreter Verhaltensnormen aus dieser Einsicht ist weit. Bei der Erstellung der Normen, bei der Ausformulierung der Standards und der Setzung von Prioritäten gibt es viele Möglichkeiten. Zwischen dem christlichen Gebot „Du sollst nicht töten" und dem Artikel 3 der UN-Deklaration von 1948 „Jeder Mensch hat das Recht auf Leben, ..." besteht kein inhaltlicher Unterschied, wohl aber ein erheblicher in der Form. Während im einen wie im anderen Fall klar ist, daß nicht getötet werden soll, wird das einmal als allgemeines Recht ausgedrückt, das andere Mal als Pflicht konkreter

Personen. Auch der Islam faßt jene Inhalte, die wir Europäer heute als Menschenrechte bezeichnen, in die Form einer Pflichtenlehre, die Faraid. Als Form muß diese mit den Menschenrechten unvereinbar bleiben, als Inhalt keineswegs. Über Recht und Pflicht hinaus gibt es aber auch noch andere Formen, in die diese Inhalte gegossen werden können. Beispielsweise in die der tradierten Weisheit, deren Verbindlichkeit sich für den Wissenden nicht geringer darstellt, als ein Gesetz für den Bürger oder ein Gebot für den Gläubigen. Indianische Gesellschaften fassen ihre Sicht dieser Inhalte oft in Weisheiten, die Bantu-Kultur zelebriert solche Weisheit gemeinschaftlich im Palaver, der moralische Imperativ von Gleichnissen und Legenden kann für manche Gesellschaften eine Verbindlichkeit erlangen, die der Europäer nur Gesetzen zuschreibt. Man muß schon radikal-cartesianisch, also reduktionistisch denken, um dieses Faktum zu ignorieren, oder die inhaltliche Gleichwertigkeit dieser Ausdrucksformen in ihrer Vielfalt zu leugnen. In Anlehnung an Shiva (1989, S.181) sei hier sinnbildlich festgehalten, daß der Vergleich des Milchertrags von dänischen und indischen Kühen erst dann vollständig wird, wenn man auch die Zugkraft der entsprechenden Ochsen mißt und die Notwendigkeit beider auf die jeweilige Umgebung umlegt.

Die inhaltliche Universalität der Menschenrechte darf nicht zur Disposition stehen. Die reale Vielfalt menschlicher Wahrnehmung desselben Inhalts verlangt aber auch nach der Möglichkeit zur Vielfalt in der formellen Ausgestaltung. Dies setzt freilich ein Geschichtsverständnis voraus, das eher vom Webstuhl geprägt wird als von der reduktionistischen Schere, mit deren Hilfe die meisten systemischen Historiker affektiv wiederholen, die Idee der Menschenrechte wäre eine Errungenschaft der europäischen Aufklärung. Nicht nur, daß dadurch a priori ausgeschlossen wird, daß andere Kulturen dieselben Inhalte schon früher oder gleichzeitig in andere, für sie relevantere, aber für uns schwerer wahrnehmbare Formen gebracht haben; es wird auch so getan, als wären „die Menschenrechte" das notwendige und nur so denkbare Ergebnis eines einzigartigen historischen Prozesses, das in der *Virginia Bill of Rights* von 1776 und der französichen *Déclaration des droits de l'homme et du citoyen* von 1789, auf denen alle weiteren einschlägigen Kodifizierungen, Deklarationen und Pakte aufbauen, seinen ersten Niederschlag findet. Durch diese Geschichtsschreibung mit der reduktionistischen Schere wird unterstellt, daß die „Erfolgsgeschichte der Entwicklung Europas" geradezu zwangsläufig jene humanitären Standards hervorbringen mußte, die heute zum Maßstab jedweder Zivilisation erhoben werden.

2. Staat und Weltsystem

Steger (1989, S. 335-341) weist überzeugend nach, daß dies nicht der Fall sein kann, weil bereits die genannten „Urdokumente" der modernen Menschenrechtsdiskussion nicht auf einer gemeinsamen, sondern auf völlig gegensätzlichen Auffassungen von Gesellschaft basieren. Nach beiden Konzepten obliegt zwar die Hauptverantwortlichkeit für die Einhaltung und den Schutz der Menschenrechte dem Staat – und die spätere Internationalisierung des Menschenrechtsschutzes findet folglich in Gremien statt, in denen nur Staatenvertreter Stimme haben –, doch während das „amerikanische" Konzept als common sense betrachtet, daß die Gesellschaft mit so wenig Staat wie möglich funktionieren soll, will die Französische Revolution die „Durchstaatlichung der Gesellschaft zu ihrem Glück". In Frankreich soll die Regierung dafür sorgen, daß die Prinzipien im Alltagsleben durchgesetzt werden, in den USA sichert die Regierung jedermanns persönliches Streben nach Glück, solange er dabei niemanden stört.

Obwohl beide Konzepte – und das ist keineswegs nur so denkbar – Menschenrechte als Form bereits unauflöslich an eine andere Form, die des Staates, binden, zeichnen sie in dieser Phase der europäischen (bzw. euro-amerikanischen) Aufklärung noch mindestens zwei durchaus widersprüchliche Auffassungen: Der Staat entweder als Gestalter oder als bloßer Hüter der Menschenrechte. Im Laufe der Geschichte der letzten zweihundert Jahre hat sich das „französische" Konzept immer mehr durchgesetzt. Ausformung fand es sowohl in seinen marxistischen Variationen wie in der Formulierung der wirtschaftlichen, sozialen und kulturellen Rechte, aber auch im realen Sozialismus, kapitalistischen Entwicklungsdikaturen und der Doktrin der nationalen Sicherheit. Dabei ist zu vermuten, daß sich die Dominanz des „französischen Konzepts" nicht in seiner inhaltlichen Überlegenheit begründet, sondern darin, daß Institutionen, wie *Esteva* (1992) feststellte, erfahrungsgemäß dazu tendieren, in immer mehr Lebensbereiche ihrer Mitglieder regulierend und kontrollierend einzugreifen. Staat wird also durchstaatlichen, solange er kann, weil dies dem Herrschaftsanspruch, der „Staat" als Kategorie benötigt, immanent ist.

Als Paradoxon sei in diesem Zusammenhang festgehalten, daß in den USA selbst sich das „amerikanische" Konzept zwar als innenpolitisches Credo paradigmatisch halten konnte, die Menschenrechtspolitik nach außen aber spätestens seit Jimmy Carter vom „französischen" Konzept bestimmt wurde. Das außenpolitische Kalkül, anderen Staaten selektiv eine aktive Menschenrechtspolitik abzuverlangen, galt auch in den zwölf Jahren republikanischer Präsidentschaft und scheint erst unter Bill Clinton der Tendenz zu einem zeitgeistigen Neo-Isolationismus zu weichen.

Doch kehren wir vorerst noch einmal zur Entstehung der modernen Nationalstaaten und zum „französischen" Konzept der Menschenrechte zurück:

„In Europa bedeutet das, daß der Staat die modernen Institutionen schuf und erhielt, die unverzichtbar waren für die kapitalistische Industrie. Das Fortbestehen kultureller Unterschiede mußte der Staat unter diesen Umständen natürlich mit Mißfallen betrachten – das war weniger Ausdruck der Voreingenommenheit gegen bestimmte Rassen oder Ethnien, sondern Teil seiner neuen Aufgaben: Kulturelle Sonderformen störten das Verhältnis von 'freiem' Individuum und republikanischem Staat, sie behinderten die professionelle Machtausübung, die 'Staatskunst'."
(*Nandy* 1993, S.375)

Wer den so verstandenen Staat zum Gestalter der Menschenrechte erhebt, erklärt den sprichwörtlichen Bock zum Gärtner. Und dies gilt unabhängig von dem Anspruch, den Staat durch Beiwörter wie demokratisch, liberal, sozialistisch, islamisch, Bundes-, Sozial-, Rechts- oder wie auch immer sonst erhebt.

Dieser Tendenz durch die Einführung einer weiteren Kategorie, der Demokratie, entgegenzuwirken, die zuerst zur juristischen und heute gerade auch als Form und viel weniger als Inhalt zur moralischen Größe erhoben wurde, ist ein Versuch, dessen Tauglichkeit enge Grenzen gesetzt sind. Demokratie als bloße Form zielt – im Gegensatz zu der Vorstellung, die mit dem Begriff affektiv verbunden wird – nicht zwangsläufig darauf ab, die Bedrohung, die Staatsgewalt für Menschen bedeuten kann, zu durchbrechen. Lateinamerikanische Erfahrungen der letzten zehn Jahre belegen das nur allzu deutlich. Demokratie, so wie heute damit umgegangen wird, ist vielmehr die formelle Kategorie für einen „besseren" Staat, der im Regelfall einen umfangreicheren Verwaltungsapparat als einfache Diktaturen benötigt. Funktioniert dieser Apparat, so herrscht er mit weniger physischer Gewalt und subtiler als Diktaturen, seine abstrakten Kompetenzen reichen aber mittels Kanalisation in die Aborte und mittels AIDS-Kampagne und Geburtenregulierung bis in die Schlafzimmer der - ?: Bürger. Der „bessere" Staat ist dieser Vorstellung nach also der mehr durchstaatlichte Staat, der Sozialstaat, die Apotheose des „französischen" Konzepts im obigen Sinn.

Die Verschmelzung der Menschenrechte als Form mit den Kategorien von Staat/ Durchstaatlichung und formeller, anonym verwalteter Demokratie kann zu einer grausamen Umkehr der inhaltlichen Absicht führen. Die Beispiele reichen vom Kraftwerksbau, den Zyniker etwa in Brasilien, Indien, Ägypten oder Äthiopien als Akt der Humanität verkaufen, obwohl er unmittelbar Vertreibung und Hunger bewirkt (siehe u.a. *Shiva* 1989, S. 200ff), über die bilinguale Alphabetisierung für Indios in Peru und Guatemala (*Brunner/Dietrich/Kaller* 1993, S. 74-103) bis zu den Massensterilisationen in Indien.

Weil das letztgenannte Land so oft als die größte Demokratie der Welt bezeichnet wird, sei hier ein Zitat der greisen Sarala Behn eingeschoben: „Die Erfahrungen meiner Kindheit hatten mich gelehrt, daß das Recht nicht gerecht ist und daß es Grundregeln der Menschlichkeit gibt, die

wertvoller sind als die Leitlinien des Staates. Ich hatte auch erfahren, daß bei einer Staatsgewalt, die sich nicht um die Menschen schert, das Regieren zu einem grausamen Witz verkommt...".
(Zitiert nach *Shiva* 1989, S.86)
Diesem Zitat aus Indien dürften Millionen von Lateinamerikanern aus erlebter Erfahrung leichten Herzens beipflichten können. Gesatztes Menschenrecht, Staat und Formaldemokratie müssen sie als ein dreifaches Korsett für jenen Inhalt erleben, der vordergründig so leicht faßbar zu sein scheint: Jeder Mensch möchte frei von Verfolgung und Bedrohung auf seine Art leben, ...
Die Dominanz der Form über den Inhalt war durch Herkunft und Absicht der „Väter" neuzeitlicher Menschenrechtserklärungen bestimmt. Da der Rechts- und Territorialstaat im heutigen Sinn eine kaum mehr als zweihundertjährige Geschichte aufweist, ist auszuschließen, daß es sich bei ihm um eine anthropologische Konstante handelt. Die jüngste Geschichte stellt auf dramatische Art selbst die mittelfristige Haltbarkeit dieses Konzepts in Frage. Mitten in Europa sind vor kurzem noch für unverrückbar gehaltene Grenzen gefallen, und schon darf – stellvertretend für viele andere Beispiele – *Luyken* (1993, S.3) an den georgischen Präsidenten Eduard Schewardnadse neuerlich die Frage stellen, ob Georgien überhaupt noch existiere. Von Moskau bis Sarajevo scheint eine Dynamik in Gang gesetzt zu sein, die bewirkt, daß Bestrebungen, die ursprünglich gegen ein ganz spezielles Regime, eine ganz besondere Form von Staat, gerichtet waren, zur Auflösung oder zumindest zur Reduzierung der Relevanz von Staatlichkeit überhaupt führen.
Aber auch die Übertragung hoheitlicher Verwaltungskompetenzen süd- und westeuropäischer Staaten an die Brüsseler Bürokratie beschreibt eine Variante desselben Prozesses, die offensichtlich zur Ablösung der Nationalstaaten durch ein anderes System führt. Dessen endgültige Form ist selbst im Augenblick der Inkraftsetzung der Maastricht-Verträge – trotz aller juristischen Korrektheit im gemeinschaftseuropäischen Procedere – nicht absehbar. Wenn sich aber die Meinung der „Autonomisten", die das Recht der EG bereits als Recht „sui generis" und nicht mehr als Völkerrecht ansehen (EuGH Rs.6/64), weiterhin durchsetzt, so bedeutet das eine Revolution, deren Ausmaß und Ausstrahlung auf alle Ebenen des täglichen Lebens in Europa bisher viel zu wenig diskutiert wurde. Indem diese Ansicht die Gesellschaften Europas praktisch durchdringt, wird auch im juristischen Feld eine neue Epoche eingeleitet, in der beispielsweise das vielbejubelte „Europa der Regionen" nicht nur eine reale Chance darstellt, sondern auch als gewaltiges Unsicherheitspotential verstanden werden kann.
Jedenfalls ist nicht zu übersehen, daß die aktuellen Umwälzungen und Unsicherheiten eine wachsende Zahl von Nischen öffnen, in denen sich verschiedene informelle Initiativen ausbilden, ja, ausbilden müssen, weil das für das Über- wie das Weiterleben konkreter Menschen unumgänglich ist. Das bezieht sich nicht auf irgendwelche Exotismen, sondern es betrifft den existentiellen Nerv des Weltsystems. „*Jobless Growth*" wurde in den letzten Jahren auch innerhalb der EG zu einem sensiblen Schlagwort. Das heißt, daß die industrielle Produktivität wächst, während ein dramatischer Rückgang der Beschäftigungszahl und ein Ansteigen der Sockelarbeitslosigkeit zu beobachten ist. Daß immer weniger Arbeitskräfte gleichbleibenden oder steigenden Wohlstand für die Volkswirtschaften produzieren, wäre an sich wohl der Traum der Moderne. Da aber „Arbeit" in der Logik des Weltsystems nicht bloß eine ökonomische Größe, sondern längst auch ein zentraler, ethischer Wert geworden ist, bedeutet „Arbeitslosigkeit" als individuelles Schicksal buchstäblich auch „Wertlosigkeit" für konkrete Menschen. Mitte der neunziger Jahre sprechen wir in diesem Zusammenhang aber nicht mehr von Einzelschicksalen, sondern von einer Dynamik, die Millionen von Menschen betrifft. Die gehen folgerichtig daran, eine „Sekundärökonomie" zu errichten, die sich dem Zugriff der formellen, staatlichen Ordnungsgewalt entzieht. Könnte dies durch irgendetwas deutlicher seinen Ausdruck finden als durch den Umstand, daß mitten im EG-Imperium, in Großbritannien, ein sich rasch ausweitendes System lokaler Bonusscheine für gegenseitige Dienstleistungen die Währungshoheit des Staates zumindest ebenso massiv unterläuft wie in Guatemala oder Peru?

Wolf *Lepenies* (1993, S.19) meint, daß das Gleichheitsstreben und die demokratische Ausweitung der Bürgerrechte zu einem Klima der Selbstgerechtigkeit in bürgerlichen Gesellschaften geführt haben. Diese Beobachtung überrascht eigentlich nicht, denn das Vorurteil der Gleichheit muß die auf der für sie einzig denkmöglichen Erfolgsskala Obenstehenden zur Annahme verleiten, daß diejenigen, die es nicht geschafft haben, selbst Schuld daran wären. Da nach diesem Denkmuster Gleichwertigkeit in Vielfalt kategorisch ausgeschlossen wird, folgt daraus eine Individualisierung der Not und dementsprechend eine Personalisierung der Hilfe.

Lepenies sieht – mitten in Deutschland – „staatsferne, aus persönlichen Motivgeflechten erwachsende agencies of inclusion entstehen", und beschreibt sie als Antagonismen zu innersystemischen Gewerkschaften. Deren Leitgedanke der formalisierten „sozialen Verpflichtung" im Spannungsfeld eines „Gesellschaftsvertrages" zwischen modernen Arbeitnehmern und regulierendem Staat drückt sich auch im Artikel 8 des Paktes über wirtschaftliche, soziale und kulturelle Rechte aus. Für all diejenigen, die die Chancen oder den Willen zur Beteiligung an diesem Vertrag verloren haben, ist die Regelung aber obsolet. Gewerkschaften vertreten die Interessen ihrer Mitglieder, nicht die derjenigen, die draußen sind.

Man braucht also keineswegs *Estevas* (1992, S. 135-155) Beschreibung der „neuen Gemeinschaften" etwa im mexicanischen Tepito zu lesen, um sich vorstellen zu können, worum es hier geht. Innerhalb des formellen Sektors kostet ein polnischer oder ein tschechischer Arbeiter heute weniger als die Hälfte eines mexicanischen. In den „Billiglohnländern" Taiwan oder Südkorea kostet Arbeitskraft inzwischen das Vierfache davon. (Die Zeit/Globus 10. 9. 1993).

Die Details derselben globalen Dynamik treten also in äußerst verschiedenen Formen auf, doch die Anzeichen für das Ende der Relevanz von Staatlichkeit im gewohnten Sinn sind nicht mehr zu übersehen. Max Weber konnte „Staat" noch als einen Anstaltsbetrieb beschreiben, dessen Verwaltungsstab erfolgreich das Monopol legitimen physischen Zwangs für die Durchführung von Ordnungen innerhalb der staatlichen Territorien für sich in Anspruch nimmt. Bei intaktem Zwangsmonopol sind nach Weber Änderungen der Ordnungen innerhalb dieses Anstaltsbetriebs nur mit Billigung des politischen Verwaltungsstabes möglich. Den erfolgreichen Zugriff auf politische Herrschaftspositionen durch Gruppen mit neuen sozial-politischen Ordnungsentwürfen gegen den Willen der vorherigen Positionsinhaber bezeichnete Weber hingegen als Revolution. Wenn diese Kategorien zur Beschreibung der heutigen Lage nicht mehr ausreichen, so liegt das wohl weniger daran, daß Weber geirrt hätte, als am Beginn einer neuen Epoche, in der Gesellschaft und Gesellschaften neu verstanden werden müssen.

3. Zeit und Weltsystem

Als Immanuel *Wallerstein* (1974) seine Weltsystemtheorie auszuformulieren begann, stützte er sich unter anderem auf die Annahmen, Beobachtungen und Berechnungen älterer Wirtschaftswissenschafter wie Marx, Rodbertus, Clément Juglar und Joseph Kitchin. Sie und andere gingen davon aus, daß in einem weitgehend freien Marktsystem das Wechselverhältnis von Angebot und Nachfrage immer wieder zu Expansionsphasen, Sättigungskrisen und in der Folge zu Kontraktionsphasen führen würde. 1925 hat Nikolai Kondratjew als erster solche Langzeitzyklen empirisch belegt, wobei er die Dauer des sinuskurvenartigen Gesamtzyklus, bestehend aus einer A- oder Expansionsphase und einer B- oder Kontraktionsphase, auf etwa fünfzig Jahre bezifferte. Seit Wallerstein diese pulsierende Bewegung als Charakteristikum für ein einziges Weltsystem angenommen hat, kreist die Diskussion immer wieder um die Frage, wann und wie diese Dynamik begonnen hat und wann und wie sie folglich wieder enden kann. Ein zweiter Hauptdiskussionspunkt dreht sich darum, ob und wie Menschen und Gemeinschaften sich diesem System entziehen können – eine Frage, die wahrscheinlich nie aktueller war als heute. Kaum einer der modernen Theoretiker dürfte ahnen, daß er damit eine Diskussion nachvollzieht, die die präkolumbischen Mexicaner unter etwas anderen Vorzeichen auch schon kannten:

Ihre Zeitrechnung war durch die parallele Beobachtung dreier verschiedener, ineinander verwobener Kalendersysteme geprägt, wobei sich alle 52 Jahre gewisse Kombinationen von Tagen und Symbolen wiederholten. Daraus leiteten sie ein umfangreiches, von *Steger* (1989, S.36) so bezeichnetes „Krisenmanagement" ab, bei dem die gesamte Gesellschaft mobilisiert wurde, um die Kontinuität der Weltzyklen zu sichern. Im Mittelpunkt stand dabei der Begriff des „Opfers", dessen Bedeutung weit über die von den Spaniern wahrgenommene Hinrichtung von Menschen hinausging. „Opfer" bedeutete die rituelle, zyklische und profitlose Vernichtung des vorher erwirtschafteten Überschusses. Die aztekische Welt ist also dadurch gekennzeichnet, daß sie einen beträchtlichen Teil ihrer Ressourcen auf unproduktive Weise verschwendet und bewußt vernichtet.

Wirtschaftswissenschafter werden wenig Verständnis für eine solche Haltung aufbringen. Dennoch werden „Opfer" in diesem Sinn des Wortes aus verschiedensten Winkeln der Welt bezogen, und praktisch alle Kulturen kennen Regulative, die ein Entgleiten der „Weltzyklen" in ungehemmte Akkumulation von Kapital verhindern soll. Das gilt auch für Europa. Das Mittelalter kannte Gebote, die unübersehbar denselben Zweck hatten wie „Opfer". Das Zinsverbot zügelte die zeitliche Transferierbarkeit von Mehrwert, der „gerechte Preis" entsprach der Sicherung des Lebensunterhaltes und nicht dem Ziel der Profitmaximierung. Dennoch ruhte im europäischen Mittelalter in der Gestalt der christlichen Heilsversprechung der Keim für die Ausbildung des modernen Weltsystems. Für *Steger* (1989, S.41) waren auch die Kreuzzüge des Mittelalters eine Form der Ressourcenvernichtung mit dem Ziel, dadurch dem Heil näher zu kommen. Doch gerade deren wiederholtes Scheitern weckte den Bedarf für eine in Konkurrenz zum Islam entstehende, gesamtgesellschaftliche Ressourcenkonzentration. Das führte zum „Sündenfall" des Christentums – zur Säkularisierung seiner Heilsversprechung und in der Folge zum Beginn jener von Oberitalien ausgehenden Großunternehmen, die schrittweise die ganze Welt in das moderne Weltsystem einbezogen. Entscheidendes Moment für den Ausbruch aus dem tradierten Selbstverständnis war somit der Übergang zum linearen, auf das Diesseits gerichteten Zeitbegriff, in dem Akkumultion nach dem Motto „Immer mehr, immer größer, immer schneller" endlos stattfinden sollte.

Wir wollen uns hier nicht in den strittigen Details über das Entstehen des modernen Weltsystems verlieren, halten aber nochmals fest, daß die von den Nationalökonomen festgestellten Expansions- und Kontraktionsphasen zumindest eine Parallele im Weltverständnis vor- und nichtkapitalistischer Gesellschaften haben. Der große Unterschied im Umgang mit diesen Zyklen liegt darin, daß sie außersystemisch als Anlaß für bewußte und gewollte Akte der Stabilisierung der Welt an sich verstanden werden, während sie innersystemisch als marktbedingte Konjunkturphasen in einem linearen Prozeß angesehen werden, die zwar immer wieder individuelle und auch kollektive Katastrophen auslösen, insgesamt aber einer laufend voranschreitenden Steigerung der Produktivität untergeordnet sind. Fünfhundert Jahre lang ermöglichten sich die Zeitgenossen die Illusion, durch die Unterwerfung immer neuen Raums, immer neuer Ressourcen und immer neuer Technologien diesen Prozeß als endlos anzusehen. Am Ende des zweiten Jahrtausends, spätestens mit der absolut innersystemischen Arbeit von Donella und Dennis *Meadows* (1972), wurde aber klar, daß unsere Welt endlich ist, daß vermeintlich endlose Erfolgsstories folglich an Grenzen stoßen müssen. Wirtschaft kann daher nicht länger im Sinne der (neo-)klassischen Nationalökonomie als ein Prozeß mißverstanden werden, in welchem Gleichgewicht und Harmonie entscheidende Größen sind, sondern sie muß als jene Ebene gesellschaftlichen Daseins erkannt werden, welche zu permanentem Wandel tendiert und dynamisch Ungleichgewichte erzeugt, sofern keine auf Konsens basierende, selbstbegrenzende Regulative eingeführt werden. Von welcher Seite immer die „Krise ohne Ende in Lateinamerika" analysiert wird, an dieser Ebene kommt man nicht vorbei. Dies ganz besonders deshalb, weil Staaten eben formelle Einheiten des Weltsystems sind und ihre Befindlichkeit somit immer von der Konstellation des Gesamtsystems abhängt. Wenn dieses System nun tatsächlich an seine Grenzen gestoßen ist, müssen Staaten deshalb nicht gleich vollständig verschwinden, aber sie verlieren zwangsläufig an Relevanz für die Menschen, und neue Organisationsformen gewinnen an Bedeutung – ohne daß damit schon etwas über deren Qualität ausgesagt wäre.

4. Lateinamerika im Weltsystem

Die oben ausgeführten Argumente zur globalen Lage sollen verständlich machen, daß der nun zu betrachtende Niedergang des Staates als zentrale Selbstverständlichkeit des lateinamerikanischen Politikverständnisses keineswegs eine Erscheinung ist, die sich auf den Subkontinent beschränkt. Vielmehr läßt sich im Angesicht der aktuellen Kontraktionsphase des Weltsystems dieselbe Dynamik überall beobachten. Nur die äußeren Erscheinungsformen sind je nach Ort und Umstand verschieden.

Lateinamerika stand vor zehn Jahren noch unter der weitreichenden Herrschaft der „Doktrin der nationalen Sicherheit", also einer radikalen Ausformung des „französischen" Konzepts, bei der die Herrschaft der Form den Inhalt der Menschenrechte bereits auf jene zynische Art pervertierte, die Sarala Behn im obigen Zitat ansprach. Das Tempo, mit dem dieses Herrschaftskonzept zerfallen ist, läßt sich nicht mit den Erfolgen von Bürgerrechtsbewegungen oder Basisgruppen und schon gar nicht mit der Einsicht der Machthaber und ihren nordamerikanischen Verbündeten erklären. *Stegers* (1989, S. 339) Hinweis auf den Einfluß US-amerikanischer Verhaltensmuster auf die kommerziell orientierten Mittelschichten Lateinamerikas leuchtet in diesem Zusammenhang ein wichtiges Element aus. Das Wirksamwerden dieses Einflusses dürfte aber seinerseits damit zu begründen sein, daß das „französische" Konzept während der am meisten von der aktuellen Kontraktionsphase des Weltsystems betroffenen Zeit einfach zu teuer wurde, um sich halten zu können. Wir sagten oben, daß Staat durchstaatlicht, solange er kann. Angesichts des herannahenden Tiefpunktes der besagten Kontraktionsphase ließ sich im Laufe der achtziger Jahre aber in Lateinamerika die Durchstaatlichung nicht mehr vorantreiben, ja der wirtschaftliche Einbruch erzwang sogar eine stark rückläufige Tendenz. Was unter dem politischen Emblem des „Neo-Liberalismus" und in der Gestalt von Formaldemokratien in praktisch allen Staaten des Subkontinents an seine Stelle trat, ist nicht ein ideologischer Wechsel zum „amerikanischen" Konzept, sondern nur Schein einer Heilslehre und Feigenblatt für das Eingeständnis, daß der Staat nur noch einer unter mehreren Herrschafts-, Ordnungs- und Bedrohungsfaktoren neben anderen – wie selbstverwalteten Nachbarschaften, Basisgemeinden, traditionellen Gemeinschaften, Guerillagruppen, Jugendbanden, Drogenmafia ... – für die Menschen darstellt. Der Staat verkam zum Torso und für viele der neuen Gemeinschaften besitzt er kaum noch Relevanz. Wo findet das deutlicher seinen Ausdruck als in Nicaragua, das die Sandinisten am Beginn der achtziger Jahre mit gewissem Erfolg voll zu durchstaatlichen versuchten, während zehn Jahre später der Polizei selbst für Patrouillen in den Städten das Benzingeld fehlt?

Nun häufen sich die Stimmen, für die – als klarer Bruch zu den Strömungen der alten Linken – der Kampf gegen den Staat oder um die Macht im Staat nicht mehr der Mühe Wert ist. Sie stehen auch im Gegensatz zu Fals *Bordas* (1988) Partizipationskonzept des „Poder Popular", zu *Freires* (1984) Interaktionsmodellen, zu den völlig überholten Lehren der Cepalisten oder zu de *Sotos* (1986) faszinierendem, megamanischem und absurdem Vorschlag, den Staat über die Formalisierung des informellen Sektors zu revitalisieren. Autoren wie Bonfil *Batalla* (1990) oder *Esteva* (1992) sehen den Staat schlicht in Agonie versinken und empfehlen nur noch die „apropiación" seiner nutzbaren Versatzstücke. Zu dieser Gruppe gehört auch *Nandy* (1993, S. 380). Für ihn erweist sich „... der moderne Staatsbegriff immer deutlicher als überfordert, ohne Bezug zur Realität und unfähig, zur Auseinandersetzung mit den neuen Bedrohungen und Problemen beizutragen, denen sich die Menschheit stellen muß, um zu überleben."

Wenn der Staat aber nur noch juristisch-diplomatische Hülle ist und die Organisationsform der neuen Gemeinschaften sich nicht am Konzept des Rechtsstaats orientiert, wie es einst über die Kopien der Cádiz-Verfassung, der US-amerikanischen oder der französischen eingeführt wurde, so stellt sich auch die Frage, welchen Platz die Menschenrechte in dieser neuen Wirklichkeit einnehmen sollen. Tatsächlich weisen die Berichte von Organisationen wie *amnesty international* oder *America's Watch* schon seit einigen Jahren unmißverständlich nach, daß das Ausmaß an Gewalttaten in Lateinamerika insgesamt eher zunimmt, daß es aber immer schwieriger wird, die einzelnen Verbrechen eindeutig Einrichtungen der staatlichen Verwaltung zuzuordnen. Und selbst das „Begehen durch Unterlassen", also die vorsätzliche Nichtverfolgung von Verbrechen durch die Behörden, kann im Angesicht der impotenten Staatsapparate nicht uneingeschränkt als willkürliche Akzeptanz krimineller Akte gewertet werden.

5. Zum Beispiel das Recht auf Wohnen

Menschen, die heute an der Peripherie einer beliebigen Großstadt eine jener Schlafgaragen beziehen, die unter dem Titel „öffentlicher Wohnbau" als Sozialleistung angepriesen werden, kommt wahrscheinlich selten ins Bewußtsein, daß das Wort „Wohnung" dieselbe Wurzel hat wie „Wonne". Das gotische „unwunands" bedeutete laut *Kluge* (1989, S.797) ursprünglich „zufrieden sein" und im weiteren Sinn „lieben, schätzen". *Illich* (1987, S.21f) bezeichnet „wohnen" und „leben" als Synonyme. Die jeweiligen Begriffe würden nur den zeitlichen und den räumlichen Aspekt des Daseins unterschiedlich betonen. Illich selbst definiert „wohnen" dann als das „Hausen in den vom eigenen Leben hinterlassenen Spuren, mit deren Hilfe man stets das Leben der eigenen Vorfahren zurückverfolgt." Wohnende formen nach Illich mit jedem Tag ihre Umgebung von neuem. Menschen wohnen mit jedem Schritt und mit jeder ihrer Bewegungen. Die überkommenen Wohnplätze sind niemals abgeschlossen im zeitlichen Sinn. Häuser wachsen fortwährend. Wohnen heißt insofern leben, als jeder Augenblick die Eigenart des Raums einer Gemeinschaft formt.

Wer so formuliert, stellt freilich nicht nur die oben zitierten Schlafgaragen der Vorstädte in ihrer Eigenschaft als „Wohnung" in Frage, er vergreift sich auch gleich am Idyll des wohnbaubehördlich standardisierten und fließband-architektonisch homogenisierten KleinfamilienEigenheims. Nun ist schwer zu bestreiten, daß Millionen von Menschen oft jahrelang sehnsüchtig auf einen Platz in einer der besagten Schlafgaragen warten oder sich und ihre Familien auf Jahrzehnte hinaus verschulden, um sich ein solches Eigenheim zu schaffen. Wenn sich ihr Wunsch erfüllt, mag ihr Empfinden vordergründig tatsächlich mit „Wonne" beschreibbar sein. Auch muß Illichs Argument jene Stimmen auf den Plan rufen, die seine Überlegungen angesichts Millionen Obdachloser überall auf der Welt als Zynismus abtun. Der Vorwurf des beschaulichen Elfenbeinturms und des Kaffeehausliteraten läßt da nicht lange auf sich warten. Siehe dazu exemplarisch den Anhang zu *Brunner/Dietrich/Kaller* (1993, S.302).

Dennoch ist die Klärung der Frage, ob von „Obdach" und „Unterkunft" gesprochen wird, oder ob „Wohnen" gemeint ist, zumindest dann bedeutsam, wenn mit diesen Begriffen ein Menschenrecht beschrieben werden soll.

Vernakulärer Wohn-Raum bedeutet von Brauch und Sitte geregelte Gemeinheit. Industrielle Bauten sind durch formales Recht kontrolliertes Wirtschaftsgut. Während ersteres nur selbst gelebt und geschützt werden kann, ist es unter bestimmten Umständen möglich, das letztere von einer abstrakten Institution, der „öffentlichen Hand", politisch einzufordern.

Die zentralen Dokumente des Völkerrechts folgen inhaltich dem zweiten Weg, formulieren aber unpräzise. Artikel 25 der Allgemeinen Erklärung der Menschenrechte von 1948 legt ein Recht auf „Wohnung" fest. Die Entstehungsgeschichte der Deklaration und der volle Wortlaut des Artikels legen allerdings nahe, daß die Autoren bei seiner Ausformulierung eher an sozialstaatliche Serviceleistungen dachten als an vernakulären Wohn-Raum im Sinne Illichs. Im Artikel 11 des Pakts über wirtschaftliche, soziale und kulturelle Rechte von 1966 verstärkt sich diese Tendenz. Mitten in der Euphorie des Wirtschaftswachstums und des Modernisierungsfiebers entstanden, postuliert dieses Dokument zwar nur ein Recht auf „Unterbringung", verbindet dies aber mit dem Recht auf „stetige Verbesserung der Lebensbedingungen". Eingekleidet in relativ

konkrete Anweisungen über die von Sozialstaaten zu erbringende Leistungen wird hier der Glaube an Machbarkeit, Planbarkeit und Steuerbarkeit abstrakter Wohlstandsinstitutionen festgeschrieben.
Bei aller Sympathie für den Kampf engagierter Aktivisten um die Erhaltung einmal festgeschriebener Menschenrechtsstandards muß doch festgestellt werden, daß diese Grundannahmen des Pakts über wirtschaftliche, soziale und kulturelle Rechte nach den Erfahrungen der achtziger Jahre obsolet und die Forderungen nach einer Revision der entsprechenden Dokumente berechtigt sind. So ist die Klärung der Frage, ob nun „Wohnen" oder „Unterkunft" Menschenrecht sein soll auch für die Praxis von größter Bedeutung.
Um das zu illustrieren, sei nun exemplarisch auf die lange Zeit so umstrittene Frage des Schicksals der Miskito-Indios an Nicaraguas Atlantikküste eingegangen. Die herrschaftliche Zusammenfassung vorher nicht nur heterogener, sondern sogar unzusammenhängender Gruppen von konkreten Menschen zu einer Kategorie, die man als „Stamm", „Volk", „Nation", „Staat" und zeitweise sogar „Königreich" der Miskitos bezeichnete, ist eine Abfolge kolonial- und postkolonialgeschichtlicher Kuriosa. Trotz der definitiven Eingliederung des Lebensraumes dieser Menschen in die Republik Nicaragua wurde er bis weit in die Zeit der Somoza-Diktatur (1937-1979) nicht wirklich von Durchstaatlichung erfaßt. Infrastrukturell wenig erschlossenes Bergland und daran angrenzende Regenwälder beschränkten die Präsenz des Staates auf einige Bergbau-Enklaven und Stützpunkte an der Küste. Das änderte sich, als ein Volksaufstand unter militärischer Führung der Sandinistischen Befreiungsfront (FSLN) 1979 das Somoza-Regime, das an der dicht besiedelten Pazifikküste geradezu zum Sinnbild zynischer Verletzung aller Menschenrechte geworden war, verjagte. Zu den revolutionären Visionen der Sandinisten gehörte ein prosperierender, demokratischer und moderner Sozialstaat, in dem – so die FSLN-Hymne – Milch und Honig fließen sollten. Daß dieses Projekt auch die Durchstaatlichung der bislang wenig erschlossenen Atlantikküste mit ihren Bodenschätzen, ökologischen Reserven und potentiellen Lebensräumen für zehntausende Menschen inkludierte, versteht sich fast von selbst. Schon bald stieß die revolutionäre Euphorie auf den Widerstand der Miskitos, für die etwa der Raubbau an den Edelholzbeständen zum Heil des sandinistischen Staates als patriotische Pflicht nicht einsichtig war. Die Widerstände der Misquitos gegen die Durchstaatlichung ihres Lebensraumes auch in der Form von Gesundheits- und Alphabetisierungskampagnen, für die die Sandinisten international größten Respekt ernteten, leitete schließlich den Beginn eines bewaffneten Konfliktes ein, zu dessen entscheidenden Elementen wohl die Low-intensity-warfare der US-Administration unter Ronald Reagen gehören mochte, der aber auch Ausdruck grundlegenden Mißtrauens dieser Menschen gegen die vordergründigen Errungenschaften der Revolution war.
In einer sensiblen Phase dieses Konfliktes errichteten die Sandinisten nun an einer bis dahin kaum bewohnten Stelle die fünf Siedlungen von Tasba Pri, wohin etwa 10.000 Misquitos vom Rio Coco zwangsweise verlegt wurden. Europäische Beobachter stritten in der Logik des Kalten Krieges um die Frage, ob Tasba Pri als ein KZ-artiges Internierungslager zu verurteilen oder als großartiges und ehrgeiziges Umsiedlungsprojekt zu loben sei. Ich selbst schrieb nach einem Lokalaugenschein im Jahr 1984:
„Es gab dort Krankenversorgung, Schulen, sauberes Trinkwasser und über 1.700 zweckmäßig eingerichtete Häuser. Die Indianer konnten in der gewohnten Form Landbau betreiben und es ging ihnen nach westlichen Vorstellungen viel besser als es in ihren Dörfern am Rio Coco jemals möglich gewesen wäre. Aber dennoch: Tasba Pri war nicht ihre Heimat... Die Indianer in Tasba Pri waren verbittert und entmutigt, sie hatten Heimweh nach dem Rio Coco." *Dietrich* (1988, S. 316).
Gesundheit, Bildung, Infrastruktur und Unterkunft – die Schlüsselworte zeitgenössischer Menschenrechts- und Entwicklungspolitik sind damit angesprochen. Tasba Pri war eine (auch von militärischen Überlegungen mitbestimmte) Annäherung der Sandinisten an diese Ideale. Für die Miskitos war der „Segen" eine Zwangsbeglückung, der sie bei erster Gelegenheit mit

Massenflucht begegneten. Eindrucksvoller kann der Irrtum nicht dargestellt werden: Weil Gesundheit nicht von Heilen, Bildung nicht von Lernen und Unterkunft nicht von Wohnen unterschieden wurde, endete das – zumindest auch – humanitär gemeinte Projekt der Sandinisten mit demselben menschlichen Drama, das zur gleichen Zeit die unter ganz anderen Vorzeichen und mit brutalster Machtpolitik eingerichteten „Modelldörfer" und „Entwicklungspole" für die Mayas in Guatemala bedeuteten.

In deren Fall ist die Frage umzudrehen: Wird das zynische Anti-Aufstandskonzept der guatemaltekischen Militärs gleich zum humanitären Menschenrechtsprojekt, nur weil bilinguale Schulen und Gesundheitszentren errichtet, weil Straßen gebaut und ganze Regionen elektrifiziert und landwirtschaftlich erschlossen wurden? Die Berichte von amnesty international, America's Watch und anderen Organisationen gestatten es, diese Annahme kategorisch auszuschließen. Gerade im Fall Guatemalas wird sich kaum jemand dazu verleiten lassen, die endlose Auflistung über die Verletzung bürgerlicher Grundrechte bloß als schmerzhafte Störung eines an sich erfolgreichen Modernisierungskonzeptes zu sehen. Der Zusammenhang zwischen den Nationalen Fünfjahresplänen für Entwicklung und Sicherheit, einem nicht zufällig seit 1965 von der militärischen Verwaltung erarbeiteten Konzept, und dem allgemeinen Klima der Gewalt ist hier zu deutlich.

Die zentrale gesellschaftliche Kategorie für die Mayas ist der Clan. Die Zugehörigkeit der Individuen zum jeweiligen Clan formalisiert sich über die Zelebration sakraler Feste an bestimmten - heiligen - Orten und zu bestimmten Zeiten. Wird dieser Rhythmus gestört und der Zugang zu den sakralen Orten verwehrt, so ist das weit mehr als die bloße Verletzung des Rechts auf Religionsfreiheit. Es ist dies die Zerstörung der Gemeinschaft. Die Individuen werden entwurzelt und das „Hausen in den Spuren der eigenen Vergangenheit" ist unabhängig von der Frage, ob die Individuen noch Unterkunft haben, verunmöglicht. Die Folge davon ist eine Beziehungs- und Hoffnungslosigkeit, die besonders dann zu einer ausufernden Gewaltneigung im politischen und persönlichen Alltagsleben führt, wenn der Zustand mit den permanent enttäuschten Erwartungen in die Heilsversprechungen der Moderne gerechtfertigt wird. Ein zweidimensionaler Vorgang: Wer örtlich nicht wohnen kann, hört zeitlich auf zu lieben. Er kann nicht mehr leben.

Die Auswahl dieser beiden Beispiele aus indianischen Welten darf nicht dazu verleiten, das „Hausen in den Spuren der eigenen Vergangenheit" als bloßes Bedürfnis traditioneller Gemeinschaften mißzuverstehen. „Wohnen" in diesem Sinn ist tatsächlich ein universales Menschenrecht, das sich selbstverständlich auch auf die neuen Gemeinschaften in den vermeintlichen Armenvierteln der Großstädte bezieht. Die Zeugnisse über die Bedrohung dieses Rechts durch die industrielle Erzeugung ökonomisierter Unterkünfte zwischen Feuerland und Rio Grande sind inzwischen Legion, aber vielleicht nirgens anschaulicher erklärt als bei *Esteva* (1992, S. 135-155). Allein: Dieses Menschenrecht findet sich nirgends verbrieft. Und es ist auch nicht zu erwarten, daß das Völkerrecht einer solchen Revision unterzogen wird, solange die Bürger der Zentrumsstaaten und die selbsternannten Repräsentanten der Peripherie ihr persönliches Recht auf Wohnen für erfüllt halten. Ähnliches wie oben über die unterschiedliche Form gesagt wurde, in der sich die global sinkende Relevanz von Staatlichkeit an verschiedenen Orten darstellt, gilt auch für den Verlust unseres Rechts auf Wohnen. Daß die Yanomamis nicht mehr wohnen können, wenn ihr Lebensraum zerstört wird, ist uns Europäern etwa ähnlich einsichtig, wie der Umstand, daß Somalia oder Bosnien als Staatsgebilde nicht mehr existieren. Der Gleichklang im Rhythmus, mit dem auch die „Wonne" des Daseins in unseren ökonomisierten Unterkünften hinter zunehmender Orientierungslosigkeit und sich häufenden persönlichen Dramen versinkt, sollte uns aber zu denken geben. Die Unterbringung von Menschen in standardisierten, industriell gefertigten Schlafgaragen unterbindet jede Möglichkeit zu gemeinschaftlichem Leben. Moderne Menschen definieren sich daher nicht durch ihre Rolle in Gemeinschaften, sondern über ihre Zugehörigkeit zu Institutionen. Ihr Befinden läßt sich in Ziffern und Zahlen ausdrücken. Mit hektischem Eifer werden immer neue Statistiken über Selbstmorde, Drogentote, Alkohol- und Nikotinkranke, Scheidungen und Abtreibungen, Schulversager und Jugendkriminalität... erstellt. Mit wissenschaftlicher Akribie wird dabei belegt, was jeder spüren kann, der sich auf seine Sinne verläßt. Es liegt eine allgemeine, tiefe Sehnsucht nach etwas in der Luft, das eine Generation nicht mehr zu benennen vermag, die den Geruch vernakulärer Kartoffelfeuer mit Umweltverpestung verwechselt und daher per Dekret verbietet. Wer nicht weiß, wo er ist, weiß auch nicht, wer er ist. Kann es sein, daß uns wie den Yanomamis, den Miskitos in Tasba Pri, den vertriebenen Mayas und so vielen anderen die Spuren der Vergangenheit verloren gegangen sind, in denen wir hausen möchten?

6. Hawa Mahal

Der Palast der Winde ist architektonische Wirklichkeit und doch Schein. Touristen pilgern nach Jaipur, um einen Palast zu bewundern, den es nicht gibt. Sie belegen seine Schönheit und seine Pracht mit unzähligen Fotografien, durch die seine Existenz immer wirklicher erscheint, während jeder einzelne dieser Besucher die Nicht-Existenz bezeugen kann. Jaipur ist überall, auch auf der Wiener Donau-Insel, wo 1993 die große Weltmenschenrechtskonferenz stattgefunden hat.

Nach fünfhundert Jahren Weltsystem haben sich in dessen Zentren narzistische Gesellschaften eingerichtet, die die Herrschaft des Scheins über die Wirklichkeit, der Form über den Inhalt, zum Lebensprinzip erheben. Sie haben lange und intensiv an ihrem Hawa Mahal gebaut. Das Werk ist gelungen, allein die Szene ist erschöpft. Und nach den Mühen von Generationen, dem Trugbild Glanz und Größe zu verleihen, wächst die Neugier auf die vergessene Wirklichkeit dahinter - auch wenn es derzeit noch vielerorts nicht als „political correct" gilt, das zuzugeben. Der Verdacht, daß Staat nicht sein muß, was er zu sein scheint, wird wieder ausgesprochen. Bruno Kreiskys legendärer Sager, daß alles eine Nation sei, was über Nationalbank und Nationalmannschaft verfüge, ist heute ein gesellschaftsfähiger Witz. Der Luxus, alles für einen Staat zu halten, was über Fahnenmast, Präsidentenpalast und völkerrechtliche Anerkennung verfügt, ist aber doch einer Minderheit vorbehalten. Der größere Teil der Menschheit, die „Unterentwickelten" aller Erdteile, lebten immer schon und leben auch heute jenseits dieser Vorstellung. Für die profunden Welten Mexicos (*Bonfil Batalla* 1990) und Guatemalas (*Brunner/Dietrich/Kaller* 1993) und die „agencies of inclusion" in Deutschland (*Lepenie* 1993) spielen Wahlen, Präsidenten und Parlament natürlich eine Rolle, aber längst nicht die, die ihnen veröffentlichte Meinung und formeller Sektor zuweisen. Wenn Menschenrechte in Dokumenten formalisiert und durch Institutionen geschützt werden, so ist das für sie vorteilhafter als würde das nicht geschehen. Betrachtet man Hawa Mahal von hinten, so ist er immer noch real, aber seine vordergründige Pracht kann einen nicht mehr blenden. Es gibt Staat, es gibt Recht, es gibt Paläste – und es gibt Hawa Mahal.

Literaturverzeichnis

Bonfil Batalla, G. (³1990): México profundo – una civilización negada. Mexico.
Brunner, M./Dietrich, W./Kaller, M. (1993): Projekt Guatemala – Vorder- und Hintergründe der österreichischen Wahrnehmung eines zentralamerikanischen Landes. Frankfurt a.M.
Breitenstein, R. (1986): Indien nach Indira – Armes reiches Land im Aufbruch. München.
Deile, V. (1993): Eine Weltkonferenz über die Menschenrechte. In: amnesty international Nr. 6/93 (Wien), S. 3-5.
Dietrich, W. (³1988): Nicaragua – Entstehung, Charakter und Hoffnung eines neuen Weges. Heidelberg.
Fals Borda, O. (1988): Knowledge and People's Power – Lessons with Peasants in Nicaragua, Mexico, Colombia. New Delhi.
Freire, P. (1984): Pädagogik der Unterdrückten – Bildung als Praxis der Freiheit. Reinbek.
Heinz, W. (1993): Schutz der Menschenrechte durch humanitäre Intervention? In: Aus Politik und Zeitgeschichte – Beilage zur Wochenzeitung Das Parlament B 12-13/93 (Bonn), S. 3-11.

Illich, I. (1987): H2O und die Wasser des Vergessens. Reinbek.
Kluge, F. (1989 ff.): Etymologisches Wörterbuch der deutschen Sprache. Berlin, New York.
Kondratjew, N. (1991): Hauptprobleme der ökonomischen Statistik und Dynamik. Moskau.
Krippendorff, E. (1985): Internationale Politik – Geschichte und Theorie. Frankfurt/ New York.
Lepenies, W. (1993): Weniger kann mehr wert sein. In: Die Zeit Nr.45/ 5.5.1993 (Hamburg).
Luyken, R. (1993): Der gute Mensch von Tiflis. In: Die Zeit Nr.43/22.10.1993 (Hamburg).
Meadows, D./Meadows, D. (1972): The Limits to Growth. New York.
Nandy, A. (1993): Staat. In: Sachs, W. (hrsg.): Wie im Westen so auf Erden – Ein polemisches Handbuch zur Entwicklungspolitik. Reinbek.
Shiva, V. (1989): Das Geschlecht des Lebens – Frauen, Ökologie und Dritte Welt. Berlin.
de Soto, H. (1986): El otro sendero. Lima.
Steger, H.A. (1989): Weltzivilisation und Regionalkultur. München.
Wallerstein, I. (1974): The Modern World System. New York.

Anschrift des Verfassers:

Dozent DDr. Wolfgang Dietrich
Institut für Geschichte
Universität Wien
Dr.Karl-Lueger-Ring 1
A-1010 Wien

CLAUDIA VON WERLHOF

Die Zukunft der Entwicklung und die Zukunft der Subsistenz oder „Subsistenz statt Entwicklung"*

Der GAU in Tschernobyl hat mir sehr deutlich gemacht, daß Entwicklung keine Zukunft hat. Nicht für uns als Lebende, nicht für uns als Mütter. Ich finde Entwicklung inzwischen obszön. Sie verlangt ununterbrochen Menschenopfer: hier und anderswo. Der Unterschied zwischen der 1. und der 3. Welt wird immer mehr verschwinden.
Im Grunde müßte man deshalb über etwas anderes reden, nämlich die Zukunft des Gegenteils von Entwicklung: Subsistenz. In der gesamten Entwicklungstheorie, ja der Gesellschaftstheorie allgemein, kommt der Begriff der Subsistenz nicht vor, und wenn, dann höchstens als ein historisches Relikt, das man Gott sei Dank überwunden hat. Bei allem, was angeblich positiv ist, seit es so etwas wie eine Zivilisation gibt, wird verschwiegen, worum es dabei eigentlich geht: um die Subsistenz, und zwar nicht um ihre Schaffung, sondern um ihre Abschaffung, Ausbeutung, Vernichtung. Ich halte es in diesem Problemzusammenhang für sehr typisch, daß das, worum es geht, nicht benannt wird. Als ob Leben und sogar Entwicklung ohne Subsistenz möglich wären. Wir haben (*Werlhof* u.a. 1983) dazu einen Theorie-Ansatz erarbeitet, der – aus meiner Perspektive – versucht, die Frage der Subsistenz einzubeziehen. Wenn man das Problem der sog. Entwicklung unter dieser Perspektive sieht, dann zeigt sich, daß das Grundproblem hier und anderswo darin besteht, daß die Entwicklung (der Fortschritt, die moderne Gesellschaft) die Subsistenz immer mehr aufgesaugt, ausgelaugt und vernichtet hat. Es sind ja nicht die Subsistenz und die Subsistenzproduktion, die zerstören, sondern die Waren und die moderne Warenproduktion. Wir leiden nicht unter der Subsistenz-, sondern unter der Warenproduktion. Es wid aber in allen Entwicklungstheorien (aber auch in der Gesellschaftstheorie allgemein und in der entsprechenden politischen Praxis) immer so getan, als ob die Subsistenz das Hauptproblem (gewesen) sei, als ob die eigenständige Versorgung überschaubarer Gruppen mit dem Lebensnotwendigen (und auch darüber hinaus) der Hauptfeind der modernen Entwicklung gewesen sei. Wem und welchen Interessen hat die Subsistenz im Wege gestanden? Mit der Subsistenz kann man sich immerhin – mehr oder weniger – der Ausbeutung entziehen, z. B. ermöglicht sie es, sich nicht am Markt zu beteiligen oder sich den Ausbeutungseffekten des Markts – und alle Ausbeutungseffekte laufen über Märkte, sei es über Güter- oder Arbeitskraftmärkte – mehr oder weniger zu entziehen. Man kann mit Subsistenz (und das haben unsere Vorfahren auch getan) eine weitgehend autonome und vor allen Dingen würdevolle Existenz führen, und zwar keineswegs eine elende und knappe, sondern eine mitunter sehr reiche, eine in einem ganz anderen Sinne reiche, als wir sie heute in unserer Warengesellschaft kennen: eine geradezu verschwenderische. Das Wort verschwenderisch ist ja ein modernes Wort und bezieht sich darauf, daß das gute Leben in der Form der Subsistenz als verschwenderisch erscheint, weil es verhindert, daß – ökonomisch gesprochen – eine Akkumulation auf Kosten der Produzenten und – politisch gesprochen – eine Kontrolle der Produzenten von oben oder außen her stattfinden kann. Es ist sicherlich bekannt, daß es z. B. bei den nordamerikanischen Indianern die Institution des „potlach" gab: die Überschüsse wurden – und die Subsistenz produziert Überschüse – keineswegs zu Akkumulationszwecken verwendet oder zur Anhäufung dauerhafter Reichtümer, sondern alle sieben Jahre bei einem großen Fest aufgegessen, konsumiert und

---

* Der vorliegende Aufsatz wurde zuerst veröffentlicht in: Domagalski, P. u.a. (Hrsg.) (1987): Dritte Welt im Unterricht. Bielefeld.
Die vorliegende, leicht veränderte Fassung enthält zusätzliche Literaturangaben.

vernichtet. Damit verhinderten die Indianer, daß aus dem, was mehr produziert wurde, ein „Mehrprodukt" entstand, das zu sozialer Ungleichheit hätte führen können. (Das Problem der sozialen Ungleichheit war den Indianern sehr wohl bewußt). Die sogenannte „Naturalwirtschaft" war also nicht ein Naturphänomen, sondern ein sehr bewußter sozialer Vorgang. Erst mit der zivilisatorischen Entwicklung ist die soziale Ungleichheit zum Prinzip von Gesellschaft überhaupt geworden, und diese uralten und sehr, sehr lange erprobten Mechanismen des Ausgleichs zwischen Verschiedenen wurden erstmals gänzlich gebrochen.

Die Subsistenz gilt also in allen modernen Theorien als das unausgesprochene, unaussprechliche Haupthindernis, als der Hauptfeind, den es zu besiegen gilt: Sie gilt als rückschrittlich im Gegensatz zu fortschrittlich, als stagnierend im Gegensatz zu dynamisch, als unproduktiv im Gegensatz zu produktiv, als innovations- und entwicklungsfeindlich und übrigens als patriarchalisch – so als gäbe es die Unterdrückung und Ausbeutung von Frauen gerade in der modernen Warenproduktion nicht. Subsistenzproduzenten gelten außerdem als höchst egoistisch, weil sie angeblich nur für sich selber, aber nicht für andere produzieren: Sie gelten allgemein als konservativ bis reaktionär, als dumm und faul, als primitiv und bestialisch, als kindisch und schmutzig. Es ist ganz interessant, daß diese Kategorien der Diskriminierung in gleicher Weise für Frauen wie ländliche Produzenten (und die Kolonien insgesamt) gegolten haben und weiterhin gelten. Hier wird auch dieser endlose Bauern-, Frauen- und Rassenhaß begründet oder „erklärt", der die gesamte Geschichte der Zivilisation begleitet. Das Ziel aller in diesem Sinne progressiven, fortschrittlichen oder revolutionären Kräfte: der Arbeiter und Soldaten und später auch Bauern, des Militärs, des Staates, des aufkommenden Bürgertums und der Gewerkschaften, insbesondere der Industriearbeiterschaft (allerdings nach der frühen Phase der weiblichen und kindlichen Industriearbeit, als sie ein männlicher Beruf geworden war, und vor allem nach den Maschinenstürmern) war immer – welche seltsame Koalition – die Ausmerzung statt der Aufbau der Subsistenz. Dazu gehörte, wie wir aus der Geschichte wissen, die sog. Freiheit von den Produktionsmitteln. Diese war das Ergebnis der Phase der sog. „ursprünglichen Akkumulation", in der weltweit den Menschen die Verfügung über ihre Produktionsmittel (Land, Gerät, soziale Organisation) entrissen wurde. In den Gesellschaften der 3.Welt, den Kolonien, wurde dies beispielsweise mit der Einführung des Privateigentums am Boden und an Menschen verbunden, um so insbesondere die Aneignung der Frauen und Sklaven, ja ihre Bestimmung als solche, durch die Kolonialherren möglich zu machen. Auf der Vorstellung vom Privateigentum am Boden beruht auch jede Art von territorialer Eingrenzung, wie Dan Diner sagt, die Verwandlung der „terra" in ein „Territorium", mithin des Landes und des Bodens in ein abgegrenztes, eingezäuntes, deutlich sehbar abgeteiltes Stück Land, über das bestimmte Leute eine umfassende und möglichst totale Kontrolle beanspruchen, einschließlich der Kontrolle über die darin lebenden Menschen als Produzenten. Es entstand dabei das, was man später einen Nationalstaat nennt. Der Nationalstaat war vorher Kolonialstaat.

In dieser Phase der ursprünglichen Akkummulation fand das statt, was wir Kolonialpolitik nennen, das, was wir als „Bauernlegen" auch hier in Europa kennen, und das, was ich als „Frauenlegen" bezeichne, also die systematische Trennung der Frauen – und letztendlich aufgrund der Tatsache, daß sie Frauen sind – von allen ihren Einflüssen auf Produktion, Gesellschaft, gemeinschaftliches Leben, Kultur usw., eine im Prinzip vollständige, mit keinem anderen Produzententyp vergleichbare Trennung selbst von den eigenen körperlichen und geistigen Fähigkeiten und Möglichkeiten. Das ist ein in der Geschichte unerhörter Vorgang gewesen, der mit der Hexenverfolgung beginnt, wenn man so will, der Kolonialisierung bei uns hier. Da wird aber immer so getan, als sei das so eine Art Kinderkrankheit der modernen Gesellschaft gewesen, daß sie diese unglaubliche Gewalt der äußeren und inneren Kolonialisierung gebraucht hätte. Dabei frage ich mich auch immer, wie es eigentlich dazu gekommen ist, daß es Gewalttäter gab, die überhaupt psychisch dazu in der Lage waren, das zu tun. Das ist etwas ganz Neues in der Geschichte – nicht die Gewalt überhaupt, aber die systematische oder verallgemeinerte Gewalt gegen das sogenannte Fremde.

Es wird nun immer behauptet, es sei nach dieser Phase plötzlich der friedliche Handel ausgebrochen. Der Handel sei ja etwas ganz Grundfriedliches, und die Ökonomie habe überhaupt nichts mit Gewalt zu tun, das sei eine Frage der Politik: Und was hat wiederum die Politik mit der Ökonomie zu tun? Da gibt es das alte Buch: „Die Akkumulation des Kapitals" von Rosa Luxemburg. Es wird meist verschwiegen, was da wirklich drinsteht. Hier wird die Kategorie der ursprünglichen Akkumulation im Sinne des Zusammenhangs von Gewalt (bzw. Politik) und Ökonomie am besten dargestellt. Rosa Luxemburg hat schon zu Anfang dieses Jahrhunderts aufgezeigt, daß – im Gegensatz zu Marx, der annahm, die ursprüngliche Akkumulation sei lediglich eine vorübergehende Phase in der historischen Realität des Kapitalismus – diese Mechanismen fortbestehen. Sie ist die einzige, die gezeigt hat, daß der Zusammenhang von unmittelbar politischer Gewalt und Ökonomie ein sogar *absolut* und *immer* notwendiger Bestandteil der modernen Gesellschaft gewesen ist. Sie sagt z. B.: „Der Militarismus ist der Vollstrecker der Kapitalakkumulation". Sie hat das immer sehr klar und sehr plastisch gesagt, weil sie sich ganz fürchterlich über die Gewalt aufgeregt hat, was ihr dann auch immer vorgeworfen wurde. Auch heute soll man sich ja wegen der Atomverseuchung nicht aufregen. Bei dieser Politik der Neuzeit ging es und geht es immer noch um die Abhängigmachung anderer Menschen, um ihre Verwandlung in Hilfe-Empfänger, also um die Brechung ihrer Autonomie, ihres begründeten Stolzes, ihrer Würde als Menschen, die imstande sind, von ihrer eigenen Hände Arbeit zu leben. Diese Politik führte einen Krieg gegen die Subsistenz. Es ist immer wieder sichtbar, daß dieser Krieg stattfindet, wenn man sich anguckt, wo Kriege stattgefunden haben: vor allen Dingen in der 3. Welt und gegen die Bauern. Auch schon in den ersten beiden Weltkriegen war das so, nicht erst in Vietnam. Der deutsche Soldat stand plötzlich zwischen russischen Bauernhütten, da war der Feind. Der Krieg findet nicht gegen das Proletariat im Sinne des „freien Lohnarbeiters" statt, sondern gegen Bauern, Frauen und Menschen der 3.Welt. Ich glaube, seit dem 2. Weltkrieg hat es die astronomische Zahl von bisher etwa 150 Kriegen in der 3. Welt, den „3.Weltkrieg", gegeben. Sie sind keineswegs einfach zwischen diesen Ländern ausgebrochen, sondern von den Ländern der 1. Welt mitgetragen worden. Ökonomisch ausgedrückt geht es dabei um die Verwandlung von Subsistenz in Geld, Ware, Kapital, in zu Akkumulierendes, also nicht nur um den Raub der Subsistenzmittel, sondern auch um deren Verwandlung in das, was wir Wert, Kapital nennen. Das ist auf verschiedenen Wegen passiert und bestimmt nicht nur über die Einführung der Lohnarbeit, wie wir gesagt bekommen, sondern auch und gerade ohne sie, also mittels Zwang(sarbeit), und durch unmittelbare Verwandlung von Subsistenz in Ware, Wert. Das hat schon Rosa Luxemburg deutlich aufgezeigt. Wir diskutieren das heute z. B. auch in Bezug auf die Verwandlung der Hausarbeit, als eine Art Teilsubsistenz, in Wert, und zwar ohne Umweg über ihre zuvor angeblich notwendige Verwandlung in Lohnarbeit. Es reicht dafür eine bestimmte zeitliche Verschiebung: Die Arbeitskraft, das wichtigste „Produkt" der Hausarbeit, ist erst verwertbar nach der Phase ihrer (Wieder-)Herstellung als lebendige Kraft. Ausbeutung ist demnach nicht einfach geringe Bezahlung, sondern der Verlust der Subsistenz, der Verlust, qualitativ gesprochen, von Leben, von Lebendigem, von Lebensmöglichkeiten, von Wohlsein.

Der Prozeß der ursprünglichen Akkumulation bestand – das wird von den wenigsten gesehen – also in der ständigen und erneuten Erzwingung einer neuen Subsistenz. Wenn also die Subsistenz „ausgesaugt" wird, wie Rosa Luxemburg das u.a. nennt, wäre ja nichts mehr übrig. Dann wäre das System der kapitalistischen Warengesellschaft längst am Ende. Aber der „Trick" besteht darin, die Subsistenz in neuer Form *immer wieder* zu erzwingen, sie einmal von oben neu in Gang zu setzen und von der anderen Seite auch von unten neu zu schaffen, nämlich seitens der unmittelbar Betroffenen, denen gar nichts anders übrigbleibt, wenn sie am Leben bleiben wollen. Man kann also von mehreren Wellen der Zerstörung und der Wiedererrichtung der Subsistenz in der Geschichte sprechen, abgesehen davon, daß derselbe Prozeß auch individuell und alltäglich stattfindet. Nach außen aber sieht es so aus, als sei gar keine Ausbeutung geschehen, weil ja „immer noch" Subsistenz da ist. Daß diese jedoch immer wieder neu erarbeitet wird, wird daran erkannbar, daß die neue Subsistenz, die da unter ganz anderen Bedingungen geschaffen wird, auch einen anderen Charakter hat, von vornherein der Ware und der Warenproduktion unterworfen ist, von vornherein kontrolliert und auf bestimmte Bereiche von Tätigkeit beschränkt ist. Sie ist nun so organisiert, daß sie auf keinen Fall den ProduzentInnen eine Flucht aus der Warenproduktion ermöglicht, sondern im Gegenteil: eine „Subventionierung" der Warenproduktion durch die neue Subsistenzproduktion geschaffen wird. Diese Subsistenz ist keine Basis von Autonomie oder Souveränität mehr.

Die Herstellung neuer Subsistenzproduktionen ist in verschiedenen Formen geschehen, sowohl zur Aufrechterhaltung der Lohnarbeit wie der übrigen Warenproduktion, etwa der bäuerlichen. Das Besondere ist aber auch, daß diese neue Subsistenzarbeit von nun an so gut wie ausschließlich Frauenarbeit ist. Die geschlechtliche Arbeitsteilung wird hier in ihrer modernen Form überhaupt erst erfunden, und zwar mit allen ihren negativen Begleiterscheinungen, also auch der Polarisation der Geschlechter. Es gab von da an keine Einigkeit mehr zwischen Männern und Frauen, sondern fast nur noch die Unterwerfung der Frauen unter die Männer.

Das ist ein weltweiter Prozeß – auch das ist historisch neu – und er läuft parallel mit der Unterwerfung der 3. Welt als Kolonie sowie der Bauern. Darum geht es ja: Sie sollen nicht einfach verschwinden, sie sollen, müssen ja wiederkommen, aber unter ganz anderen, kontrollierteren Bedingungen. Denn ohne Bauern gäbe es nichts zu essen. Nun werden aber auch innerhalb der Kolonien und der Bauernschaft die Geschlechter nach Subsistenz- und Warenproduktion polarisiert, genau wie im Falle der Lohnarbeiter im Zentrum. Bei der Lohnarbeit kennen wir das als Phänomen der gleichzeitig stattfindenden Proletarisierung der Männerarbeit und „Hausfrauisierung" der Frauenarbeit. Seitdem gilt: kein Lohnarbeiter ohne Hausfrau. Bei den Bauern kennen wir das Phänomen als Verhältnis von Bauer und bäuerlicher Hausfrau. Es gibt nun nicht mehr da den Bauern und dort die Bäuerin, sondern es gibt nur mehr den Bauern und seine ihm unterstellte bäuerliche Hausfrau. Sie ist zuständig für das, was an Subsistenz noch möglich ist oder sein soll, und die männlichen Produzenten übernehmen zunehmend die Warenproduktion und die entsprechenden Einkommen. Plötzlich wird das Geld ja so wichtig: es war vorher relativ unwichtig.

Und später haben wir den Prozeß, daß die Frauen immer mehr und darüberhinaus gratis auch die männliche Warenproduktion mit zu erledigen haben. Der paradoxe Effekt dabei ist aber, daß fast alle Einkommen, die Frauen erwirtschaften, vor allem die Geldeinkommen, von anderen, nämlich ihren Männern, anderen Männern und dem Staat beansprucht werden (Steuern usw.). Es kommt also – wie wir immer wieder herausgefunden haben – zu einer Arbeitshäufung bei den Frauen und zu einer Einkommenshäufung bei den Männern.

Diese Art der geschlechtlichen Einkommens- und Arbeitsteilung ist an die moderne Subsistenz- und Warenproduktion geknüpft. In früheren Zeiten hatte kein Mann etwas dagegen, für die Subsistenz tätig zu sein. Sie galt auch nicht als etwas Wertloses oder Rückschrittliches. Als solches gilt sie erst, nachdem sie neu, als moderne geschaffen worden ist. Das, was neu geschaffen wurde, eben von dieser modernen Gesellschaft, wird als unmodern diskriminiert, so als handle es sich um die *frühere* Subsistenz. Und es wird immerfort verschwiegen, daß die „Integration" dieser Subsistenz in das System der modernen Warengesellschaft genauso, gleichzeitig und modern, dazugehört wie die Entwicklung der Warenproduktion selbst. Das eine geht nicht ohne das andere. Dennoch wird behauptet, die heutige Subsistenzproduktion sei ein feudales, vorkapitalistisches „Relikt" früherer Zeiten. Das hat natürlich auch einen Zweck, nämlich den, zu sagen: Ihr Produzenten in diesem Bereich, und vor allem ihr Produzentinnen, strebt doch bitte das an, was auch die anderen anstreben, nämlich eure Integration in diese Entwicklung, eure *Identifikation* mit ihr, samt eurem Platz darin. Es wird den ProduzentInnen jede Art von Alternative und Perspektive genommen, über die Subsistenz selber einen Weg zu suchen, so schwierig das inzwischen auch sei. Stattdessen wird ihnen der allgemeine Fortschritt in Richtung von immer mehr Warenproduktion, immer mehr Geld, immer mehr Entwicklung als Lösung vorgegaukelt, wo diese das ganze Dilemma doch verursacht haben. Und es funktioniert, die

Frauen verweigern die Subsistenz, z. B. in Form der Hausarbeit, ganz eindeutig. Sie können sie nicht mehr tun, da sie eigentich mehr dem nachzustreben haben, was diese Entwicklung als angeblich Positives zu bieten hat. Dazu gehört nicht nur die Beteiligung an der Warenproduktion, die ist ja nichts Neues, sondern auch die entsprechende Behandlung dort, nämlich die „gleichberechtigte". Es gibt kein anderes Beispiel und kein anderes Modell oder Vorbild mehr als den modernen Mann. Also im Grunde geht es um die Propagierung des Strebens nach der gesellschaftlich vorgegebenen Lösung: Als Ideal erscheint – nach den Bauern und Kolonien nun endlich auch den Frauen überall – die Warenproduktion mit all dem Konsum, den Privilegien und Einkommen usw., die zumindest der „weiße Mann" sich geschaffen hat. Das ist das Einzige, was viele Frauen im Moment sehen können, weil die Subsistenz inzwischen trotz Neuanschaffung und wegen andauernder Ausbeutung ein völlig verelendeter und nicht mehr zum Leben ausreichender Bereich der Produktion geworden ist. Er entbehrt inzwischen überhaupt jeder Substanz und echter Subsistenz.

Also was bleibt den Frauen übrig (und nicht nur ihnen)? So paradox es klingt, aber es bleibt ihnen nur eines übrig: die Subsistenz. Denn die Verweigerung der Subsistenz oder dessen, was davon übriggeblieben ist, kann eigentlich nur dazu führen, sich selbst dem gewaltsamen Tode auszuliefern. Wenn sich alle Leute umbringen würden, gäbe es zwar auch keine Kapitalakkumulation mehr. Aber das kann ja nicht der Sinn der Angelegenheit sein, z. B. der kollektive Selbstmord, wie ihn etwa Indianer einmal begangen haben. Sondern die Verweigerung müßte sich auf die Produktion und den Konsum von *Waren* richten und außerdem begleitet sein von einer positiven Aktion in eine andere Richtung. Es müßte gleichzeigig an anderer Stelle etwas aufgebaut werden, nämlich wirkliche, nicht von der Warenproduktion abhängige Subsistenz, die noch dazu gleichzeitig dem erneuten Zugriff von der Warenseite her entzogen werden müßte. Das ist das allgemein historische und ebenso persönliche Problem, vor dem wir alle stehen. Die Leistung des Systems der Moderne war es, den Widerstand gegen die Ausbeutung z. B. in Form der Wiedererrichtung der Subsistenz, also der Lebensmöglichkeiten, mit der Ausbeutung selbst verquickt zu haben, so daß dieser Wiederaufbau der Subsistenz dem Kapital oder dem Staat immer sehr nützlich war und auch von ihnen gefördert wurde. Der Widerstand gegen das Hauptübel dieser Gesellschaft war gleichzeitig das, was die Gesellschaft hauptsächlich brauchte. Das ist der wirkliche Grundwiderspruch im modernen Gesellschaftssystem.

Noch dazu sind die Widerständigen gespalten, erst einmal nach Geschlecht, und zwar inzwischen auf der ganzen Welt. Die Frauen betreiben den Kampf um die Subsistenz, während die Männer sich eher als Mittler verhalten, als diejenigen, die zwischen Kapital und Frauen vermitteln, sich bis jetzt fast immer auf die falsche Seite schlagen.

Auch die Einigkeit z. B. zwischen den objektiv wichtigsten Produzenten, also denen von Menschen und Nahrungmitteln, ist längst zerstört und nach Geschlecht, international nach schwarz und weiß, nach Stadt und Land usw. gespalten. Es ist das neuzeitliche „Teile und Herrsche" nach den Prinzipien der geschlechtlichen und internationalen Spaltung/Arbeitsteilung.

Heute müssen sich die Frauen immer klarer entscheiden, auf welcher Seite sie stehen. Wenn sie z. B. keine Kinder mehr wollen, dann heißt das unserer eigenen Analyse entsprechend, daß diese notwendige „Produktion", die Menschen-"Produktion", dann auf andere abgewälzt werden muß bzw. von anderen angeeignet werden kann. Haben Frauen das Ziel, so zu „werden wie sie", die Männer, und zwar die städtischen Weißen, versteht sich? Wollen sie doch noch wirklich proletarisiert, also freie Lohnarbeiter werden? Wollen sie in Kauf nehmen, daß andere Frauen oder Männer, vor allem in der 3. Welt, z. B. die Hausarbeit, die Subsistenz, für sie zu erledigen haben?

Damit wäre dieses Modell nach meiner Meinung schon ausgeschieden. Denn das Hauptproblem ist, daß die Entwicklung so nicht weitergehen kann, nämlich daß alle Produktion in Warenproduktion verwandelt wird. Auch die Hausarbeit ist immer mehr zu Warenproduktion geworden, so wie die Subsistenz immer mehr dahinschwindet. Es gibt eine Richtung in der

Frauendiskussion, vor allen Dingen in den USA, diese letzten Bereiche von Hausarbeit und Subsistenzproduktion in Warenproduktion und „einkommenschaffende Tätigkeiten" (genauso wie in den Frauenprojekten in der 3. Welt) zu verwandeln, und das heißt: die Lebensmöglichkeiten immer mehr zu *verringern*.

Dieses Unbehagen in der modernen Gesellschaft, die psychische Verelendung, die Kälte anonymer Beziehungen, die Gewalttätigkeit nähmen noch zu. Die unmittelbare Gewalt hängt doch mit der Warenhaftigkeit, der Warenintensität zusammen und nicht mit der Subsistenz. Die Ware selbst ist das Produkt von Gewalt, nämlich von Ausbeutung. Ware ist Gewalt. Also sind ihre Konsumenten und Produzenten auch gewalttätig, was ja nicht ausschließt, daß sie gleichzeitig Opfer dieser Gewalt sind. Besonders pervers und obszön drückt sich das aus in den neuen Technologien zur Industrialisierung des Gebärens als tatsächliche Menschenproduktion. Die Lebensentstehung selbst soll unmittelbar dieser Warenproduktion unterworfen, arbeitsteilig gemacht, aus ihren Zusammenhängen gerissen werden. All dies wird begründet mit den angeblich unendlichen Bedürfnissen und ihrer Befriedigung durch Waren und die angeblich mögliche Unendlichkeit der Produktion von Waren bei dauernd endlichen Ressourcen. Die Erde ist endlich. Aber wenn man sie weiter verseucht, wird es wirklich langsam knapp. Ivan Illich nennt das die Erfindung der Knappheit. Das sind die unmittelbaren Resultate der modernen Produktion: nicht die Fülle, sondern die Knappheit. Diese gehört zur Ware, nicht zur Subsistenz. Die Vernichtung der Subsistenz bedeutet, daß wir noch nicht einmal mehr eine ökonomisch und sozial gesicherte Existenzgrundlage haben. Der Hunger in diesem globalen Ausmaß und in dieser Systematik ist eine Erfindung der Neuzeit. Auch wir wissen ja eigentlich nicht mehr, wo wir unser Essen herbekommen, z. B. wenn wir kein Geld mehr verdienen. Wir sind so weit in der Entwicklung, heißt es immer, daß alle Grundbedürfnisse längst befriedigt sind und immer mehr befriedigt werden können, und es geht jetzt eigentlich nur noch um den Luxus und die schönen Dinge im Leben oder um Zusätzliches. Dabei ist das gar nicht wahr. Wir haben den Luxus und wissen trotzdem nicht, was wir essen sollen, wenn alles vergiftet ist. Das ist eine perverse Ökonomie. Aber es ist nicht nur das, sondern es ist die systematische Produktion dieser Abhängigkeit jedes einzelnen. Und da beklagt man sich noch, daß die Leute sich alle wie Hilfeempfänger benehmen, sich passiv in ihr Schicksal fügen oder gar vom Staat erwarten, daß er sie ernährt. Genau das sollen sie ja auch. Sie sollen alle wie Hilfeempfänger, wie Kolonisierte, wie Gefängnisinsassen darauf warten, daß man sie versorgt.

Wer keinen Lohn hat, kein Geld, ist wirklich aufgeschmissen. Aber auch *mit* Geld kann man nicht leben. Man kann es nicht essen. Das dreht sich ständig im Kreis.

Es gibt z. B. auch keine sozialen Netze mehr, auf die man sich verlassen kann. Was passiert mit der Frau, die sich scheiden läßt? Sie kann nicht irgendwohin zurück. Wohin denn? Es gibt keine Familien mehr. Die Alten werden „ausgelagert", die Jungen finden da keinen Platz mehr. Die Väter verlassen die Familien, die Frauen und Kinder. Das ist nämlich der Grund für die „Krise der Familie", und nicht die Tatsache, daß Frauen ihre Männer verlassen und in ein Frauenhaus ziehen. Das ist eine Reaktion darauf, daß die Männer sich aus der Verantwortung ziehen, immer gewalttätiger werden und überhaupt kein Gefühl für Menschen und Leben mehr haben. Aber auch Frauen fangen an, die Verantwortlichkeit für sich und ihre Kinder fahren zu lassen. Ich finde das gerade hier in den entwickelten Ländern und den entwickeltsten besonders deutlich. Das ist die Verweigerung. Es ist ein Ende dieser Gesellschaft und nicht ihre Vollendung.

Ich weiß daher auch nicht, wieso in der Diskussion z. B. bei den Grünen und Alternativen ein „garantiertes Grundeinkommen" eine Perspektive sein soll. Das allgemeine Geldausgeben löst das Problem nicht. Die Empfänger sind dann nur alle Sozialhilfeempfänger geworden. Aber was ist denn das Problem? Das Problem ist, daß die Leute verfügen sollten über die Mittel der Konsumtion wie der Produktion, um sich selber auch ohne Staat und Kapital im Prinzip am Leben erhalten zu können. Denn nur so kann ich mir überhaupt eine Art von wirklicher „Autonomie" oder würdevollem Leben vorstellen.

Es gibt Leute, die darauf aus sind, die Warenproduktion auch noch zu vervollständigen, die also ständig nach Möglichkeiten suchen, wie man die Warenpoduktion noch vertiefen kann, was noch alles in Ware verwandelt werden kann. Sie sind z. T. sehr geschickt, Marktlücken und neue Produkte aufzutun sowie Professionalisierungen von bestimmten Dienstleistungen anzubieten, anstatt damit aufzuhören, in dieser Sackgasse immer weiter zu laufen. Genau das ist es ja, was manche die Kolonisierung hier nennen, die „Kolonisierung des informellen Sektors" z. B.
Oder es gibt Leute, die die „neuen Technologien" für eine Lösung des Problems halten, obwohl man sich ganz „alternativ" versteht. Die neuzeitlichen Technologien haben die Probleme bisher aber immer nur verschärft, ja überhaupt erst geschaffen. Die Option der Menschen wurde dabei oft genug gerade beschränkt und nicht erweitert. Und jetzt sollen wieder einmal die gesellschaftlichen Probleme technisch „gelöst" werden. Das ist ein obszönes Denken. Aber die Frauen sind inzwischen auch dabei aufzuholen, nachzuholen. Das geschieht trotz aller Technik-Kritik, der Kritik am Fortschritt, an der Industrialisierung, an den „Produktivkräften" der Neuzeit, die inzwischen durchaus gekommen ist, auch von Männern. Es ist alles da an Argumenten. Dennoch ist bei den neuen Technologien plötzlich alles wieder ganz anders. Da ist dann auf einmal das Paradies möglich, wie Herr Gorz das nennt, mit Hilfe der Technik versteht sich. Und da ist wieder die Utopie, die trotz aller Technikkritik nach wie vor darauf gerichtet ist, daß die „Produktivkräfte" und die Arbeit abnehmen würden und wir dann das berühmte freie und künstlerische Leben führen könnten. Mir kommt das sehr roboterhaft, ganz unmenschlich und auch wirklich falsch, historisch falsch vor (vgl. z. B. die Arbeit von Christel Neusüß über die Kritik an dieser Technologiegläubigkeit auch in der Arbeiterbewegung).
Die Anschauung über die Entwicklung ist inzwischen wirklich erschüttert worden, und zwar v.a., weil ihr Charakter und derjenige der dazugehörigen Technik gewalttätig ist. Mir fiel das am meisten in der 3. Welt auf. Maschinen wirken dort z. T. noch (oder wieder) wie Ungeheuer. Sie zerstören die Natur oder setzen die Naturzerstörung voraus. Die Maschine ist das, was nicht nur die Ernte einbringt, sondern auch die Bauernhütten niederwalzt (vgl. meine Arbeiten über Venezuela).
Der Glaube an den Fortschritt und die Entwicklung beginnen trotz aller „Gehirnwäsche", gerade in der 3. Welt wirklich und grundsätzlich erschüttert zu werden.
Die Frage, was sollen wir denn sonst tun, als die Möglichkeiten der Entwicklung (des Fortschritts, der Warengesellschaft) auszuschöpfen, ist so nicht zu beantworten. Man kann überhaupt erst sehen, was zu tun wäre, wenn man dem nicht mehr nachstrebt. Es gibt Leute, die das tun, und sie werden immer mehr. Für sie sind alle diejenigen, die immer noch an diese Entwicklung glauben, inzwischen bemitleidenswerte Figuren oder Zyniker, die geradezu als allgemeingefährlich gelten.
Sehen wir z. B. einige Folgen des großen Erdbebens in Mexiko, 1985, an. Da hatte „die Erde den Fortschritt von sich geschüttelt", wie man dort sagte. Die Erde hatte „sich geärgert". Sie hat gezeigt, daß der Weg falsch war. Denn gerade die Symbole des Fortschritts sanken in Schutt und Asche, die Hochhäuser, das moderne Mexiko. Zum Teil blieben sie zwar stehen, hatten aber überall Risse, und man konnte nicht mehr drinnen sein, weil sie jeden Moment zusammenbrechen konnten. Von außen und von weiter weg sah das so aus, als sei alles noch in Ordnung. Dann kommt man hin und merkt, daß es nur eine scheinbare Ordnung ist. In Wirklichkeit sind diese Gebäude nicht mehr benutzbar.
Es ist in der Stadt dann eine riesige Bewegung entstanden. Die Leute wollten nicht nur, daß Hochhäuser nie wieder gebaut werden, sondern auch, daß die Stadt insgesamt anders wird, daß die ganze Stadtentwicklung in eine völlig andere Richtung geht. Die Bewohner fingen an, die Stadt zu dezentralisieren, besser zu „entzentralisieren", wie man dort sagt, zu entflechten, wieder gemeinschaftliche Wohnformen zu suchen, wie sie in bestimmten Stadtteilen Tradition sind, die schon seit fast 500 Jahren existieren und immer wieder verteidigt werden gegen jeden Sanierungs- und Modernisierungsversuch. Man versuchte, Arbeiten und Wohnen wieder zusammenzubringen, eine Ökologie der Stadt zu entwerfen etc.

Bei Bauern habe ich das ebenfalls erlebt, auch in Mexiko, vor allen Dingen aber in Venezuela, wo ich länger gelebt habe. Dort ist der Glaube an die Entwicklung gerade durch die Erfahrung mit der Entwicklung, und zwar der allermodernsten, abhanden gekommen. Die Bauern erhielten dort alle Chemie und Maschinen, wie sie die Bauern hier haben. Es ist jedoch genau diese Erfahrung, die dort durch die Industrialisierung der Landwirtschaft seit ein- bis zwei Jahrzehnten gemacht wird, daß die Bauern dazu gekommen sind zu sagen: Das wollen wir grundsätzlich nicht mehr! Die Industrie, die Entwicklung machen kaputt, uns und unsere Produktionsmittel, v.a. das Land. Noch nicht einmal halbwegs ausreichende Einkommen gibt es dabei. Wenn es wenigstens so gewesen wäre, daß die Leute dabei verdient hätten, vielleicht mehr als vorher oder durchschnittlich genügend. Aber sie konnten von dem Verdienst noch nicht einmal genügend Essen kaufen, und das Essen war noch dazu schlecht, weil industriell denaturiert. Diese und andere Erfahrungen haben die Leute dazu gebracht, irgendwann zu sehen: Das kommt ja von der modernen Produktion und nicht etwa von irgendeiner „Rückständigkeit". Das größte Elend ist bei den neuen Farmer-Bauern und nicht bei den Subsistenzbauern. Da geht es für uns also gar nicht lang. Wir rennen ja offenen Auges in unseren eigenen Untergang.

Es gibt dort Leute, die sagen, es sei romantisch, mit der Entwicklung fortzufahren. Es gibt nur eine einzige Alternative: Wir müssen aus der Entwicklung heraus. Zwar geht das nicht gleich, nicht sofort, aber Schritt für Schritt alltäglich, allmählich. Und so machen sie das auch. Sie bauen sich eine neue Subsistenz, wo immer das geht, und wissen auch genau, daß es darauf ankommt, ob sie die werden schützen können vor einem erneuten Zugriff, also gewissermaßen vor einer neuen Phase der ursprünglichen Akkumulation. Das, was da geschieht, dient nicht mehr dem Interesse daran, eine neue Runde der Warenproduktion zu ermöglichen: Die Leute wollen den Teufel nicht mehr mit dem Beelzebub austreiben.

Die Bauern dort fürchten um ihr Land, und die Frauen hier sollten auch langsam um ihren Leib fürchten, der ja gewissermaßen eine Art „Boden", das letzte „Produktionsmittel" der Frauen ist. Es bleibt sonst nichts übrig.

Das ist die Konsequenz aus der Entwicklung der Moderne überall auf der Welt: Die Leute haben keine Produktionmittel mehr, von denen sie existieren können. Das ist ja der allgemeine Zustand, auf den das hintendiert. Und die Frauen haben obendrein noch nicht einmal Geld/Löhne, inzwischen auch kein Heim, keine Familie mehr, und am Ende noch nicht einmal mehr ihren Uterus. Wenn frau so lange wartet, bis das wirklich alles weg ist, fehlen auch die minimalsten Ressourcen, die nötig wären, um einen auch materiell ausgestatteten Schritt in eine andere Richtung tun zu können.

Ich glaube, es ist zur Zeit eines der Hauptprobleme in den sozialen Bewegungen zu sagen, wir warten nicht, bis alles weg ist, sondern wir machen, bevor alles weg ist, diesen Schritt. Irgendwie ist es, glaube ich, sehr schwierig. Denn alle diese schönen Theorien von der Modernisierung, aus der konservativen bis zur Linksaußen-Ecke, haben im Grunde immer nur eins getan: nämlich angesichts der tatsächlichen Entwicklung danach zu suchen, wie die Entwicklung trotzdem erreicht werden könnte. Der gemeinsame Nenner, den alle diese Theorien haben, ist also ihr Festhalten an der Entwicklung. Jedoch: Die Unterentwicklung gehört ständig dazu, z. B. in Form der neuzeitlichen Subsistenzproduktion, in Form der Arbeitslosen, in Form der modernen Sklaverei, in Form der Gewalt gegen Frauen usw. Sie wird ja dabei erst produziert. Wie also dennoch die Entwicklung in ihrem angeblich möglichen positiven Sinne erreicht werden könne, welche Wege dahin es in soundsoviele Richtungen und über die verschiedensten Produzenten, z. B. auch über die Frauen, über neue Techniken, über neue Ausbeutungsformen usw. geben könnte, darum allein geht es diesen Theorien und Politiken. Es gibt im Grunde keine andere Diskussion.

Es ging nie darum, wie Entwicklung überwunden werden kann, ob sie überhaupt ein menschenwürdiges Ziel sein kann. (Es ist ja bei uns in dieser Hinsicht genauso wie in der 3. Welt.) Darum ist es keiner Entwicklungstheorie gegangen und das ist eigentlich das, was wir jetzt brauchen oder immer schon gebraucht hätten. Stattdessen sollen ausgerechnet die Frauen jetzt dafür sorgen, daß die Entwicklung auch wirklich vollständig wird, endlich vollendet wird. Und es sind auch viele Frauen dabei, das zu betreiben, in der Entwicklungspolitik genauso wie in unserer Wirtschaftspolitik hier. Die Frauen werden überall dazu aufgerufen, die Warenproduktion und dabei sich selbst zu vervollständigen. Die „Beteiligung" der Frauen an der Warenproduktion ist ja auch im Sozialismus eine übliche Formel. Die Frauen beteiligen sich an der „Produktionsschlacht" – wie im Krieg – und werden dann emanzipiert. Und das wird auch den Frauen in der 3. Welt gesagt: Beteiligt Euch doch gefälligst an der „Produktion"! So als täten sie es nicht schon die ganze Zeit. Aber es wird ihnen weisgemacht, dies sei erst der Fall, wenn sie als „freie Lohnarbeiter", also wie weiße Männer arbeiten. Dies werde auch bald, der Entwicklung sei Dank, möglich sein. Genau das sei nämlich ihr Ziel, ja ihre innere Logik, ihr immanentes Gesetz. Und während die Leute noch warten und hoffen und ihre Arbeit in die Warenproduktion investieren, ist das Geschäft der Verwandlung von Gratisarbeit in Wert – ohne Umweg über die freie Lohnarbeit – schon längst gelaufen, sind die Leute schon „überflüssige Überbevölkerung", bevor sie überhaupt nur in die Nähe der freien Lohnarbeit gelangt sind. Auch die unmittelbare Industrialisierung ändert daran u.U. gar nichts. Industrialisierung und Technisierung führen nicht mehr zur Ausdehnung *dieser* Lohnarbeit.

Die Bauern haben es schon erfahren durch die Industrialisierung der Landwirtschaft, und jetzt sind die Frauen dran, sich nun endlich voll zu „integrieren" in das System.

So wird in baldigster Zukunft, wenn das nicht schon der Fall ist, überall über Subsistenz geredet werden. Irgendwann fällt das auf: Die Subsistenz ist irgendwie weg, sie reicht nicht mehr aus. Das ist die Hauptgefahr für diesen ganzen Prozeß der modernen Gesellschaft und paradoxerweise auch für ihre einzelnen Mitglieder.

Literaturverzeichnis

Bammé, A. u.a. (1983): Maschinen-Menschen, Mensch-Maschine. Reinbek.
Beiträge zur feministischen Theorie und Praxis 1/1978; 3/1980; 8/1983; 9, 10/1983; 12/1984; 13/1985; 14/1985; 15, 16/1986.
Bennholdt-Thomsen, V. (1979): Marginalität in Lateinamerika. Eine Theoriekritik. – In: Lateinamerika. Analysen und Berichte 3. Berlin.
dies. (1980): Investition in die Armen. Zur Entwicklungspolitik der Weltbank. – In: Lateinamerika. Analysen und Berichte 4. Berlin.
dies. (1981): Subsistenzproduktion und erweiterte Reproduktion. Ein Beitrag zur Produktionsweisendiskussion. In: Gesellschaft. Beiträge zur Marx'schen Theorie 14. Frankfurt.
dies. (1982): Bauern in Mexiko. Zwischen Subsistenz und Warenproduktion. Frankfurt/New York.
dies. (1984): Auch in der Dritten Welt wird die Hausfrau geschaffen – Warum?. Peripherie 15/16.
Bielefelder Entwicklungssoziologen, (Hrsg.) (1979; 1981): Subsistenzproduktion und Akkumulation. (Bielefelder Studien zur Entwicklungssoziologie 5). Saarbrücken.
Bock, G./Duden, B. (1977): Liebe als Arbeit – Arbeit als Liebe. Zur Entstehung der Hausarbeit im Kapitalismus. In: Beiträge zur Berliner Sommeruniversität für Frauen 1976. Berlin.
Diner, D. (1980): Israel in Palästina. Über Tausch und Gewalt im Vorderen Orient. Frankfurt.
Esteva, G. (1992): Fiesta. Jenseits von Entwicklung, Hilfe und Politik. Frankfurt/Wien.
Fröbel, F. u.a. (1986): Umbruch in der Weltwirtschaft. Reinbek.
Fukuoka, M. (1990): Der große Weg hat kein Tor. Schaafheim.
Gambaroff, M. u.a. (1986): Tschernobyl hat unser Leben verändert. Reinbek.
Gorz, A. (2983): Wege ins Paradies. Berlin.
Gronemeyer, M. (1988): Die Macht der Bedürfnisse. Reinbek.
Honegger, C. (Hrsg.) (1978): Die Hexen der Neuzeit. Frankfurt.
Illich, J. (1980): Selbstbegrenzung. Reinbek.
ders. (1983): Genus. Zu einer historischen Kritik der Gleichheit. Reinbek.
Luxemburg, R. (1970; 1923): Die Akkumulation des Kapitals. Frankfurt.
Mamozai, M. (1982): Herrenmenschen. Frauen im deutschen Kolonialismus. Reinbek.
Merchant, C. (1983): The Death of Nature. San Francisco.

Mies, M. (1982): The Lace Makers of Narsapur. Indian Housewives Produce for the World Market. London.
dies. (1980): Capitalist Development and Subsistence Production. Rural Women in India. Bulletin of Concerned Asian Scholars 12,1.
dies. (1981/2): Hausfrauen produzieren für den Weltmarkt. Die Spitzenmacherinnen von Narsapur (Indien). Peripherie 7.
dies. (1982): Frauenbefreiung, Befreiung der 3. Welt und Friede hier – Wie hängt das zusammen?. die tageszeitung, 16.12.82
dies. (1985): Neue Technologien – Wozu brauchen wir das alles? Aufforderung zur Verweigerung. In: M. Huber/B. Bussfeld (Hrsg.): Blick nach vorn im Zorn. Die Zukunft der Frauenarbeit. Weinheim/Basel.
dies. (1986): Patriarchy and Accumulation on a World Scale. Women in the International Division of Labour. London.
dies. (1987): Patriarchat und Kapital. Frauen in der internationalen Arbeitsteilung. Zürich.
dies. und Werlhof, C.v. (1988): Reader zur Tagung: „Die Subsistenzperspektive – ein Weg ins Freie". Bad Boll, Evangelische Akademie. Materialien 1.
Neusüß, Ch. (1985): Die Kopfgeburten der Arbeiterbewegung oder Die Genossin Luxemburg bringt alles durcheinander. Hamburg.
dies. (1986): High-Tech – Männermythos oder Wissenschaft?. die tageszeitung, 15.2.86
Shiva, V. 1989): Das Geschlecht des Lebens. Berlin.
Shiva, V./Mies, M. (1993): Ecofeminism. London
Ullrich, O. (1980): Weltniveau. Berlin
Wallerstein, I. (1979): Aufstieg und künftiger Niedergang des kapitalistischen Weltsystems. In: D. Senghaas (Hrsg.): Kapitalistische Weltökonomie. Kontroversen über ihren Ursprung und ihre Entwicklungsdynamik. Frankfurt.
Werlhof, C.v. (1981): Frauen und Dritte Welt als 'Natur' des Kapitals oder Ökonomie auf die Füße gestellt. In: H. Dauber/W. Simpfendörfer (Hrsg.): Eigener Haushalt und bewohnter Erdkreis. Ökologisches und ökumenisches Lernen in der 'Einen Welt'. Wuppertal.
dies. (1983 a): Die Frauen und die Peripherie: der blinde Fleck in der Kritik der Politischen Ökonomie (Arbeitspapiere des USP Lateinamerikaforschung, Universität Bielefeld, Nr. 28). Bielefeld.
dies. (1983 b): Neue Formen der Warenproduktion ohne Lohnarbeit. Die Organisation ländlicher Kollektivgenossenschaften in Venezuela nach dem Muster von Kleinfamilie und Vertragsproduktion: das Großprojekt Quibor. In: H.D. Evers u.a. (Hrsg.): Auf dem Weg zu einer Neuen Weltwirtschaftsordnung? Bedingungen und Grenzen für eine eigenständige Entwicklung. Baden-Baden.
dies. (1985 a): Der weiße Mann versucht noch einmal druchzustarten. Zur Kritik dualwirtschaftlicher Ansätze. In: M. Opielka (Hrsg.): Die ökosoziale Frage. Frankfurt.
dies. (1985 b): Why Peasants and Housewives Do Not Disappear in the Capitalist World System (Working Paper Nr. 68 des Forschungsschwerpunkts Entwicklungssoziologie, Universität Bielefeld). Bielefeld.
dies. (1885 c): Das Gelächter über den Fortschritt. Dem Erdbeben von Mexiko folgt ein Sozialbeben. Kommune 12. Frankfurt.
dies. (1985 d): Wenn die Bauern wiederkommen... Frauen, Arbeit und Agrobusiness in Venezuela. Bremen.
dies. (1991): Die Krise und die Produktion von Gewalt als 'Normalität'. In: Dunkel S. u.a. (Hrsg.): VerHEERend. Braucht Österreich eine Armee? Linz.
dies. u.a. (1983; 1988): Frauen, die letzte Kolonie. Reinbek, und (1993) Zürich.
dies. (1991): Was haben die Hühner mit dem Dollar zu tun? Frauen und Ökonomie. München.
dies. (1991): Männliche Natur und künstliches Geschlecht. Texte zur Erkenntniskrise der Moderne. Wien.
dies. (1993): Im Grunde gibt es vor lauter Ökonomie keine Kultur mehr! In: Bammé, A. u.a. (Hrsg.): Der kalte Blick der Ökonomie, Bd. II. Wien.
dies. (1993): Subsistenz. Abschied vom ökonomischen Kalkül? Man. Berlin.

Anschrift der Verfasserin:

Prof. Dr. Claudia von Werlhof
Institut für Politikwissenschaft
Leopold-Franzens-Universität Innsbruck
Innrain 36
A-6020 Innsbruck

ERICH KAUFER

Lateinamerika: das verlorene Jahrzehnt

Zur Einleitung:

Im August 1982 stellte Mexiko die Zinszahlungen auf seine Auslandsschulden ein. Das löste in der internationalen Finanzwelt Schockwellen aus, die noch heute spürbar sind. Lösungen wurden gesucht. Zuerst gab es den Baker- dann den Brady-Plan der USA. Daneben wurden hunderte weiterer Lösungsvorschläge aus der internationalen Finanzwelt vorgelegt.

Während die Finanzfachleute die lateinamerikanische Schuldenkrise zu entdramatisieren suchten, setzte in der entwicklungspolitisch engagierten Dritte-Welt-Bewegung der Ersten Welt die Suche nach den Schuldigen am und im Verschuldungsdrama ein.

Ich möchte Ihnen jedoch zeigen, daß die Frage: „Wo ist der/sind die Schuldigen im Drama" zumindest kein sinnhafter Beginn des Fragens sein kann. Jeder, der von Geschichte mehr versteht, als daß es Alexander, Cäsar und Napoleon gegeben hat, weiß, daß diese *dramatis personae* eingebettet waren in kulturelle, gesellschaftliche, ja alltägliche Strömungen der Zeit, die sie prägten und handeln ließen. Das ist in der Ökonomie nicht anders.

Das Drama vom verlorenen Jahrzehnt Lateinamerikas

1. Akt: Verschuldung

Im Jahre 1973 betrug der durchschnittliche Anteil der Auslandsschulden am Volkseinkommen aller lateinamerikanischen Länder 23%. Gemessen an Verschuldungsgraden, die wir aus der Geschichte erfolgreicher Industrialierungen wie etwa derjenigen der USA kennen, ist dieser Prozentsatz recht bescheiden. Im Jahre 1985 betrug die durchschnittliche Auslandsverschuldung Lateinamerikas in Bezug auf dessen Volkseinkommen jedoch bereits 45,4%.

Durchschnitte verbergen Abweichungen. Im selben Jahr belief sich die Auslandsverschuldung Argentiniens auf 84,2%, die Brasiliens auf 49%, die Chiles auf 143,3% und die Mexikos auf 55%. Unterstellt man, daß die Bedienung auf diese Auslandsschuld 6% Zinsen verlangt, so muß ein Land wie Brasilien mit einer fast 50 prozentigen Auslandsschuld ein reales Wachstum von 3% erzielen, um nur gerade die Zinsen aus dem Wachstum zahlen zu können. Im Falle Chiles läge die erforderliche reale Wachtsumsrate bei 9%. Dabei ist festzuhalten, daß dann das heimisch verfügbare Volkseinkommen konstant bleibt. Angesichts der rasch wachsenden Bevölkerung ginge diese Lage mit einem sinkenden Pro-Kopf-Einkommen und das heißt, angesichts der schiefen Einkommensverteilung, mit einer weiteren Verelendung breiter Bevölkerungsschichten einher.

Wenn weite Teile der Bevölkerung verelenden, dann wird indessen keine staatliche Wirtschaftspolitik in der Lage sein, Anreize hervorzubringen, welche überhaupt die zur Zinsenzahlung notwendige nationale Wachstumsrate hervorzubringen vermögen. Wir können also davon ausgehen, daß die Bedienung dieser hohen Auslandsschuld die Erzielung entsprechend hoher volkswirtschaftlicher Wachstumsraten verhindert. Eine ermäßigte Auslandsschuld würde höhere Wachstumsraten ermöglichen und würde die Schuldentilgung erleichtern. Wir stoßen hier bereits auf eine etwas merkwürdige Beziehung, auf die ich später zurückkomme:

„Wenn ein Land 'zu hoch' verschuldet ist, dann kann das Land die Schuld nicht oder nur teilweise bedienen. Folglich sinkt der zu erwartende Wert der Schuld wie der Marktwert einer konkursnahen Unternehmung. Reduziert man die Schuld, so kann die Restschuld sicherer bedient werden. Folglich steigt der Marktwert der Restschuld über den Marktwert der Gesamtschuld. Ein rational handelnder Gläubiger erläßt in dieser Situation dem Schuldner einen Teil der Schuld.

Nun war Lateinamerika im Jahre 1973 in Durchschnitt nur in Höhe von 23% des Volkseinkommens verschuldet. Damals wuchs aber Brasiliens Volkseinkommen z. B. pro Jahr mit 6-8% pro Jahr. Bei einem Zinssatz von 6% für die Auslandsschuld hätte Brasilien nicht einmal 1,4% seines Wirtschaftswachstums für Zinsen ins Ausland transferieren müssen. Es wäre also genug Einkommenszuwachs im Inland verblieben, um selbst einer wachsenden Bevölkerung mehr Realeinkommen zu bringen.

Um 1973 sah aber der Weltfinanzmarkt für verschuldungswillige Länder wie Brasilien noch viel günstiger aus. Damals erzwang das Erdölkartell mit der Vervierfachung des Erdölpreises einen gewaltigen Transfer an „Petro-Dollars" von den industrialisierten, nicht-erdölexportierenden Ländern zu den erdölexportierenden Ländern, zu denen zudem auch Mexiko und Venezuela gehörten. Diese Petrodollars suchten zinsbringende Anlage auf den Weltfinanzmärkten. Man konnte sich also zu günstigen wettbewerblichen Konditionen und niedrigen Zinssätzen verschulden. Basis für derarige Verschuldung war und ist derjenige Zinssatz, zu dem sich die Londoner „Euro-Banken" untereinander Geld ausleihen. Dieser Zinssatz heißt „London Interbank Offered Rate", abgekürzt *„Libor"*. Z. B. konnte man Auslandsschulden zu einem Zinssatz von 1% plus Libor aufnehmen. Bei 5% Libor plus 1% und 3% Inflation der Dollarbasis beträgt der real zu tragende Zinssatz bloße 3%.

Nun waren die 1970er Jahre nicht nur Jahre niedriger nomineller Zinssätze, sie waren zudem Jahre steigender Rohstoffpreise. Da die Auslandsschuld aus Exportüberschüssen bedient werden muß, geht es im Fall der Zinszahlung um das Verhältnis aus Nominalzinsen und dem prozentualen Anstieg der Exportpreise relativ zu den Importpreisen.

Im Jahre 1972 lag Libor z. B. bei 5,4%. Lateinamerikas Exportpreise stiegen jedoch relativ um 9,2%. Der reale Zinssatz für Lateinamerikas Auslandsschuld lag also bei Libor 5,4% minus relativer Exportpreisanstieg von 9,2 %, d. h. bei 5,4% − 9,2% = − 3,5%.* Zum weiteren Verständnis des Dramas ist es wichtig einzusehen, daß die Fähigkeit eines Landes seine Auslandsschuld zinsmäßig zu bedienen und zu tilgen von zwei Preisen abhängt und zwar

– einerseits vom Nominalzins, zu dem der Kredit aufgenommen wird, das ist in unserem Falle der Liborsatz plus einem landspezifischen variablen Zuschlag von z. B. 1-2% und

– andererseits von der Entwicklung der relativen Exportpreise, im Fachjargon auch Terms of Trade oder Austauschverhältnis zwischen Export- und Importgütern genannt.

Der Einfachheit halber ziehe ich diese beiden Komponenten zu einem Begriff, dem des realen Libor für Lateinamerika zusammen. Zu beachten ist also, daß nur ein Teil des *realen Libors* aus Zinsen an Banken besteht, der andere Teil sind Verschiebungen der Weltmarktpreise für Export- und Importgüter. Bis 1974 fiel nun dieser sog. reale Libor auf fast - 30%! Liegt aber der reale Libor auch nur für 5 Jahre bei -20%, dann entschuldet sich ein Land in eben diesen Jahren fast von selbst, sofern es aufgenommene Schulden am Ende oder in dieser Zeit tilgt. Ab 1974 bewegte sich der reale Libor für Lateinamerika zwar aus dem tiefen Minusbereich heraus, doch lag er 1980 immer noch bei − 5,8%.

Zum Verständnis unseres Dramas ist es notwendig sich klar zu machen, daß die 1970er Jahre eigentlich eine hohe Zeit der *Entschuldung* gewesen sind. Sie sind nur dann auch eine günstige Zeit der *Verschuldung*, wenn man davon ausgehen kann, daß der gegenwärtige reale Libor auch dann noch bestehen wird, wenn die gegenwärtig aufgenommenen Schulden künftig getilgt werden müssen. Zu bedenken ist auch, daß die gegenwärtig aufgenommenen Auslandsschulden zu einem kurzfristig variablen Zinssatz verzinst und getilgt werden müssen, weil sich beide Komponenten des realen Libors, die nominelle Londoner Interbankrate und die relativen Exportpreise, rasch verändern können.

* Diese Überlegungen gelten nur näherungsweise, insofern nur im Falle eines Leistungsbilanzsaldos B = px X − pm M = 0 die Commodity Terms of Trade px/pm gleich den Gross Barter Terms of Trade M/X sind.

Übersehen wir diese Warntafeln, so begann allem Anschein nach für Lateinamerika um 1970 der langersehnte Aufstieg zu Blüte und Wohlstand. Doch markiert das Jahr 1980 bereits den Beginn des verlorenen Jahrzehnts. Was geschah damals?

Um 1980 begann die weltweite Bekämpfung der Inflation, die in manchen Ländern wie den USA ungewohnte Höhen erreicht hatte und die für die negativen Realzinsen verantwortlich war. Die restriktive Geldpolitik führte zu steigenden nominalen und vor allem realen Zinsen. Die Rohstoffpreise und die Relation aus lateinamerikanischen Export- und Importpreisen begann zu fallen. 1981 lag der reale Libor für Lateinamerikas Auslandsschuld schon fast bei + 20%; 1982 betrug er + 27,5%; bis 1985 sank er etwas; 1986 betrug er jedoch wieder + 22,2%. Gleichzeitig brach das Wirtschaftswachstum in Lateinamerika zusammen. Rechnet man das Bevölkerungswachstum ein, dann schrumpfte das Volkseinkommen pro Kopf seit 1981 um 2 – 5% pro Jahr, während gleichzeitig der reale Zinsatz auf die Auslandsschuld, der seit 1970 negativ gewesen war, nun horrend hohe positive Werte erreichte. Aus der Wachstumseuphorie der 1970er Jahre stürzte Lateinamerika in die Ausweglosigkeit der 1980er Jahre. Was in den 1970er Jahren gewonnen wurde, wurde in den 1980er Jahren wieder verloren. Seither spricht man von dem verlorenen Jahrzehnt Lateinamerikas.

Spätestens gegen Ende des Jahres 1981 erkannten die weltweit operierenden Großbanken, daß ihre Schuldner zahlungsunfähig zu werden drohten. Neben anderen westlichen Großbanken waren vor allem die 9 größten US-Banken, die sog „Money Center Banks" extrem exponiert. Ihre Gesamtkredite an Lateinamerika betrugen 180% ihres Eigenkapitals, ihre Gesamtkredite weltweit lagen bei 290% ihres Eigenkapitals. Würden die lateinamerikanischen Länder ihre Zinszahlungen einstellen und somit zu bilanziellen Wertberichtigungen zwingen, so müßten diese exponierten Banken den Konkurs anmelden. Das hätte kaum absehbare Konsequenzen für das Weltfinanzsystem.

Wie reagierten die privaten Banken, wie reagierten die Regierungen der „westlichen" Welt? Zunächst einige Zahlen: 1981 gelang Lateinamerika bei Zinszahlungen und Kredittilgungen in Höhe von 28,5 Mia $ noch eine Neuverschuldung von 39,8 Mia $. Netto konnte also noch Kapital in Höhe von 11,3 Mia $ importiert werden. 1982 sank diese Neuverschuldung jedoch auf netto – 8,7 Mia $, 1985 erreichte sie bereits – 32,5 Mia $. Für die ganze Zeit von 1982-1992 gelang Lateinamerika eine zusätzliche Verschuldung von 94,9 Mia $ bei einer Kredittilgung und bei Zinszahlungen in Höhe von 318,5 Mia $. Folglich exportierte Lateinamerika netto Kapital in Höhe von 223,6 Mia $. Das ist eine paradoxe Situation. Eine Region, die zur Entwicklung der Netto-Kapital-Importe bedarf, exportiert in zehn Jahren netto Kapital in Höhe von ca. 22 Mia $ pro Jahr. Aus diesen Zahlen läßt sich bereits die Reaktion der westlichen Banken und Regierungen ablesen. Erstens schränkten die Banken die Vergabe neuer Kredite drastisch und abrupt ein. Zweitens übten die Regierungen der Kreditgeber erheblichen politischen Druck auf die Schuldnerländer aus, wenigstens die Zinsen auf die aufgelaufenen Kredite zu zahlen, um einen Zusammenbruch der heimischen Banken zu verhindern. Zum Teil wurden den Schuldnerländern zu diesem Zweck Kredite von internationalen Organisationen wie IMF und Weltbank gewährt.

Dieser Weg ist insofern erfolgreich gewesen, als etwa die neun größten US-Banken bereits gegen Ende 1986 ihre Lateinamerikaschulden auf 94,8% und bis Ende 1988 auf 63,4% ihres Eigenkapitals herabgedrückt hatten. Seit diesem Zeitpunkt ist ihr Überleben nicht mehr gefährdet. Allerdings ist dieser Weg zum Überleben nicht nur durch Netto-Kapital-Exporte Lateinamerikas gesichert worden. Die Gläubigerbanken suchten nach Möglichkeiten, die Buchwerte ihrer problematischen Kredite zu berichtigen und das Eigenkapital entsprechend aufzustocken. Das Steuerrecht mancher Länder erlaubt direkte Wertberichtigungen, damit bilanzielle Verlustvorträge und Minderungen der Steuerschuld. In diesem Fall tragen die Steuerzahler der Kreditgeberländer zur Schuldenbereinigung bei.Das US-amerikanische Steuerecht gestattet solche Art Abschreibungen nicht. Die US-Banken suchten deshalb ihre für mehr oder weniger einbringlich gehaltenen Schuldtitel zu verkaufen, um dann Rückstellungen in das Eigenkapital vornehmen zu können. Daraus entstand ein sog. „Sekundärmarkt" für lateinamerikanische Schulden. Normieren wir die jeweilige Schuld eines Landes auf einen Dollar, dann wurde im Juni 1986 Argentiniens Schuld zu 65 cts gehandelt, die Brasiliens zu 74 cts und die Mexikos zu 59 cts. Zwei Jahre später lag Argentiniens Auslandsschuld bei 25 cts, Brasiliens und Mexikos bei 51 cts. Bloß ein halbes Jahr danach war Argentiniens Auslandsschuld auf einen Wert von 13 cts, die Brasiliens auf 21 cts, die Mexikos auf 31 cts herabgesunken.

Im Durchschnitt aller lateinamerikanischen Länder fiel die Bewertung der gesamten Auslandsschuld normiert auf einen Dollar von 65 cts im Juni 1986 auf 27,5 cts im Dezember 1988.

Wenn inzwischen auch die meisten westlichen Geschäftsbanken u.a. auch über den Verkauf ihrer Schuldtitel im Sekundärmarkt und durch entsprechende Rückstellungen ins Eigenkapital ihre Eigenkapitallage soweit korrigiert haben, daß sie sogar eine Zahlungsverweigerung ihrer Schuldner überleben würden, so ist doch das Problem der Schuldnerländer,
– nämlich nominell unverändert hoch verschuldet und tilgungspflichtig zu sein, und
– zugleich auf neue Kredite angewiesen zu sein,
 nicht gelöst.

Ich komme damit zum zweiten Akt des Dramas:

2. Akt: Wege zur Entschuldung Lateinamerikas

Meine bisherige Darstellung des lateinamerikanischen Dramas enthält zwei Hinweise für eine Lösung der Verschuldensproblematik. Zum einen läßt sich argumentieren, daß die Zinszahlungen auf die zu große Verschuldung die volkswirtschaftlichen Wachstumsmöglichkeiten derart schwächen, daß die Volkswirtschaft zahlungsunfähig wird. Das kann auf zwei Wegen geschehen.

Erstens erfordern hohe Zinszahlungen erhöhte Steuersätze, welche die Kapitalbildung im Inland senken und den Reimport von ins Ausland geflohenem Kapital abschrecken. Zweitens setzt eine Netto-Schuldentilgung eine Abwertung der heimischen Währung voraus, um die Exporte kräftig über die Importe hinaus erhöhen zu können. Ist die Schuldentilgung groß, so ist der Abwertungsbedarf ebenfalls hoch. Dann steigt mit einer hohen Abwertung aber auch der Gegenwert der Auslandsschuld in heimischer Währung gerechnet, so daß sich für die Regierung der inländische Finanzierungsbedarf erhöht. Dem versucht sie sich zu entziehen, indem sie entweder nicht genug abwertet oder indem sie den inländischen Finanzbedarf durch Budgetdefizite und Geldschöpfung aufbringt. Dann steigt die Inflationsrate an, und die Abwertung wird ein Schlag ins Wasser.

Die Fähigkeit einer Volkswirtschaft, eine Auslandsschuld zu bedienen, sinkt also jenseits eines maximalen Schwellenwertes ab. Folglich sinkt auch der erwartete Wert einer nominell zunehmenden Auslandsschuld von diesem Schwellenwert an ab. Dieser Zusammenhang wird in der „Debt-Relief-Curve" oder „Schulden-Nachlaß-Kurve" ausgedrückt. Danach liegt es im Interesse des Gläubigerlandes, seinem Schuldner einen Teil der Schulden zu erlassen, vorausgesetzt der Schuldner befindet sich auf dem sinkenden Ast der Kurve. *(Siehe Abbildung auf gegenüberliegender Seite).*

Ich komme nun zum zweiten Ansatzpunkt der Lösung der Verschuldungsproblematik. Er liegt beim Sekundärmarkt für Lateinamerikas Auslandsschulden. Auf ihm wurde z. B. im Jahre 1989 Perus Auslandsschuld pro Dollar mit 3 cts bewertet. Was liegt also näher als die Gründung einer internationalen Organisation, mit ihrem Erfinder Peter Kenen nenne ich sie „International Debt Discount Corporation" IDDC, die sich durch die Ausgabe von Schuldverschreibungen finanziert (die z. B. die Gläubigerländer im Anteil ihrer Kredite zeichnen) und dann Lateinamerikas Schulden auf dem Sekundärmarkt aufkauft. In einem weiteren Schritt setzt die IDDC die zu zahlenden Zinsen weit unter den gegenwärtigen Marktzins herab, so daß die Schuldnerländer kräftig entlastet werden. Auf Grund der Logik der Schulden-Nachlaßkurve müssen die

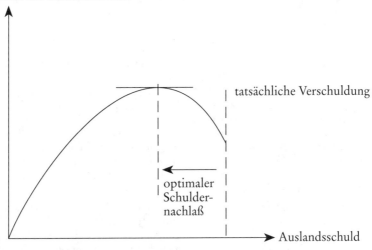

Wachstumsmöglichkeiten der Schuldnerländer zunehmen, ihre Zahlungsfähigkeit für die geminderte Schuld steigt an, ebenso steigt aber auch der Marktwert der geminderten Schuld an, so daß die ganze Operation ohne Verlust abgewickelt werden kann. Da aber mit der Wachstumsfähigkeit Lateinamerikas auch dessen Importfähigkeit gesteigert wird, haben die Gläubigerländer mit besseren Exportmöglichkeiten einen weiteren Vorteil. Weiters ist darauf hinzuweisen, daß der Schuldennachlaß und die davon ausgehende Wachstumsstimulierung ein Beitrag ist, große soziale Not in Lateinamerika zu lindern.
Der Schuldennachlaß bietet sich also sowohl aus Eigeninteresse als auch aus sozialpolitischen Erwägungen an. Wenn indessen ein Schuldennachlaß für die Gläubiger so vorteilhaft ist, so ist zu fragen, warum er nicht von sich aus ohne die Gründung einer IDDC zustandekommt. Ich führe vier Gründe an.
Erstens begegnen wir dem Trittbrettfahrerproblem. Wenn fast alle Gläubiger auf einen Teil der Schulden verzichtet haben, dann lohnt es sich für die übrigen, es nicht zu tun, um den Gesamtbetrag ihrer Forderungen einzutreiben.
Zweitens mögen die großen Gläubigerbanken, die viele Schuldnerländer unterschiedlicher Bonität haben, die Signalwirkung fürchten. Wie sollen sie gegenüber asiatischen Schuldnern die volle Schuldentilgung fordern, wenn sie z. B. Mexikos Schulden halbieren?
Drittens mögen die privaten Banken hoffen, daß eine Verweigerung eines Schuldennachlasses nationale und internationale Organisationen dazu bringt, die Schuldentilgungen durch Beihilfen zu erleichtern.
Viertens können gerade die am meisten exponierten privaten Großbanken hoffen, daß jeder Dollar, den sie über den Schuldennachlaß hinaus eintreiben, letztlich ihre Gewinne oder ihr Eigenkapital erhöht, sei es, weil sie die Schulden bereits abgeschrieben haben, sei es, weil sie bereits Rückstellungen auf das Eigenkapital vorgenommen haben.
Nach diesen Überlegungen ist also eine internationale Organisation mit Sanktionsmöglichkeiten sowohl gegenüber den Schuldnern als auch gegenüber den Gläubigern notwendig, um zu erreichen, daß der Schuldennachlaß, der vorteilhaft für beide Gruppen insgesamt ist, auch tatsächlich zustandekommt. Damit wäre unser Drama nach diesem 2. Akt beendet. Doch ist ein dritter Akt anzufügen.

3. Akt: Die Symptomatik der lateinamerikanischen Schuldenkrise

In der Einleitung zu diesem Akt möchte ich drei Punkte ansprechen. Zum ersten markieren die 1980er Jahre nicht die erste sondern bereits die *vierte* lateinamerikanische Schuldenkrise. Es gab bereits eine um 1820 und eine um 1860 sowie eine weitere in den 1930er Jahren. Möglicherweise werden alte Fehler wiederholt. Zweitens sind die derzeitigen Preise des Sekundärmarktes vermutlich nicht diejenigen Preise, zu denen eine IDDC die lateinamerikanischen Schulden aufkaufen kann. Noch ehe die IDDC ihre Arbeit aufnimmt, antizipiert der Markt, daß der Marktwert der Schuldentitel steigen wird, so daß deren Preise bereits vor dem Ankauf mitsteigen. Drittens werden die Schuldnerländer wissen, daß internationale Organisationen, also auch eine IDDC, viel stärkerem politischem Druck ausgesetzt werden können als private Banken, mit der Folge, daß sie ihre Anstrengungen, selbst die geminderten Schulden zu tilgen, wiederum reduzieren können. Folglich verlieren die geminderten Schulden sofort an Wert, sobald sie von der IDDC aufgekauft worden sind. Die IDDC wird nicht ohne große Verluste operieren können.

Damit komme ich zum entscheidenden Punkt. Gibt es überhaupt eine Schuldennachlaß-Kurve, wie wir sie bisher postuliert haben? Könnte es nicht sein, daß die Kurve, falls sie existiert, nicht die Ursachen, sondern nur die Symptome einer mangelnden Fähigkeit zur Schuldentilgung widerspiegelt? Sollte letzteres zutreffen, dann kann sie nicht Grundlage einer sinnvoll organisierten Schuldenreduktion sein.

Im Jahre 1985, als Argentinien, Brasilien und Mexiko mit 84,2%, 48,7% und 55,2% ihres Volkseinkommens im Ausland verschuldet waren, betrugen die Auslandsschulden Südkoreas, Malaysias und Thailands 52,5%, 70,3% und 47,8%. 1989 beliefen sich diese Anteile für die drei lateinamerikanischen Länder auf 120%, 24% und 51,2%, während sie bei den drei asiatischen Ländern 15,8%, 51,6% und 34,1% ausmachten. Darüber hinaus hatte es für die drei asiatischen Länder keine internationalen Beihilfen und Stützungen gegeben, obwohl diese Länder pro Kopf gerechnet beträchtlich ärmer waren als die Lateinamerikaner. Südkorea, daß 1985 bei weitem nicht so wohlhabend war wie Argentinien, senkte bis 1989 seine Auslandsschuld von 52,5% auf 15,8%, wohingegen Argentinien die seinige um fast 40% auf 120% weiter ansteigen ließ. Aus Gründen einer internationalen Gerechtigkeit müßte man zunächst einmal fragen, warum die ärmeren asiatischen Länder ihre Schulden tilgen sollten und auch tilgen können, während es die reicheren lateinamerikanischen nicht tun.

Bereits im Jahre 1979 war abzusehen, daß die Zinsen auf den internationalen Finanzmärkten infolge der notwendigen Inflationsbekämpfung würden ansteigen müssen, so daß auch die Rohstoffpreise und die Preise der Hauptexportprodukte Lateinamerikas würden sinken müssen. Von 1979 bis 1981 bewegte sich der Liborsatz von 12% auf 16,5%. Lateinamerikas relative Exportpreise stiegen bis 1980 noch an, sie sanken jedoch 1981 bereits um 2,8%, so daß sich die realen Zinsen für die Auslandsschuld in bloß einem Jahr von − 5,8% auf fast + 20% erhöhten. Doch bis Ende 1982 lief Lateinamerikas Netto-Kreditaufnahme im Ausmaß von 24 Mia $ weiter, obwohl der Zinsatz real bereits auf 27,5% heraufgeschnellt war.

Was veranlaßt eine Region, sich zu so horrend hohen realen Zinsen – nominell lagen sie bei bloß 14% – zu verschulden? Ein Teil der Antwort liegt bei der Kapitalflucht aus Lateinamerika. Bereits gegen Ende der 1970er Jahre setzte eine Kapitalflucht ein, die im wesentlichen durch Kapitalimporte, also Auslandsverschuldung finanziert wurde. Bis Ende 1988 verzeichnen Argentinien, Brasilien und Mexiko eine Kapitalflucht im jeweiligen Ausmaß von 46, 31, 84 Mia $. Aus Lateinamerika flohen in dieser Zeit insgesamt 213 Mia $. Das entspricht fast dem Buchwert aller lateinamerikanischen Auslandsschulden bei privaten Banken. Allein bei US-Banken befanden sich um 1990 $-Depositen lateinamerikanischer Banken in Höhe von 100 Mia $. Das entspricht ziemlich genau dem Marktwert aller lateinamerikanischen Schulden im Sekundärmarkt. Lateinamerikas Dollar-Depositen in Nordamerika reichen also aus, um die gesamte Auslandsschuld Lateinamerikas aufzukaufen. Lateinamerika kann sich also gegenüber sich selbst entschulden.

Einige lateinamerikanischen Länder wie z. B. Venezuela, die sehr hoch im Ausland verschuldet sind, haben so viel Fluchtkapital ins Ausland gebracht, daß sie dem Ausland gegenüber netto gerechnet sogar in einer Gläubigerposition sind. Es spricht demgemäß wenig bis nichts dafür, daß die Auslandsverschuldung die Ursache für die lateinamerikanische Krise ist. Sie ist allenfalls ein Symptom. Und damit komme ich zum vierten Akt des Dramas.

4. Akt: Die Genese der lateinamerikanischen Krise

In der Depression der 1930er Jahre wandten sich sowohl die industrialisierten als auch die weniger entwickelten Länder einem verstärkten Protektionismus durch Zölle und mengenmäßige Importbeschränkungen zu. Nach dem 2. Weltkrieg wurde in Form der *Prebisch-Singer-These* den weniger entwickelten Ländern eine neue theoretische Begründung für ihren Protektionismus geliefert. Weniger entwickelte Länder würden, so hieß es, typischerweise Rohstoffe und einfache Manufakturwaren exportieren, deren Preise relativ zu den importierten Industriegütern säkular fallen würden. Um diesem relativen Preisverfall durch Außenhandel zu entgehen, schlugen Prebisch-Singer den weniger entwickelten Ländern eine Importersatzpolitik als Entwicklungspolitik vor. Danach sollten die weniger entwickelten Länder hinter hohem Schutz durch Zölle und Quoten die Fähigkeit entwickeln, die bisher importierten Industriegüter selbst zu erzeugen. Das würde auch die Leistungsbilanz entlasten, weil knappe Devisen eingespart werden würden.

Nach dem 2. Weltkrieg haben alle weniger entwickelten Länder, auch Japan, eine solche Importsubstitutionspolitik betrieben. Zugleich gingen Anfang der 1960er Jahre die Industrieländer dazu über, die Zölle untereinander abzubauen. Die Industrieländer verzeichneten daraufhin eine kräftige, vom Exportsektor ausgehende Wachstumszunahme. Diese Erfahrung führte mindestens in einigen weniger entwickelten Ländern, vornehmlich in Asien, zu einem kritischen Überdenken der Importsubstitutionspolitik. Überdies bestanden bereits damals große Unterschiede zwischen den Rahmenbedingungen, unter denen in Asien und in Lateinamerika Importsubstitutionspolitik betrieben wurde.

Die asiatischen Länder wie Südkorea, Japan, Taiwan führten Bodenreformen durch und schufen die Grundlagen für eine kleinbäuerliche, arbeitsintensive Beschäftigung. Sie wurde einkommensmäßig eine Grundlage für eine Verbreiterung einer kleingewerblichen, ebenfalls arbeitsintensiven Manufakturwarenproduktion. Das schuf einerseits eine größere Gleichmäßigkeit in der Einkommensverteilung, wie auch andererseits die größere Gleichmäßigkeit in der Einkommensverteilung die Schaffung eines sozial verträglicheren und ergiebigeren Steuersystems ermöglichte. Zudem bot die kleinbäuerliche und kleingewerbliche Produktionsweise auf breiter Front hohe Spar- und Investitionsanreize.

In Lateinamerika war die Ausgangslage grundverschieden. Eine Bodenreform ist bisher ausgeblieben. Es gab und gibt keine arbeitsintensive kleinbäuerliche und ebenfalls keine darauf aufbauende kleingewerbliche Produktionsweise. Die Einkommensverteilung war und ist extrem schief. Die Anreize, auf breiter Front zu sparen und zu investieren, bestanden und bestehen nicht. Das Steuersystem war und ist wenig leistungsfähig, weil die Armen keine Steuern entrichten können und die Reichen sich ihr entziehen. In dieser Situation war und ist die Besteuerung durch Inflation die Hauptsteuer Lateinamerikas. Die Inflationssteuer ist indessen nicht nur extrem unsozial, sie ist volkswirtschaftlich auch extrem ineffizient. So waren folglich die Bedingungen für einen wirtschaftlichen Aufschwung auch bereits zur Zeit der Importsubstitutionspolitik in den asiatischen weniger entwickelten, heute aber entwickelten Ländern wesentlich besser.

Nun zeigte es sich aber schon um 1960, daß die Importsubstitutionspolitik gravierende Mängel aufwies. Zum einen trifft die Importrestriktion zahlreiche Zwischengüter, die – wenn billig importiert – weiterverarbeitet und wieder exportiert werden können. Zwischengüter sind außerdem Träger neuer Techniken. Der Protektionismus der Importsubstitutionn schließt mit den Zwischengütern auch den Transfer neuer Techniken aus und behindert so das Wirtschaftswachstum.

Zum zweiten führt die Importsubstitution zu einer umso größeren Aufwertung der heimischen Währung, je erfolgreicher sie ist. Die Aufwertung der heimischen Währung wirkt jedoch wie eine Steuer auf die heimischen Exporte. Die Importsubstitution schafft auf diese Weise zwar einen großen Importersatzgütersektor, aber zugleich verkleinert sie den Sektor, der exportfähige Güter produzieren könnte.

Zum dritten führt die Importsubstitutionspolitik, insofern sie die heimischen Märkte von den Weltmarktpreisen abkoppelt, zu internen volkswirtschaftlichen Produktionsineffizienzen, zu mangelhafter Ausschöpfung von Größenersparnissen und zu überalterten Produktvarietäten. Argentinien produzierte z. B. um 1990 immer noch das *Ford-Falcon-Modell* von 1964 mit den Maschinen von 1964.

Zum vierten führt insbesondere die durch mengenmäßige Importbeschränkungen abgestützte Importsubstitutionspolitik im Vergleich zu Zöllen zu einem Gewinntransfer von der Regierung weg entweder hin zu den ausländischen Importanbietern oder zu den heimischen Nutznießern von Importlizenzen. Beide Arten des Gewinntransfers leisten der Korruption der Regierung Vorschub.

Diese Nachteile der Importsubstitutionspolitik wurden 1970 von Little, Scitovsky und Scott in einer klassischen Studie am Fall Indiens aufgezeigt. Doch schon vorher begannen Länder wie Japan, Taiwan, Südkorea eine vorsichtige Abwendung von der Importsubstitutionspolitik hin zu einer Exportförderungspolitik. Ein erster Schritt besteht im Ersatz der Mengenbeschränkungen durch Zölle. Dadurch eignet sich der Staat die inländischen Gewinne aus der Importbeschränkung an und kann sie zur Unterstützung exportfähiger Branchen einsetzen. Ein weiterer Schritt folgt mit einer selektiven Zollsenkung in sorgfältig ausgewählten Branchen, um den Import und den anschließenden Export von Zwischenprodukten zu ermöglichen. Die selektiven Zollsenkungen werden dann in die Phase allgemeiner Zollsenkungen übergeleitet.

Dieser Übergang von der Importsubstitution zur Exportförderung ist für sich allein genommen noch kein Weg, um einen für eine etwaige Schuldentilgung notwendigen Exportüberschuß erzielen zu können. Nach aller Erfahrung führt der Übergang vielmehr zunächst zu einer starken Passivierung der Leistungsbilanz, d. h. zu einem Überschuß der Importe über die Exporte.

Um vor übereilten Schlußfolgerungen zu warnen, muß ich einen kurzen Exkurs zur Frage einschalten, unter welchen Bedingungen sich der Saldo einer Leistungsbilanz überhaupt ändern kann. Ist die Leistungsbilanz aktiv, so übertreffen die Exporterlöse die Importausgaben. Die Volkswirtschaft erwirbt also netto Forderungen gegenüber dem Rest der Welt. Folglich erhöht sie ihr Geldvermögen. In der Welt als ganzem kann ein Land nur dann sein Geldvermögen erhöhen, wenn es zugleich sein Sachvermögen abbaut. Eine aktive Leistungsbilanz beinhaltet mithin die Tatsache, daß dieses Land Sachvermögen in Geldvermögen umschichtet. Diese Umschichtung findet dann und nur dann statt, wenn in diesem Land und für dieses Land die erwartete Rendite für die Bildung von Geldvermögen diejenige für Sachvermögen übertrifft.

Kehren wir mit dieser Einsicht bewaffnet zur Frage der Auswirkungen eines Übergangs von der Importsubstitution zur Exportförderung zurück. Der Abbau von Handelshemmnissen ist als solcher noch nicht geeignet, die Gewinnerwartungen aus Exporttätigkeit zu erhöhen. Exportmöglichkeiten fallen nicht wie Manna vom Himmel, sie müssen allmählich erschlossen werden. Der Abbau von Handelshemmnissen stimuliert keinesfalls die heimische Produktion von Importersatzgütern, er stimuliert im Gegenteil die Importe. Der Bezug von Sachgütern aus dem Ausland ist zunächst rentabler als die Bildung von Geldvermögen aus Exportüberschüssen. Die Leistungsbilanz passiviert sich. Die Aktivierung der Leistungsbilanz ist deshalb durch eine Abwertung der heimischen Währung und durch flankierende Maßnahmen anzuspornen.

Die Abwertung soll die Gewinnerwartungen der heimischen Exportindustrie erhöhen und zugleich die Gewinnerwartungen der heimischen Produktion von Importersatzgütern reduzieren. Wenn diese Verschiebung der Gewinnerwartungen weg von den heimischen Importersatzgütern und hin zu den heimischen exportierbaren Gütern dauerhaft glaubwürdig ist, dann verlagern die heimischen Unternehmen ihre Ressourcen aus den einen in die anderen Branchen. Der Importersatzgütersektor schrumpft und der Exportsektor wächst, die Exporte können relativ zu den Importen wachsen, die Leistungsbilanz kann sich aktivieren. Kritisch für das Gelingen einer Abwertung ist mithin die Frage, ob sich die Gewinnerwartungen dauerhaft glaubwürdig verlagern. Wann werden sie das nur tun? Dann und nur dann, wenn die Abwertung mit einer restriktiven Geld- und Fiskalpolitik flankiert wird, die inflationäre Erwartungen unterbindet. Im Falle inflationärer Erwartungen steigen die Gewinnerwartungen im Exportsektor nicht, sinken sie nicht im Sektor der Importersatzgüter; es kommt zu keiner Ressourcenumschichtung; übrig bleibt nur eine vorläufige Zunahme der Importe, d. h. eine weitere Verschlechterung der Leistungsbilanz. Eine Schuldentilgung kann unter diesen Umständen nicht gelingen.

Die asiatischen Schuldnerländer haben ihren Übergang von der Importsubstitution zur Exportförderung mit einer erfolgreichen restriktiven Geld- und Fiskalpolitik abgeschlossen. Sie verfügten um 1985, als sie mit ihrer Schuldenreduktion begannen, bereits über einen relativ großen Exportsektor und einer entsprechend großen Kapazität der Schuldentilgung. Anders formuliert verfügten die asiatischen Schuldner zu Beginn ihrer Schuldentilgung bereits über eine Struktur von Exportgütern, deren Preise im Prozeß der Schuldentilgung im Vergleich zu den Importpreisen kaum oder wenig zurückgingen, so daß sich die zweite Komponente der realen Verzinsung der Auslandschuld – die Relation aus Export- und Importpreis – nicht so verschlechterte wie im Fall Lateinamerikas.

Mit diesem Punkt möchte ich mich jetzt am Beispiel Brasiliens eingehender befassen. Brasilien hat in den 1980er Jahren bereits mehrmals versucht, von der Importsubstitution zur Exportförderung überzugehen. Ein solcher Übergang würde an sich schon mit einem temporären Leistungsbilanzdefizit verbunden sein. Auf dem Hintergrund einer zu bedienenden hohen Auslandschuld ist dieser Übergang offenbar nur dann zu schaffen, wenn die temporären Leistungsbilanzdefizite durch Überbrückungskredite abgedeckt werden. Es müßten ein Schuldenaufschub und zusätzliche Kredite gewährt werden. Das wäre erreichbar, wenn Vertrauen in diesen Übergang geschaffen werden könnte. Wie steht es damit?

Die Umstellung von der Importsubstitution auf die Exportförderung, d. h. die Schaffung der Kapazität zu einer späteren Schuldentilgung, erfordert eine kräftige Abwertung des brasilianischen Cruzados (neuerdings heißt er noch Cruzeiro Real). Machen wir eine fiktive Rechnung auf und nehmen wir an, der Cruzado werde von 10 auf 20 je Dollar abgewertet, und die Auslandsschuld belaufe sich auf 100 Mia $. Im Inland wächst dann die Auslandsschuld mit einem Schlag von 1000 Mia auf 2000 Mia Cruzados, ohne daß das Volkseinkommen ansonsten angestiegen ist. Über Nacht haben sich die Anforderungen an das Steuersystem, Cruzados zur Schuldentilgung aufzubringen, verdoppelt. Wie steht es mit der politischen Fähigkeit Brasiliens, diese fiskalische Zusatzbelastung effektiv zu tragen? Die Fähigkeiten sind denkbar gering einzuschätzen, weil Brasilien eine extrem schiefe Einkommensverteilung hat. Die Reichen entziehen sich ohnehin schon weitgehend der bisherigen steuerlichen Belastung, sie weichen umso mehr einer zusätzlichen Belastung aus. Die große Masse der Armen ist zu arm, um auf die üblichen Weisen besteuert werden zu können. In dieser Situation ist zu erwarten, daß die brasilianische Regierung zu der einzigen Steuer greift, die sie schon in der Vergangenheit virtuos gehandhabt hat: der Inflationsteuer. Die Inflationssteuer ist aber nicht nur volkswirtschaftlich ineffizient, also wachstumshemmend, sie ist höchst unsozial, also politisch destabilisierend, und sie verhindert das Wirksamwerden der Abwertung als einer Maßnahme, welche die Ressourcen aus dem Importersatzsektor in den Exportsektor umschichtet. Da jedermann weiß, daß die Abwertungseffekte von der Inflation rasch aufgezehrt werden, verharren die Ressourcen in ihren jeweiligen Sektoren. Allein die Importe nehmen für die kurze Dauer der Wirksamkeit der Abwertung zu. Letztlich fördert die heimische Inflation, die ja grundsätzlich auch ein Mittel zur Besteuerung der

Wohlhabenden ist, deren Tendenz, ihre Kapitalien ins Ausland zu bringen, um sie dort vor Inflation und Abwertungen zu sichern. Es gelingt also weder der Übergang von der Importsubstitution zur Exportförderung noch gelingt die dauerhafte Erhöhung des Wirtschaftswachstums pro Kopf, noch gelingt die Schuldentilgung. Und an den beiden ersten Feststellungen vermag nicht einmal ein Schuldenerlaß spürbar etwas zu ändern.

Nachruf:

Wissenschaftliche Vorträge werden üblicherweise mit einer Zusammenfassung abgeschlossen. Hier und heute verzichte ich darauf und lasse meine Überlegungen enden, enden in der Melancholie der Ausweglosigkeit.

Anschrift des Verfassers:
Prof. Dr. Erich Kaufer
Institut für Wirtschafts- und Sozialgeschichte
Leopold-Franzens-Universität Innsbruck
Adolf-Pichler-Platz 6
A-6020 Innsbruck

Innsbrucker Geographische Studien Bd. 21: Lateinamerika – Krise ohne Ende?, 1994

MICHAEL RICHTER

Ökologische Probleme Lateinamerikas

Vorbemerkung des Herausgebers

Nicht in allen Fällen konnten wir die Vortragenden dafür gewinnen, Ihren Vortrag vollständig in schriftlicher Form einzureichen. Herr Prof. Richter hatte bereits bei seiner Zusage erklärt, daß er kein vollständiges Manuskript liefern könne. Die Veranstalter hielten dennoch an der Einladung an Prof. Richter fest, weil er einer der ausgewiesenen Fachleute im Bereich der Ökologie Lateinamerikas ist, und nahmen in Kauf, daß die Buchveröffentlichung der Ringvorlesung in diesem Fall lückenhaft bleiben muß. Das Literaturverzeichnis am Ende der Kurzfassung, die wir von Prof. Richter erhalten haben, erlaubt jedoch den Zugang zu den Quellen seines Vortrags. Recommendations for further reading - so könnte man dies auch nennen.

Zusammenfassung des Vortrags

Ökologische Probleme lassen sich grundsätzlich am Natürlichkeitsgrad einer Landschaft orientieren:
1. natürliche Räume, die in den Betrachtungsbereich des Naturschutzes fallen;
2. naturnahe bis naturferne Räume, die das Spektrum landwirtschaftlicher Nutzflächen von vielfältigen Mischkulturen mit hohem manuellen Arbeitseinsatz bis hin zu einförmigen cashcrops mit hohem chemotechnischen Einfluß beinhalten;
3. unnatürliche Räume, die den versiegelten Bereich von Städten und industrielle Großanlagen umfassen.

Anders als in Mitteleuropa liegen in Lateinamerika beim Naturschutz die Schwerpunkte weniger bei der Erhaltung von Reliktstandorten oder dem Schutz von „rote Liste-Arten". Stattdessen kommt dem Ressourcenschutz ein erhöhter Stellenwert zu. Hierunter fällt vor allem die Erhaltung ökologisch labiler Naturräume wie etwa Gebiete mit hoher Reliefenergie oder häufiger Starkregeneinwirkung. Ferner gehört die Ermittlung geeigneter Pufferzonen dazu, in denen die Einkommensverluste der Bevölkerung aus den unter Schutz gestellten Gebieten aufgefangen werden können. Weiterhin sind Konzepte zur Ausweisung heterogener natürlicher Bestände in Hinblick auf die Erhaltung der Biodiversität erforderlich, an die sich auch der wirtschaftliche Standpunkt einer Konservierung des Genpotentials koppelt (Pharma-,Bau- und Werkstoff-Industrie). Ebenfalls einen ökonomischen Hintergrund beinhalten Überlegung zur Verbindung des „Ökotourismus" mit Schutzgebieten (weiteres s. GTZ, 1992).

In bezug auf die naturnahen bis naturfernen Bereiche der landwirtschaftlichen Nutzung liegt das Problem in den lange Zeit vorgeherrschten Fehleinschätzungen tropischer Ökosysteme. Für den feuchttropischen Bereich Lateinamerikas läßt sich dies am Beispiel des Soconusco in Chiapas/ Südmexico erläutern (*Richter*, 1986 und 1992). Hier weisen die verschiedenen Höhenstufen zwischen der pazifischen Küstenebene und den Kammlagen der Sierra Madre de Chiapas verschiedene Formen eines rezenten Nutzungswandels auf. Im Tiefland bedingen verstärkte Trends zum Trockenfeldbau mit einjährigen Kulturen und langen Trockenbrachen ein verzögertes Einsetzen des kleinen Wasserkreislaufs und damit einen deutlichen Niederschlagsrückgang. Gemischte Fruchthaine in Streifenflur können hier eine sinnvolle Alternative bieten. In der Hangregion beinhaltet die Umstellung von beschatteten Kaffeeplantagen mit diffuser Pflanzenverteilung und Jäten des Unkrauts bei unbeschattetem Anbau in Reihen und mit Herbizideinsatz größere Schwankungen in der regionalen Entwässerung. In dieser Stufe maximaler Niederschläge ist die Beibehaltung vielfältiger Pflanzungen unbedingt erforderlich, damit die hydrologische und erosive Schutzfunktion dichter Bestände erhalten bleibt. In der Kammregion führt der demographisch bedingte Flächenbedarf zu einer Verkürzung der notwendigen Bodenerholungsbrachen im Wirtschaftssystem der Feldrotation, so daß Erosion und Auslaugung die Bodendegradierung fördern. Hier empfiehlt sich eine Bearbeitungsintensivierung im permanenten Terrassenfeldbau mit Fruchtwechseln. Die Verbesserungsvorschläge richten sich nicht nur auf eine ökologische, sondern auch auf eine ökonomische Stabilisierung aus.

Als Beispiel für ökologische Probleme in den randtropischen Trockengebieten lassen sich Folgen aus dem konkurrierenden Wasserbedarf aufzeigen. So zeichnen sich in der Region Antofagasta in der nordchilenischen Atacama wachsende Konflikte zwischen rohstofferzeugender Industrie (Kupfer), Stadtbevölkerung (Antofagasta, Tocopilla, Calama), Landwirtschaft (Oasen von Calama, San Pedro, Toconao) und neuerdings auch dem Tourismus (Umland von San Pedro) ab. Planungsvorhaben zielen auf die Förderung fossilen Wassers aus Aquiferen des Altiplanos im Dreiländereck von Chile, Bolivien und Argentinien ab. Jedoch deuten hydrogeologische Überlegungen darauf hin, daß die Reserven rasch ausgeschöpft sein dürften. Neben einer Austrocknung flacher Hochlandseen mit ihrer einzigartigen Fauna ist bei nachlassender Wassereingabe eine Salzakkumulation der Kulturböden in den Bewässerungsgebieten zu befürchten.

Die ökologischen Probleme im subtropischen Bereich des mediterranen Zentralchile entsprechen den Erscheinungen langzeitiger Bodendegradierung im Mittelmeergebiet. Entsprechende Schäden deuten darauf hin, daß in Mittelchile innerhalb eines wesentlich kürzeren Zeitraumes trotz geringerer Bevölkerungsdichte die Erosionsschäden und die Veränderungen der hydrologischen Schwankungen noch gravierender sind.

Als Beispiel für die Zerstörung von Regenwäldern dienen hier ausnahmsweise einmal nicht die bekannten Phänomene im tropischen Amazonien. Viel weniger beachtet, aber in seinen relativen Dimensionen und Konsequenzen durchaus vergleichbar ist die Vernichtung der artenreichen Südbuchen-Wälder Westpatagoniens als Beispiel einer einzigartigen außertropischen Region zu nennen. Der Entwicklungsstand seit den rezenten Untersuchungen von *Borsdorf* (1987) verändert sich mit Ausweitung der „frontera" im rasanten Tempo. Als Konsequenzen der ungezielten Entwaldung ohne Beachtung der Prinzipien einer nachhaltigen Bewirtschaftung läßt sich neben der Reduktion des Artenpotentials mit der Öffnung und „Versteppung" der extensiv besiedelten und genutzten Räume eine Zunahme der Bodenerosion feststellen. Hauptträger der Zerstörung der großartigen Naturlandschaft ist die Carretera Austral, deren Funktion eher statussymbolischen als ökonomischen Interessen dient.

Für die ostpatagonischen Steppe werden ähnlich gravierende Probleme einer Degradierung infolge der Überstockung der Schafweiden durch *Endlicher* (1991) belegt. Verringerte Regenerationsfähigkeit und zunehmende Deflationserscheinungen gelten als bezeichnende Merkmale einer dauerhaften Einschränkung der Tragfähigkeit des extremen Südens.

Die abschließende Behandlung stadtökologischer Probleme bezieht sich auf Ausführungen von *Wehrhahn* (1993). Insbesondere in den Megastädten lassen sich gravierende Belastungen als Folgen des extremen Flächenbedarfs sehen. Hieraus resultieren lange Anfahrtswege mit übermäßigen *Kfz*-Emissionen, an denen auch der öffentliche Nahverkehr maßgeblichen Anteil hat. Ebenso geht die Bebauung ungeeigneter Lagen (Hänge, Quebradas) mit erhöhtem internen und externen Gefahrenpotential durch Rutschungen, Überschwemmungen bzw. ungeregelter Abwasserentsorgung auf die hohe Flächenbeanspruchung zurück. Der ohnehin beträchtliche Wasserbedarf wird durch Verluste aufgrund überlanger und unzureichend unterhaltener Leitungssysteme zusätzlich erhöht. Mangelhafte Abwasser- und Müllentsorgung bergen neben der Seuchengefahr das Problem einer Boden- und Gewässerkontamination, das durch die enge Verzahnung von Industriebetrieben in Wohnvierteln verstärkt wird.

Abschließend wird auf Kooperationsmöglichkeiten hingewiesen. Hier bieten sich für lokale und regionale Problemfelder Feldarbeiten durch Studenten im Rahmen ihrer Abschlußarbeit an. Neben dem niedrigen Kostenfaktor sprechen Ausbildungsstandards auf neustem Stand sowie hohe Motivation und Exaktheit bei entsprechenden Arbeiten zu einem problembezogenen Thema für genauere Resultate als professionelle Routineuntersuchungen. Für die Erweiterung des wissenschaftlichen Kenntnisstandes kommen Kooperationen auf Universitätsniveau in Frage; dies beinhaltet einen Wissenstransfer gegenüber einheimischen Dozenten, die sich als Multiplikatoren von Kenntnissen eher anbieten als ausländische Fachkräfte.

Literaturverzeichnis:

Borsdorf, A., 1987: Grenzen und Möglichkeiten der räumlichen Entwicklung in Westpatagonien am Beispiel der Región Aisén. Acta Humboldtiana, 11, Stuttgart
Endlicher, W., 1991: Zur Klimageographie und Klimatologie von Südpatagonien. Freiburger Geograph. Hefte, 32, S. 181-211, Freiburg
GTZ (Deutsche Gesellschaft für Technische Zusammenarbeit), 1992:
Handlungsfelder der Technischen Zusammenarbeit im Naturschutz Schriftenreihe der GTZ, 228, Eschborn
Richter, 1986: Natürliche Grundlagen und agrarökologische Probleme im Soconusco und Motopzintla-Tal, Südmexiko. Erdwissensch. Forsch., 20, Wiesbaden
Richter, 1992: Landwirtschaftliche Schäden in verschiedenen Höhenstufen der Sierra Madre de Chiapas/ Südmexiko. Petermanns Geograph. Mitteil., 136, S. 295-308
Wehrmann, R., 1993: Ökologische Probleme in lateinamerikanischen Großstädten. Petermanns Geograph. Mitteil., 137, S. 79-94.

Anschrift des Verfassers:

Prof. Dr. Michael Richter
Institut für Geographie
Friedrich-Alexander-Universität Erlangen
Kochstraße 4
D-91054 Erlangen

PETER STÖGER

Das Fremde – terra incognita

Stellen Sie sich einen Mönch vor, in einer Schreibstube. Er kopiert die Heilige Schrift, . . . ein Leben lang. Er malt die Initialen. Er schreibt. Wohin? Nun er hat auf ein Papier geschrieben, auf ein Papier wunderschöne Eröffnungsbuchstaben gebracht. Und dann mag es vielleicht geschehen sein, daß er noch etwas geschrieben hat, daß er sich selbst geschrieben hat und daß sich dabei, mit ihm, Seele, Gemüt, Weltbild verändert haben. Nicht bewußt, aber doch, haben die Initialen seinen Lebensweg illustriert.

Etwas ähnliches mag den alten Kartographen passiert sein. Sie zeichneten und malten. Ich denke an die Landkarten auf denen die Ozeane mit Fabelwesen, Seeungeheuern bevölkert sind. Und dabei reproduzierte sich mit ihnen wohl nicht nur ein Welten- und Menschenbild von damals. Da mag auch ein seelischer Prozeß geschehen sein. Nikolaj Berdjajew spricht davon, „daß zwischen der Geographie der Seele und der Geographie an sich durchaus keine zufällige Beziehung besteht" (*Jockwig*, 1989, S. 11). Die Karte, die den Weg zu anderen weisen hilft, wird zum Versuch, den Weg zu sich zu weisen.

Es wird dem einen oder anderen Kartographen vielleicht so wie den Mönchen ergangen sein: Nach dem Werk, vielleicht ein, sein, Lebenswerk, wird der Zeichner nicht mehr der gleiche gewesen sein. Auch ihm haben sich dann Worte, Linien und Zeichen eingeschrieben. Das, was der Mensch aussparte oder dazuschrieb, hatte mit ihm zu tun. Die bewußt-unbewußt gestalteten, mit Wesen und Unwesen bereicherten Land- und Meereskarten, zu denen später – man weiß mittlerweile schon mehr – weiße Flecken dazukommen, haben mit all den – kollektiv wie auch einzeln – getragenen Welt- und Menschenbildern zu tun.

Terra incognita ist eine lang tradierte, viel zitierte Metapher. Metaphern sind Bilder, die auf Erfahrungen rückweisen, die oft in ein Reich scheinbaren Vergessens führen. Sie ruhen so, von vielen Schichten überlagert, in einem Reich des scheinbar Verdrängten. Und doch können sie „vorstellhaft" werden, Handeln und Denken orientieren.

Es gibt verschiedene in Zeichnungen gefaßte Vorstellungsgrammatiken, um das Ganze der Welt, die Weltentstehung, die bekannten und unbekannten, verworfenen und ersehnten Anteile von Welt darzustellen. Es gibt Versuche, Weltbedeutung, Weltengang und Weltentwurf ins Bild zu bringen. Daran erinnern Sand- und Steinzeichen, Wandzeichnungen, Bildschriften, gezeichnete, gestreute oder in Stein gehauene Kosmologien. Sie taten, tun . . . das, was Werner Heisenberg 1958 mit seiner Materiegleichung, einer „Weltformel" versuchte.

Die Fremde wie das Eigene, beide haben Ort im Menschen. Ist dieses Eigene nicht zutiefst auch das Fremde? Ist dieses Fremde nicht auch das Zutiefst-Eigene? Eigen wie fremd, terra cognita wie terra incognita zu sein: Ist das das dem Menschen bestimmte Aufgegebene?

Im folgenden nun einige Gedankenbögen.

1. Terra: Menschen- und Weltbilder

Sind die Bilder der terra incognita, welche die Kartographen so phantasievoll, schön wie erschreckend, ausschmückten, mit Fabelwesen und Paradiestieren, mit Ungeheuern und Menschenfressern (sogar auf dem Nordpol) nicht fremd-eigene Bilder? Sicher ein Individuum malte sie. Trotzdem: Sind sie nicht Ausfluß eines Gemeinsamen, eines Sehnsuchts- und Angstpotentiales? So wie bei den Erfindungen die Zeit reif war (z. B. für eine Schreibmaschinenerfindung), so zeigt auch die Kartographie Kollektives, kollektiv Reif-Gewordenes beziehungsweise Unreif-Verbliebenes (wobei notiert aber nicht ausgefaltet sei, daß der Gebrauch „reif" und „unreif" freilich eine lange eurozentrisch koloniale Tradition aufweist).

Die Topographie ist die Ortsbestimmung. Kein Zufall, daß auch die Psychoanalyse von der Topographie spricht. Das Bild von Mensch und Welt in der „terra cognita" erzählen Städtepläne des Mittelalters genauso wie Satellitenaufnahmen über Landwirtschaftsnutzung. Es sind Bilder über menschliche Verbundenheit, Gebundenheit an terra als Lebens-, Arbeits- Kulturraum.
Nicht nur sie, auch terra incognita erzählt Menschen- und Weltbilder. Das galt damals, als noch allerhand Wesen und Unwesen die Länder und Meere auf den Landkarten bevölkerten, das gilt heute da der instrumentalisierte Arm des Menschen weit über seine terra in die Weiten des Großen hinausragt (ich denke an die Satellitenprogramme) oder mittels des Elektronenmikroskopes in die unendlichen Weiten des Kleinen hineinreicht.
Damals wie heute gab es sprachlich wie bildnerisch Versuche, metaphernhaft, allegorisch Welt- und Menschenbilder zu zeichnen, um (ich möchte es banal ausdrücken) jenen Klebstoff zu versinnenbildlichen, der die Welt „zusammenhält". Heute gibt es unter anderem Computermetaphern und Chaosmetaphern mit denen das Wirk-Ganze an Welt- und Weltenläufen darzustellen versucht wird.
Es geht (damals wie heute) um Rahmen, Rahmenvorstellungen, die die Weltenbilder vom Eigenen und Fremden halten sollen, damit ich vor ihnen stehen, bestehen kann.
Wir kennen jenes alte Bild: Der Rahmen grenzt ein Erdenbild, darin die *terra*, hier Scheibe, die von Gewässern umflossen ist, aufscheint. Wasser rinnen über den Rahmen hinaus, grenzenlos. Erdkörper vom Wasserkörper umspült. Die Wasser als *terra incognita*? Bei der Geburt wird Wasser ausrinnen. Ein uraltes Geschehen im Bild. Dazu kommen dann später die alten von Mythologien gespeisten Vorstellungen über die der Paradiesesströme, angesiedelt in der Neuen Welt.
Freud spricht von einem anderen Wasser, von einem bestimmten Wasserzustand, vom Eisberg. Der kleinste Teil nur schaut heraus und ist uns damit – so die Metapher – bewußt zugänglich. Über Wasser: *terra cognita*. Freud zeichnet eine Topographie der Seele. Unbekanntes und doch Zutiefst-Eigenes, Versunkenes wird in *terra cognita* überführbar, wenn aus *Es Ich* wird. Er vergleicht den Vorgang – Kind seiner Zeit (auch in der wissenschaftlichen Sozialisation) – mit einer Großleistung seiner Zeit, der Trockenlegung der Zuidersee.
Ich bin etwas vorausgeeilt. Lange war ja das Newtonsche Weltbild unumstößlich erschienen. Terra war mehr als die bewohnte Erde geworden, sie war alles, was raum-zeitlich in ein Bild paßte, geworden. In dieses Bild gebracht schien alles zu passen. Dann kam Einstein und die raum-zeitliche Absolutsetzung und Alleinsetzung von Richtigkeit stimmte nicht mehr. Nur unter klar umrissenen Prämissen blieb Newtons Sicht gültig. Terra incognita wurde nun nicht nur das Außenliegende sondern sogar die Erde selbst. Incognita wurden Makro- wie Mikrokosmos. Incognita Terra die großen Räume zwischen den atomaren Bausteinen. Raum und Zeit gemischt wie beim Kartenspiel, beinahe wie in den Träumen ...
Nehmen wir als Bild Lateinamerika, den „neuen" unbekannten Kontinent, nehmen wir die Psychoanalyse als eine in Österreich entstandene Methode sich dem Fremden zu nähern, und nehmen wir Spanne und Spannung zwischen Topos und Ou-topos, als „Motor" sich dem Fremden zu stellen, sich zu orten (mit welchen psychoterritorialen Landkarten immer), so ergibt sich ein Faden. Er wird, mag sein, ein wenig an Ariadne erinnern.

2. Ort und Nirgendort

Bei der Frage nach dem unbekannten Land geht es um Topographien. Es geht um Topos, Ort, Ou-Topos, Nicht-Ort, Nirgend-Ort. Von Topographie sprechen beide: Geographie wie Psychoanalyse. Die Geographie verwendet eine Linienschrift von Längenkreisen und Breitenkreisen um – zum Beispiel – die Lage von Buenos Aires zu „orten". Die Psychoanalyse bedient sich einer auslegenden, hermeneutischen Methode, einer Methode der Empathie, des Zuhörens, des gleichschwebenden Aufmerkens. Damit soll das Tief-Verschüttete, Unbekannt-Bekannte (das so wirksam in das Leben eingreift, sich in Träumen äußern kann) „geortet" werden. Dem Patienten wird geholfen, Fremdes, in das Inland, in das Ich herüberzuführen. „Wo Es war, soll

Ich werden!" sagt Freud einen geographisch interessanten Vergleich gebrauchend: „Und dies ist eine Kulturtätigkeit wie die Trockenlegung der Zuidersee." (*Freud* 1933, S. 516) Der unbekannte Kontinent ist nicht zuletzt jener Nicht-Ort, der Ort werden will. Ortwerdung als Personwerdung, so könnte eine modifizierende Abwandlung von Freuds Beispiel lauten.
Freilich, das Wort Utopie hat einen schlechten Ruf. „Ich bin doch kein Utopist" klingt fast beschwörend. Und doch ist die Utopie der Motor für Entwicklung, auch wenn nicht jede Entwicklung den Fortschritt für das Innen bringt, vielmehr oft nur ein Fort, nämlich ein Wegschreiten von diesem darstellt.
Ludwig Marcuse kommt mehrmals auf diesen unbekannten und ersehnten, eroberten, parzellierten, verratenen und doch auch so oft „verpaßten" Kontinent Ou-Topos zu sprechen: „Nur selten sind Utopien nichts als Literatur gewesen – Schwärmereien, Phantastereien, Spielereien." Meist sind sie Manifeste oder Hetzschriften gewesen „die zum Paradiese hetzten". „Ja, sie waren oft nur die Begleit-Musiken (...), den Alltag der Weltgeschichte mit Getöse zu verlassen." (*Marcuse* 1972, S. 196) Und dann (doch) der Schlüsselsatz: „Das gegenwärtige Elend eines großen Wortes sagt nichts gegen seine erhabene Herkunft."
Das unbekannte Land berührt das Thema der Herkunft wie der Hinkunft. In dieser Spanne liegt Terra incognita. Ist sie die Utopia? Das Wahrnehmen unbekannter Länder geschah im Zuge der Kolonialisierung durch den Blick und den Gestus des Raffens und Einverleibens (Einverleiben = zum Eigenen bringen). Zum Wahrnehmungsmodus von „Erkennen = besitzen", kommt ein Wahrnehmungsmodus, der die Sinne als kolonialisierende Instrumente von Ausschauhalten und Hereinbringen versteht. So entwickelte sich auch die Wissenschaftsgeschichte als eine Geschichte der Subjekt-Objektsplitterung, der Einverleibung von Wissenbarem als einem Objekt. Wissen und Wesen splitterten.
Die Kolonialisierung der Länder, die Kolonialisierung des Geistes und der Gefühle entwickelten sich kontextuell. Subjekt-Objekttrennung, Parzellierung von Grund und Boden, Geist und Emotion basieren auf der Geste der Rubrizierung, Kartellierung und der statischen Betrachtung. Wissenschaftsgeschichtlich entspricht dieser Betrachtung die Entfremdung von Subjekt und Objekt, eine Entfremdung auf die gerade die neueren Physiker aufmerksam machen. Ihr entspricht dann die Geste des Festhaltens und Besitzens.
Feststellen als gälte es Erkenntnis zu verhaften. Hände hoch, Sie sind erkannt! Feststellen der Personalien. Wehe, wenn es sich rührt, das Erkannte. Die linearen, formalisierenden Verfahrensweisen haben unter einem Blickwinkel der Methodik selbstverständlich eine didaktische Bedeutung. Aber sie sind nicht der allein und einzig richtige Zugriff, und die Phänomene des Lebens bedürfen der Gesamtschau, der Respektierung des „In-Fluß-Befindlichen" (Heraklith). Sie haben Richtigkeit und Wichtigkeit, aber nicht in einem verabsolutierenden Sinne.
Feststellen wurde zum Gestus der Objektivierung: Hier ist A. Und B ist nicht A (das ist Grundsatz traditioneller Bildung geblieben), ein Grundsatz der von Heisenberg und anderen Physikern in diesem Jahrhundert gründlich in Frage gestellt wurde.

Topik der Fremde: Topik wie Ou-topik handeln vom Nahen wie vom Fernen, vom Eigenen wie vom Fremden. „Ohne das Fremde ist das Eigene unmöglich", somit ist das Fremde „Ursprung des Sozialen" sagt Ohle (in: *Krög*, 1992, S. 2O). Das Individuum versucht stets, seine Umwelt zu entfremden, will es doch handlungsfähig bleiben. Ohne „ständiges Neuerschließen unbekannter Räume", kann „Ich" nicht existenzfähig sein (Ohle, in: *Krög*, 1992). Es klingt fast wie eine Entschuldigung kolonialer Expansion nach der Neuen Welt oder nach dem All. Die Dinge liegen aber tiefer, zeitlich-archaisch und psychisch. Beim Zeitlich-Archaischen denke ich an die Mythen, und beim Psychischen denke ich hier an die Seele als einer Resultante von dem an Ereignissen seit pränatalen Zeiten Geschichteten, was sich Schicht für Schicht an Erfahrungen gleichsam in uns niederlegte und einschrieb.
Das Neuerschließen „unbekannter Räume" hat freilich noch eine Konotierung, die des Kolonialismus; damals als mit dem Seeweg nach Indien eine sogenannte Neue Welt „entdeckt"

wurde, heute da die neuen Räume vor allem als Markträume gesehen werden. Der Aufstand von Indios in Chiapas (1993) ist eine Reaktion auf einen dieser Räume, der sich NAFTA nennt. Einige dieser neuen Räume in unserer Zeit erstrecken sich auf den Kosmos. Die Ansprüche der Großmächte den Weltraum zu „nutzen", ihre All-Ansprüche also, sind im wahrsten Sinne des Wortes Allmachtsansprüche, karikiert, so möchte ich es nennen, in Freuds Diskurs rund um frühkindliche Omnipotenzgefühle. (Über Raum- und Zeitverschiebungen hinweg fallen Parallelen auf.)

Vermessen – schwarz auf weiß: Technisch gesehen, sind Landkarten „Ergebnis von Projektionen". Mit Hilfe von verschiedenen Gradnetzen wird, das, was vor Ort vermessen wurde, „schwarz auf weiß" widergespiegelt. (*Schmid* 1982, S. 264). Dabei spielt der Maßstab eine Rolle. Das Vermessene wird verkleinert. In der Vermessenheit wird aber vergrößert. Die Eroberungen haben mit dieser Art des Vermessens zu tun. Reproduktionstechnisch geschieht Einfaches: „Über die Verkleinerung wird „in der Kartenprojektion" das, was ferne liegt „buchstäblich greifbar" (*Schmid* 1982, S. 264). Dazu kam die Buchdruckerkunst, sie machte ebenfalls vieles – wissenschafts- und bildungsgeschichtlich gesehen – „buchstäblich greifbar". Die Geschichte der Wissenschaft als Kolonialware an der Schnittfläche zwischen Mythos und mythenbildender Entdeckung von Schwarz-Weiß- oder Mehrfarbenpräsentierung (also von Gutenberg bis zur EDV-Verarbeitung), vom Wiegendruck bis zu Hard- und Software ist ein langer ...
Es wird verkleinert. Je größer die Sehnsucht, je mehr Habmöglichkeit durch Habhaftigkeit realisiert, desto stärker (oder soll ich sagen größer?) die Verkleinerungsnotwendigkeit. Je maßloser das Verlangen nach dem Allen, desto maßvoller müssen in Vorbereitung der Einverleibung Maß, Maßstab zur Anwendung gelangen.
„Ist die Karte zunächst nur eroberte Projektionsfläche, enthüllt sie bald ihr eigentliches Motiv. Die Projektion des Landes auf Papier zeigt vor allem den Wunsch, es zu erobern." (*Schmid* 1982, S. 264) Die Karten wurden damals schon – lange vor Rank-Xerox – zu Kopier-Papier. Kopiert werden die eigenen Sehnsüchte nach dem Paradies und seiner Pforte, die im Westen liegen soll. Fotokopieren ist Lichtpausen. In Lichtpauseanstalten werden z. B. Hauspläne kopiert. Das Licht vom eigenen europäischen Haus, dem nur das Pardieseszimmer fehlt, soll kopiert sein. Dieses lichtdurchstrahlte fehlende Zimmer wird gefunden. Es strahlt über von Gold. Tenochtitlan, Biru (Peru) und El-Dorado stehen dafür.
Die Landkarte steht als Vorstufe zur Inbesitznahme. „Der Kartenraum ist nicht nur strategisches Zentrum moderner Generäle, er war auch stolzer Mittelpunkt der Herrscher des Entdeckungszeitalters" (*Schmid* 1982, S. 264). Besitzbar heißt dann machbar. Auch hier die Parallele zwischen Kolonialgeschichte und bestimmten Fehlformen der Wissenschaftsgeschichte, wenn sie sich nur Expansionsgeschichte versteht und Fragen der Ethik außer acht läßt.
Die Kartographie steht für das Planen. „Die Eroberung des irgendwo vermuteten Kontinentes scheint planbar, wenn er nur erst auf einem Plan verzeichnet ist." (*Schmid* 1982, S. 264). Daß Kolumbus – wie er meinte – in Indien landete ist dazu nur oberflächlich ein Widerspruch. Interessant die Frage, woher denn die Bilder des Fremden kommen – auch unter ikonologischen Gesichtspunkten. Mit *Krög* (1992, S. 31) gilt es zu fragen, warum die Bilder des Fremden der Neuen Welt denen der Minderheiten der eigenen Kultur so ähnlich sind (obwohl man auf diese ja nicht „abrupt" gestoßen ist, sondern über Jahrhunderte mit ihnen „zusammengelebt" hat). Eine Frage in Hinblick auf terra incognita – hier nur notiert, wäre die nach den graphischen Signaturen, den Illustrations- und Verzierungsformen, den erzählenden Umrandungen wie wir sie auf den Landkarten sehen können. Manche dieser Ausschmückungen zum Rande hin wollen die Wasser und später die weißen Flecken wohl auch, bildlichen Nennungen gleich, bannen.
Es gab schon lange vor den Entdeckungsfahrten so etwas wie ein geographisches Rätselraten. „Triebkraft wie Ziel geographischer Spekulationen ist seit der Antike die Lokalisierung des Eingangs ins Jenseits oder, oft gleichbedeutend damit, des Paradieses auf Erden" (*Schmid* 1982, S. 264). Die Entdeckungsfahrer, die Paradiessucher? Wissenschaftlich gab es, so schien es, nur die

„Illusion" der traditionellen Landkarten. Und: „Wer sein Ziel nicht kennt und es trotzdem ansteuert, gerät leicht in den Ruf eines phantansievollen Spinners" (*Schmid* 1982, S. 267). Nun es gab in der Tat schon vor dieser „Entdeckung" Karten, die einen Kontinent im Westen aufwiesen. Ganz zu schweigen von den Mythologien Ägyptens und Griechenlands und den Totenreichen im Westen. Dort also sollte der Eingang ins Paradies sein. Und dort sollte es auch die „Inseln der Seligen" geben. Der Gedanke an diese Inseln war Kolumbus nicht fremd. Er hatte auf seiner „Entdeckungsreise" Luis de Torres, einen *Converso* (Judenchristen) mit, der Hebräisch, bzw. Aramäisch sprach. Er sollte zwischen der Besatzung und einem auffindbaren versprengten Stamm Israels übersetzen.

3. Der weiße Fleck

Frühe Weltkarten lassen sich wie „Wunschprojektionen" lesen, in die sehr widersprüchliche Interessen eingingen: die Spekulationen der Philosophen, die Handelsinteressen der Kaufleute, die Suche der europäischen Herrscher nach neuen Imperien" schreibt Marion Schmid. Zum Ende des Mittelalters sind dann die weißen Flecken weniger auf den Landkarten denn „in den Köpfen" zu finden. Weiße Flecken tauchen paradoxerweise erst dann auf, da tatsächlich schon viel vermessen, vermessen angeeignet ist und nur mehr wenig auf „weiße Flecken" deutet. Was ist mit dem weißen Fleck ..., so vieldeutig? „Die Herausforderung besteht darin, wissen zu wollen, was hinter dem Vorhang ist, was zu sehen sein wird, wenn der geheimnisvoll weiße Schleier gelüftet wird. Auch seine Faszination beruht auf dem, was er verbirgt, und spielt mit der Möglichkeit, den weißen Fleck als Projektionsfläche zu benützen, ihn mit den eigenen Vorstellungen zu überziehen. Bei derartigen Illuminierungen, bleiben allerdings, angesichts der Konfrontation mit der Realität gerade zur Zeit der Entdeckung Amerikas, Zweifel nicht aus." (*Schmid* 1982, S. 264). Bald wird aus den weißen Flächen, die ja der perfekten Lückenlosigkeit widersprechen, „Bedrohung".

Weiß, das ist nicht nur Unschuldsfarbe, das ist auch Schreckensfarbe. Weiß ist die Farbe des Erhabenen, sie ist aber auch Farbe des Trügerischen: „Doch die Projektionen, denen die weiße Farbe fast unbeschränkt Raum gewährt, entspringen zwar dem eigenen Kopf, sind aber darum nicht weniger beunruhigend. In einem anderen Kontext, der ebenfalls stark von Projektionen bestimmt ist, dem der weiblichen Sexualität, spricht Freud von 'Unentdecktheit' und anstelle vom „weißen Fleck" von einem 'dark continent'. Nun werden ja nicht nur alle Erdteile weiblich personifiziert und auch die Umrisse Amerikas auf nicht nur einer Karte in den Umrissen einer weiblichen Figur untergebracht; die Farben schwarz und weiß fallen in ihrer Abstraktheit wie in ihrer gewollten Polarisierung in eins." (*Schmid* 1982, S. 265.)

Weiß ist die Todesfarbe (denken wir an Leichenblässe) wie auch eine der Symbolfarben für das Jenseits. „Als Mischung aller Farben erbringt die Farbe weiß gewissermaßen den physikalischen Beweis für die Möglichkeit des Paradieses. Als weißes Paradies ist es das Reich des Todes. So repräsentieren als Nicht-Farben Schwarz wie Weiß Versprechungen und Drohungen zugleich". Aggressionen löst aus, was nicht „Schwarz auf Weiß" erkennbar ist, aber auch das, was einem „Schwarz auf Weiß" nachgewiesen wird. Schwarz-Weiß wird zu einem „Farbbild" kolonialer Verwaltung zwischen Sehnsüchten, Bedrohungen und Omnipotenzen. Angst und Aggression, das Zwillingspaar in Weiß und Schwarz chiffriert, in einem Dazwischen: Wo? Zwischen dem lebensspendenden Amerika und dem tödlichen ist noch gar nicht ausgewiesenen Unbekannten. Welchem Unbekannten? Jenem, das, so Freud, nicht Außen, sondern Innen ist. „Terra incognita" als intrapsychische Metapher.

„Die weißen Flecken eines 'dark continent' lassen Raum für Projektionen immer dann und nur so lange, wie der Kontinent unerschlossen ist." (*Schmid* 1982, S. 265).

Das unbekannte Land bot sich als „Ort" lust- wie angstvoller Vorstellungen an, das heißt, daß sich, was das Projektionsergebnis betrifft, „vor dem realen, ein, diesen später bestimmender, psychologischer Aneignungsprozeß vollzog" (*Schmid* 1982, S. 265, Hervorh. PS). Die Projek-

tionen „kamen aus dem Kopf". Amerika war Kopfarbeit. Und die Bilder „standen... kopf". Es waren die verkehrten, und außerdem von innen nach außen verkehrten Bilder Europas.
Viele von Ihnen werden schon einmal einen Diaprojektor bedient haben oder Zeuge geworden sein, daß ein Dia „kopfstand". Kopf kann es nur stehen, wenn das Oben eines Dia auch wirklich als Oben eingelegt wurde. Nur verkehrte Bilder können „richtig" projiziert werden. Die Verkehrung der europäischen Bilder nach der Neuen Welt brachte tatsächlich die „erwarteten" Bilder, und die konnten folgerichtig nur verkehrt sein. Illustrationen beweisen, daß die richtigen Bilder ankamen, z. B. von Menschen ohne Köpfen. Wer weiß, ob das überhaupt Menschen waren? Nach Kramer lassen sich die Bilder fremder Kulturen generell als „verstelltes, verfremdetes Selbstbild lesen" (in: *Krög*, 1992, S. 34). Die so sehr fremde Kultur wird somit zu einer „Verkehrung Europas", somit zu einer „verkehrten Welt' (*Kramer*, in *Krög*, ebd.).

Das festgelegte Nirgends: Die Karten zeigen Bekannt-Fehlendes. Das Fehlende ist das eigene Verlorene. Weil es gesplittert ist und nicht heimgeführt ist, wird es zum Paradiesisch-Höllischen, zum Goldenen Kannibalenland. Mit solchen Vorgängen des Uralt-Bekannten-Fehlenden, des Vertraut-Unvertrauten, des Verdrängten, des Heimlich-Heimischen, des Unheimlichen-Heimischen beschäftigt sich psychoanalytisches Arbeiten. Die weißen Flecken zeigen auf die Fülle des Fehlenden. Ein Widerspruch? Nein, auch die Sprache kennt Worte, die Wider-Spruch enthalten. Z. B.: altus heißt hoch wie tief, oder sacer heißt heilig wie verflucht. Aber ist der Widerspruch wirklich? Weist die Sprache nicht auf tiefenpsychologische Einsichten, z. B. darauf, daß, in Philosophien des Mittelaters noch lesbar, Gegensätze nur oberflächlich auseinanderfallen. Die Karten zeigen, erst bunt bemalt, später, da man mehr weiß, mit weißen Flecken, „Fehlendes".
„Über das, was fehlt, läßt sich in keiner Weise verfügen, insofern ist es mehr als nur Ärgernis: Bedrohung." (*Schmid* 1982, S. 265). Weiß steht für Reinheit, steht für Tod. Das erschreckt. (Ich denke auch an den Kinohit vom Weißen Hai). Schmid spricht von etwas Hintergründigem und Verstecktem, das bewirke, daß die im Weiß innewohnenden Schrecken „sich ungeahnt erweitern, sobald jene mehr freundlichen Zuordnungen beiseite geschoben werden..." (*Schmid* 1982, S. 26 S.).
Weiß wird zur Metapher für alles oder nichts, zur Metapher der Omnipotenzansprüche der Kolonisatoren. Die Missionare bringen selbstverständlich einen weißen Gott. Dunkel ist der „andere". Seine Attribute finden sich im Glauben Fremder. Deren Gott (deren Götter) können höchstens auf Christus hinweisen. Die psychische Dynamik der (ursprünglich kindlichen) Allmachtsansprüche hat die Psychoanalyse eingehend beleuchtet. (Vom Psychoanalytischen her hat sich Reik mit „Der eigene und der fremde Gott" beschäftigt.)
Das Nirgends wird genau lokalisiert, schon deshalb weil dieses Nirgends psychisch einen festen Platz hat und die Grenzen zum Überall unklar erscheinen: „Eine unabdingbare Forderung von Mythen ist offenbar, möglichst genau örtlich und zeitlich lokalisiert werden zu können. Von daher erklärt sich nicht nur die mythische Funktion der ersten Karten, sondern auch deren mythologische Methode, nämlich, nach der Definition Hesiods, „Wahres und Falsches" zu mischen. Gemischt ist die Aufgabe, die der Fixierung von Phantasie-Ländern zukommt; noch vor der projektiven steht die bannende Absicht: ein bedrohliches Überall und Nirgends wird auf genaue Umrisse und einen bestimmten Ort festgelegt. In einem nächsten Schritt kann die dabei entstandene leere Fläche der terra incognita mit den phantastischen Projektionen bedeckt werden, die sonst nirgends unterzubringen sind." (*Schmid* 1992, S. 266)
Dann ist die Rede vom Traumstoff Gold, dem El-Dorado. Die Eroberer beobachteten ihn in (dem heutigen) Kolumbien wie einen Gott, im See wohnend, Gold geopfert wurde. El-Dorado, der Vergoldete: Aus ihm, dem Priesterkönig von Guatavita (ein See nördlich von Santa Fé de Bogotà) wurde eine Projektion. „Am Morgen des Opferfestes vergoldete der Kazike seinen nackten Leib, indem er sich, mit Ölen gesalbt, mit Goldstaub bedecken ließ." Guatavita fuhr mit einem Boot zur Mitte des Sees. Dort versenkte er für die Gottheit, tief in Tiefen, Gold und Smaragde. Darauf stürzte er ins Wasser, um den Goldstaub von sich zu spülen. (*Schmid* 1982, S. 269)

Das Gold, ... in Tiefen gesunken ... Schmid verweist „auf ein triebgeschichtliches Motiv als eigentlichen Motor der Enteckungs- und Eroberungsunternehmungen, neben dem das ökonomische Argument als blasse Rationalisierung erscheint". (*Schmid* 1982, S. 270) Das Gold, ... in Tiefen geschichtet ..., meist aus dem Dunkel geborgen manchmal auch am Tag geborgen und im Fluß gewaschen, wird zu einer triebgeschichtlichen Metapher. Es findet sich im Tiefen geschichtet, geologisch wie psychoanalytisch bedeutsam. (Hier sei auch auf das Gold in babylonischen Mythologien, auf das Gold und die Verbindung zu Fäcies verwiesen.) Gold wird zur Illuminierung und Tarnung von Weiß. Die weißen Flecken sind golden gerahmt oder golden patiniert. „Die weißen Flecken sind Tarnung, die das Zentrum verhüllen (...).“ (*Schmid* 1982, S. 270) „El Dorado", nun zum vergoldeten Land gewandelt, wird zur Chiffre für das Alles oder Nichts: „(...) wie bereits deutlich wurde, ist es gerade das Nichts des weißen Flecks, das Alles noch zu entdecken möglich scheinen läßt" (*Schmid* 1982, S. 269). In der Folge wurde auch eher alles denn nichts an Gold und Edelmetallen geraubt. Petrarca sagte schon lange vor der „Entdeckung" Amerikas: „Es gab ein glücklicheres Zeitalter, und wird vielleicht noch eines geben. In der Mitte, in unserer Zeit, sieht man Niedertracht und Schande vereint." (in *Schmid*, ebd.) Das Gold steht dann auch für das Goldene Zeitalter. Amerika soll dafür die Bestätigung liefern. Die Hoffnung auf das Zeitalter blieb zumindest so lange als „weiße Flecken die Landkarten erhellten". (*Schmid* 1982, S. 269)

4. Die organisierte Selffulfilling Prophecy:

Es gibt, damals wie heute, so viele Rationalisierungsformen, Incognita zu Cognita überzuleiten. Der Entdecker ist schon vor der Überfahrt nach den später einmal Las Americas genannten Ländern von Vorstellungen geprägt, die die Reise motivieren: „Einmal angekommen, sieht er, was er sehen will (...).“ Und er entdeckt dann auch, was er „haben" will - genauso wie das, was er „wahrhaben" will. Somit sind „die Vorstellungen", die schon vor dem Reiseantritt mächtig waren, „bestätigt". Soweit also „die praktische Folge solcher Rationalisierung" (*Schmid*, 1982, S. 268). Und eben diese Vorstellungen – aus Europa mitgebracht, liefern die Rasterung, um neue Eindrücke verarbeiten zu können.
Eine der Rationalisierungsformen stellt Indianer im Körperbau des klassischen Griechenlands dar (Bilder von De Bry von 1590 belegen es). *Honour* deutet solche Verschiebungen als einen „Ausdruck der Notwendigkeit, die beunruhigenden Folgeerscheinungen, die die Entdeckung Amerikas nach sich zog, zu neutralisieren, indem man diesen Kontinent der vertrauten Form und Gestalt der antiken Welt anglich". (1982, S. 22)
Eine andere Form der Entfremdung zeigt nicht griechisch klassische Häupter, sondern Indianer ohne Kopf. Der Mund ist dort, wo der Nabel ist, die Augen sind an der Brust. So ambivalent die Bilder so stringent doch die Dynamik der verkehrten Bilder. Das schon sehr frühe – ja oft gleichzeitige – Kippen der „schönen" Bilder überrascht nicht. Es ist eine Entfremdungsseite des Umgangs mit dem Fremden, mit „terra incognita": die Fremde wird zu Wildnis, der Fremde zum Wilden. Eigenes Respiratorisch-Orales gelangt zur kannibalistischen Darstellung. Die Fremden sind Kannibalen: der ersehnte Schrecken. So manch wirklich gewordenes Unglaubliches bleibt bis weit ins 19. Jahrhundert (und länger) glaubhaft.
Die Glücklicheren ?: Der *edle Wilde*, Produkt des Exotismus und der Tendenz der Idealisierung (Erdheim), entspricht vielen Wunschträumen, Träumen die nicht selten in die Kindheit gewandt sind. Rousseau sieht die Überlegenheit der „Wilden" über die Bewohner Europas. Sie seien die Glücklicheren. Die Fremden – hier gibt es Parallelen zu idealisierenden Minderheitenbildern von gestern und heute – sind jene bei denen die Welt noch heil ist. Es ist eine Variante des Kolonialismus, die Fremden so zu stilisieren, daß sie für Kultur- und Zivilisationskritik verwendbar werden.
Dann gibt es ikonologisch, kartographisch wie litearisch ortbar, Verschmelzungssehnsüchte, tiefenpsychologisch ist das ein altes Thema. Andreaes Zeichnung von Christianopolis liefert

(1621) zum Beispiel eine Verschmelzung von Jerusalem und Cuzco. Wunderbares Anderes wird hier (und) somit wirklich.

Alle die verzerrten Bilder, ob idealisierend oder ablehnend, sind Zeichen einer kolonialen Einstellung. Immer geht es um Vereinnahmungen für „berechtigte Sehnsüchte" oder für „berechtigte Ablehnung". Zivilisationskritik und Trauer über die Kindheit, Verdrossenheit über die eigene Kultur und Sehnsüchte nach Geborgenheit liegen psychoanalytisch betrachtet (kein Zufall) nahe beisammen. Stein notiert – auf eine „südseeorientierte Europamüdigkeit" bezugnehmend – eine „Verknüpfung", ja sogar eine mögliche „Identität von Kulturkritik und Liebessehnsucht" (in: *Krög*, 1992, S. 50) Im Zusammenhang mit der Idealisierung sei auf den edlen Wilden verwiesen. In der Zeit der Restauration, des Biedermaier und lange noch später, so in Buffalo Bills Wild-Westshow mit Häuptling Sitting Bull als Freiheitausstellungssymbol, spielte er eine Rolle.

Es gibt eine Tendenz, alle bei sich nicht akzeptierten Anteile auf die Fremden zu projizieren, um das grandiose Selbst zu schützen und zu entlasten. Der große Humanist seiner Zeit Gines de Sepulveda, Hofhistoriker Karls V. (Erzieher des Prinzen Philipp), äußerte sich 1550 „beratend": „Die Indianer sind als unvollkommene, minderwertige und niedrige Wesen unfähig, über ihr eigenes Leben selbst zu bestimmen (...): Zwischen Indianern und Spaniern gibt es denselben Unterschied wie zwischen grausamen Wilden und sehr fähigen Menschen, wie zwischen denen, die alles verschwenden, und den Menschen, die mäßig und besonnen leben, und – so möchte ich beinahe sagen (...) – wie zwischen Affen und Menschen' (...)." (Stürmer, in: *Brenn*, 1993, S. 133)

Beides taucht auf – Herabsetzung und Verherrlichung und beides signalisiert ein geschwächtes Ich (das im Vor-Urteilswege durch kollektives Zuneigen oder Ablehnen getragen sein mag). „Selbst die halbmenschlichen Monstren: Hundsköpfige, Schattenfüßler und Kopflose, die das Mittelalter als dämonische Fabelwesen am Rande des bewohnten Erdkreises angesiedelt hatte (...), von denen aber auch schon antike Autoren zu berichten wußten, tauchen in den Berichten der Entdecker wieder auf." (*Kohl*, 1982b, S. 280). Sir Walter Raleigh beteuert 1599, in Guayana Amazonen und Kopflose gesehen haben. Noch zu Beginn des 18. Jahrhunderts taucht auf Landkarten eine Bezeichnung „Land der Amazonen" auf. (Der Name kommt von den aus der Antike bekannten kriegerischen Frauenstämme; der „Amazonasentdecker" glaubte, in dieser Stromlandschaft auf sie gestoßen zu sein.) Von patagonischen Riesen war ebenfalls noch im 18. Jahrhundert die Rede. Noch 1752 finden Kopflose Erwähnung in Schröters „Allgemeine Geschichte der Länder und Völker von Amerika". Was sich erhalten hat, ist auch eine Sage von der ewigen Jugendquelle (vermutete Topoi: erst die Westindischen Inseln, später Florida).

Auf einer Karte des 16. Jahrhunderts finden sich neben traditionellen Meerjungfrauen und Windbläsern selbst auf dem Nordpol Menschenfresser. „Die geographischen Mythen vom Land der Amazonen, vom Reich des El Dorado oder auch von den kannibalischen 'Wilden Leuten' tauchen auch auf den zeitgenössischen Kartenbildern der Neuen Welt wieder auf. Von den Stechern dort angesiedelt, wohin die Entdecker auf ihren Eroberungszügen noch nicht gelangt waren, dokumentieren sie den Konflikt zwischen den weiterhin sich erhaltenden mythologischen Vorstellungen und der zunehmenden empirischen Erfahrung der Neuen Welt." (*Kohl*, Ebd.)

Die Es-Haltung: In der koloniale Haltung ist der Fremde zum Ding degradiert. Er hat – im Zuge einer selffulfilling prophecy – das zu sein, was er von vornherein zu sein hat. Die Haltung entspricht dem, was Martin Buber „Vergegnung" nennt. Eduardo *Galeano* kritisiert Es-Haltungen wie: „Die Indios haben Folkloren aber keine Kultur; sie betreiben Kulte, nicht Religionen; sie haben Dialekte, nicht Sprachen; machen Kunstgewerbe, nicht Kunst." (1989, S. 4) Wie oft konnte ich in Mexiko hören, diese oder jene Indios sprächen „Dialekt". Sprache, das ist das Spanische.

Die Es-Haltung zeigt sich deutlich in Fremdenangst und in Exotismus. „Xenophobie und Exotismus, auf den ersten Blick Gegensätze, sind insofern verwandt, als sie Vermeidungsstra-

tegien sind. In der Xenophobie meidet man das Fremde, um das Eigene nicht in Frage stellen zu müssen, im Exotismus zieht es einen in die Ferne, und man muß deshalb zu Hause nichts ändern." (*Erdheim,* in: *Krög,* 1992, S. 30)
Erdheim konstatiert auch, daß Exotismus „stets mit der Enttäuschung der eigenen Kultur verknüpft" sei. Dann kommt es zu überschwenglichen Idealisierungen. Projektionen tauchen auf, „die allerdings nur dann bestehen können", wenn „Vertrautheit vermieden" wird. Intensivieren sich jedoch Beziehungen zum Fremden zu wirklicher „Begegnung", kommt es unausbleiblich zur Reflexion, „die so manche Wunschvorstellung von einer besseren, unverdorbenen Welt revidieren könnte": „Die Kluft zwischen Fremdem und Eigenem erweist sich somit als Notwendigkeit, Identitätskonflikte anhand eines fremdenfreundlichen Deckmantels zu verschleiern . . ." (in: *Riedl* 1992, S. 137).
Die Mythen der Neuen Welt sind die Mythen Europas. Die Wahrnehmung war schon kolonial, bevor Amerika wahrgenommen wurde. *Kohl* ist beizupflichten, wenn er schreibt, daß die Geschichte der Entdeckung Amerikas zugleich eine „Geschichte der Selbstentdeckung Europas" ist (1982a, S. 13). „Im Verbund mit den Fortschritten in den Naturwissenschaften leitete sie in Europa einen Prozeß ein, der langfristig zu einer Entmythologisierung und Verwissenschaftlichung des traditionellen Weltbilds führte, der gleichzeitig aber auch zur Entstehung neuer Mythen Anlaß gab, die unser Bild des amerikanischen Kontinents und seiner indigenen Kulturen zum Teil bis heute bestimmen."

5. Das alte – neue Weltbild: ikonologisch-tiefenpsychologische Ergänzungen:

In „Geographische Mythen" schreibt Kohl: „Die allmähliche Auflösung des festgefügten mittelalterlichen Weltbildes in der Frührenaissance machte die großen transatlantischen Neuentdeckungen des 15. Jahrhunderts erst möglich, die dann ihrerseits dazu beitragen sollten, das traditionelle Bild der Welt zu revolutionieren." (1982b, S. 280) Kolumbus steht an der Schwelle zu der später dann so genannten Neuzeit.
Das Weltbild des Mittelalters zeigt sich besonders deutlich in der Ebstorfer Weltkarte (1235?), einem enzyklopädischen Dokument des Welt-Ansehens dieser Zeit, Menschenbild und Geschichtsbild in einem. Ähnlich wie in den Kathedralen die Apsis heilgeschichtlich gerichtet ist, so ist auch diese Karte – eine gezeichnete Chronik der damals bekannten Welt – nach Osten gerichtet, „orientiert". Eine kreisförmige Erde ist von einem Weltmeer umgeben. Europa, Asien und Afrika ergeben ein „T", ein Kreuz, das Taw. Das Mittelmeer und andere Meere trennen die Kontinente. Die Welt ist als Christuskörper präsentiert. Christus umfaßt seine Welt. Und die Welt findet sich in Christus. Jerusalem ist zentral, es findet sich auch die Arche Noah. Im Osten beim Haupt Christi ist das Paradies. Die Karte ist die gemalte Verschriftlichung des Heilsplanes. Dieses Weltbild ist mit Kolumbus verlassen und trotzdem bleibt es aufgehoben.
So spielte, auch wenn man um die Kugelgestalt der Erde wußte, das kosmographische Bild des Mittelalters weiterhin eine Rolle. Kohl vermutet auch, daß Kolumbus die Legende von einer Glücksinsel im Westen des Ozeans bekannt gewesen sein könnte. „Im Verlauf seiner Reisen glaubte er dann auch bald, die Asien vorgelagerten Goldinseln (...), ja selbst das irdische Paradies wiederentdeckt zu haben, das Pierre d'Ailly wie schon viele Kosmographen vor ihm im fernen Osten angesiedelt hatte." (*Kohl* 1982b, S. 280) Kolumbus meinte auch drei Sirenen vernommen zu haben.
Sebastian Münster schreibt 1628 (in Cosmographia, Bd IV): „ . . . und zwar es kan diesem unseglichen grossen Landt/kein kumlicherer Nam gegeben werden/als der Nam der Newen Welt: dann new ist es/weil es erst Anno 1492 von Christophoro Columbo erfunden worden/ . . . " (in: *Andreae,* 1982, S. 347). Andreae meint, daß Münster im 17. Jh. sicher richtig verstanden worden sei, wenn er von einer „Erfindung der Neuen Welt" gesprochen habe. Er meint, daß aber

auch „im heutigen Sinne des Wortes" die Bemerkung „eine nicht uninteressante Betrachtungsweise" zulasse. Genaugenommen sind es zwei Aspekte: „nämlich Amerika als Projektionsort mannigfaltiger Phantasien und Utopien" und „mit der realen Erschließung" zugleich, eine „radikale Beseitigung aller Lästigkeiten, die das erträumte Bild noch störten". (1982, S. 347) (Auf Parallelen zum Thema „Die Frau als Konstruktion von 'Vorstellungen'" im Diskurs pädagogisch-feministischer Fragestellungen sei verwiesen.)
Andreae notiert, daß die Völker der Neuen Welt Utopien des 16. und 17. Jhs. wohl beeinflußt haben: „Bereits Kolumbus' erste Beschreibung der sorglosen, friedfertigen und unschuldigen Wilden in einer paradiesischen Gartenlandschaft waren von utopischen Bedürfnissen gespeist. Sein Traum vom wiedergefundenen Garten Eden, der freilich bald einer nüchterneren Einschätzung wich, erscheint in den rationalen Gesellschaftsystemen der frühen Utopisten gleichsam aufgehoben." (*Andreae* 1982, S. 347)
Thomas Morus veröffentlichte 1516 „De optimo statu rei publicae deque nova insula Utopia". *Andreae* dazu (1982, S. 347): „Der Name 'Utopia', zu deutsch etwa 'Nirgendwo', kann nicht darüber hinwegtäuschen, daß des Autors Blick von den idealisierenden Berichten über die Reisen in die Neue Welt geprägt war, mit deren Hilfe er versuchte, die politisch-sozialen Verhältnisse in England, insbesondere die Institution des Privateigentumes anzuprangern."
Thomas Morus hatte noch nicht jene Fülle an Berichten, die später – z. B. über die legendäre Haupstadt der Azteken Tenochtitlan oder über die Inkastadt Cuzco – zur Vergügung stand. Freilich erfolgte die Bebilderung Tenochtitlans vorrangig Bebauungsvorstellungen einer harmonischen Gesellschaftsordnung der Renaissance. Stephan Andreae sagt, daß es konsequent ist, wenn in Johann Valentin Andreaes Christianopolis Abbild, das „Bild Jerusalems mit dem Tempel Salomons in Anlehnung an eine schon ältere Tradition mit dem Bild der inkaischen 'Goldstadt' Cuzco verschmilzt." (*Andreae* 1982, S. 348)
Zurück zu den Fabelwesen. Sie gibt es nicht nur in der neuentdeckten Welt. Fra Mauros Weltkarte (1460) zeigt die Erde als Scheibe. Der Mittelpunkt: Jerusalem. Zwischen Jerusalem und Indien, in Sibirien und im Polargebiet finden sich Ungeheuer. „So hausen an den Ufern des Ganges die mundlosen 'Astomi', die sich bloß vom Duft der Blumen ernähren (...)." (*Illmauer*, in *Krög*: 1993, S. 37.)
Nicht nur ikonologisch, auch pädagogisch ist die Frage interessant, woher denn die Bilder des Fremden kommen. Krög fragt, warum die Bilder des Fremden der Neuen Welt denen der Minderheiten der eigenen Kultur so sehr ähnlich sind, obwohl man auf diese ja nicht „abrupt" gestoßen ist, sondern über Jahrzehnte mit ihnen zusammen gelebt hat. (*Krög* 1993, S. 31) Die Entdecker Amerikas, so Kohl, versuchten das überwältigend Neue zu deuten. Was stand ihnen zur Verfügung? Doch nur ein Menschen- und Weltbild ihres alten Europas, das durch die eben „entdeckte" neue Welt schon bald ein neues-altes Europa sein wird. Zur Verfügung steht das christliche Weltbild hinter dem natürlich archaisch Altes schlummert. Die Mythen der Eroberer entlasten vorerst einmal. Sie geben eine gewisse Möglichkeit „die Wunder und Bedrohlichkeiten der unbekannten neuen Welt zumindest mit dem Namen zu bannen" (*Kohl*, 1982b, S. 289).
Das, was weißer Fleck genannt sein kann, erschien sehr oft nicht als weißer Fleck, sondern bunt, idyllisch verziert und in mannigfaltiger Wiederholung. Die kartographische Lokalisierung der Phantasien durch die Eroberungen bringt auch eine Bannung des Gefährlichen: es wird kontrollierbar. Die Ambivalenz bleibt.
Damit ist bereits zum nächsten Gedankenbogen übergeleitet.

6. *Vom weißen Fleck zum blinden Fleck – Von Schatten und Ausleuchtung:*

Verhüllung: Terra incognita hat mehrere Gesichter. Zum einen ist sie Bild für das ersehnte Unbekannte, zum anderen für das gefürchtete Unbekannte. Territoriales und Psychoterritoriales in einem. Terra incognita ist auch Bild für Freuds ES, Bild für die Traumlandschaften der Seele. Terra incognita und terra cognita wollen in eins gebracht sein. Dieses Wollen verkörpert

Sehnsucht. Sie war wohl auch die Kraft, die hinter den Entdeckungsfahrten steckte. Freilich die Sehnsucht, zum Ort zu gelangen (von dem die Mythen berichten), über die Inseln der Seligen, über die Paradiesespforte, zum Paradiese zu gelangen, diese Kraft war aggressiv geleitet, verkehrt gepolt.

„Im Fremden, möglichst Jenseitigen", so *Schmid* (1982, S. 266), „läßt sich am sichersten alles nur Wünschenswerte ansiedeln, ebenso alles, was man befürchtet. So vollzieht sich Angstbewältigung; die Bedrohung durch das, was unentdeckt ist, wird mit den eigenen Projektionen zugedeckt und überwunden – das ist der Vorteil eines festen Weltbilds, so falsch es auch immer sein mag." Schmid spricht auch von Wiederholungsmustern, deren beruhigender Wirkung und davon, daß Stereotypie, „den geheimen Wunschcharakter" deutlich mache. Mit diesen Bemerkungen Schmids zur Ikonologie lassen sich, überraschend und doch nicht, auch zentrale Stützfunktionen von Vorurteilsbildungen charakterisieren: Wiederholung und die projektive Funktion. Damit spannt sich ein Bogen von damals bis heute, vom Umgang mit Indianern bis zum Umgang mit Juden, Roma, Sinti, Asylanten... Plötzlich ist diese „Kartographie der Seele" ganz aktuell ... Entdeckungsgeschichte – Verhüllungsgeschichte. Das Ich zwischen All(Alles) und Nichts. Die Sehnsucht nach Sicherheit groß.

Auf die Verhüllungsgeschichte zeigen manche Formen des heutigen Massentourismus nach Lateinamerika (3 Tage Rio, zwei Tage Cuzco mit Maccu Picchu, zwei Tage Mayakultur in Mérida mit Chitzen Itzá, zwei Tage Kuba Schwimmen und Revolutionsnostalgie...). Schmid dazu: „anscheinend die sicherste Methode, die Touristen von dem Land, das sie besuchen, nichts erfahren zu lassen als das, was sie immer schon darüber wußten." (*Schmid* 1982, S. 268)

Das Weiß blendet: Terra incognita – der weiße Fleck. Wir kennen den Ausdruck „blinder Fleck". Tatsächlich sind die Grenzen im Sprachgebrauch nicht fest. Fast scheint es als wären sie manchmal fließend. Das Weiße blendet, was blind machen kann. Vom Grellen in die Tiefe von Schwarz. Ich möchte im folgenden solche gleißend-schwarze Flecken ausleuchten, blinde Flecken zwischen Kolonialismus und der NS-Zeit (ist doch bei all der Unterschiedlichkeit zwischen geographischen und historischen Räumen die Dynamik der Menschenverachtung immer dieselbe). Nicht daß dieser blinde Fleck besonderer Art nie ausgesprochen worden wäre. Aber seine Erwähnung ist marginal.

Bohleber spricht davon, daß „fremde Minderheiten ihrem Wesen nach als gefährlich wahrgenommen werden, weil sie eine wahnhafte Vermischungsangst auslösen." (1992, S. 705) Schon die „eigenen" Minderheiten, österreichische Unterstandslose zum Beispiel, lösen bei manchen Reaktionen von Angst und Aggression (ein Zwillingspaar) aus. „Die rassistische Spielart dieser Vermischungsängste hat im nationalsozialistischen Deutschland mit der Vorstellung der 'Reinheit des Blutes' vor allem den Juden Tod und Vernichtung gebracht. Heute ist weniger brutal von authentischer kultureller Identität die Rede." (Ebd.)

Damit meine ich symbolsprachlich die Blindheit gegenüber dem, was in mir selbst fremd ist. Wenn Julia Kristeva eines ihrer Bücher „Fremde sind wir uns selbst" nennt, so drückt sie das Wesentliche aus.

Können die ehemaligen Kolonien intrapsychisch etwas Verlorenes widerspiegeln? Könnten sie die Souveränität spiegeln, die Souveränität anderer respektieren zu können? Die Aufarbeitung der verlorenen kolonialen, imperialen Macht ist vielfach ausständig. Die neokoloniale Entwicklung, als geradlinige Fortsetzung des Kolonialismus, als Basis eines heftig verteidigten Wohlstandes, erschwert die kollektivgeschichtliche Aufarbeitung auch der jüngeren Vergangenheit rund um das Thema NS-Zeit erheblich.

Nun, die Verbindungsnahme mit dem Fremden ist sehr oft schmerzlich. Sie läßt sich mit einem Geburtsprozeß vergleichen. Auf die Welt komme letztlich Ich, das ist am schwierigsten ans Licht zu bringen. Die Ablehnung des Fremden ist dann oft der leichtere Weg, dann bin ich mit mir nicht konfrontiert.

Das Fremde hat, neben den ambivalenten, unbekannten, abgetrennten, kolonialen, sehnsuchtsvollen, religiösen, erhofften oder befürchteten Dimensionen auch eine existentiell-politische

Dimension. Mit der Integrierung von Schatten (Jung) ist eigentlich die Integrierung des Fremden gemeint. Eine Integration des Fremden mit all den Ambivalenzen beinhaltet das Zulassen der je eigenen fremd gewordenen und nach außen gelagerten Eigenanteile an der Lebensgeschichte. Der Geschichtsauftrag zur Integration meiner selbst, zum Authentischwerden, Personwerden meiner selbst wirkt immer auch provozierend. Ja, dieser Auftrag ist es, der so provoziert. Bei näherem Hinsehen werden Relationen zwischen Kolonialgeschichte und NS-Ideologie augenscheinlich. Das Systemische der beiden spiegelt sich auch im Kleinen, im Ich. Das „persönliche Leben" ist nicht frei von Mechanismen wie wir sie von Erschütterungen der „großen" Geschichte kennen.

Unterscheiden sich die Grundhaltungen der Kolonialzeit und der NS-Zeit in der intrapsychischen Dynamik? Was wollte das NS-Regime mit dem eroberten Osten Europas? Was wäre beispielsweise aus einem besiegten Nordafrika geworden? Charlotte Teuber-Weckersdorf sagte in einem Interview: „(...)Wir sind es gewohnt, den europäischen Faschismus in Italien, Deutschland und Österreich als ein ganz eigenes Phänomen zu betrachten, abgesondert von allen anderen Problemen, über die wir so reden. Es geht vollkommen unter, daß Hitler ja eine innereuropäische koloniale Situation angestrebt hat, und daß er da durchaus in der Tradition der großen europäischen Empires – Englands und Frankreichs – gestanden ist. Gerade dieser Zusammenhang wird völlig zerschnitten, wenn wir vom englischen 'Empire' sprechen und dann vom deutschen 'Third Reich'. In Wirklichkeit strebte auch Hitler ein 'Empire' an, und er brachte die rassistischen Elemente, die in allen Empires der Geschichte vorhanden gewesen sind, zur Perfektion. Vergessen Sie nicht die ganz innigen Beziehungen etwa der südafrikanischen Buren zur Hitlerregierung und zum deutschen Kolonialbund!" (in: *Kolland/Sauer,* 1983, S. 27).

Die Ausleuchtung: Erlauben Sie mir hier einen erzieherisch relevanten Exkurs anzustellen. Heimatverluste und die Ausspiegelungen von sehnsuchtsvollem oder abscheulichem Eigenen zu Fremdem hin, haben so manche Probleme zwischen den Generationen verschärft, also: das Fremdsein in der eigenen Familie.

So sind wir zunehmend mit einem Phänomen konfrontiert, für das der Ausdruck „schattenlose Menschen" passend ist. Was könnte gemeint sein? Damit können beispielsweise Jugendliche der späten Zweiten Nachkriegsgeneration, Jugendliche, die in eine „print-reprint – Gesellschaft", in eine schattenlose Welt von Sound und Video hineingeboren wurden, gemeint sein. Das Generationenproblem – uralt – akzeleriert. Die moderne Technik erlaubt schattenlose Aufnahmen und viele reproduzieren die perfekten Ausleuchtungen. Sind auch sie noch Opfer der langen, hellen Schatten der NS-Zeit, jener perfekten Ausleuchtetechniken wie sie „auf der Rampe" und in den Verhörstuben der SS üblich waren.

Wir hörten vom weißen Fleck der Landkarte und vom Bedrohlichen. Das schattenlose Licht ist der Versuch eines Umganges mit dem gleißenden Dunkel von Schuld und Ohnmacht. Schattenloses Licht will das funkelnde Dunkel wegzaubern in blendendes Hell.

Ich komme nochmals auf den Artikel „Der weiße Fleck auf der Landkarte" zu sprechen, er hat uns eingangs beschäftigt. Darin schreibt *Schmid:* „Die Metapher des weißen Flecks ist vieldeutig; sie verkörpert Herausforderung und Ärgernis, die Faszination geht unversehens in Bedrohung über." (1982, S. 264). Ein Fleck kann auf das Auge so weiß, so blendend wirken, daß das Auge davon blind wird (auf dem Gletscher kann die fehlende Sonnenbrille fatale Folgen haben). Umgangssprachlich kennen wir auch: Mir geht's „blendend" und die Aussage kann „Blendung" sein.

Somit sind wir an einer zentralen Stelle angelangt: Der weiße Fleck wird zum blinden Fleck. Er läßt auch die Themen Kolonialgeschichte und Drittes Reich „verbinden". Dritte-Weltpädagogik – sogenannte Behindertenpädagogik und interkulturelles Lernen haben, wenn es um das Thema „Vorurteile" geht, strukturell Gemeinsames. Sie liegen vor allem auf dem Gebiet der Tiefenpsychologie, wenn die Destruktivität menschlichen Handelns untersucht wird.

Hell-Dunkel: Wie wir sahen, wurde die weiße Fläche zur Bedrohung. Das erinnert an Schatten, Dunkel und Schwarz. Das Schwarz – wie Weiß physikalisch eine Nichtfarbe – muß erhellt werden, so hell, bis die Figuren keine Schatten mehr werfen. „Vermutlich ist es die Abwesenheit

jeglicher Farbe im Weiß – physikalische Folge einer Mischung sämtlicher Farben –, die den Betrachter ein Vakuum befürchten läßt, das er möglichst umgehend zu füllen versucht. Doch die Projektionen, denen die weiße Farbe fast unbeschränkt Raum gewährt, entspringen zwar dem eigenen Kopf, sind aber darum nicht weniger beunruhigend." (*Schmid,* 1982, S. 265)
Das Vakuum ist im Psychischen die existenzielle Lüge von der *Caruso* (1952) spricht. Je heller das Licht, desto prägnanter der Schatten. Und der, losgelöst (und wehe wenn er vom Beleuchteten sich verselbständigend trennt), macht Angst. Das Vakuum ist das existenzielle schwarze Loch, das wie beim Sternenzerfall das Licht nicht mehr herausläßt und zurückbiegt, und das macht Angst. Wenn aber vom Licht der Schatten weggezaubert ist, weil die Ausleuchtung so gut klappt, ich im hellen Engelskleid dastehe, dann bin ich die schattenlose helle Existenz, die technisch möglich wurde (über den Engelskomplex spricht auch *Caruso,* Gründer des Abeitskreises für Tiefenpsychologie in Mexiko: 1952, S. 82, 121.).
Horkheimer und Adorno äußerten sich zur Projektionstheorie dahingehend, daß die Projektion die Umwelt „sich ähnlich" mache: Ein „springbereites Inneres" wird ins Äußere versetzt, „und prägt auch noch das Vertrauteste als Feind. Regungen, die vom Subjekt als dessen eigene nicht durchgelassen werden und ihm eigen sind, werden dem Objekt zugeschrieben; dem prospektiven Opfer." (in *Krög:* 1992, S. 33) Zweierlei sind die Opfer: projektiv und prospektiv. Besonders starke Scheinwerfer sind die Scheinwerfer von Lichtmaschinen, die Bilder, stille oder bewegte, an die Wand werfen. Lehrer wissen zu erzählen, daß man manchmal Kinder davor zurückhalten muß, daß sie nicht in ihrer Neugierde in einen laufenden Diaprojektor hineinschauen. Auch hier: im schlimmsten Fall kann die Grelle des Lichtes blind machen. Eine Zeitzeugin Anne Franks im KZ, Bloeme Evers-Emden, hat die fast schattenlosen Ausleuchtung der Rampe in Auschwitz in Erinnerung: „Wir wurden mit unserem Gepäck zu einem großen Platz geführt, der von unheimlich starken Lampen angestrahlt wurde, so stark, daß ich das Gefühl hatte, sie wären Monde. Ich dachte, wir sind auf einem anderen Planeten. Diese verrückte Idee paßte in meine Wahrnehmung; ich glaube, daß diese Fahrt (im Viehwaggon nach Auschwitz, PS) das Bewußtsein sehr getrübt hatte, und dadurch konnten Gedanken auftauchen, die nicht der normalen Wirklichkeit entsprangen." (in: *Lindwer,* 1990, S. 155 f)
Nicht auf einem anderen Planeten, aber doch auf einem neuen Kontinent, waren die Eroberer. Dort ist alles anders: so anders, daß auch die Menschen anders sind, so anders, daß sie vielleicht gar keine sind (hier sei an die Tier-Menschendarstellungen erinnert). Die Schere zwischen Eroberern und Eroberten tat sich auf. Da war (Ausnahmen gab es) keine gemeinsame Qualität Menschsein mehr da. Und so war es sicher auch in Auschwitz (wobei ich die Zeit- und Raumsprünge und auch den Wandel im anthropologischen Bild nicht außer acht lassen möchte). Der „andere" Kontinent mit seinen Indianern und der hellerstrahlte Planet mit seinen Monden bergen Menschen: Und diejenigen, die die Macht haben, zu definieren wer da nun ein Mensch ist (oder geblieben ist), die bestimmen auch wer da Geschichte (Kultur, Religion . . .) hat oder eben nicht hat . . ., die bestimmen, wer an dem Ort lebt (oder eben nicht).
Die Auseinandersetzung mit diesem Thema ist eine Auseinandersetzung mit den erwähnten Schatten im Sinne C.G. Jungs. Sein Begriff läßt sich auf die ausgeleuchteten, perfekten Schatten erweitern, auf Schatten, die nur mehr Licht sind. Es ist jene Art von Schatten, die auch zur Psychodynamik des Engelskomplexes gehört. (Auf die Menschen ohne Schatten infolge perfekter Beleuchtungsinszenierung machte mich Annekatrein Mendel aufmerksam.) Fast scheint es als verselbständigten sich die kolonialen Schatten in den Mutterländern.
Die Auseinandersetzung kann auch – Europa nach dem II. Weltkrieg vor Augen – an dem Phänomen der vaterlosen Generationen nicht vorbeisehen. Dabei zieht sich eine Spur von gefallenen, verschwundenen oder abgewanderten Vätern durch die Kriegs- und Nachkriegszeit herauf bis heute. Die Gefallenen, die Kriegsgefangenen, die Deportierten und die Flüchtlinge hatten ja auch Kinder. Mittlerweile gibt es die Kinder der zweiten, dritten . . . Generation. Kinder, die – vaterlos – vielfach im Streß einer konsumistischen Umgebung verwahrlosten . . ., Kinder, die inmitten von Wohlstand arbeitslos wurden usw.

Gemeinsam ist ihnen, Vätern wie Kindern, das Geprelltsein um die eigene Geschichtlichkeit. Geschichte, ja, sie wurde und wird erlebt, aber passiv, unduldsam, drängend – verdrängend. Die Fähigkeit, die Geschichte als Summe von Lebensgeschichten wachsam wahrzunehmen, ging oft verloren. Eine solche Generation hat keine Geschichte mehr zu erzählen, die Geschichten gingen zum Teil auf elektronischem Wege verloren...

Eine bedachte Stellungnahme zu Fragen der Beziehung von Alter und Neuer Welt fördert das Einbegleiten schmerzlicher und notwendiger Prozesse. Sie führen langsam zu einer offener und kritischer werdenden Haltung gegenüber der eigenen Lebensgeschichte, ohne aber in ihr oder auf sie fixiert zu bleiben. Geschichtlich leben heißt dann, über persönlich gelagerte Schichten, über Lebensgeschichten sich zu besinnen und dabei Wege notwendiger Handlungen zu beschreiten. (Terra cognita und terra incognita auch ein Spiegel der Diskussion über Leib und Seele über Normales und eben Nicht-Normales? Könnte uns eine Untersuchung der Beziehungsstrukturen zwischen den beiden Welten auch auf projektive Mechanismen in den Beziehungen von Mann und Frau aufmerksam machen?)

Terra cognita und terra incognita: ein Spiegel von Vätern und Kindern, von Väter- und Kindergenerationen? Ein Spiegel von denen die die nationalsozialistische Zeit erlebten und denen die sie nicht erlebten? Die abgerissene Verbindungnahme zur eigenen Geschichtlichkeit und zum eigenen Fremden in sich, also zu jenen intrapsychischen Topographien von denen wir eingangs sprachen, verstärkt die Tendenz der Auslagerung der anderen Welt nach dorthin wo sie ist, nämlich weit weg.

Der Gedankenbogen von der Kolonialzeit zur NS Zeit bzw. zum Thema NS-Zeit als Kolonialzeit, ist noch immer ungewöhnlich und ich sage, daß er hier ungeschliffen, unfertig ist. Es mag sein, daß jemand das Thema vom Tisch wischt und sagt, daß Deutschland als Kolonialmacht untergegangen sei und Österreich – von Franz-Josefsland abgesehen – niemals Kolonialland besessen habe (und das alles sich vor der NS Zeit abgespielt habe).

Es ist einerlei ob wir zuerst an die NS-Zeit und dann an den Kolonialismus denken oder umgekehrt. Die Frage ist doch eine strukturelle. (Nach meinem Erachten ist sie nur bei einer linearen Betrachtung auf historisch-kausale Variablen einzuengen.) Struktur und Psychodynamik lassen sich indes in Hitlers Eroberungspolitik genauso ablesen wie in der neokolonialen Gebärde weltwirtschaftlicher Mechanismen, die den Hungertod von Menschen und Tieren einzukalkulieren scheint.

Auch in den Wissenschaftsgeschichten spiegeln sich die Kolonialgeschichten. Conquisita und Domestikation im Dienste der Wissenschaften erfuhren einen (nicht den einzigen) Höhepunkt in der Zeit des Nationalsozialismus. (Ich erinnere an die Kälteversuche im KZ Dachau. Für den Rußlandfeldzug wurden Kältetests durchgeführt.) Ionesco (in *Marcuse* 1980, S. 99): „Die Welt der Konzentrationslager... war keine besonders entsetzliche Gesellschaft. Was wir dort sahen, war das Bild, in gewissem Sinne die Quintessenz der höllischen Gesellschaft, in der wir jeden Tag stecken." Die Auslagerung unsauberer und inhumaner Wissenschaftsexperimente an Mensch und Tier in die Dritte Welt (als „wissenschaftliche Forschungsaufträge") unterscheidet sich nicht vom Wissenschaftsverständnis das diesen (und anderen) Versuchen in der NS-Zeit zugrunde lag.

Hoffnung: Dieser Übergang von der Systemik des Bösen (ich nehme dieses Wort in den Mund, wenn ich an die Systematik, an Logistik all der Menschenverachtungen denke) zu einem Wort, das Hoffnung heißt, mag kühn erscheinen, nicht passend. Wenn ich es trotzdem tue, so deshalb weil die Literatur, die von Indianerführern heute zu uns kommt und die Literatur, die Überlebende der Konzentrationslager verfaßt haben (dazu zähle ich die Frau Bloeme Evers-Emden, die Zeitzeugin von Anne Frank) ermuntern die Hoffnung trotzdem zu haben, sie zu behüten und zu beschützen. Darin liegt ein ureigentlicher Bildungsauftrag (das hat Bloeme Evers-Emden veranlaßt, nach dem Krieg Psychologie zu studieren und in Schulklassen zu gehen). Diesen Bildungsauftrag haben auch viele Indianerführer erkannt. Sie haben Indianerschulen gegründet, Solidarität und Partnerschaft gestiftet.

Die soziale Werdegeschichte ist ja (nicht nur aber eben auch) eine Kolonialgeschichte, was sich nicht zuletzt in der Bildungsgeschichte, in kollektiver wie individueller, zeigt. Die Quarzlicht-Schatten auch hier. Eine Folgerung bestünde darin, mich auf den Weg zu machen, paradigmatische Strukturen, Strukturen die mich von kleinauf formten, erkennenzulernen. Dieses Sich-auf-den Weg-Machen heißt Eigen-Fremdes wiederentdecken lernen. Die Suche nach der verlorenen Fremde ist eine Suche nach dem verlorenen Eigen. Sie ist eine Suche nach der Hoffnung, auch dann wenn sie gegen alle Hoffnung geschieht.

Freilich werden Hoffnungen oft ausgelagert. Nicht zuletzt gibt es einen Sehnsuchtstourismus und einen Hoffnungsexport nach Lateinamerika, wobei nicht außer Acht gestellt sei, daß sich tatsächlich mit diesem Subkontinent viele globale Hoffnungen verbinden. Trotzdem sei die Hoffnung, damit sie wirksam werden kann, kritisch betrachtet. Mit den Auslagerungen ist nämlich oft ein hoffnungsloses Bleiben (umgangssprachlich sprechen wir in Österreich von der „Bleibe") verbunden. Die Hoffnung ist fern. Theoretisch ist sie noch da. Aber diese Theorie greift nicht in das Leben ein.

Die Auslagerungen mögen wohl auch mit Sehnsüchten zu tun haben, eine verlorene Heimat, ein verlorenes El Dorado (wieder)zu entdecken. Freilich, sie können mit Wut, Resignation, Verzweiflung, Verbissenheit einhergehen, auch mit mehr oder weniger kämpferischem Pessimismus. Die Auslagerungen können die Aufgabe des Glaubens an Veränderungen bei uns signalisieren. Die solidarische Hoffnung aber muß eine konstruktive Basis haben – und wenn die Umstände noch so traurig sind, derentwegen mit Lateinamerika für eine Veränderung gehofft wird.

Die Basis der Hoffnung liegt in der Menschenfreundlichkeit, vor allem sich selbst gegenüber, in einem realistischen Optimismus, der die Trauer akzeptieren kann. Eine konstruktive Hoffnung wird, über diese psychoanalytischen Aspekte hinaus, politisch nicht übersehen dürfen, daß erst Umdenken und gehandelte Solidarität in der Ersten Welt Basis für eine wirkliche Änderung unterdrückender Umstände in der Dritten Welt sein können.

Abschließende Bemerkungen:

(I) Fahren und Erfahren: Mit Bubers Wort „Vergegnung", läßt sich die koloniale Haltung gestern wie heute charakterisieren. Sie zeigt sich nicht nur im klassischen kolonialen Sinne (als territorialer ökonomischer Eroberungszug), sondern auch an Gewalt gegenüber der Natur. In der Umweltsituation (Brandrodung im Amazonas...) zeigt sich das Ergebnis einer kolonialen Haltung heute besonders deutlich.

Psychisch gesehen resultiert aus der kolonialen Haltung, eine sich beschleunigende Dynamik zur Vereinsamung (auch wenn sie inmitten von Gesellschaft und ausgebuchtem Leben erfolgt). „Gesellschaft" inmitten weiterer Einsamer, boomender Freizeitindustrie, inmitten von Migrationsbewegungen und Neuer Armut. Vereinsamung ist oft auch eine Verkehrung der Kolonialisierung anderer zu sich hin.

Die Utopie ist Suche nach mir, dem eigenen Territorium, ohne Absicherungssicherheit. Sie ist Suche nach dem Ankommen (Ad-venire, Por-venire) in einer mit mir veränderbaren, im Kern schon veränderten Welt. Und die besteht aus Landschaft. Was das meint erklärt Werner *Heisenberg*, der Physiknobelpreisträger von 1932. Er beschreibt dabei etwas, was terra incognita psychogeographisch zu berühren, in einen physikalisch anthropologischen Bezugsrahmen zu stellen scheint: „Nur eine oberflächliche Betrachtung kann einfach zwischen dem Körper des Lebewesens und der toten materiellen Umwelt unterscheiden. Bei näherem Zusehen erweisen sich diese Grenzen als unscharf. (...) Auch wir Menschen treten einer Landschaft nicht nur als Beschauer gegenüber; sondern jedes Kennenlernen ist mit dem unbewußten Abtasten der möglichen, lebendigen Beziehungen verknüpft, die zwischen dieser Landschaft und uns wachsen können; diese Beziehungen können so eng werden, daß ihre gewaltsame Trennung zu schweren Störungen des ganzen Lebensablaufs führt. Die Berührung eines lebendigen Wesens ist etwas anderes als das Anfassen eines toten Gegenstandes. Auch beim Eintritt in die Landschaft

können wir manchmal deutlich die 'Kräfte' spüren, die von dort in uns einströmen." (1989, S. 117)
Der unbekannte Kontinent bin ich selbst. In mir sind die Unbekannten. Es ist die Landschaft meiner Seele. Kein Dichter, ein Physiker, der schon zitierte Heisenberg, spricht von Reifungs-, von Wandlungsprozessen: „Dann erst können wir in eine Landschaft hineinwachsen oder uns mit einem Menschen verbinden." (1989, S. 126).
Für traditionelle Indianer ist das Land seit jeher wesentlich durch die Ahnen bestimmt. Ahnen: die Ahnen und ahnen, das Zeitwort. Das sprechen über den unbekannten Kontinent kann läßt eine Metaphysik der Geographie anklingen. Und es sind gerade Heisenberg und Schrödinger, die uns heute zum Ende dieses Jahrhunderts aufmerksam machen können.
Rudolf zur *Lippe* schreibt (1987 S. 19): „Wenn man setzen beherrschen, kontrollieren will, gibt man vor, selbst der feste, archimedische Punkt zu sein (...). Im Wandeln um uns selber immer einen Wandel zu vollziehen, diese Seite der Bewegung wird noch immer am konsequentesten bekämpft."
Die ganze Kolonialgeschichte und der Umgang mit den unbekannten Ländern sind die Illustration des archimedischen Punktes Europa. Erst durch die spanische Krone wurde ein Pazifik zum Pazifik. Das Erkennen wurde politisch sanktioniert. Daß der Isthmus des heutigen Panama schon in präkolumbianischer Zeit, schon vor Cabral und vor Pizarro den Indios bekannt war, zählt nicht. Das Erkennen des Pazifiks harrte – so scheint es – der politischen Erlaubnis.
Europa stellte die Existenz der Neuen Welt fest. Es klingt wie eine wahrnehmungs- oder erkenntnistheoretische Sensation. Ohne Europa hätte die Neue Welt nie zu existieren begonnen. Die Entdeckung wirkte wie ein Aufweckkuß im Märchen.
Die Topographie von Topos und Ou-Topos hat mit Erfahren und Erforschen zu tun. Im Erforschungsprozeß läßt sich der Erfahrungsprozeß nicht abkoppeln. Ein Kartograph schreibt sich auch in seine Karte ein wie eben Sigmund Freud die Topographie von Ich-Es-Über-Ich nicht allein theoretisiert hat. Jede Theorie jede Topographie, jedes Weltbild zwischen Topos und Ou-Topos, als Verdichtung von Menschenbildern, ist im Kern Biographie, Auto-Biographie.
Schauen wir in ein Herkunftswörterbuch. In ihm lesen wir, daß das mittelhochdeutsche „ervarn", beziehungsweise das althochdeutsche „irfaharan" usrprünglich für „reisen, durchfahren, durchziehen, erreichen" stand. Früh wurde es auch schon für „erforschen, kennenlernen" und für „durchmachen" verwendet. Das Partizip „erfahren" ist seit dem 15. Jahrhundert in Gebrauch und steht für „klug" und „bewandert" (also die Wanderung steckt drinnen). Ein bewanderter Mensch gilt als „erfahrener" Mensch. Die Erfahrenheit taucht ebenfalls im 15. Jh. auf. Erfahrung (mhd. ervarunge) hingegen steht für „Wahrnehmung" und für „Kenntnis" (im Mittelhochdeutschen auch: Durchwanderung, Erforschung) (*Zingerle*, 1993, S. 9) *Zingerle* vermerkt: „Während das 'Erforschen' an ein koloniales Prinzip erinnert, dem die Macht des Einordnens, Klassifizierens, Beurteilens gegeben ist, läßt das 'Durchwandern' noch mehr eigenes Einbezogensein ahnen."
Erfahren kann wesentlich mit „fahren" zu tun haben. In Terra incognita spiegelte sich die Geschichte des In-die-Weite-Fahrens (natürlich sie wurde auch gespiegelt). In *Böhmers* Philosphenkabinett heißt es in fiktiven Gesprächen: „Also gut sagte Bloch. Fahren und Erfahren. Der Reiseplan des Wissens; Seele Tiefe, über allem ausgespannter Traumhimmel, gestirnt vom Boden bis zum Scheitel – es entrollen sich die wahren Firmamente, und unaufhaltsam zieht unsere Straße des Ratschlusses bis zu jenem geheimen Sinnbild hinüber, auf das sich die dunkle, suchende, schwierige Erde seit Anbeginn der Zeit zubewegt." (1991, S. 190)
(II) Von Handlungsräumen und Sehnsuchtsräumen: Die Topographie erscheint – psychoanalytisch wie geographisch – als ein Ortungsversuch. Er wird über Generationen tradiert, wird in Veränderungen konkret. Lebens-skript ist auch Trans-skript.
Sich orientieren. Darum geht es wohl in den Kartographien, Topographien von Geographie und von Psychoanalyse. Sie erzählen von irdischer Weite und Tiefe (denken wir an den Philippinengraben), von kosmischer Weite und Tiefe (denken wir an Himmelskarten, an die Ortung jener US-Sonde, die das Sonnensystem verlassen hat) und von psychischen Tiefen (die auszuloten an

die Grenzen des Maßes, an die Grenzen zwischen noch maßvoll und vermessen mahnt). Gemeinhin sagt man auch, das und das beinhalte dies und jenes. Der koloniale Bezug zeigt sich zwischen „beinhalten" und „behalten". Kartographisch Beinhaltetes steht für politisch zu Behaltendes.

So mag sich der, der sich mit Topographie – wie immer – beschäftigt, in dem was er tut, wiederfinden. So wie ein Mönch des Mittelalters, der einen Anfang, ein Initium, malte und sich in der Initiale wiederfand. Das tut die Psychoanalyse. Der Patient soll sich wiederfinden. Und vieles führt zu den initialen Bedingungen seines Lebens: Vater, Mutter, Elternhaus, primäre Bezugspersonen.

Die Karten der Erde und der Seele sind Redesatz und Schriftsatz. Redesätze wurden verschriftlicht. Die Symbolschriften der Kartographie und der Seelenkunde erzählen von Räumen und Handlungsräumen . . ., von Skript und Transskript. Die geographische wie die psychoanalytische Weiten- und Tiefenkunde ist Dialogarbeit, geht es doch es letztlich um den Dialog zu sich selbst, die eigenen Höhen, Tiefen, Weiten, Niederungen, Wüsten und fruchtbaren Länder kennenzulernen. (Die Fälschung von Landkarten ist zwar auch bekannt (aus politischen, militärstrategischen Gründen...), und die Neurose ist auch ein Ausweis für ein falsches Koordinatenkreuz der Wahrnehmung von Eigenem und Fremdem.)

Zum Schluß mag die Frage gestellt sein: Wie wäre der Verlauf der Weltgeschichte gegangen, wenn es keine koloniale Begegnung gegeben hätte, wenn die Geschichte gewartet hätte, bis sich im Besuchswege im politischen Dialog die Kulturen der Alten und der nicht so ganz neuen Welt begegnet wären? Es ist müßig das zu fragen, denn von der Psychodynamik des politischen Geschehens her betrachtet war eine dialogische Begegnung schon nicht mehr möglich. Der Eurozentrismus war (und ist) ja eine Kraft, die auch europaintern wirksam wurde (in der Verfolgung alles dessen was nicht normgerecht war und ist).

Ist Heimat nun terra cognita oder incognita? Sie mag wohl beides sein. Und Ernst Blochs Ausspruch Heimat sei, „worin noch niemand war" hat viel für sich. Bausinger, der diesen Passus bei Bloch aufgreift, fügt hinzu, daß Heimat auch das sei „wo niemand sein wird": „(...) denn eine heimische Welt, die alle Fremdheit abstreifen würde, wäre keine Lebenswelt mehr, sondern ein Mausoleum". (in: *Goller* 1994, S. 13)

Erinnern Sie sich an den Anfang vom Kartographen und vom Mönch, die beide ihre Orte . . . malen und schreiben und von den Anfangsbuchstaben (die mir jetzt zum Schluß wieder einfallen). Was mag mit einem Kartographen gewesen sein, der terra incognita gezeichnet hat und die Meere mit allerlei schönen und auch gefährlichen Tieren bevölkerte, der – wie wir hörten – selbst auf dem Nordpol noch Kannibalen ansiedelte . . . ? Ob er auch diese Sehnsuchtsangst nach dem Heimatlich-Unheimatlichen hatte? Und ein Mönch im Skriptorium, wenn er eine Initiale malte . . . Ob er eine Ahnung von diesem Anfänglichen seiner hatte, daß ihn die Initialen zum Initium seines Lebens – vielleicht im Träumen – geführt hat . . . ? Terra incognita. Von den mittelalterlichen Schreibstuben, über die Kartographien prä- und postkolumbianischer europäischer Zeiten herauf bis zu Sigmund Freuds Topographieversuch . . .

Die Rasterung auf einer Karte in Form von Linien, Breiten- und Längenangaben, das Settig einer Psychoanalyse, sind der Versuch, Verbindungslinien zu schaffen. Die Karte verbindet mich mit Bekanntem wie Unbekanntem, die Psychoanalyse schafft Raum und Zeit, mich ebenfalls zu verbinden, sukzessive, wissend daß jedes neu Bekannte neue Fragezeichen eröffnet (einer Sternenkarte nicht unähnlich). Aber das Vertraut-Gewordene wird Motor, Bewegung bieten, sich Nicht-Vertrautem nun zunehmend selbstbewußter öffnen zu lernen. So werden diese Ambivalenzen von Heimatlich-Unheimatlich, Heimisch und Unheimisch(Un-Heimlich) wohl bestehen bleiben. Sie bleiben bestehen und: ich kann bestehen.

Bei Herlinde *Gollner* lese ich auch von dem Hinausweh als Gegenstück zum (patriarchal besetzten) Heimweh. Der Ort der Frau ist „Anderswo-Nirgendwo" (1994, IV, S. 15). Ich glaube, daß das eins ist das Heimweh und das Fernweh und das Hinausweh aus gesellschaftlichen

Zwängen in der herkömmlichen Polit-, Gesellschafts- und Kirchenheimat. Deswegen weil ein Wort mißbraucht wurde und weiterhin mißbraucht wird, ist es nicht eo ipso untauglich. Wir würden sprachlos werden, wollten wir all jene Wörter, die im Laufe der Zeiten schon mißbraucht worden sind, eben wegen dieses Mißbrauchs nicht mehr verwenden.
Terra incognita ist zwischen Kolonialraum und Sehnsuchtsraum, zwischen Topos und Ou-Topos angesiedelt, sie umfassend und über sie weit hinausreichend. Die Physiker des Kleinen, die Atomphysiker, wie die Physiker des Großen, die Astrophysiker, haben auf ganz ähnliche Fragestellungen hingewiesen, auf die Frage ob die Mikro- wie die Makrostrukturen Informationen, ein Cognitum, bereithalten, von denen wir noch nichts wissen.
Utopien, so eng mit terra incognita verbunden, sind auch in unserer Zeit nicht losgelöst von den sozialen und öknomischen Veränderungen zu betrachten. Sie haben auch viel mit der Sehnsucht zu tun, mit der Sehnsucht nach Heilsein, innerer Stabilität, Daheimsein ... Kein Widerspruch dazu sind Utopien als Spiegel von Revolution, Veränderung und Aufbruch. Auch sie haben ihre Wurzeln in der Sehnsucht nach Heimatfindung, nach dem Zuhausesein in einer verbesserten Welt „hier". K.-H. *Kohl* schreibt (1982 a, S. 21): „Die Wunschträume, die sich seit dem 19. Jahrhundert um Lateinamerika ranken, sind (...) Utopien des Ausbruchs aus einer übermächtig gewordenen Ordnung zu deren Inbegriff der südamerikanische Kontinent seither geworden ist. Sie finden sich in der Revolutionsromantik, mit der man Lateinamerika seit dem späten 19. Jahrhundert verknüpft, sie finden sich aber auch in dem schon viel älteren Traum eines unentfremdeten Lebens des Menschen im Einklang mit der Natur, der sich von Anbeginn an mit der Legende vom Guten Wilden verband und sicher nicht zufällig gerade in der Gegenwart eine Wiederbelebung erfährt."
Marianna, meine kleine Nichte in Mexiko, hat mich einmal, als wir im Garten an einem Sommerabend die Sterne betrachteten, gefragt: „Wenn man im Flugzeug ist, kann man dann die Sterne pflücken?"
Sie werden sich vielleicht fragen, was ich ihr antwortete. Ich weiß es nicht mehr, nur so viel, daß es nichts über Astronomie oder über Meterologie war ...
Die Differenz zwischen Topos und Ou-Topos ist vielleicht der Weg zu leben. Und in der Spanne zwischen beiden mag menschliches Antwortgelingen getragen sein. Martin *Buber* schreibt (1978, S. 46): „Freilich muß man, um zum anderen ausgehen zu können, den Ausgangsort innehaben, man muß bei sich gewesen sein, bei sich sein." Weite wie Spanne, die Spannweite zwischen terra cognita und terra incognita zwischen Topos und Ou-Topos: wer will sie – gar wissenschaftlich – erklären? Marianne und die Topographie des Himmels. Um Topos und Ou-Topos um terra und terra incognita ging es. In der Ahnung hat Pablo Neruda ein Gedicht geschrieben und es „Das Meer" genannt (in: *Mogollón Gonzáles,* 1993, S. 129):
„Der Pazifische Ozean floß aus der Landkarte.
Es gab nichts wohin ihn zu tun.
Er war so groß, so ungeordnet und blau, daß er nirgends Platz fand. Deshalb ließen sie ihn vor meinem Fenster."
Im südamerikanischen Spanisch klingt es ... bis zu uns ...
„El Océano Pacifico, se salia del mapa.
No habia donde ponerlo.
Era tan grande, desordenando y azul
que no cabía en ninguna parte.
Por eso lo dejaron frente a mi ventana."

Literaturverzeichnis

Andreae, St. (1982): „Ansichten von Nirgendwo". – In: Kohl, K.-H. (Hg.), Mythen der Neuen Welt, a.a.O., 1982, S. 347-348
Böhmer, O. A. (1991): Holzwege. Ein Philosophen-Kabinett. – Bühl-Moos
Buber, M.: (1932 <1929>): Zwiesprache. Traktat vom dialogischen Leben. – Heidelberg, 1978

Caruso, I. A. (1952): Psychoanalyse und Synthese der Existenz. Beziehungen zwischen psychologischer Analyse und Daseinswerten. – Wien
Erdheim, M. (1982): Anthropologische Modelle des 16. Jahrhunderts. Über Las Casas, Oviedo und Sahagún. – In: Kohl, K.-H. (Hg.), Mythen der Neuen Welt, 1982, a.a.O., S. 57-67
Erdheim, M. (1992): Das Eigene und das Fremde. – In: Psyche (Frankfurt), 46 (8 <August>), S. 730-744
Freire, P. (1967): Pädagogik der Unterdrückten. – Reinbek
Freud, S. (1917): Vorlesungen zur Einführung in die Psychoanalyse. Studien-Ausgabe Bd I. – Frankfurt/M. (1969)
Freud, S. (1933): Neue Folge der Vorlesungen zur Einführung in die Psychoanalyse. Studien-Ausgabe Bd I. – Frankfurt/M. (1969)
Galeano, Eduardo (1989): Der blaue Tiger und unser versprochenes Land. – In: EPN (Beilage), 1989/10, S. 1-4
Gollner, H. (1994): anderswo – nirgendwo. Ortssuche: Von der Heimatlosigkeit der Frau. – Diplomarb. Univ. Innsbruck. – Innsbruck (dem Autor überlassenes, unv. Manuskript)
Gstettner, P. (1982): Wissenschaftliche Objektivität und zivilisatorische Gewalt: Über die Ausbreitung der leidenschaftslosen Menschenbeobachtung. – In: Gerwin, J./ Mergner G. (Hg.): Innere und äußere Kolonisation. Zur Geschichte der Ausbreitung Europas auf die übrige Welt. – Oldenburg, S. 15-47
Gstettner, P. (1984): Kolonialisierung des Bewußtseins und Zivilisierung der Seele. – In: F. Kolland (et al.) (Hg.): Dritte Welt in Forschung und Politik. – Wien, 219-231
Heisenberg, W. (1942): Ordnung der Wirklichkeit. Mit einer Einleitung von Helmut Rechenberg. – München-Zürich (1989)
Honour, H. (1982): Wissenschaft und Exotismus. Die europäischen Künstler und die außereuropäische Welt. – In: Kohl, K.-H. (Hg.), Mythen der Neuen Welt, a.a.O., 1982, S. 22-48
Jockwig, F.: Die Spiritualität der Russisch-Orthodoxen Kirche. – In: Der Christliche Osten (Würzburg), 44 (1), S. 8-17
Kohl, K.-H. (Hg.) (1982): Mythen der Neuen Welt. Zur Entdeckungsgeschichte Lateinamerikas. – Berlin (Ausstellungskatalog: Berliner Festspiele)
Kohl, K-H. (1982a): Einleitung. – In: Kohl, K.-H. (Hg.), Mythen der Neuen Welt, a.a.O., 1982, S. 13-21
Kohl, K.-H. (1982b): Geographische Mythen. – In: Kohl, K.-H. (Hg.), Mythen der Neuen Welt, a.a.O., 1982, S. 280
Kolland, F./Sauer W.: Die Ursachen des Imperialismus verstehen. Interview mit Charlotte Teuber-Weckersdorf. – In: EPN, 1983/12, S. 26-28
Krög, W. (1992): Der Umgang mit dem Fremden – Kulturanthropologische und tiefenpsychologische Bemerkungen, Erziehungsw. Diss., Univ. Innsbruck. – Innsbruck, 1992 (unv.)
zur Lippe, R. (1987): Sinnenbewußtsein, Grundlegung einer anthropologischen Ästhetik, Reinbek
Lindwer, W. (1990): Anne Frank. Die letzten sieben Monate Augenzeuginnen berichten. – Frankfurt am Main
Luchesi, E. (1982): Von den „Wilden/Nacketen/Grimmigen Menschenfresser Leuthen/in der Newenwelt America gelegen". Hans Staden und die Popularität der ‚Kannibalen' im 16. Jahrhundert. – In: Kohl, K.-H. (Hg.), Mythen der Neuen Welt, a.a.O., 1982, S. 71-74
Marcuse, H. (1964 engl; 1967 dt): der eindimensionale Mensch. Studien zur Ideologie der fortgeschrittenen Industriegesellschaft. – Darmstadt-Neuwied (1980)
Marcuse, L. (1948): Philosophie des Glücks. Von Hiob bis Freud, Zürich (1972)
Mogollón Gonzáles, M. (1993): Español 1er Curso. Educación Secundaria, Mexico DF
Riedl, I. (1991): Flucht in die Sucht. Drogenabhängige zwischen Lebenswelt und Philosophie. Ein hermeneutischer Forschungsbericht über Hintergründe, Ursachen und Folgeerscheinungen, Erziehungsw. Diss. – Univ. Innsbruck (unv.)
Schmid, Marion (1982): Der weiße Fleck auf der Landkarte. – In: Kohl, K.-H. (Hg.), Mythen der Neuen Welt, a.a.O., 1982, S. 264- 271
Schwager, R. (1983): René Girard – eine Herausforderung an die Humanwissenschaften. – In: Texte zur Theorie und Praxis der Psychoanalyse, 3 (1), S. 64-74
Stöger, P. (1991): Kolonialgeschichtliche Entwicklungslinien: Pädagogisch-anthropologische Notizen. – In: Unser Weg, 46 (5), S. 189 - 196

Vermot, R. G./Hadorn, R. (Hg.) (1982): Das war kein Bruder. Das Bild des Weissen aus der Sicht ehemals kolonisierter Völker, 1982, Basel, S. 94-99

Zangerle, I. (1988): Die dynamisch-personale Dimension von „Heimat". In: Schule und Leben, 1988/7, S. 44-46

Zingerle, A. (1994): Gedanken zu Wissenschaft, Bild und Bildung. Weg einer Spurensuche, Erziehungsw. Diplomarbeit. – Univ. Innbruck (unv.)

Anschrift des Verfassers:

Univ.-Doz. Dr. Peter Stöger
Institut für Erziehungswissenschaften
Leopold-Franzens-Universität Innsbruck
Liebeneggstraße 8
A-6020 Innsbruck

INNSBRUCKER GEOGRAPHISCHE STUDIEN

Herausgeber G. Abele u. A. Borsdorf   *Schriftleitung W. Keller*

BAND 1	Helmut Tiefenthaler: NATUR UND VERKEHR AUF DER ARLBERG-WESTSEITE. 1973 vergriffen
BAND 2	TIROL. Ein geographischer Exkursionsführer. 1975 vergriffen
BAND 3	Paul Lang: BEITRÄGE ZUR KULTURGEOGRAPHIE DES BRIXNER BECKENS. 1977, 188 S.
BAND 4	Heinrich Tscholl: DER TSCHÖGGLBERG. Eine bevölkerungs- und wirtschaftsgeographische Untersuchung. 1978, 142 S.
BAND 5	FRAGEN GEOGRAPHISCHER FORSCHUNG. Leidlmair-Festschrift I. 1979 vergriffen
BAND 6	STUDIEN ZUR LANDESKUNDE TIROLS UND ANGRENZENDER GEBIETE. Leidlmair-Festschrift II. 1979 vergriffen
BAND 7	Peter Meusburger: BEITRÄGE ZUR GEOGRAPHIE DES BILDUNGS- UND QUALIFIKATIONSWESENS. 1980, 229 S.
BAND 8	ARBEITEN ZUR QUARTÄR- UND KLIMAFORSCHUNG. Fliri-Festschrift. 1983, 166 S.
BAND 9	Albin Pixner: INDUSTRIE IN SÜDTIROL. Standorte und Entwicklung seit dem Zweiten Weltkrieg. 1983, 138 S.
BAND 10	Konrad Höfle: BILDUNGSGEOGRAPHIE UND RAUMGLIEDERUNG TIROL. 1984, 148 S.
BAND 11	Ernst Steinicke: DAS KANALTAL. Sozialgeographie einer alpinen Minderheitenregion. 1984.
BAND 12	Jan Nottrot: LUXEMBURG. Beiträge zur Stadtgeographie einer europäischen Hauptstadt und eines internationalen Finanzplatzes. 1985, 131 S.
BAND 13	ENVIRONMENT AND HUMAN LIFE IN HIGHLANDS AND HIGH-LATITUDE ZONES. Proceedings of a Symposium of the I.G.U. Commission on Rural Development in Innsbruck 1984. Ed. by A. Leidlmair and K. Frantz. 1985, 203 S.
BAND 14	Josef Aistleitner: FORMEN UND AUSWIRKUNGEN DES BÄUERLICHEN NEBENERWERBS. Das Mühlviertel als Beispiel. 1986, 174 S.
BAND 15	Franz Fliri: BEITRÄGE ZUR KENNTNIS DER JÜNGEREN KLIMAÄNDERUNGEN IN TIROL. Niederschlagsbeobachtungen an der Universität Innsbruck 1891-1985 und im Kloster Marienberg 1885-1985. 1986, 135 S.
BAND 16	PROBLEME DES LÄNDLICHEN RAUMES IM HOCHGEBIRGE. Ergebnisse einer Tagung der Kontaktgruppe französischer und deutscher Geographen 1986 in Innsbruck. Hg. v. P. Haimayer. 1988, 360 S.
BAND 17	Hanns Kerschner: BEITRÄGE ZUR SYNOPTISCHEN KLIMATOLOGIE DER ALPEN ZWISCHEN INNSBRUCK UND DEM ALPENOSTRAND. Kalender der Wetter- und Witterungslagen für die Periode 1966-1983. 1989, 253 S.
BAND 18	Rudolf Berchtel: ALPWIRTSCHAFT IM BREGENZERWALD. 1990, 156 S.
BAND 19	Ernst Steinicke: FRIAUL. Bevölkerung und Ethnizität. 1991, 224 S.
BAND 20	DER GEOGRAPH IM HOCHGEBIRGE. Beiträge zu Theorie und Praxis geographischer Forschung. Heuberger-Festschrift. Hg. v. M. Petermüller-Strobl und J. Stötter. 1993, 128 S.